Sven Grosse, Herbert Klement (Hg.)

Für eine reformatorische Kirche mit Biss

Studien zu Theologie und Bibel

im Auftrag der
Staatsunabhängigen Theologischen Hochschule Basel
herausgegeben von

Prof. Dr. Jacob Thiessen
Prof. Dr. Herbert H. Klement
und
Dr. Stefan Schweyer

Band 9

LIT

Sven Grosse, Herbert Klement (Hg.)

Für eine reformatorische Kirche mit Biss

Festschrift für Armin Sierszyn
zum 70. Geburtstag

LIT

Der Satz wurde erstellt von Eva Schwendimann

Bibliografische Information der Deutschen Nationalbibliothek
Die Deutsche Nationalbibliothek verzeichnet diese Publikation in der Deutschen Nationalbibliografie; detaillierte bibliografische Daten sind im Internet über http://dnb.d-nb.de abrufbar.

ISBN 978-3-643-80146-3

Klosbachstr. 107
CH-8032 Zürich
Tel. +41 (0) 44-251 75 05
Fax +41 (0) 44-251 75 06
E-Mail: zuerich@lit-verlag.ch
http://www.lit-verlag.ch

LIT VERLAG Dr. W. Hopf
Berlin 2013
Verlagskontakt:
Fresnostr. 2
D-48159 Münster
Tel. +49 (0) 2 51-62 03 20
Fax +49 (0) 2 51-23 19 72
E-Mail: lit@lit-verlag.de
http://www.lit-verlag.de

Auslieferung:
Deutschland: LIT Verlag Fresnostr. 2, D-48159 Münster
Tel. +49 (0) 2 51-620 32 22, Fax +49 (0) 2 51-922 60 99, E-Mail: vertrieb@lit-verlag.de

Österreich: Medienlogistik Pichler-ÖBZ, E-Mail: mlo@medien-logistik.at

Schweiz: B + M Buch- und Medienvertrieb, E-Mail: order@buch-medien.ch

E-Books sind erhältlich unter www.litwebshop.de

Inhaltsverzeichnis

Durch ein Versehen fehlt folgende Angabe im Inhaltsverzeichnis:
Stefan Schweyer-Bewährte Lieder entdecken und pflegen S. 111-134

Vorwort der Herausgeber

Am 31. Dezember 2012 ist Armin Sierszyn 70 Jahre alt geworden, am 29. September 2013 wird er mit der Verabschiedung der Absolventen des Jahrgangs, in dem er zuletzt unterrichtet hat, als Professor der Staatsunabhängigen Theologischen Hochschule Basel emeritiert.

Armin Sierszyn hat seit 1973 an der Freien Evangelischen Theologischen Akademie, der späteren Staatsunabhängigen Theologischen Hochschule Basel, in den Fächern Historische und Praktische Theologie unterrichtet, seit 1989 als Professor. 1980 wurde er Prorektor; von 1978 bis 1985 und ab 2002 war er Mitglied ihres Kuratoriums.

Der Sohn eines polnischen Einwanderers und einer Schweizerin hat 1963-69 in Zürich, Bethel und Marburg evangelische Theologie studiert. In Bethel war er 1968 Mitbegründer des um Hellmuth Frey entstehenden „Betheler Freundeskreises", aus dem Impulse zur Gründung der Krelinger Theologiestudentenarbeit und der Seminare zur theologischen Hermeneutik in Pura, Kanton Tessin, hervorgingen.

Im Jahre 1973 wurde Armin Sierszyn in Erlangen mit einer dogmatischen Arbeit über die Sündenlehre Friedrich Schleiermachers bei Walter Künneth promoviert, seit 1970 dient er als Pfarrer in der reformierten Kirche des Kantons Zürich; 1997 bis 2008 war er Dekan von Pfäffikon im Zürcher Oberland.

Das Anliegen und die Wirkung Armin Sierszyns spiegeln sich in den Beiträgen dieser Festschrift wider, welche ihm seine langjährige akademische Wirkungsstätte zu seiner Emeritierung überreicht. Mit dem Titel einer 2012 veröffentlichten Thesenreihe läßt sich sein Anliegen auf den Begriff bringen: *Für eine reformatorische Kirche mit Biss*[1].

Dieses Anliegen ist sowohl ein pastorales als auch ein akademisches. Es hat sein Wirken in der Kirche und in der Wissenschaft bestimmt, in der reformierten Kirche seiner Heimat und an der Basler Hochschule. Welche Weite die Realisierung dieses Anliegens hat, wird an an dem Spektrum der Beitragenden dieser Festschrift und ihrer Themen sichtbar.

---

[1] *Plädoyer für eine reformatorische Kirche mit Biss*, in: Armin Sierszyn, Evangelium und Kulturrevolution. 17 Vorträge und Aufsätze, Bäretswil 2012, 189–193.

Der Beitrag von *Willi Honegger*, Vom Priesterdienst vor Gott und Gemeinde, soll als Predigt bewußt am Anfang stehen. Denn Theologie ist, wie Karl Barth gesagt hat, eine Funktion der Kirche; die theologische Ausbildung dient in erster Linie dem Prediger; es geht um die beständige Erneuerung der Kirche.

Heinrich von Siebenthal, Das Kooperationsprinzip und die Deutung biblischer Texte. Ein möglicher Beitrag der linguistischen Pragmatik zur Hermeneutik, spricht als Philologe und als Linguist. Er kommt von seinem Fach her zu einer Bekräftigung von Armin Sierszyns hermeneutischer Grunderkenntnis: die Bibel läßt sich vom Menschen nicht in den Griff bekommen. *Martin Hohl*, Trinitarische Bibellektüre, setzt die hermeneutischen Überlegungen fort und weist auf den hin, der durch die Bibel spricht und unser Verstehen der Bibel prägen muß: den dreieinigen Gott. Es geht, um es mit dem Titel von *Jürg Bucheggers* Beitrag zu sagen, um eine ‚Hermeneutik der Gnade'.

Helge Stadelmann, Postmoderne Hermeneutik und christliche Predigt, führt die hermeneutischen hinüber in praktisch-theologische Überlegungen. Für Armin Sierszyns Wirken nicht nur in der Kirche, sondern auch in seinen Vorlesungen ist das alte, reformatorisch geprägte Liedgut von großer Bedeutung. Diesem widmet *Stefan Schweyer* einen Beitrag: Bewährte Lieder entdecken und pflegen. *Armin Mauerhofer*, Die Menschenbilder in der Praktischen Theologie, vollzieht den Übergang von dieser zur Zeitdiagnostik und Zeitkritik, der auch, in verschiedenen Aspekten, die folgenden Beiträge gewidmet sind:

Samuel Leuenberger, Würdigung und Kritik der Anthroposophie und der Christengemeinschaft, *Gianfranco Schultz*, Der Mensch in der Entscheidung. Helmut Kuhn – ein Philosoph in der christlich-abendländischen Tradition, und *Harald Seubert*, Der Antichrist – Überlegungen zu einem Typus eschatologischen Denkens.

Wird hier mit der Figur des Antichristen eine Unterströmung des modernen Denkens diagnostiziert, so stellt *Herbert Klement*, Das deuteronomische Königsgesetz und die Struktur des Psalters, demgegenüber einen biblischen Entwurf vor, wie Herrschaft in der Welt und in der Kirche aussehen soll. Dies ist auch als Hommage an den politischen Kopf und überzeugten Schweizer Demokraten Armin Sierszyn zu betrachten. Die bibelexegetischen Untersuchungen werden fortgeführt von *Jacob Thiessen*, Die Rezeption neutestamentlicher Schriften im 1. Clemensbrief und in den Ignatiusbriefen, der damit zugleich zur Kirchengeschichte hinführt.

Hier, im Hauptfeld von Armin Sierszyns wissenschaftlichem Arbeiten, weisen *Andreas Beck*, Martin Bucer und die „Christlichen Gemeinschaften" in Straßburg 1546-1549, und *Jochen Eber*, Die Bedeutung der Deutschen Christentumsgesellschaft in Basel für den Neubeginn der protestantischen Missionen, auf zwei Epochen, die Armin Sierszyn sehr wichtig sind, und um deren Vermächtnis es ihm geht: die Reformation und die Erweckungsbewegung.

Sven Grosse, Theologie als Wissenschaft, bringt diesen Durchgang durch theologische Disziplinen in einer umfassenden Überlegung zum Abschluß: Theologie ist mit höchstem Anspruch wissenschaftlich zu treiben, gerade so dient sie der Kirche. Auch dies soll zur Ehrung von Armin Sierszyns wissenschaftlicher Existenz und seines Wirkens an der über Jahrzehnte von ihm wesentlich mitgeprägten theologischen Hochschule gesagt sein.

Basel / Sprockhövel, am 18. Juni 2013, dem 509. Geburtstag Heinrich Bullingers, des Vaters des Zweiten Helvetischen Bekenntnisses

Willi Honegger

Vom Priesterdienst vor Gott und Gemeinde

Bettags-Predigt vom Sonntag, 16. September 2012
in der Evangelisch-Reformierten Kirche Bauma, Kanton Zürich

1 Du aber lass deinen Bruder Aaron und mit ihm seine Söhne aus der Mitte der Israeliten zu dir treten, damit er mir als Priester dient, Aaron, Nadab und Abihu, Elasar und Itamar, die Söhne Aarons. 2 Und mache heilige Gewänder für deinen Bruder Aaron, zur Ehre und als Schmuck. 3 Rede du mit allen, die ein verständiges Herz haben und die ich mit dem Geist der Weisheit erfüllt habe. Sie sollen die Gewänder Aarons machen, um ihn zu heiligen, damit er mir als Priester dienen kann. 4 Und dies sind die Gewänder, die sie machen sollen: eine Brusttasche, einen Efod und ein Obergewand, einen Leibrock aus gewürfeltem Stoff, einen Kopfbund und eine Schärpe. So sollen sie heilige Gewänder machen für deinen Bruder Aaron und für seine Söhne, damit er mir als Priester dienen kann. 5 Und sie sollen dazu das Gold, den blauen und roten Purpur, das Karmesin und das feine Leinen verwenden. 6 So sollen sie den Efod machen aus Gold, blauem und rotem Purpur, Karmesin und gezwirntem, feinem Leinen, gewebt. 7 Zwei mit ihm verbundene Schulterstücke soll er an seinen beiden Enden haben und so zusammengehalten werden. 8 Die Binde daran zum Umgürten ist von gleicher Machart, aus demselben Stoff: aus Gold, blauem und rotem Purpur, Karmesin und gezwirntem, feinem Leinen. 9 Dann nimm zwei Karneolsteine und graviere die Namen der Söhne Israels hinein: 10 sechs ihrer Namen in den einen Stein und die Namen der sechs übrigen in den zweiten Stein, in der Reihenfolge ihrer Geburt. 11 Als Steinschneidearbeit, wie ein Siegel, sollst du die beiden Steine mit den Namen der Söhne Israels gravieren. In Gold sollst du sie einfassen. 12 Dann setze die beiden Steine auf die Schulterstücke des Efod als Steine der Erinnerung an die Söhne Israels, und Aaron soll ihre Namen zur Erinnerung vor dem HERRN auf seinen beiden Schulterstücken tragen.
(2.Mose 28,1-12)

Liebe Gemeinde unseres Herrn Jesus Christus!

Unsere Zeit und unsere Denkweise sind in vieler Hinsicht demokratisch geprägt: So wirkt es auf uns ungewohnt, wenn sich ein Einzelner aus der Menge heraus hebt, ohne dass er dafür demokratisch legitimiert wurde. Der Priester im

Alten Testament wird *nicht* durch Mehrheitsbeschluss für sein Amt erkoren. Mose setzt ihn im Auftrag Gottes in seinen Dienst ein. Doch, ganz so unbekannt ist uns diese fehlende demokratische Legitimation auch wieder nicht. Viele Mitmenschen haben Gutes an uns getan, ohne dass man sie durch Mehrheitsbeschluss dazu bestimmt hätte: Unsere Mütter haben wahrscheinlich mehr für uns getan als sonst irgendein Mensch auf dieser Welt. Ein Anderer steht seinen Nachbarn in ihrer Not bei oder er pflegt aufopfernd einen kranken Angehörigen bis zum Schluss. Da ist ein treuer Christ, der sich mit grossem Einsatz für die Kirche und für die Sache Gottes verdient macht. All diese Menschen wurden von niemandem in ihren segensvollen Dienst eingesetzt oder gar demokratisch gewählt. Sie taten ihre Sache aus Hingabe und aus Liebe. Sie taten es in der Überzeugung, dass ihr Tun im Gehorsam zu Gottes Willen geschieht.

Über den heutigen Abschnitt aus dem Alten Testament haben wir wahrscheinlich noch nie eine Predigt gehört und werden wohl auch kaum je wieder eine hören. Doch die Sache, die darin zu Sprache kommt, ist von höchster Wichtigkeit für die Gemeinde des alten wie auch des neuen Bundes. Es geht darin um die Grundlagen des geistlichen Amtes. Es geht darin um die zeitlos gültigen Ordnungen für den Priester, den Verkündiger, den Pfarrer und den Zeugen Jesu in allen Generationen.

1. Der Dienst des Priesters

Dieser besondere Dienst für Gott wird im Alten Testament durch ein besonderes Gewand auch äusserlich gekennzeichnet. Weil es ein so kostbarer Dienst vor Gott ist, ist auch das Gewand dafür von kostbarster Anfertigung: Gold, blauer und roter Purpur, Karmesin, feines Leinentuch von gezwirnter Machart und dazu wertvolle Edelsteine auf den Schulterstücken. Warum muss der alttestamentliche Priester so kostbar eingekleidet sein? Ist er ein wertvollerer Mensch als die anderen Angehörigen des Volkes? Ist sein Glaube denn so viel gewichtiger als der Glaube der übrigen Volksgenossen? Steht seine moralische Integrität so himmelweit über jener der übrigen Israeliten? Nein, all dies ist nicht der Fall. Doch, gerade weil sein Glaube und seine Persönlichkeit so schwach sind wie bei jedem andern Menschen, darum muss sein Gewand kostbar sein. In seinem Menschsein unterscheidet er sich gerade *nicht* von allen andern Menschen des Gottesvolkes. Doch sein Amt, sein Dienst vor Gott, ist kostbar; und dies wird durch das kostbare Gewand unterstrichen.

Vielen postmodernen Menschen unserer Zeit will es nicht mehr recht gelingen, diese Unterscheidung zu begreifen (die Unterscheidung zwischen dem Amt und den persönlichen Qualitäten des Amtsträgers). Dass über politischen Amtsträgern, die in ihrer Persönlichkeit Mängel aufweisen, sehr schnell der Stab gebrochen wird, ist allseits bekannt. Dem Träger eines geistlichen Amtes geht es in dieser Hinsicht kein bisschen besser. Unausgesprochen sind viele Zeitgenossen der Ansicht, höchstens moralisch perfekte Menschen könnten für sich in Anspruch nehmen, im Dienst Gottes zu stehen (die Selbsthingabe einer Mutter Teresa ist in etwa das Minimum, das man dafür erwartet). Im Klartext hiesse dies: Weil kein Mensch diesen Massstab zu erfüllen vermag, kann niemand im Dienst Gottes stehen. Darum sind für den postmodernen Menschen Distanziertheit und Gleichgültigkeit die einzigen Geisteshaltungen, die für das Verhältnis zu Gott in Frage kommen!

Die Bibel weiss natürlich auch, dass kein Mensch sich mit Gott messen kann. Trotzdem berichtet sie uns noch und noch davon, wie auch schwache und fehlbare Menschen zum Dienst für die Sache Gottes berufen werden. Das Priestergewand des alttestamentlichen Amtsträgers trägt diesem an sich unwürdigen Zustand des Menschen Rechnung. Es wird zum Zeichen für jene Würde, die Gott auf den Priester legt und die nicht einer uns Menschen innewohnenden Qualität entspringt. Diese hohe Würde wird nicht erworben, sie wird verliehen. Wer in diesem Dienst steht, wird von Gott selber dazu ausgesondert. So ist der Priesterdienst zwar immer ein Dienst mit der Gemeinde und für die Gemeinde. Und gleichzeitig steht dieser Dienst nicht in einem Auftragsverhältnis zur Gemeinde. Darum wird auch stets ein Stück Einsamkeit zum Priesteramt gehören. Sein Ziel kann ja nicht die lobende Anerkennung der Menschen sein. Höher noch muss er die Treue zum Auftrag Gottes gewichten. Und dies ist es, was ihn zuweilen einsam macht.

Mit diesen Beobachtungen sind wir nun Stück um Stück von der Beschreibung des alttestamentlichen Priesters zum geistlichen Amt in der heutigen christlichen Gemeinde gelangt. Wenn wir hier einige Gedanken zum Amt des Pfarrers anfügen, hat dies durchaus seinen Bezug zum heutigen Bettag (und leider ist die Suche nach einem geeigneten Pfarrer in vielen Gemeinden ein nur allzu häufiges aktuelles Thema).

Das Neue Testament kennt zwar keine solchen besonderen Zeichen für den Amtsträger in der Kirche (wenngleich ‚Amtsträger' nicht das richtige Wort ist, da das Neue Testament lediglich von *Aufsehern* oder *Ältesten* der Gemeinde spricht). Und nach reformatorischer und evangelischer Auffassung unterscheidet sich der Pfarrer nicht qualitativ von der Gemeinde, was seine Stellung vor Gott angeht: Was ihn unterscheidet, ist sein Auftrag und sein Verantwortungsbereich. Er hat den Auftrag, seine Kraft für das geistliche Leben und für die

Einheit der Gemeinde Jesu einzusetzen. Er soll seinen Dienst in erster Linie für die Gesamtheit der Gemeinde tun (genauso wie der einzelne Christ in einem geistlichen Auftrag steht für sein eigenes Leben, für seine Familie und für seine Mitmenschen). Wird dieser Dienst des Pfarrers für die Gemeinde zum Segen, so ist dies nicht das Resultat seiner menschlichen Fähigkeiten. Nein, Segen und geistliches Leben für die Kirche entstehen nur durch jene Vollmacht, die Gott schenkt: So habe ich über die Jahre hinweg lernen müssen, dass empfangenes Lob für die eigene Arbeit an Gott selber weiter geleitet werden muss. Auch wird der Pfarrer durch seinen Dienst immer wieder der Gemeinde *gegenüber stehen müssen*. Es bleibt ihm verwehrt, sich einfach wohlig im warmen Nest seiner Gemeinde einzunisten. Es mag zwar sein, dass die Gemeinde den Wunsch hat, ihren Pfarrer ganz in ihrer eigenen Gemeindekultur zu domestizieren; dass er doch ganz so reden, denken und fühlen möge, wie sie es selber tut und gerne hat. Es ist ihr Wunsch, den Pfarrer ganz in sich zu integrieren. Kommt er jedoch diesen – meist gut gemeinten – Wünschen zu sehr nach, wird er damit nur noch zum Spiegelbild der Gemeinde und vermag ihr nicht mehr gegenüber zu treten. Damit hat er ihr letztlich auch nichts mehr zu sagen, weil er ja nicht aus dem warmen Nest verstossen werden will, an das er sich so gewöhnt hat.

Und nun ist da noch die Sache mit der Verkündigung des Evangeliums durch den Pfarrer: Die Verkündigung ist und bleibt ein Dienst am göttlichen Wort der Bibel. Sie darf nicht zu einem Dienst an den Bedürfnissen und Wünschen der Menschen verkommen – und mögen diese Bedürfnisse in noch so religiösem und frommem Gewand daher kommen. Der Verkündiger wird sich hie und da entscheiden müssen zwischen den Erwartungen der Menschen und der Würze und Vollmacht der biblischen Botschaft. Wo diese Einsicht fehlt, wird der Pfarrer zum Sklaven der Menschen; gerade so wie Aaron unter dem Druck der religiösen Wünsche der Israeliten, ihnen ein goldenes Kalb giesst (2.Mose 32): Das Volk will einen anschaulichen und erfahrbaren Gott haben. Was bleibt ihm anderes übrig, als diesem Bedürfnis nach zu kommen? Das Volk hat den Wunsch nach einem Gott in ihrer Nähe, nach einem aktuellen und fühlbaren Gott. Das Volk hat den (zweifellos wahrhaft frommen) Wunsch nach einem attraktiven und auf die Anforderungen der Zeit zugeschnittenen Gott. Wie könnte Aaron dem Volk diesen Wunsch nach Praxisnähe und Zeitgemässheit des Gottvertrauens verweigern? Sein inniges Mitempfinden mit der Glaubensnot der Gemeinde ist eindrücklich. Er leidet mit am Schmerz ihrer nagenden Zweifel. In alledem ist er mit Haut und Haar ein Teil seiner Gemeinde. Und darum ist er nicht mehr in der Lage, ihr gegenüber zu treten. Dadurch wird seine Verkündigung fade und seine Vollmacht schmilzt dahin. Als Träger des

geistlichen Amtes müsste er in der Verheissung Gottes wurzeln, stattdessen wurzelt er in der Solidarität mit den ihm anbefohlenen Menschen.
Eine Sache bewegt mich ich in diesem Zusammenhang immer stärker: Warum gibt es unter den jungen Menschen unserer Tage nur noch so wenige Berufungen zum Amt des Pfarrers? Ist es die Scheu vor dieser Ganzheit und Unteilbarkeit einer Lebensaufgabe? Ist es die Angst vor der Einsamkeit, die dieses Amt mit sich bringen kann? Ist es die Furcht vor der Kritik und der Feindschaft unzufriedener Menschen? Oder (und dies muss jede Gemeinde sich sagen lassen) hat es auch zu tun mit unrealistischen Pfarrerbildern, die von unserer Wohlstands- und Spassgesellschaft kreiert werden? Der Pfarrer als trendiger Entertainement-Typ, als jederzeit toller Mitmensch und Kumpel; zudem ist er Motivator, führungsstark und gleichzeitig ein Team-Player; obwohl er ein begnadeter Redner ist, fällt er vor allem durch sein gutes Zuhören auf; sein Familienleben ist ihm so heilig, dass er ein stets hingebungsvoller Vater und liebender Ehemann ist; und trotzdem findet er für die Anliegen seiner Gemeindeglieder immer reichlich Platz in seiner Agenda, usw. So toll diese Luftschlösser eines Alleskönners auch sind, junge Menschen werden von solch übersteigerten Erwartungen eher abgeschreckt: So können keine Berufungen zum geistlichen Dienst wachsen. Dies mag höchstens Leute mit übersteigertem Selbstbewusstsein in Bann ziehen. Doch die Gemeinde Jesu braucht Menschen, die zum Dienst und nicht zur Selbstdarstellung berufen sind. Wir sollen biblische Erwartungen an den Verkündiger haben und ihm keine Fabrikate des Zeitgeistes überstülpen. Und mehr noch als dies dürfen und sollen wir beten für unsere jungen Menschen: Damit jene, die eine Berufung zum geistlichen Dienst haben, diesen Ruf hören und ermutigt werden, diesem Ruf Folge zu leisten.

2. Der Priesterdienst der Gemeinde

Im Neuen Testament wird das Wort „Priester“ nur in Bezug auf Jesus Christus (im Hebräerbrief) und in Bezug auf die christliche Gemeinde als Ganzes verwendet: Der 1.Petrus-Brief bezeichnet die Kirche als „heilige Priesterschaft“ und als „königliches Priestertum“ (1. Petrus 2). Was das alttestamentliche Israel für die Völkerwelt war und was der levitische Priester für Israel darstellte, geht nun als Dienst und Auftrag an die Gemeinde Jesu als Ganzes über. Ein interessantes Detail im heutigen Predigttext illustriert dies sehr schön:

> „Nimm zwei Karneolsteine und graviere die Namen der Stämme Israels hinein. Dann setze die beiden Steine auf die Schulterstücke des Efods

> des Priesters; so soll Aaron ihre Namen zur Erinnerung vor dem Herrn auf seinen Schultern tragen."[1]

Es ist ein Bild mit grosser Aussagekraft für den priesterlichen Dienst der Gemeinde Jesu: Im Gebet die Namen und Schicksale anderer Menschen vor Gott tragen. Nicht aufhören unser Dorf, unsere Generation, unser Land vor Gott zu bringen. An Kritikern und Besserwissern herrscht nie Mangel, in keinem Dorf, in keiner Kirche, in keinem Land. Davon gibt es immer in Hülle und Fülle. Doch, ob es auch genug Beter gibt? Ob es genügend Menschen gibt, die das Erbarmen Gottes auf unsere Gegenwart erbitten und herabflehen? Wir lasen von Aaron, der auf seinen Schultern die Namen der 12 Stämme Israels Tag für Tag ins Heiligtum hinein trug. Dies bedeutet Fürbitte tun: Menschen und Zustände und Schicksale innerlich mittragen und damit auch im Gebet in die Gegenwart Gottes hinein tragen. Es berührt mich jedes Mal ganz besonders, wenn jemand zu mir sagt:

„Ich bete für Sie und für Ihre Familie und für Ihren Dienst!" Dies ist tiefer und gewichtiger als alle freundlichen Worte der Sympathie. Es ist kostbarer als alle Zeichen menschlicher Wertschätzung. Vielleicht könnten Sie am heutigen Bettag gerade dies zu jemandem sagen, der dies zu schätzen weiss; und es natürlich danach im Gebet auch tun!

Wenn nun Dein und mein Beten schon so wertvoll ist, um wie viel mächtiger ist demnach das Gebet der christlichen Gemeinde als Ganzes! Jedes Mal wenn wir hier Gottesdienst feiern, dann sind wir nicht nur am Zuhören: Dann wird auch gemeinsam gebetet und dabei wird manche Not und manches Schicksal vor Gott getragen. Mit diesem gemeinsamen Beten wird ständig neu eine grosse und unsichtbare Segensmacht in unserem Dorf aufgerichtet. Darum ist es so wichtig, dass Sonntag für Sonntag in jeder Kirche gebetet wird; ja, dass es auch mit vereinten Kräften getan wird. So ist es von grosser Bedeutung, dass Du und ich dabei sind. Gemeinsames Beten reisst Bollwerke des Unglaubens und des Zweifels nieder. Es reisst Bollwerke der Gleichgültigkeit und der Gottesferne in einem Dorf ein und schafft neuen Raum für die Nachfolge Jesu.

Doch, nicht nur die einzelne Kirchgemeinde ist ein Ort des Gebets. Auch die weltweite Gemeinde Jesu ist über alle Kontinente hinweg seit Jahrhunderten eine betende Gemeinde. Diese Gebete steigen unaufhörlich und millionenfach zum himmlischen Thron auf. Ich bin überzeugt: Das schwere Gericht über unse-

[1] Ex 28,9.12

rer Welt wird aufgehalten, weil Gott die Gebete seiner weltweiten Gemeinde annimmt. Die Zeit der Gnade und des Erbarmens Gottes dauert darum noch immer an. Noch immer ist Zeit, Gott zu dienen. Noch immer ist Zeit, Verantwortung zu übernehmen in dieser Welt. Noch immer ist Zeit, Fürbitte und Priesterdienste zu tun für unsere Generation. Gott selber mache uns zu treuen *Priestern* des Gebets! Er mache uns treu in unserm Dienst und in der Liebe!

Amen

Heinrich von Siebenthal

Das Kooperationsprinzip und die Deutung biblischer Texte

Ein möglicher Beitrag der linguistischen Pragmatik zur Hermeneutik

Einleitendes

Die Hermeneutik, das Bemühen um eine begründete Deutung biblischer Texte, hat für unseren Jubilar, den geschätzten Kollegen Armin Sierszyn, seit seinem Einstieg in die wissenschaftliche Theologie einen hohen Stellenwert.[1] Um methodisch begründbares Textverstehen kreist auch meine eigene, sprachwissenschaftliche Arbeit.[2] Im vorliegenden Aufsatz möchte ich an diese Gemeinsamkeit anknüpfen und einige linguistische Erkenntnisse zum Textverstehen entfalten, die – so hoffe ich – beim Nachdenken über einen sachgerechten Umgang mit biblischen Texten etwas weiterhelfen.

In der modernen Linguistik begegnet man einer Vielfalt von theoretischen und analytischen Ansätzen, besonders auch in dem hier im Vordergrund stehenden Bereich der (linguistischen) Pragmatik mit deren Fokus auf der Sprachverwen-

---

[1] Vgl. eine seiner ersten und seine neueste Publikation: Armin Sierszyn, *Die Bibel im Griff? Historisch-kritische Denkweise und biblische Theologie*, Holzgerlingen, 2. Aufl. 2001 (1. Aufl. 1978); ders., *Christologische Hermeneutik. Eine Studie über Historisch-kritische, Kanonische und Biblische Theologie mit besonderer Berücksichtigung der philosophischen Hermeneutik von Hans-Georg Gadamer*, Wien, 2010.

[2] Vgl. Heinrich von Siebenthal, *Sprachwissenschaftliche Aspekte,* in: Heinz-Werner Neudorfer/Eckhard J. Schnabel (Hrsg.), Das Studium des Neuen Testaments. Bd. 1, Wuppertal, 2. Aufl. 2000, 69–154; ders., *Was ist der Sinn des Textes?* in: Helge Stadelmann (Hrsg.), Den Sinn biblischer Texte verstehen: Eine Auseinandersetzung mit neuzeitlichen hermeneutischen Ansätzen, Gießen, 2006, 128–157; ders., *Linguistische Methodenschritte,* in: Heinz-Werner Neudorfer/Eckhard J. Schnabel (Hrsg.), Das Studium des Neuen Testaments, Wuppertal, 2006, 51–100; zur Thematik des vorliegenden Aufsatzes am ausführlichsten und aktuellsten: ders., *Griechische Grammatik zum Neuen Testament,* Gießen, 2011, 581–651.

dung (einschließlich der dazu zählenden Verstehensprozesse).[3] Sie alle gleichermaßen zu berücksichtigen, wäre unmöglich, zumal im Rahmen dieses Aufsatzes. Im Folgenden gehe ich methodologisch eklektisch vor. Dabei stütze ich mich in erster Linie auf führende textlinguistische Publikationen der aktuellen Germanistik (Gansel/Jürgens[4] und Fritz[5]) sowie auf allgemeiner angelegte Untersuchungen (Givón[6], Callow,[7] Grice,[8] Akmajian[9]); die darin dargestellten Sichtweisen und Forschungsergebnisse haben sich bei der Analyse biblischer Texte als überaus gewinnbringend erwiesen.

Meine Ausführungen umfassen drei unterschiedlich detaillierte Hauptpunkte, wobei mir der dritte im Gespräch mit der Hermeneutik besonders am Herzen liegt: 1. Der Text als Gegenstand der Linguistik; 2. Das Textverstehen aus linguistischer Sicht; 3. Das Kooperationsprinzip. Den Abschluss bildet ein Fazit.

1. Der Text als Gegenstand der Linguistik

Der Text ist erst seit relativ kurzer Zeit anerkannter Gegenstand der Sprachwissenschaft. Lange war man auf Zeichen und Kode-Regeln (der Laut-, Wort- und Satzebene), auf die „langue", fixiert. Formale Strukturen standen im Vordergrund. Über Bedeutungen, auf jeden Fall über deren mentale bzw. kognitive Seite, und über die Verwendung der Sprache als Kommunikationsmittel, über die „parole", hatte man wenig zu sagen; solche Themen gehörten nach verbreiteter Meinung nicht in den Zuständigkeitsbereich der Linguistik. Die in den 70er und 80er Jahren des 20. Jahrhunderts sich weithin bemerkbar machende

---

[3] Vgl. Laurence R. Horn/Gregory Ward, *The Handbook of Pragmatics,* Oxford, 2004; Deirdre Wilson/Dan Sperber, *Meaning and Relevance,* Cambridge, 2012.

[4] Christina Gansel/Frank Jürgens, *Textlinguistik und Textgrammatik,* Göttingen, 3. Aufl. 2009.

[5] Thomas Fritz, *Der Text,* in: Duden – Die Grammatik, Mannheim, 8. Aufl. 2009, 1057–1164.

[6] Talmy Givón, *Syntax*, Amsterdam, 2001.

[7] Kathleen Callow, *Man and Message. A Guide to Meaning-Based Text Analysis,* Lanham, Md., 1998.

[8] Paul Grice, *Logic and Conversation,* in: ders., Studies in the Way of Words, Cambridge, Mass., 1989, 21–40.

[9] Adrian Akmajian u. a., *Linguistics. An Introduction to Language and Communication,* Cambridge, Mass., 5. Aufl. 2001.

„pragmatische" und „kognitive" Wende[10] führte bei einem Großteil der Sprachwissenschaftler zu einem Umdenken: Die Verwendung der Sprache als Kommunikationsmittel (samt damit verbundener mentaler bzw. kognitiver Faktoren) rückte zunehmend ins Zentrum des Interesses. Immer stärker hatte sich nämlich die Einsicht aufgedrängt, dass die Linguistik dem Phänomen Sprache unmöglich gerecht werden konnte, wenn sie sich weiterhin gegen eine Fokussierung auf dessen offenkundige Hauptfunktion, die Kommunikation, sträuben würde.

Mit der neuen Sichtweise ist eine Erkenntnis verbunden, die sich für alle mit sprachlicher Kommunikation Beschäftigen – nicht zuletzt bei der Deutung biblischer Texte – als höchst relevant erweist: Sprachliche Kommunikation geschieht mit Hilfe von Texten[11] (verschiedenster Sorten[12]). Und ein Text ist (gewöhnlich) mehr als eine Ansammlung von Wörtern und Sätzen. Worin dieses Mehr genau besteht und wie die sprachliche Kommunikation mit Hilfe von Texten im Einzelnen vor sich geht, wird nun schon seit etwas über zwei Jahrzehnten von Linguisten im Rahmen der sogenannten Textlinguistik (manchmal auch „Diskurslinguistik" [englisch „discourse linguistics"]) untersucht.[13]

Wörter und Sätze sind zwar – typischerweise – für einen Text unverzichtbar; doch, für sich genommen, kommunizieren sie noch nichts.

Für sich genommen, stehen Wörter (im Normalfall) lediglich für begriffliche Konzepte, die es ermöglichen, auf Segmente der gemeinten Wirklichkeit zu verweisen, z. B.

1. Stadt, Auto, Bus, Parkhaus, fahren, voll sein

---

[10] Vgl. hierzu etwa Helmut Glück (Hrsg.), *Metzler-Lexikon Sprache,* Stuttgart, (CD-ROM-Ausgabe) 2. Aufl. 2000, unter „Interkulturelle Kommunikation" sowie „Kognitive Linguistik".

[11] Der Kategorie „Text" ordnet man in der Linguistik häufig sowohl schriftliche als auch mündliche Äußerungen zu; bei mündlichen Äußerungen, besonders bei interaktiven, spricht man auch von „Diskurs". Vgl. Hadumod Bußmann (Hrsg.), *Lexikon der Sprachwissenschaft,* Stuttgart, 4. Aufl. 2008, 719.

[12] U. a. Einladungen, Bitten, Anfragen, Angebote, Klagen, Proteste, Appelle, Geburts-, Heirats- oder Todesanzeigen, Erlebnisberichte, Anekdoten.

[13] Vgl. Bußmann, *Lexikon,* 719.

Erst wenn Wörter in geeigneter Weise ausgewählt und angeordnet sind, gewöhnlich als Satz, können sie für eine Information (Aussage; Proposition) stehen, z. B.

2. Er fährt mit dem Auto in die Stadt.

3. Alle Parkhäuser sind voll.

4. Alle fünf Minuten fährt ein Bus.

Auch Sätze wie 2.–4., die für eine Information stehen können, kommunizieren für sich noch nichts; sie stellen keine Texte bzw. keinen Text dar. Hierfür müssten sie in geeigneter Weise ausgewählt und angeordnet sein, so nämlich, dass man sie als sinnvoll zusammenhängend, als „kohärent", erkennen kann, z. B.

5. Kevin fährt heute mit dem Auto in die Stadt, obwohl alle Parkhäuser voll sind und alle fünf Minuten ein Bus fährt.

Allerdings lassen sich nach heutiger Auffassung[14] auch in sich kohärente Satzkombinationen wie 5. noch nicht als kommunikationstaugliche Texte verstehen. Über die Kohärenz hinaus muss hierfür eine kommunikative Funktion erkennbar sein, eine Grundabsicht, die der Sprecher/Schreiber[15] beim Produzieren seines Textes verfolgt.[16] Im Fall von 5. ist (abgesehen von der Illustrationsabsicht im vorliegenden Aufsatz) keine solche erkennbar. Beim Vernehmen dieser Satzkombination könnte man sich beispielsweise fragen: Wer ist konkret mit

[14] Ich gehe hier von dem heutzutage unter Textlinguisten weithin anerkannten „integrativen" (strukturell-grammatische, semantische bzw. kommunikativ-pragmatische Zugänge verbindenden) Textmodell aus, wie es u. a. von Gansel / Jürgens, *Textlinguistik,* vertreten wird (vgl. auch Fritz, *Text*).

[15] Aus sprachökonomischen Gründe verwende ich hier und in analogen Fällen die maskuline Form; dabei sind die weiblichen Vertreter der genannten Kategorie jeweils mitgemeint.

[16] Nach Gansel / Jürgens, *Textlinguistik,* 51, führt das hier vorausgesetzte „integrative" Textmodell zu folgender Text-Definition: „Ein Text ist eine in sich kohärente Einheit der sprachlichen Kommunikation mit einer erkennbaren kommunikativen Funktion und einer in spezifischer Weise organisierten Struktur." Als typische Textfunktionen lassen sich verstehen (vgl. von Siebenthal, *Grammatik,* § 302): Informationsfunktion, Appellfunktion, Obligationsfunktion, Kontaktfunktion, Deklarationsfunktion, Unterhaltsfunktion.

„er" gemeint? Oder: Wozu sollen diese Informationen dienen? Eine Antwort auf solche und ähnliche Fragen ergibt sich (im Normalfall) aufgrund des sprachlichen und außersprachlichen Kontextes, aufgrund der Situation, in der die Wort- bzw. Satzkombination geäußert wird. Denkbar wäre etwa folgende Situation: A hat gegenüber B den Kollegen Kevin schon länger als unvernünftig handelnd beschrieben. Wenn A nun an B die Äußerung 5. richtet, dürfte sich bei B der Schluss aufdrängen, dass A den Kollegen Kevin (erneut) als unvernünftig handelnd hinstellen will, dass er einen (weiteren) Beweis für dessen unvernünftiges Handeln liefern möchte. Eine kommunikative Funktion dieser kohärenten Satzkombination wäre damit erkennbar. 5. ließe sich unter solchen Umständen als Text verstehen.

Dank dieser neuen Fokussierung der Linguistik auf Texte und auf deren Verwendung bei der sprachlichen Kommunikation sind ihre Erkenntnisse für das Bemühen um eine begründete Deutung biblischer Texte zweifellos von einigem Interesse, wie auch Sierszyn in seiner neuesten Publikation zur Hermeneutik betont.[17] Da diese Erkenntnisse auf einer Riesenmenge von vielfältigstem Datenmaterial basieren und weitgehend frei von einer wie auch immer gearteten Ideologisierung sind, steht ihr wissenschaftlicher Wert (im Normalfall) außer Frage. Einige wichtige Erkenntnisse zum Textverstehen möchte ich im nächsten Hauptpunkt vorstellen.

2. Das Textverstehen aus linguistischer Sicht[18]

Der integrative textlinguistische Ansatz, von dem wir hier ausgehen, erlaubt es, für das Textverstehen relevante Erkenntnisse verschiedener Wissenschaftsdiszipline[19] miteinander zu verbinden. Sechs der wichtigsten dieser Erkenntnisse werden in den nachfolgenden Abschnitten kurz beschrieben.

---

[17] Sierszyn, *Hermeneutik,* 52: „Linguistik und Literaturwissenschaft sind ergiebige Quellen für die Zusammenhänge von Sprache, Geist und Verstehen. Ihre Forschung [...] vermag über den Inhalt und die Art und Weise von Gottes Offenbarung manches präzisierend auszusagen."

[18] Etwas modifiziert aus von Siebenthal, *Grammatik,* § 308–314 (wo sich weitere Details finden).

[19] Neben der Linguistik sind dies vor allem die kognitive Psychologie und die Psycholinguistik (Gansel / Jürgens, *Textlinguistik,* 163).

2.1. Wissensbestände als Basis[20]

Die sprachliche Kommunikation baut darauf auf, dass die Beteiligten über verschiedene relevante Arten von Wissen verfügen. Wer einen Text verfasst, greift darauf zurück und erwartet, dass der Textrezipient[21] dies bei seinem Bemühen, den Text zu verstehen, ebenso tut. Solche „Wissensbestände", wie Thomas Fritz sie nennt, erlauben es uns, die Kohärenz eines Textes zu erkennen und alles übrige für das Textverstehen Relevante zu erschließen. Nach Fritz lassen sich folgende für die sprachliche Kommunikation relevanten Wissensbestände unterscheiden:

1. Das *grammatische Wissen*, das es erlaubt, die im Text verwendeten Wortformen und grammatischen Funktionswörter mit den gemeinten syntaktischen und textgrammatischen Funktionen zu verbinden. Dabei stützt man sich auf abgeschlossene Paradigmen: Flexionsmuster und Funktionswörter-Inventar (z. B. er, dieser, wegen, weil) des Deutschen wie der Bibelsprachen sind (im Prinzip) fixiert; auf jeden Fall lassen sie sich nicht individuell vermehren.

2. Das *kulturelle Wissen*, das sich unterteilen lässt in:

   - Das *lexikalische Wissen*, das es erlaubt, die Inhaltswörter des Textes mit den intendierten Inhalten zu verbinden. Hier spricht man von offenen Paradigmen: Die Zahl der lexikalischen Wörter lässt sich bei Bedarf vermehren.

   - *Welt- und Handlungswissen*, das es uns ermöglicht, grammatisches und lexikalisches Wissen einzusetzen, um bestimmte Sachverhalte beim Verfassen oder Vernehmen von Texten sinnvoll miteinander zu verbinden.

   - *Textwissen*, das es uns u. a. erlaubt, mit Textfunktionen und Textsorten sinnvoll umzugehen, so beim Textrezipienten das vom Textproduzenten Beabsichtigte, das Gemeinte, zu erkennen, wozu auch die Beziehungen zu anderen Texten gehören können (die Ebene der „Intertextualität", die auch im Umgang mit biblischen Texten eine wichtige Rolle spielt).

---

[20] Fritz, *Text,* § 1716–1718; Gansel / Jürgens, *Textlinguistik,* 114–116.

[21] Die Bezeichnung „Textrezipient" bezieht sich hier und im Folgenden auf die Person oder Personen, an die der Textproduzent seinen Text richtet, mit der oder denen er zu kommunizieren *beabsichtigt.*

2.2. Interaktion zweier Prozesse[22]

Beim Textverstehen interagieren zwei unterschiedlich orientierte, komplementäre Prozesse:

1. Der Bottom-up-Prozess:
   Der Textrezipient nimmt die lexikalisch-grammatischen Elemente des Textes wahr; er bestimmt die für diese Elemente in Grammatik und Wörterbuch vorgesehenen Funktionen und Inhalte mit Hilfe seines grammatischen und lexikalischen Wissens (s. o. 2.1; beim sogenannten Parsing [s. 2.3]); dann verarbeitet er das Ganze anhand seines Welt- und Handlungswissens einschließlich seines Textwissens (s. 2.1): Von der untersten Textebene der Schriftzeichen bzw. Laute gelangt er zur nächst höheren, der der Wörter und Wortformen mit den von diesen vermittelten begrifflichen Konzepten und Funktionen, von dieser wiederum zur dritten Ebene, der der Sätze und analog verwendeten Konstruktionen mit den von diesen signalisierten Propositionen, bis er schließlich zur obersten Ebene, der des Textes und des durch diesen kommunizierten Gesamtinhalts, gelangt.

2. Der Top-down-Prozess:
   Der Textrezipient setzt die im Bottom-up-Prozess verarbeiteten lexikalisch-grammatischen Text-Elemente im Zuge des Textverstehens laufend mit dem eigenen Wissen (s. 2.1) sowie mit eigenen Erfahrungen, Emotionen oder auch Fähigkeiten, mit dem „Top", in Beziehung. Es kommt zur (kontinuierlichen) Interaktion zwischen den beiden Prozessen. Hier und in vergleichbaren Zusammenhängen spricht man häufig von „hermeneutischem Zirkel" bzw. – treffender – von „hermeneutischer Spirale".[23] Ziel ist dabei stets, das vom Textproduzenten Gemeinte zu verstehen und die damit verbundenen Intentionen aufzuspüren. Bei diesem Prozess tritt über die lexikalisch-grammatische Gestalt des Textes hinaus die (kommunikative) Situation ins Blickfeld.

[22] Vgl. Gansel / Jürgens, *Textlinguistik,* 163–164.

[23] Hierzu vgl. Wolfgang Stegmüller, *Walther von der Vogelweides Lied von der Traumliebe und Quasar 3 C 273. Betrachtungen zum sogenannten Zirkel des Verstehens und zur sogenannten Theorienbeladenheit der Beobachtungen,* in: ders., Rationale Rekonstruktion von Wissenschaft und ihrem Wandel, Stuttgart, 1979, 27–86.

2.3. Parsing und Konstituenten[24]

Das Bestimmen der Funktionen und Inhalte von lexikalisch-grammatischen Elementen nennt man auch „Parsing“. Unter diesem Begriff lassen sich alle Bemühungen des Textverstehens subsumieren, von der grammatischen zur inhaltlichen Seite der Textstruktur zu gelangen, sei es auf der Satz- oder der Textebene. Nicht nur die Bestimmung der im Text verwendeten Wortformen, Satzglieder und Wortstellung bzw. Satzgliedfolge im Blick auf ihren Beitrag zum Inhalt der Sätze und des Textes zählt dazu, sondern auch die Auseinandersetzung mit lexikalischen Mehrdeutigkeiten und nicht zuletzt das Erschließen von Propositionen (bzw. gemeinter Sachverhalte).

Beachtenswert ist dabei die Erkenntnis, dass das Erschließen von propositionalen bzw. textlichen Inhalten nicht erst bei vollständigen Sätzen beginnt. Das Textverstehen setzt bereits beim Deuten der Konstituenten ein, der Wörter bzw. Wortgruppen und Nebensätze (sowie ähnlich verwendeten Konstruktionen), die – im typischen Fall – als Satzglieder auftreten. Es handelt sich bei diesen Konstituenten um „natürliche Bedeutungseinheiten“. Ihnen kommt beim Textverstehen offenbar psychische Realität zu. Denn Experimente haben gezeigt, dass Form A etwa des folgenden Textstücks besser zu verstehen ist als Form B:[25]

Form A:	Form B:
Im Zweiten Weltkrieg	Im Zweiten
verfolgten die Nationen	Weltkrieg verfolgten die
sogar skurrile Pläne	Nationen sogar skurrile
wenn sie nur hoffen ließen	Pläne wenn sie nur hoffen
dass der Krieg bald endet.	ließen dass der Krieg bald endet.

Das Textverstehen beginnt (im Normalfall) bei der ersten wahrgenommenen (und „geparsten“) Konstituente. Sie bildet die Basis für eine erste Textdeutungs-Hypothese. Diese wird beim Hinzukommen weiterer Konstituenten – im

[24] Vgl. Gansel / Jürgens, *Textlinguistik,* 164–166.

[25] So der Kognitionspsychologe J. R. Anderson (nach Gansel / Jürgens, *Textlinguistik*, 165).

Zuge der Bottom-up- und Top-down-Prozesse (s. 2.2) – laufend angepasst, bis man überzeugt ist, das vom Textproduzenten Gemeinte (adäquat) zu verstehen.

Setzt das Textverstehen tatsächlich bereits auf der Ebene der Konstituenten ein, so braucht Folgendes nicht zu überraschen: Sprachliche Kommunikation ist in vielen Fällen auch dann möglich, wenn keine vollständigen Standardsätze vorliegen. Die Vermittlung von Propositionen, ja von Textinhalten, kann bereits durch Wörter bzw. Wortgruppen geschehen, die sich nicht als (vollständige) Sätze einordnen lassen. Dies zeigt der verbreitete (offensichtlich erfolgreiche) Gebrauch von Texten im Telegramm- bzw. (aktueller) im SMS-Stil. In formelleren Zusammenhängen begegnen wir diesem Phänomen etwa bei Überschriften, Schlagzeilen, Ellipsen oder auch bei Partikeln wie Interjektionen (z. B. ha! im Sinn von „Wussten wir es doch, dass nichts daraus wird“ o. ä. in Mk 15,29).[26]

2.4. Hierarchische Propositionalstruktur von Texten[27]

Die wichtigste Einheit der inhaltlichen Seite eines Textes ist die Proposition bzw. der durch einen solchen repräsentierte Sachverhalt.[28] Beim Textverstehen geht es im Wesentlichen darum, die einzelnen Propositionen und ihre Beziehungen zueinander zu erkennen.

Im typischen Fall entspricht die Proposition dem Inhalt eines selbstständigen (affirmativen, aktiven) Behauptungssatzes, z. B. des Satzes:

> Salomo baute ihm ein Haus. (Apg 7,47)

---

[26] Bekannterweise besonders häufig in der mündlichen Sprachverwendung, z. B.: a) *Skalpell!* = „Reichen Sie mir das Skalpell!“, von einem Chirurgen im OP geäußert; b) *Wasser!* = „Gib mir Wasser!“, von einer Person geäußert, die halb verdurstet aus der Wüste kommt; c) *Mama!* = „Mama, ich brauche dich!“, von einem Kind geäußert.

[27] Vgl. neben Gansel / Jürgens, *Textlinguistik,* 166–169, Callow, *Man,* 150–155.

[28] Vgl. Bußmann, *Lexikon,* 558–559. Hier gehen wir von der Präzisierung des Propositions-Begriffs bei Callow, *Man,* 155, aus (Hervorhebungen im Original): „In our view, *a proposition represents the interweaving of concepts in the speaker's mind as he relates them together for some communicative purpose* […]. If the communication is successful (as most are), then the same proposition represents the way in which concepts interrelate in the hearer's mind as he listens.“

Eine Proposition setzt sich (meist) aus mehreren (begrifflichen) Konzepten (wie sie durch [lexikalische] Inhaltswörter ausgedrückt werden) zusammen, wobei eines davon den Aussage-Kern bildet. Meist handelt es sich bei diesem um ein *Vorgangskonzept*, hier „bauen".

Zum Kern treten gewöhnlich *Gegenstandskonzepte* wie „Salomo", „Haus" und (durch αὐτῷ ihm signalisiert) „Gott".

Statt des Vorgangskonzepts steht manchmal ein , z. B. „glauben" in Röm 4,3, oder auch ein *Zustandskonzept*, oft kombiniert mit einem *Eigenschaftskonzept*, z. B. „weise (Eigenschaftskonzept) sein (Zustandskonzept)" in Röm 16,19.

Im Übrigen ist Folgendes bemerkenswert:

1. Die Form des jeweiligen Satzes variiert von Sprache zu Sprache; die Proposition dagegen ist als inhaltliche Größe sprachunabhängig. Ob man nun z. B. sagt

   Salomo baute ihm ein Haus,

   Solomon built him a house,

   Salomon lui bâtit une maison oder (so im Original von Apg 7,47:)

   Σολομὼν οἰκοδόμησεν αὐτῷ οἶκον,

die Proposition, der Sachverhalt „Salomo baute ihm ein Haus", bleibt (bei gleichem Kontext) unverändert.

2. Eine Proposition, ein Sachverhalt wie „Salomo baute ihm ein Haus", kann in grammatisch unterschiedlich strukturierten Sätzen (inhaltlich modifiziert) erscheinen, z. B.:

   Salomo baute ihm ein Haus (prototypische Gestalt: Information, affirmativ, aktiv),

   Baute Salomo ihm ein Haus? (Entscheidungsfrage),

   Salomo baute ihm kein Haus (Information, negiert),

Ihm wurde von Salomo ein Haus gebaut (Information, affirmativ, passiv) oder

Salomo, baue ihm ein Haus! (Aufforderung, affirmativ).

Auch lexikalisch ließe sich die Proposition unterschiedlich ausdrücken, z. B.:

Der König errichtete Gott einen Tempel usw.

3. Propositionen werden nicht nur durch selbstständige Sätze (Hauptsätze) ausgedrückt, häufig geschieht dies auch durch abhängige Sätze (Nebensätze) oder satzwertige Partizipial- und Infinitivkonstruktionen, ja auch durch (grammatisch) nicht satzwertige Textteile, z. B.:

[…] dass Salomo ihm ein Haus baute (Nebensatz),

Ihm ein Haus bauend [tat Salomo das und das] (Partizipialkonstruktion),

[Salomo tat das und das], um ihm ein Haus zu bauen (Infinitivkonstruktion) oder

Durch den Bau eines Hauses für ihn [tat Salomo das und das] (nicht satzwertiger Textteil: Präpositionalgefüge mit einem Verbalsubstantiv [nomen actionis]).

Im typischen Fall enthält ein Text mehrere Propositionen. Dabei sind jeweils (gewöhnlich) zwei aufeinanderfolgende Propositionen inhaltlich besonders eng miteinander verknüpft. Diese inhaltliche Verknüpfung nennt man „Konnexion“. Die Art der Konnexion lässt sich etwa bei folgendem Beispiel leicht erschließen („Pp“ = Proposition):

Pp1: Fürchtet euch nicht:
Pp2: Ihr seid mehr wert als viele Spatzen. (Lk 12,7)

Die Konnexion ist hier kausaler Art: Für die Aufforderung von Pp1 liefert Pp2 einen Grund. Hier, wie öfter, wird die gemeinte Konnexion sprachlich nicht speziell signalisiert; sie ist (meist) aufgrund unseres kulturellen Wissens (s. 2.1) problemlos erschließbar. Häufiger wird sie jedoch durch Konnektoren sprachlich explizit gemacht. Z. B.:

Pp1: Fürchte dich nicht, Maria;
Pp2: denn (Konnektor) du hast Gnade bei Gott gefunden. (Lk 1,30)

Von den beiden Teilen einer Konnexion ragt meist ein Teil inhaltlich stärker heraus. Er leistet den inhaltlich-kommunikativ gewichtigeren Beitrag; der andere Teil dient vor allem dazu, diesen zu ergänzen oder zu stützen. In jedem der obigen Beispiele hat Pp1 das größere kommunikative Gewicht.[29] Es handelt sich jeweils um die Hauptinformation der Verbindung, um die Kern-Proposition (kurz „Kern"). Pp2 hat dabei lediglich eine ergänzende bzw. stützende Funktion: Sie liefert einen Grund (eine Begründung) für Pp1. In unseren Beispielen lässt sich der Konnexions-Typ als AUFFORDERUNG–Grund-Beziehung beschreiben (das großgeschriebene Etikett steht für den Kern). Man beachte: Die AUFFORDERUNG, also der Kern, ist für den Inhalt der jeweiligen Propositionsverbindung (im Kontext) gewichtiger, ja, unverzichtbar. Würde nämlich der im Kern enthaltene Sachverhalt, das, wofür der Rest den Grund zu liefern hat, wegfallen, so bliebe (in der Regel; im Kontext) nichts Sinnvolles übrig: Ein „Grund" wäre zwar vorhanden, doch das, was er begründen sollte, würde fehlen! Andererseits wäre der im Kern enthaltene Sachverhalt (im Kontext) auch ohne Grund (also ohne Nicht-Kern) sinnvoll: „Fürchtet euch nicht!"/„Fürchte dich nicht, Maria!".

Texte mit einem einzigen Propositionspaar sind eher selten. Meist sind mehrere solcher Mikrostrukturen vorhanden. Diese werden zu größeren Texteinheiten, zu Makrostrukturen, zu Gesamttexten, zusammengefügt. Dabei entstehen Propositionalstrukturen, die (gewöhnlich) hierarchisch aufgebaut sind, wie sich dies anhand des Textschaubildes etwa von Mt 13,45–46 veranschaulichen lässt:

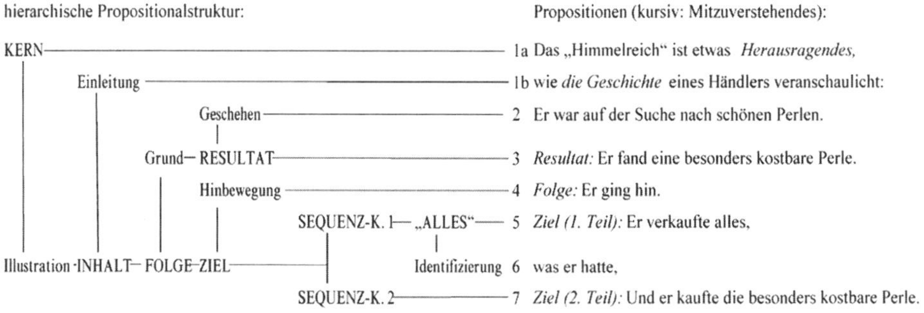

[29] Manche sprechen dabei von „Prominenz", einer Eigenschaft, der man auf verschiedenen Ebenen des Textes begegnet. Hierzu u. a. Callow, *Man,* 151–152; Fritz, *Text,* § 1751.

Pp6 identifiziert das (unverzichtbare) Konzept „ALLES“. „ALLES“ ist ein Teil von Pp5: „Er verkaufte alles“. Als Konnektor dient das Relativum „was“.

Zwischen Pp5 und Pp7 ist eine SEQUENZ-KERN 1–SEQUENZ-KERN 2-Beziehung mit zwei gleichgewichtigen Teilen zu erkennen. Als Konnektor steht das hierfür typische additive „und“.

Zu Pp4 „Er ging hin“ stehen Pp5 und Pp7 (samt der dazugehörigen Pp6) offenbar in einer Hinbewegung–ZIEL-Beziehung. Pp5–Pp7 ist im Unterschied zu Pp4 unverzichtbar und bildet daher den Kern dieser Beziehung. Im Original liegt hier eine Konnexion mit adverbialem Partizip (ἀπελθών er ging hin [und]) vor.

Pp5 und Pp7 (einschließlich der diesen untergeordneten Pp4 und Pp6) stehen – eine Hierarchiestufe höher – gemeinsam in einer Grund–FOLGE-Beziehung zu Pp3. Im Original liegt wieder eine Konnexion mit adverbialem Partizip vor (εὑρών … er fand … [und]).

Die Konnexion zwischen Pp2 und Pp3 (eine Hierarchiestufe tiefer) lässt sich gut als Geschehen–RESULTAT-Beziehung verstehen. Als Konnektor steht originalsprachlich das schwach adversative δέ „aber“. Hier dient es offenbar dazu, den Beginn der eigentlichen Erzählung, Pp3–7, zu signalisieren.

Hierarchisch weiter oben (eine Stufe über der Grund–FOLGE-Konnexion) ist zwischen Pp1b und dem Propositionskomplex Pp2–7 eine Einleitung–INHALT-Beziehung erkennbar, im Original eine Konnexion mit attributivem Partizip (ζητοῦντι der auf der Suche war).

Auf der höchsten Hierarchiestufe kann man von einer KERN–Illustration-Beziehung sprechen, die zwischen Pp1a und den übrigen Propositionen besteht (im Original durch ὁμοία ἐστιν gleicht signalisiert).

Im Blick auf das Erkennen bzw. Erschließen der Propositionalstruktur, besonders der gemeinten Konnexions-Typen (Beziehungsarten) ist Folgendes zu beachten:

1. Das sprachlich Ausgedrückte wird durch das Welt-, Handlungs- und Textwissen (s. 2.1; Top-down-Prozess, s. 2.2) ergänzt, das Gemeinte aufgrund des Gesagten erschlossen.

2. Auch hier bildet man (laufend zu optimierende) Deutungshypothesen. Dabei spielen wie sonst (vgl. 2.3) neben dem Wissen eigene Erfahrungen bzw. subjektive Bewertungen, Einstellungen und Überzeugungen eine häufig entscheidende Rolle.

3. Ziel bleibt aber stets die optimale Rekonstruktion des vom Textproduzenten Beabsichtigten, des von ihm Gemeinten.

2.5. Frames[30]

In vielen Fällen basiert das Textverstehen auf den Bereichen unseres Welt- und Handlungswissens (s. 2.1), die man als „Frames“ bzw. „Scripts“ bezeichnet.

Unter „Frames“ versteht man die Wissensbereiche, die statische Zusammenhänge betreffen, unter „Scripts“ solche, bei denen das Wissen über dynamische Zusammenhänge, u. a. über individuell und sozial richtiges und erfolgreiches Handeln, im Vordergrund steht. Da die Grenze zwischen Frames und Scripts fließend ist, scheint es sinnvoll, die beiden Bereiche (wie offenbar bei Gansel/Jürgens durchgeführt) unter der Bezeichnung „Frames“ zusammenzufassen.

Sobald beim Parsen und Verarbeiten von Konstituenten (s. 2.3) klar wird, dass von einem bestimmten Frame wie z. B. „Computer“ die Rede ist, wird man sich beim weiteren Verlauf des Verstehensprozesses auf diesen Frame einstellen und auf das zurückgreifen, was man über Computer weiß. U. a. wird man potenziell mehrdeutige Wörter wie etwa Drucker, Maus, Ordner, Programm, Dokument mit (begrifflichen) Konzepten der Computerwelt verbinden. Auch in den Textpropositionen angesprochene Handlungsabläufe wie „Hochfahren“, „Herunterfahren“, „Anmelden“, „Abmelden“ usw. würde man im Licht dieses Frames sinnvoll einordnen. Beim Verstehen biblischer Texte spielen Frames ebenfalls eine wichtige Rolle. Dazu zählen Wissensbereiche wie „Opferbräuche“, „Tempel“, „kultische Reinheit“, „Festzeiten“, „Rechtsprechung“, „Hausbau“, „Ackerbau“, „Viehzucht“, „Fischerei“, „Schifffahrt“, „Familienstrukturen“, „Hochzeit“, „Trauerbräuche“ usw.

---

[30] Vgl. Fritz, *Text,* § 1916f; Gansel / Jürgens, *Textlinguistik,* 169–171.

2.6. Mitzuverstehendes[31]

In allen Phasen des Textverstehens greift man einerseits auf das zurück, was durch die lexikalisch-grammatischen Elemente signalisiert wird (was sich aus dem Parsing ergibt; s. 2.3), andererseits aber auch auf all das, was im Licht des textlichen und außertextlichen Zusammenhangs über das explizit Ausgedrückte hinaus mit gemeint,[32] mitzuverstehen ist. Das Erschließen des Mitzuverstehenden geschieht mit Hilfe des vorausgesetzten kulturellen Wissens, d. h. des vorausgesetzten lexikalischen, Welt-, Handlungs- und Text-Wissens (s. 2.1). Eine wichtige Rolle spielen dabei u. a die (logischen oder semantischen) Präsuppositionen, d. h. das Voraussetzungswissen, das mit Ausdrücken oder Äußerungen (auch mit deren Verneinung) verbunden ist und beim Textverstehen aktiviert wird. Nach Gansel/Jürgens lassen sich drei Typen unterscheiden (172–173):

1. *Existenzpräsuppositionen*: Mitzuverstehen ist, dass etwas wirklich existiert. Steht z. B. im Text „Als Jesus in das Haus des Petrus kam, sah er, dass dessen Schwiegermutter mit Fieber im Bett lag." (Mt 8,14), ist mitzuverstehen, a) dass Petrus ein Haus hatte und b) dass er eine Schwiegermutter hatte (und somit verheiratet war).

2. *Faktive* (faktisch machende) *Präsuppositionen*: Mitzuverstehen ist, dass eine Aussage wahr ist. Man begegnet solchen Präsuppositionen bei bestimmten Verben, die einen „dass"-Satz (abhängiger Behauptungssatz) zum Objekt oder Subjekt haben. Steht im Text etwa das Satzgefüge „Dass er ihn von den Toten auferweckt hat, um ihn nicht mehr zur Verwesung zurückkehren zu lassen, hat er wie folgt angekündigt: [...]" (Apg 13,34), ist Folgendes mitzuverstehen: Es ist wahr, dass er ihn von den Toten auferweckt hat, um ihn nicht mehr zur Verwesung zurückkehren zu lassen.

---

[31] Vgl. Gansel / Jürgens, *Textlinguistik,* 171–173.

[32] Man beachte: Das Gemeinte ist in vielen Fällen nicht mit dem explizit Gesagten gleichzusetzen. Häufig wird zwar etwas gesagt; gemeint ist aber etwas anderes oder etwas Zusätzliches, das darüber hinaus geht. Man denke etwa an die nichtwörtliche Rede, wie sie bekannterweise bei Stilfiguren wie Metaphern und bei rhetorischen Fragen anzutreffen ist. Vergleichbares kommt aber auch in sehr vielen anderen Fällen vor. Z. B. kann eine Aussage als Bitte oder Entschuldigung gemeint sein, so etwa wenn ein Autofahrer, dessen Auto im Halteverbot steht, sagt: „Ich habe eine Reifenpanne" – grammatisch betrachtet eine Aussage, die dem Pannendienst gegenüber aber als Bitte und der Polizei gegenüber wohl als Entschuldigung gemeint ist.

3. *„Kategorielle Präsuppositionen"*: Das Mitzuverstehende ergibt sich aus lexikalisch-semantischen Eigenschaften bestimmter („implikativer") Verben. Verwendet der Textproduzent in einer Situation z. B. das Verb „antworten", ist mitzuverstehen, dass davor jemand etwas geäußert hat, im Fall von „retten", dass die betroffene Größe in (ernster) Gefahr ist, oder etwa bei „stehlen", dass es sich bei der Objektgröße um fremdes Eigentum handelt.

3. Das Kooperationsprinzip

Bei der Erforschung sprachlicher Kommunikationsprozesse sucht man auch zu klären, welche Faktoren für das Gelingen von Kommunikationsversuchen verantwortlich sind. Dies hat u. a. zur Formulierung einer Reihe von Kommunikationsprinzipien geführt. Grundlegend waren dabei die Forschungen des britischen Sprachphilosophen Paul Grice.[33] Sein Ansatz ist zwar im Licht weiterer Forschung in verschiedenen Teilen modifiziert worden; doch in seinen Grundzügen dient er heutzutage nach wie vor den meisten Spezialisten als Ausgangspunkt.[34] Dies gilt auf jeden Fall für das letztlich alle relevanten Faktoren umfassende Kooperationsprinzip, das in den nachfolgenden Abschnitten unter drei Gesichtspunkten thematisiert wird:

1. Die Kooperation als entscheidender Faktor;
2. Beschreibungsmöglichkeiten der Kooperation;
3. Das Kooperationsprinzip und der Umgang mit biblischen Texten.

3.1 Die Kooperation als entscheidender Faktor[35]

Beim erfolgreichen sprachlichen Kommunizieren nimmt das Kooperationsprinzip unbestritten einen besonderen Rang ein. Ja, die Kooperation ist der entscheidende Faktor. Dass Textproduzent und Textrezipient in geeigneter Weise miteinander kooperieren, ist eine unverzichtbare Voraussetzung für die sprachliche Kommunikation mit Hilfe von Texten. Sprachliche Kommunikation lässt sich als eine Art gemeinschaftlichen Problemlösens beschreiben. Das Problem des Textproduzenten besteht darin, den Textrezipienten dazu zu bringen, den Text so zu verstehen, wie er gemeint ist, und den Text entsprechend zu gestal-

---

[33] Grice, *Logic*, 21–40.

[34] Vgl. Wilson / Sperber, *Meaning*, 1–27.

[35] Die Kerngedanken verdanke ich Akmajian, *Linguistics*, 370–387.

ten. Dem Textrezipienten stellt sich das Problem, aus diesem Text das Gemeinte zu erschließen. Dieses gemeinschaftliche Problemlösen ist (im Normalfall) deshalb erfolgreich, weil die Beteiligten (typischerweise) um Kooperation bemüht sind, indem jede Seite das hierfür Geeignete tut.

Der kooperative Textproduzent wählt geeignete Wörter aus, d. h. solche, die es dem Textrezipienten erlauben, auf der Basis des verfügbaren grammatischen und kulturellen Wissens die konkret gemeinten Gegenstände, Vorgänge, Beziehungen, Zustände und Eigenschaften zu erschließen; und er verbindet diese Wörter in geeigneter Weise zu Sätzen und diese zu Satzkomplexen, d. h. in einer Weise, die es dem Textrezipienten ermöglicht, aufgrund des verfügbaren Wissens die gemeinten Aussagen (Propositionen bzw. Sachverhalte) und die gemeinten Beziehungen zueinander wie auch den gemeinten (als kohärent erkennbaren) Gesamtinhalt des Textes samt dessen kommunikativer Funktion zu erschließen.

Als nicht (ausreichend) kooperativ würde sich ein Textproduzent erweisen, wenn er seinen Text nicht in geeigneter Weise gestalten würde, wenn er z. B. das dem anvisierten Textrezipienten verfügbare Wissen nicht berücksichtigen würde. Das Kommunikationsziel könnte verfehlt werden, entweder dadurch, dass er einen zu schwierigen (nicht verstehbaren) oder dann einen zu einfachen (und daher als uninteressant empfundenen) Text schafft.

Der kooperative Textrezipient begibt sich bereitwillig in die beiden interagierenden Prozesse (Bottom-up und Top-down; s. o. 2.2) hinein: Er parst (s. o. 2.3) die wahrgenommenen Textelemente (Konstituente um Konstituente) und verbindet das Geparste mit seinem Wissen, seinen Erfahrungen, Emotionen oder auch Fähigkeiten, erschließt die konkret gemeinten Gegenstände, Vorgänge, Beziehungen, Zustände und Eigenschaften sowie die gemeinten Propositionen bzw. Sachverhalte, das gemeinte Beziehungsgeflecht zwischen den Propositionen und schließlich den gemeinten (als kohärent erkennbaren) Gesamtinhalt des Textes samt dessen kommunikativer Funktion. Die beim Texteinstieg gebildeten ersten Textdeutungs-Hypothesen passt er während des Parsens – im Zuge der Bottom-up- und Top-down-Prozesse – laufend an, bis er überzeugt ist, dass er das Gemeinte (adäquat) verstanden hat.

Als nicht (ausreichend) kooperativ müsste ein Textrezipient gelten, wenn er z. B. trotz verfügbaren Wissens nicht bereit wäre, sich in die Bottom-up- und Top-down-Prozesse hinein zu begeben, bzw. wenn er die Textelemente nicht oder nur halbherzig parsen würde. Das Kommunikationsziel könnte so trotz der Kooperationsbereitschaft des Textproduzenten verfehlt werden.

Es besteht kein Zweifel: Textproduzent und Textrezipient müssen zur Kooperation bereit sein, wenn die Kommunikation mit Hilfe von Text gelingen soll.

3.2 Beschreibungsmöglichkeiten der Kooperation

Die Kooperation der Beteiligten ist, wie eben dargelegt, die unverzichtbare Voraussetzung für gelingende sprachliche Kommunikation. Wie lässt sich aber diese Kooperation genauer beschreiben? Was genau tun Textproduzenten und Textrezipienten, wenn sie kooperieren, und vor allem weshalb tun sie das, was sie dabei tun? Von einem Konsens über die Antwort auf diese Fragen ist man in der (linguistischen) Pragmatik noch um einiges entfernt. Zwei herausragende Möglichkeiten möchte ich hier kurz vorstellen, die erste detaillierter als die zweite.

3.2.1. Das Inferenzmodell

Das Inferenzmodell geht in der Substanz auf Grice zurück. In etwas modifizierter Form setzt man sich u. a. in der Einführung in die sprachliche Kommunikation, die von Adrian Akmajian und anderen verfasst ist und international als Standardwerk angesehen wird, für dieses Modell ein.[36]

Nach dem Inferenzmodell basiert die für eine gelingende Kommunikation erforderliche Kooperation auf verschiedenen gemeinsamen Überzeugungen: Textproduzent und Textrezipient gehen (gewöhnlich) beide von bestimmten Grundannahmen aus. Gleichzeitig sind sie mit einer Reihe von „Inferenzstrategien" – Teil ihres Textwissens (s. 2.1) – vertraut, d. h. mit Mustern bzw. Regeln, die es erlauben, aus sprachlichen Äußerungen schrittweise das Gemeinte, d. h. das sprachlich explizit Kommunizierte wie auch das Mitzuverstehende, zu erschließen (zu „inferieren").

a) Die Grundannahmen lauten (nach Akmajian):[37]

1. Sprachannahme:
Wenn nichts auf das Gegenteil hindeutet, wird angenommen, dass der

---

[36] Akmajian, *Linguistics,* 370–387.

[37] Die deutsche Ausformulierung und begriffliche Anpassung an das vorliegende Thema stammen von mir.

Textrezipient in der Lage ist, die Bedeutung und die Referenzgrößen eines Ausdrucks im Kontext, in dem er geäußert wird, festzustellen.

2. Kommunikationsannahme:
   Wenn nichts auf das Gegenteil hindeutet, wird angenommen, dass der Textproduzent mit einer identifizierbaren kommunikativen Absicht spricht/schreibt.

3. Wörtlichkeitsannahme:
   Wenn nichts auf das Gegenteil hindeutet, wird angenommen, dass der Textproduzent die Sprache wörtlich (in eigentlicher Bedeutung) gebraucht.

4. Konversationsannahmen:

Relevanz:	Das, was der Textproduzent sagt, ist für die Konversation relevant.
Aufrichtigkeit:	Der Textproduzent ist aufrichtig.
Wahrhaftigkeit:	Der Textproduzent versucht, etwas zu sagen, was wahr ist.
Quantität:	Der Textproduzent steuert die erforderliche Menge an Information bei.
Qualität:	Der Textproduzent hat für das, was er sagt, ausreichende Beweise.

b) Folgende Inferenzstrategien erlauben es (nach Akmajian), das Gemeinte, d. h. das sprachlich explizit Kommunizierte wie auch das Mitzuverstehende, zu erschließen, zu „inferieren“; dabei darf das als gemeint gelten, was im Licht der obigen Grundannahmen als kontextuell am angemessensten erscheint:

Direkte Strategie:

Schritt 1: Wahrnehmung einer Konstituente durch den Textrezipienten.

Schritt 2: Die intendierten lexikalisch-grammatischen Bedeutungen/Funktionen werden erschlossen.

Schritt 3: Das, worauf sich der Textproduzent konkret bezieht („Referenz"), wird erschlossen.

Schritt 4: Das direkt (explizit und wörtlich) Kommunizierte wird erschlossen.

↓

Der Textrezipient erkennt,
was der Textproduzent direkt (explizit) kommunizieren würde,
wäre dieses wörtlich zu verstehen
(Inhalt ohne Berücksichtigung von eventuell nichtwörtlich Gemeintem und Mitzuverstehendem)

↓ ↓

Wörtliche Strategie:

Schritt 5: Wörtliche Deutung ist kontextuell angemessen.

Schritt 6: Schlussfolgerung:
Das Gesagte ist wörtlich zu verstehen.

↓

Der Textrezipient erkennt,
was der Textproduzent (direkt [explizit]) und
wörtlich kommuniziert
(Inhalt ohne eventuell Mitzuverstehendes)

Nichtwörtliche Strategie:

Schritt 5': Wörtliche Deutung ist kontextuell unangemessen.

Schritt 6': Schlussfolgerung:
Das Gesagte ist nicht wörtlich gemeint; es ist als Stilfigur zu deuten.

↓

Der Textrezipient erkennt,
was der Textproduzent (direkt [explizit]) und
nichtwörtlich kommuniziert
(Inhalt ohne eventuell Mitzuverstehendes)

↓

Indirekte Strategie:

Schritt 7: Es wäre kontextuell unangemessen, wenn der Textproduzent neben dem direkt (explizit) Kommunizierten nicht zusätzlich noch etwas indirekt kommunizieren würde.

Schritt 8: Das indirekt Kommunizierte, das Mitzuverstehende, wird erschlossen.

↓

Der Textrezipient erkennt,
was der Textproduzent zusätzlich indirekt (implizit) kommuniziert, das Mitzuverstehende.
Er hat damit das Gemeinte erschlossen.

3.2.2. Die Relevanztheorie

Bei der Beschreibung des Kooperationsverhaltens der an der Kommunikation Beteiligten bezieht sich das Inferenzmodell – wie oben kurz dargestellt – vor allem auf Grundannahmen und Inferenzstrategien. Für die seit 1986 immer einflussreichere Relevanztheorie von Deirdre Wilson und Dan Sperber ist zwar die von Grice formulierte Beschreibung des Verstehensprozesses von grundlegender Bedeutung; bei ihrem eigenen Modell steht jedoch die „Relevanz" als entscheidende Triebfeder des Kooperationsverhaltens im Vordergrund. Mit „Relevanz" ist in etwa die Eigenschaft gemeint, die oben wiederholt durch das Adjektiv „geeignet" sowie im Abschnitt über das Inferenzmodell durch den Ausdruck „als kontextuell am angemessensten" beschrieben wurde. Die „Relevanz" bestimmt laut Relevanztheorie sämtliche Bereiche des Kommunikationsprozesses. Die das Kooperationsverhalten bestimmende „Relevanz“ wird dabei in den größeren Zusammenhang des kognitiven Verhaltens des Menschen gestellt, das von einer Tendenz zur Relevanzmaximierung bestimmt ist. Angewandt auf die sprachliche Kommunikation bedeutet dies u. a.: Jeder als solcher erkennbare Kommunikationsakt lässt von der Annahme ausgehen, dass er von optimaler Relevanz ist.[38] Äußert sich ein Sprecher/Schreiber, so gibt er dadurch (im Normalfall) zu verstehen, dass die Äußerung so relevant ist, dass es sich für den Hörer/Leser lohnt, das vom Sprecher/Schreiber Gemeinte zu erschließen.[39] Bei der Suche nach dem Gemeinten soll der Hörer/Leser gemäß Relevanztheorie[40] a) die Deutung der Äußerung auf dem Weg des geringsten Aufwandes ausfindig machen (auch speziell im Umgang mit Mehrdeutigem oder undeutlichen Bezügen, beim Erschließen von Mitzuverstehendem usw.) und b) mit der Suche dann aufhören, wenn sich seine Relevanzerwartungen erfüllt haben.

Zwar sind für eine völlig sachgerechte Beschreibung des Kooperationsverhaltens wohl weitere Forschungen erforderlich; dennoch erlauben uns diese beiden Möglichkeiten, das Kooperationsprinzip in wichtigen Bereichen adäquat zu verstehen und dadurch die weiter oben vorgestellten Erkenntnisse bei der Deutung von Texten optimal einzusetzen.

3.3. Das Kooperationsprinzip und der Umgang mit biblischen Texten

Das Kooperationsprinzip, durch Inferenzmodell und Relevanztheorie erhellt, vermag uns, wie ich meine, auch im Umgang mit biblischen Texten zu besser begründeten Sichtweisen zu verhelfen. Da sich diese Sichtweisen aus dem wissenschaftlichen Umgang mit Texten allgemein ergeben, plädiere ich dafür, dass man sie beim Deuten biblischer Texte als Standard-Sichtweisen („Default“) behandelt, von denen man nur in gut begründeten Fällen abweicht.

---

[38] Nach Wilson / Sperber, *Meaning,* 6, „kommunikatives Relevanzprinzip“ („Communicative Principle of Relevance”): „Every act of overt communication conveys a presumption of its own optimal relevance.”

[39] Nach Wilson / Sperber, *Meaning,* 7, „Annahme optimaler Relevanz” („Presumption of optimal relevance”): „(a) The utterance is relevant enough to be worth processing. (b) It is the most relevant one compatible with the communicator’s abilities and preferences.”

[40] Nach Wilson / Sperber, *Meaning,* 7, „Relevance-guided comprehension heuristic“: „(a) Follow a path of least effort in constructing an interpretation of the utterance […] (b) Stop when your expectations of relevance are satisfied.”

Auch bei der durch die biblischen Texte angestrebten Kommunikation handelt es sich um eine Art gemeinschaftlichen Problemlösens mit dem/den biblischen Textproduzenten auf der einen und dem/den – anvisierten – Textrezipienten auf der anderen Seite. Dieses gemeinschaftliche Problemlösen ist dann erfolgreich, wenn beide Seiten um Kooperation bemüht sind und das hierfür Geeignete tun.

Am Kooperationsbemühen des/der biblischen Textproduzenten gibt es aus Sicht der allgemeinen linguistischen Pragmatik prinzipiell keinen begründeten Zweifel, wie die oben vorgestellten Prinzipien sowohl des Inferenzmodells als auch der Relevanztheorie deutlich machen: Grundsätzlich – d. h. ohne kontextuelle Hinweise auf das Gegenteil – kann auch bei biblischen Texten (so die Relevanztheorie) von optimaler Relevanz ausgegangen werden bzw. speziell (gemäß Inferenzmodell) u. a. davon, dass der Textproduzent eine identifizierbare kommunikative Absicht erkennen lässt, dass das, was er sagt, wörtlich zu verstehen ist, auch dass er aufrichtig ist, dass er versucht, etwas zu sagen, was wahr ist, dass er die erforderliche Menge an Information beisteuert und dass er für das, was er sagt, ausreichende Beweise hat.

Bei der Deutung der biblischen Texte stellt sich bekanntlich in vielfältiger Weise die Frage, wer denn als Textproduzent anzusprechen und damit für die jeweilige kommunikative Absicht verantwortlich ist. Ist uns an einer sachgerechten Textdeutung gelegen, so sollte – wie ich meine – mit solchen Fragen äußerst umsichtig verfahren werden. Ich erlaube mir, hierzu einige methodologische Anregungen zu geben, wie sie mir u. a. der hier vertretene linguistisch-pragmatische Ansatz nahezulegen scheint:

1. Die Angaben, die der Text selbst im Hinblick auf den/die Textproduzenten macht, sollten ernst genommen werden und nicht ohne solide Begründung außer Acht gelassen werden.

2. Zunächst sollten die Texte in der vorliegenden Form als kohärente Größen behandelt und gedeutet werden, hinter denen (mindestens in der uns heute zugänglichen Form) typischerweise jeweils ein einziger Textproduzent steht, der speziell auch für die kommunikative Absicht des Textes verantwortlich ist.

3. Wenn sich – wissenschaftlich einwandfrei begründet – eine Aufteilung eines Textes in zwei oder mehrere Teiltexte mit unterschiedlichen Textproduzenten und kommunikativen Absichten nahelegt, ist es für eine optimale Textdeutung erforderlich, die Beziehung der Teiltexte zum Gesamttext mit ins

Blickfeld zu nehmen. Die kommunikative Absicht des Gesamttextes dürfte typischerweise nicht mit der Summe der kommunikativen Absichten der dazugehörigen Teiltexte gleichgesetzt werden.[41] Auch müsste mit der Möglichkeit gerechnet werden, dass durch den Gesamttext und die dazugehörigen Teiltexte unterschiedliche Textrezipienten anvisiert werden, für die im jeweiligen Text auch Unterschiedliches relevant sein könnte.

Angewandt auf den Umgang mit biblischen Texten würde dies u. a. Folgendes bedeuten: Der uns vorliegende Gesamtkanon der Bibel stellt einen Gesamttext dar, der eine größere Zahl von Teiltexten umschließt. Mit diesen Teiltexten lassen sich zunächst unterschiedliche Textproduzenten, kommunikative Absichten und anvisierte Textrezipienten verbinden, die bei der Textdeutung sorgfältig zu berücksichtigen sind. Den Teiltexten wird man aber nur dann optimal gerecht, wenn man deren Beziehungen zum Gesamttext ernst nimmt, und dies nicht zuletzt im Blick auf den (spätestens) auf dieser Ebene erschließbaren Textproduzenten (sprich – theologisch ausgedrückt – den sich offenbarenden Schöpfer des Universums), seine kommunikative Absicht, die von ihm anvisierten Textrezipienten (d. h. die Menschheit, der sich der Schöpfer offenbart) und die hiermit verbundene Relevanz. Wie bei nichtbiblischen Gesamttexten bildet auch hier der uns vorliegende (kanonische) Gesamttext den Zusammenhang, der über die letztliche kontextuelle Angemessenheit von Deutungen der Teiltexte entscheidet.

Soll die durch die biblischen Texte angestrebte Kommunikation gelingen, muss selbstverständlich zum Kooperationsbemühen des/der Textproduzenten auch das der anvisierten Textrezipienten hinzukommen. Mit Blick auf die Textdeutung ließe sich dieses – wie ich meine – etwa so beschreiben:

1. In einem ersten Schritt sollte man sich unter Einsatz aller verfügbaren Mittel bemühen, gleichsam in die Rolle des/der durch den jeweiligen Teiltext anvisierten Textrezipienten zu schlüpfen und sich so „kooperativ" wie möglich zu verhalten, um die auf dieser Ebene angestrebte Kommunikation optimal gelingen zu lassen.

2. In einem zweiten Schritt gilt es, – wie oben angeregt – die Beziehungen des jeweiligen Teiltextes zum kanonischen Gesamttext ins Blickfeld zu nehmen und sich dabei mit allem Ernst als (spätestens) auf dieser Ebene vom (göttli-

[41] Es ist hier ähnlich wie beim Verhältnis zwischen einem Text und den dazugehörigen Einzelsätzen: Das Ganze ist mehr als die Summe seiner Einzelteile.

chen) Textproduzenten anvisierter Textrezipient „kooperativ“ zu verhalten. Wenn die durch den kanonischen Gesamttext angestrebte Kommunikation auf dieser Ebene gelingt und damit das aus dieser Perspektive Relevante vermittelt wird, ist zu erwarten, dass sich die (verschiedentlich auch als unbefriedigend empfundenen) Deutungsergebnisse der Teiltextebene sinnvoll einordnen lassen.

Das Gelingen der auf der kanonischen Ebene angestrebten Kommunikation – mit den sich aus dieser ergebenden Hauptabsichten für Gesamtkanon und Teiltexten – ist naturgemäß dann gefährdet, wenn anvisierte Textrezipienten die Relevanz des Textes nicht erkennen bzw. die Kooperation verweigern. Daran kann – wie ich meine – letztlich nur ein besonderes Einwirken des göttlichen Textproduzenten (theologisch ausgedrückt: die Gnade) etwas ändern.

Fazit

Die durch die linguistische Pragmatik erhellten Textverstehensprozesse, speziell auch das immer deutlichere Konturen annehmende Kooperationsprinzip ermöglicht es – wie ich meine –, sich bei der Deutung biblischer Texte in einem breiter abgestützten theoretischen Rahmen zu bewegen und damit in wichtigen Bereichen zu besser begründbaren Ergebnissen zu gelangen.

Jürg Buchegger

Hermeneutik der Gnade – Überlegungen zu einer Hermeneutik aus offenbarungstheologischer Perspektive

Meinem Lehrer Prof. Dr. Armin Sierszyn zum 70. Geburtstag

1. Einführung

Die erneute Lektüre von Armin Sierszyns Buch „Die Bibel im Griff?“[1] und die eigene langjährige Beschäftigung mit Fragen der theologischen Hermeneutik waren Anstoß zu diesem Beitrag. Er will anknüpfend an Sierszyns Beiträge nicht mehr als eine Skizze zu einer Hermeneutik[2] aus offenbarungstheologischer Perspektive sein. Jenes Buch erschien erstmals 1978 und wurde 23 Jahre später, nur um ein Vorwort zur Neuauflage und einen kurzen Literaturnachtrag erweitert, 2001 neu aufgelegt. Der Untertitel macht(e) klar, dass in diesem Buch „die historisch-kritische Denkweise“ einer fundamentalen Kritik unterzogen und dem Interpretationsrahmen einer „biblischen Theologie“ gegenübergestellt wird. Der Autor begründete die Tatsache eines „bloßen“ Nachdrucks einerseits mit dem Hinweis darauf, dass auch heute noch ein „gewisser historisch-kritischer Grob-Konsens [...] an den deutschsprachigen staatlichen Fakultäten gleich einer Zitadelle verteidigt“[3] wird. Und: „Zur Erkenntnis und zur Überwindung des historisch-kritischen Geistes ist eine Aktualisierung der Diskussion und Literatur nicht zwingend. Das Anliegen ist ein grundsätzliches, systematisch-fundamentales sowie ein seelsorgerliches.“[4] Tatsächlich werden in dem Buch, – insbesondere mit einem längeren Abschnitt zur Wissenschaftsfrage, mit

[1] Armin Sierzsyn, *Die Bibel im Griff? Historisch-kritische Denkweise und biblische Theologie*, Wuppertal, 1978 (Nachdruck 2001: Holzgerlingen). Zitiert wird die Ausgabe von 2001.

[2] Mit „Hermeneutik“ meine ich hier sehr breit die „Lehre der Interpretation“. Aus philosophischer Sicht vgl. dazu Hans-Georg Gadamer, Art. *Hermeneutik*, in: HWPh Bd. 3, 1974, 1061–1073. Zur Hermeneutik aus theologischer Perspektive ermöglichen die Artikel in der TRE und RGG⁴ einen guten Einstieg.

[3] Sierszyn, *Bibel im Griff*, 8.

[4] Ebd., 9.

ausführlichen Ausführungen zum Geschichtsbegriff und Überlegungen zur Methodenfrage –, grundlegende Themenbereiche einer (theologischen) Hermeneutik besprochen, ohne dass allerdings „Hermeneutik" zum eigenständigen Thema wird. Das Buch hat tatsächlich seine Aktualität bis in unsere Zeit nicht nur wegen einer Illustration aus der Welt der „Computer" (S. 145, und das 1978!) beibehalten, sondern es fordert bis heute den mit der historisch-kritischen Methode in all ihren Schattierungen unzufriedenen Theologen auf, zu einer alternativen Zugangs- und Verstehensweise des biblischen Wortes als Offenbarung Gottes zu gelangen. Was schlägt Sierszyn dazu vor? Etwas verkürzt gesagt, stellt er der Methodik und Denkweise der historischen Kritik als Alternative eine *Theologie* der Gnade gegenüber. Das ist sowohl die Stärke als auch die Schwäche des Buches. Denn: Kann das genügen? Bei aller notwendigen und richtigen Betonung der „Theologie als Geschenk der Gnade" stellt sich die Frage: Reicht das Insistieren auf der Gnade aus, damit der Leser der Bibel zu einem angemessenem Verstehen der Bibel gelangt? Ich meine nicht. Denn mit der Frage „Die Bibel im Griff?" ist nicht nur das Verhältnis von Theologie und Methodik zur Diskussion gestellt. Vielmehr steht damit die Frage nach einer der Bibel angemessenen Verstehenslehre, also der Hermeneutik im Raum. Und diese umfasst über die durch die historisch-kritische Methode direkt aufgeworfenen Fragen hinaus grundlegendere (Erkenntnis- und Verstehensproblematik) und weitere (insbesondere Fragen der Sprachtheorie) Themenbereiche. Und: Hermeneutik reflektiert den Verstehensvorgang innerhalb einer Verstehensspirale (siehe dazu unten) und es kann deshalb aus hermeneutischer Sicht die historisch-kritische Methode nicht gleichsam „von außen" kritisch analysiert und geradlinig durch eine „biblische Theologie" ersetzt werden.

Erfreulicherweise hat Sierszyn 2010 mit seiner Studie „Christologische Hermeneutik"[5] auf einige der eben gemachten Anfragen geantwortet. Der dort spürbar aufgenommene Impuls durch die Arbeit von Hans-Georg Gadamer entspricht dem, was ich im Folgenden anregen möchte: Eine Hermeneutik der Bibel von einem „offenbarungstheologischen Standpunkt"[6] aus muss Auskunft geben über ihre zugrundeliegende Erkenntnislehre, Sprachphilosophie und ihr Geschichtsverständnis.

---

[5] Armin Sierszyn, *Christologische Hermeneutik. Eine Studie über Historisch-kritische, Kanonische und Biblische Theologie mit besonderer Berücksichtigung der philosophischen Hermeneutik von Hans-Georg Gadamer*, STB 3, Münster, 2010.

[6] Vgl. den Untertitel bei Jacob Thiessen, H*ermeneutik der Bibel. Grundsätze zur Auslegung und Anwendung biblischer Texte, Ein offenbarungstheologischer Standpunkt*, Muldenhammer, 2009.

Der vorliegende Aufsatz will in einem ersten Abschnitt darauf hinweisen, dass die Fundamentalkritik an der historisch-kritischen Methode und einiger ihrer philosophischen Voraussetzungen zu Recht zu einer offenbarungstheologischen Alternative führt. Gleichzeitig ist damit aber noch keineswegs eine Antwort darauf gegeben, was denn nun bibelgemäße Auslegung und rechtes Verstehen des Bibelwortes bedeutet. Der Hinweis auf den Gnadencharakter jeder biblischen Theologie gewährt noch keine der Bibel angemessene Interpretation, weil Grundfragen der Erkenntnisproblematik ausgeblendet bleiben.

Im Folgenden soll im Sinne einer Weiterführung des Anliegens von Sierszyn erläutert werden, warum neben dem Wissenschafts- und Geschichtsverständnis in gleichem Maße auch sprachphilosophische Grundfragen zum Fundament einer Hermeneutik aus offenbarungstheologischer Perspektive gehören müssen. Und mit der Frage des Verstehens der Offenbarung öffnet sich in einem zweiten Schritt das große und weniger „beackerte" Feld der Anwendung oder Applikation des Gehörten und Verstandenen. Es wird damit deutlich werden, dass innerhalb einer *Theologie* auch eine „*Hermeneutik* der Gnade" als echte Alternative anderen Interpretationsmodellen gegenübergestellt werden muss. Ein kurzer Ausblick versucht schließlich zu skizzieren, von welchen Ansätzen dabei profitiert werden könnte.

2. „Ausgangspunkt": Offenbarung als Gnade

Die Stärke beider Bücher von Sierszyn liegt zweifellos in der schonungslosen Aufdeckung historisch-kritischer Denkweise und jeglicher Form von technisch-herstellender Methodik als Versuchung zur eigenen, menschlichen Gerechtigkeit. Der Mensch als Ausgangspunkt des Nachdenkens und Verstehens führt unweigerlich zum Versuch, die „Bibel im Griff" haben zu wollen. Dagegen betont das Buch von 1978 die *theologische* Dimension der Hermeneutik[7] und setzt konsequent bei der (Selbst)Offenbarung Gottes ein. Wie ist dieser Ansatz aufgegriffen oder weiterentwickelt worden? Im deutschsprachigen Raum hat etwa zur selben Zeit auch Gerhard Maier „das Ende der historisch-kritischen Methode"[8] ausgerufen, und seine Kritik bewegt sich in ähnlichen Bahnen. Seine

[7] Dagegen will neuerdings wieder Oda Wischmeyer, *Hermeneutik des Neuen Testaments*, Tübingen, 2004, ohne theologische Dimension in der Hermeneutik auskommen.

[8] Gerhard Maier, *Das Ende der historisch-kritischen Methode*, Wuppertal, 5. Aufl. 1984 (1. Aufl. 1974; die 5. Aufl. enthält ein Nachwort 93–105, das den Fortgang der Diskussion bis 1984 nachzeichnet).

Jahre später herausgegebene „Biblische Hermeneutik“[9] ist eine fundierte und materialreiche Rehabilitierung und Verteidigung der Bibel als Offenbarungswort Gottes. Sie ist aber meines Erachtens noch keine wirkliche Alternativ-*Hermeneutik*, weil sie auf grundlegende Fragen des Verstehensvorgangs nicht eingeht. Auch der weitere Verlauf der kritischen Auseinandersetzung mit der historisch-kritischen Methode zeigt, dass die Analyse und Kritik zwar unerlässlich ist, aber nicht genügt, um das der Bibel angemessene Verstehen auf ein anderes Fundament zu stellen[10]. Zwar erschienen in den vergangenen 30 Jahren hier und da auch im deutschsprachigen Raum Arbeiten zu Teilaspekten oder auf dem Hintergrund einer „Hermeneutik aus offenbarungstheologischer Perspektive“[11], aber ein umfassender Entwurf oder ein entsprechendes Lehrbuch fehlt bis heute. Wichtige fundamentale (und in diesem Sinne „philosophische“) Fragen und Voraussetzungen einer alternativen Hermeneutik werden in den Arbeiten von Hempelmann thematisiert.[12] Unbestritten ist für alle Autoren, dass evange-

---

[9] Gerhard Maier, *Biblische Hermeneutik*, Wuppertal, 7. Aufl. 2011.

[10] In den 1980er Jahren erschienen zwei Arbeitsbücher, die aber keinen eigenen Entwurf der Hermeneutik, sondern verdienstvolle Sammlungen von Quellentexten zugänglich machten: Heinzpeter Hempelmann, *Grundfragen der Schriftauslegung. Ein Arbeitsbuch mit Texten von M. Luther, A. Schlatter, K. Barth, E. Käsemann, G. Ebeling, G. Maier und P. Stuhlmacher*, Wuppertal, 1983; Joachim Cochlovius / Peter Zimmerling (Hrsg.), *Evangelische Schriftauslegung. Ein Quellen- und Arbeitsbuch für Studium und Gemeinde*, Wuppertal, 1987 [2. Aufl. 1998]. Auch die zweibändige, über 800-seitige Hermeneutik von Kinker enthält keine Überlegungen zu erkenntnisphilosophischen Grundfragen oder fundierte methodische Überlegungen zum ganzen Unternehmen Hermeneutik: Thomas Kinker, *Die Bibel verstehen und auslegen. Ein praktischer Hermeneutikkurs*, Theologisches Lehr- und Studienmaterial Bd. 13+14, Bonn, 2003, 2 Bde..

[11] Beispielhaft seien hier genannt: Lutz von Padberg, *Die Bibel – Grundlage für Glauben, Denken und Erkennen: Prolegomena zu einer biblischen Erkenntnislehre*, Wort+Wissen 17, Neuhausen/Stuttgart, 1986; Heinz W. Neudorfer / Eckhard J. Schnabel (Hrsg.), *Das Studium des Neuen Testaments, Band 1: Eine Einführung in die Methoden der Exegese*, TVG Bibelwissenschaftliche Monographien 5, Wuppertal/Giessen, 1999. Hierher gehören auch die Beiträge zur Bibel und Erkenntnisthematik in: Christian Herrmann (Hrsg.), *Wahrheit und Erfahrung – Themenbuch zur Systematischen Theologie, Bd. 1: Einführende Fragen der Dogmatik und Gotteslehre*, Wuppertal, 2004.

[12] Dabei scheint mir Heinzpeter Hempelmanns „Hermeneutik der Demut” (ders., *Nicht auf der Schrift, sondern unter ihr. Grundsätze und Grundzüge einer Hermeneutik der Demut*, Lahr, 2. Aufl. 2004) im Kern dem Anliegen von Sierszyn sehr nahe zu stehen! Das heißt aber gleichzeitig, dass auch Hempelmanns Entwurf ebenfalls eher eine (notwendige) theologische Verankerung als ein Entwurf einer Hermeneutik ist. Vgl. auch ders., *Wie wir denken können. Lernen von der Offenbarung des dreieinigen Gottes für*

likale[13] Hermeneutik nicht die menschliche Vernunft, sondern die Bibel als Offenbarung, als Gottes Wort zum „Ausgangspunkt“ nehmen will. Entscheidend ist nun allerdings die Einsicht – und darum steht „Ausgangspunkt“ in Anführungsstrichen –, dass diese Offenbarung im Wort der Bibel bereits ein Akt der Gnade Gottes ist. Und dass das offenbarungskongeniale Verstehen und Auslegen der Bibel erst recht in jedem Moment auf die Gnade Gottes angewiesen ist. Auch *dieser* „Ausgangspunkt“ ist daher kein für uns Menschen feststellbarer Anfangspunkt, sondern vielmehr der Fixpunkt in einer Verstehensspirale, in welcher ich selbst als Mensch ein Hauptproblem rechten Verstehens bin und bleibe.

Es stimmt: Zwischen Mensch und Gott, zwischen Vernunft und Offenbarung gilt es als „Ausgangspunkt“ zu wählen. Aber das Bekenntnis zur Offenbarung und damit zur Bibel bleibt ein Bekenntnis, also ein Zeugnis der Gnade und des Glaubens und die Bibel wird dadurch nicht etwa ein Dokument, das von der fundamentalen Erkenntnis- und Verstehensproblematik der hermeneutischen Spirale ausgenommen wäre.

3. Erkenntnis und Verstehen als Grundfrage und -problem (auch) der (biblischen) Hermeneutik

„Die Anfänge der Bibelkritik waren ursprünglich viel stärker ein philosophisches als ein theologisches Problem [...]“[14]. Diese Aussage wird einerseits in Sierszyns Buch dadurch bestätigt, dass dort „die Aufklärung als Wiege einer neuen Geisteslage“ gleich an den Anfang des 2. Kapitels, „Ursprung und Wesen der historisch-kritischen Denkweise“ gestellt wird[15]. Der Einfluss philosophi-

---

Wissenschaftstheorie, Sprachphilosophie und Hermeneutik, Wuppertal, 2000.

[13] „Evangelikal“ meint für diese Thematik einfach „aus offenbarungstheologischer Perspektive“. Zu „Evangelikal“ vgl. Stephan Holthaus, *Die Evangelikalen. Fakten und Perspektiven*, Lahr, 2007. Vgl. auch Derek J. Tidball, *Reizwort Evangelikal. Entwicklung einer Frömmigkeitsbewegung, dt. Ausgabe hrsg. von Dieter Sackmann*, Stuttgart, 1999; Friedhelm Jung, *Die deutsche Evangelikale Bewegung – Grundlinien ihrer Geschichte und Theologie*, EHS.S XXIII Bd. 461, Frankfurt a. Main, 1992 (3. Auflage, Bonn, 2001).

[14] Klaus Scholder, *Ursprünge und Probleme der Bibelkritik im 17. Jahrhundert: ein Beitrag zur Entstehung der historisch-kritischen Theologie*, München, 1966, 5.

[15] Sierszyn, *Bibel im Griff*, 17.

scher Systeme auf Semler[16] (1725-1791) und auf die Geschichte der Bibelauslegung insgesamt wird in dankeswerter Weise deutlich gemacht, und wir finden den sogar für postmoderne Ohren noch immer provokativen Satz: „Sicher müsste man hinter die Aufklärung zurück.“[17] Suchte man 1978 an dieser Stelle noch vergeblich nach konstruktiv-alternativen Vorschlägen zu den Antworten der Aufklärung auf die philosophischen Grundfragen, so geht Sierszyn unterdessen in dem neueren Buch zu Recht ausführlich auf Gadamer ein (u. a. S. 39–54; 89ff.; 139f.), verweist auf Hamanns Kritik an Kant, nimmt Vorschläge der Literatur- und Sprachforschung auf (S. 73–82; 89ff.), diskutiert den Wissenschaftsbegriff (S. 116–125) und erläutert das eigene Geschichtsverständnis (S. 125–132). Noch 2001 hatte man das Gefühl, jegliches Darlegen der eigenen philosophisch-hermeneutischen Prämissen könnte ja bereits wieder der menschliche Versuch sein, selbst die rechte Auslegung herstellen zu wollen[18]. Fast bekam man den Eindruck, dass mit dem offenbarungstheologischen Ansatz und dem Interpretationsrahmen einer „biblischen Theologie der Gnade“ die philosophischen Fragen „automatisch“ richtig beantwortet, bzw. diese von untergeordneter Bedeutung sind. Etwas verkürzt dargestellt wäre die „Problematik“ der Bibelauslegung demnach relativ einfach zu lösen:

Gilt in der historisch-kritischen Denkweise...

Die „Bibel“ wird mit Hilfe der „Vernunft, Philosophie und hist.-kritischen Methode“ ausgelegt, was zu richtigem „Verstehen“ führt,

		Vernunft		
Bibel	→	Philosophie	→	Auslegung

... so gälte es, die unangemessenen Voraussetzungen und Methoden einfach zu „ersetzen“:

[16] Nebenbei sei bemerkt, dass für die Entstehung der historisch-kritischen Methode noch immer der fast ein Jahrhundert früher lebende Richard Simon (1638-1712) unterschätzt wird.

[17] Sierszyn, *Bibel im Griff*, 86.

[18] Ebd., 83. Zu Recht wird davor gewarnt, hier „flugs eine wackere Alternativmethode entgegenzuhalten“ (daher wird auch „Methode“ durch eine „Theologie“ ersetzt).

Die „Bibel als Offenbarung" kann nur im Rahmen einer „biblischen Theologie aufgrund der Gnade" ausgelegt werden, was zu rechtem „Verstehen" führt.

Bibel als Offenbarung	→	„bibl. Theologie" Gnade	→	Auslegung Verstehen

Erfreulicherweise lässt das neue Buch von Sierszyn erkennen, dass der Autor nicht dem Irrtum erliegt, den Verstehensvorgang habe man sich als linearen Vorgang vorzustellen. Diese Einsicht möchte ich vertiefen und den von Sierszyn eingeschlagenen Weg weiterverfolgen. Auch für den offenbarungstheologischen Ansatz und eine biblisch-inkarnatorische Hermeneutik sind die „philosophischen" Fragen keineswegs vom Tisch.

3.1. Verhältnis der Theologie zur Philosophie

Bei einigen evangelikalen Autoren wird das Verhältnis von Theologie und Philosophie nicht angemessen reflektiert. Was ich damit meine: Der Begriff „Philosophie" und „philosophisch" wird fast nur negativ-kritisch im Zusammenhang mit der Übernahme eines bestimmten „philosophischen Systems" gebraucht. Die Folge davon ist, dass zwar die philosophischen Prämissen der besprochenen Ansätze, Methoden und Theologien treffend analysiert werden, philosophiegeschichtliche Abhängigkeiten aufgezeigt werden und dann pauschal vor einem Festhalten an philosophischen Vorverständnissen gewarnt wird[19]. Damit sind dann scheinbar die „philosophischen" Fragen auch gleich erledigt! Die eigene, unausweichliche Befangenheit in „philosophischen" Grundfragen wird nicht wirklich wahrgenommen und selten reflektiert. Dies hängt natürlich eng mit der Frage zusammen, wie Philosophie definiert wird und was Philosophie überhaupt ist und will: Philosophie entstand und entsteht im Grunde durch Fragen, und zwar grundlegende Fragen des Menschen. Philosophie entspringt dem menschlichen Nachdenken über die Grundfragen des Lebens. In diesem Sinne ist jeder Mensch Teil einer „Philosophie", insofern er bewusst oder unbewusst Antworten auf die Grundfragen der Philosophie gibt oder entsprechend lebt. Jeder Mensch „hat" eine Philosophie, insofern jede mögliche Welt- und Lebensanschauung im Grunde auch als „Philosophie" beschrieben und denkerisch

[19] Beispielhaft Maier, *Hermeneutik*, 25: „Es würde nun das Sich-Öffnen und den Ansatz bei der Offenbarung ernstlich beeinträchtigen, wenn wir uns beim Hören irgendeiner Philosophie verpflichtet fühlen würden."

nachgezeichnet werden kann. Also: Auch der biblische Theologe, der aus der Gnade leben und die Bibel hörend und mit Hilfe des Heiligen Geistes verstehen will, hat damit bereits entscheidende philosophische Fragen in eine bestimmte Richtung beantwortet. Natürlich werden in der Philosophie (als Wissenschaft) Antworten auf die Grundfragen des Menschen immer unter Zuhilfenahme des menschlichen Denkens und damit auch der Vernunft gesucht. Philosophieren als Aktivität setzt bewusstes Reflektieren und denkendes Arbeiten voraus. Aber nicht nur mit Hilfe der Vernunft. Der Philosophie ist also nicht (quasi als unbiblischer Mangel) inhärent, dass durch sie oder in ihr automatisch der Mensch oder seine Vernunft zum Mittelpunkt wird! Philosophie steht nicht in unverbundenem Gegensatz zur Theologie. Sie ist auch nicht per definitionem böse. Oder umgekehrt: Die Ablehnung der Vernunft als Maß aller Dinge durch die biblische Theologie entbindet den „biblischen Theologen" keineswegs davon, sich und anderen Rechenschaft über seine eigenen (philosophischen) Voraussetzungen und Antworten zu geben.

Im Blick auf die Aufklärung und insbesondere auf die Philosophie Immanuel Kants heißt das: Welche alternative Antwort hat die christliche (biblische) Theologie auf seine Fundamentalfrage „Was können wir wissen?" zu geben? Der Verweis auf „das, was die Bibel (dazu) sagt" übersieht, dass diese Antwort bereits davon ausgeht, dass der Mensch problemlos „erkennen" und „wissen" kann, was die Bibel sagt[20]. Doch genau das ist ja (und bleibt vorerst) die Frage! Die Erkenntnisproblematik wird damit zur wichtigsten Grundfrage auch einer biblischen Hermeneutik.

3.2. Der Ausleger als Teil der Spirale des Verstehens

Es wird deutlich: Die oben skizzierte Anfrage an einen linearen Verstehensvorgang manifestiert sich besonders deutlich bei der hermeneutischen Fundamentalfrage: Wie entsteht überhaupt Erkenntnis, Wissen und Verstehen? Die für

[20] So schreibt Sierszyn über die Frage des Erkennens: „Solches am Gotteswort orientiertes Erkennen und Forschen wird nun freilich nicht einem schlechthinnigen Erkenntnisskeptizismus das Wort sprechen. Dazu fehlen in der Schrift klare Aussagen" (Sierszyn, *Bibel im Griff*, 73). Diese Argumentationsweise verrät mit dem zweiten Satz zumindest ein fehlendes Problembewusstsein im Blick auf die fundamentale (philosophische) Frage nach der Möglichkeit von wahrer Erkenntnis. Denn: Man kann den Erkenntnisskeptizismus nicht mit dem Hinweis auf „klare Aussagen" in der Schrift entkräften, weil ja eine solche Argumentation bereits davon ausgeht, dass die Aussagen der Schrift problemlos „klar" erkennbar sind. Genau das wird aber gerade in Frage gestellt.

unser Thema zentrale Problematik dieser Frage ist nämlich, dass ich bereits beim Stellen der Frage in gewisser Weise davon ausgehen muss, dass Sie als Leser und ich als Autor „verstehen“, wovon ich rede und was ich meine! Ich beginne also einen Verstehensvorgang nie bei Null, nicht bei einem neutralen „Ausgangspunkt“, sondern wir befinden uns auch beim Bibellesen bereits mitten drin in einem *Zirkel* oder besser einer *Spirale des Verstehens* (oder auch des Missverstehens). Da gibt es für mich als Menschen kein Entrinnen, keinen Anfang und kein Ende. Ich bin nicht neutraler Beobachter oder Analyst dieses Vorgangs, sondern selbst ein Bestandteil dieses (nicht automatisch erfolgreichen) Verstehensvorgangs. Auch das Verstehen der (bekenntnismässig festgehaltenen) Offenbarung im Wort der Bibel geschieht nicht etwa „geradlinig“, sondern kreisend. Um die obige Skizze nochmals aufzugreifen:

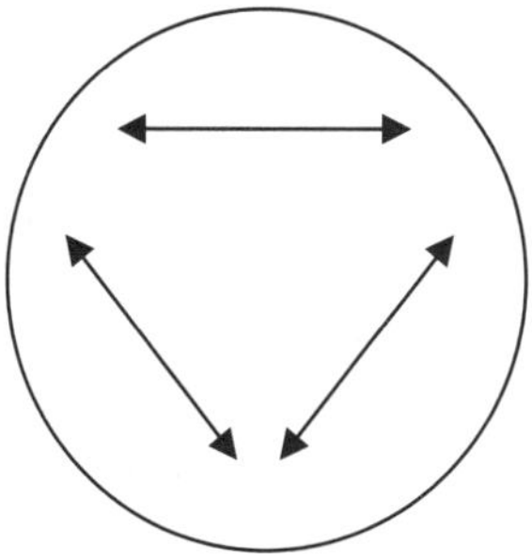

Die Bezeichnung „Spirale“ (in dieser Skizze nicht dargestellt) für den Verstehensvorgang wählen wir deshalb, weil zwar der Verstehensvorgang sich grundsätzlich in einer Kreisbewegung entlang der drei Instanzen abspielt, dadurch allerdings allmählich ein Erkenntnis- oder Verstehens*zuwachs* entsteht, was durch eine „Spirale“ besser verdeutlicht werden kann.

An dieser Stelle soll deutlich gemacht werden, dass nun ein offenbarungstheologischer Ansatz in dieser Verstehensspirale den Fixpunkt bewusst und bekenntnismässig bei der „Bibel als Offenbarung“ setzt. Im Unterschied zu anderen möglichen hermeneutischen Entwürfen, die den Fixpunkt offensichtlich beim menschlichen Leser (z. B. dessen Vernunft) setzen. „Fixpunkt“ meint hier die Setzung einer kontrollierenden und maßgeblichen Instanz innerhalb dieser Verstehensspirale. Dieser kann prinzipiell in jedem der drei „Eckpunkte“ gesetzt werden. Wichtig ist dabei: Mit der „Setzung“ des richtigen Fixpunktes ist noch keineswegs gewährleistet, dass in diesem Verstehensvorgang auch richtige Erkenntnis, Wissen und Verstehen entstehen! Was die Frage nach dem angemessenen Verstehen betrifft, so „sitzen wir alle im gleichen Boot“, egal wo wir den „Fixpunkt“ setzen. Darum muss eine Hermeneutik nicht nur Auskunft über ihren „Ausgangspunkt“ geben, sondern auch offen legen, wie sie die Frage nach dem Erkennen und dem Verstehen der Wirklichkeit (und damit auch der biblischen Offenbarung) beantwortet. Hermeneutik aus offenbarungstheologsicher Perspektive muss von den so genannten „philosophischen Fragen“ diejenige der Epistemologie tiefer bedenken und versuchen, angemessen zu beantworten. Dazu kommt eine zweite Thematik, die meines Erachtens bisher im deutschsprachigen Raum für eine evangelikale Hermeneutik noch zu wenig fruchtbar gemacht wurde.

4. Geschichte und Sprachlichkeit als Verstehenshürden

Es liegt wohl in der Sache der Kritik der historisch-kritischen Methode, dass in ihr in besonderem Maße die *Geschichtsfrage* in den Vordergrund tritt. Denn in ihrer frühen Ausprägung war die Methode stark von geschichtsphilosophischen (insbesondere Hegel, Wolff) Überlegungen und Entwürfen geprägt. Auch der Name (*historisch*-kritisch) betont diesen wichtigen Aspekt der Bibelauslegung. Zudem zeigen die vorherigen Überlegungen zur Erkenntnisproblematik, dass der *geschichtliche* Abstand der damaligen Texte zum heutigen Leser eine entscheidende Verstehenshürde bildet, die bedacht und beachtet werden muss. Dieser Umstand muss nicht zwingend zu einem unüberwindbaren „garstigen Graben der Geschichte“ werden, aber die Frage ist auch für eine evangelikale Hermeneutik gestellt, wie sie angesichts der Geschichtlichkeit ihrer Offenbarung nicht nur die Faktizität der Ereignisse verteidigen, sondern auch den geschichtlichen Abstand als Erkenntnisproblem überwinden will. Es ist daher völlig richtig, dass Sierszyn dem Geschichtsbegriff ein eigenes Kapitel widmete (2001, S. 58–75) und auf den metaphysischen Hintergrund jedes Geschichtsverständnisses verweist. Zur Frage der Geschichte und Geschichtlichkeit geben auch andere deutschsprachige Arbeiten zur Hermeneutik in der Regel breiter Auskunft.

Nun ist aber darauf zu insistieren, dass neben der historischen Frage die *literarische* eine ebenso wichtige Rolle spielt, wenn es darum geht, die Bibel zu lesen und zu verstehen. Damit meine ich nicht die philologische Arbeit im engeren Sinne, für die die evangelikale Theologie bis heute ein starkes Anliegen und auch gewichtige Beiträge geleistet hat. Vielmehr möchte ich auf die Grundfragen der *Sprachphilosophie* und die Forschung und Erkenntnisse der *Literatur-* und *Kommunikationswissenschaft* der letzten Jahrzehnte hinweisen. Zwar wird diese (v. a. französische und englischsprachige) Forschungsrichtung registriert und werden die neueren, von der Literaturwissenschaft inspirierten Methoden wahrgenommen, aber eine gründliche Auseinandersetzung mit den damit aufgeworfenen Fragen zur Funktion der Sprache (auch und gerade als Offenbarungsmedium Gottes) findet in deutschsprachigen Publikationen noch kaum statt. Es entsteht sogar der Eindruck, als ob die sprachliche Seite der Offenbarung im Grunde problemlos den Spezialisten der Exegese zugeschoben werden kann, und dass sich dort schon genügend Hilfsmittel und Werkzeuge finden, die all die sprachlichen Möglichkeiten und eventuell noch offenen Fragen klären können.

Dagegen ist einzuwenden, dass die klassischen exegetischen Schritte Sprache weitgehend von den kleinsten Bauteilen bis hin zur Satzebene im Blick haben (insbesondere Grammatik und Semantik). Zu stark ausgeblendet bleibt die Wahrnehmung und Funktion der Sprache auf der Text- und Erzählebene. Gerade dort aber tun sich eine Fülle von Möglichkeiten und Fragen auf, die sowohl mit der Verstehens- wie auch der Applikationsfrage der Hermeneutik eng verbunden sind. Die Problematik wird zum Beispiel an der Frage deutlich, welche Funktion die unterschiedlichen Literaturformen der Bibel haben und welchen „Sinn" sie machen. Dabei denke ich wiederum nicht so sehr an die klassische „Literar- oder Gattungskritik", sondern an die einfache Tatsache, dass die biblischen Texte nicht uniform als „Dogmatik" vorliegen, sondern eine Fülle von Textformen umfasst. Welche Konsequenzen hat das für das Verstehen und Anwenden dieser Texte? Was ist aus offenbarungstheologischer Sicht dazu zu sagen?[21]

5. Vom Verstehen zum Handeln

Schließlich sei noch auf eine letzte, wichtige hermeneutische Fragestellung hingewiesen, die zu wenig Beachtung findet. Die Frage nach einer Methodik zur aktuellen Anwendung (Applikation, Normativitätsfrage oder auch Stichwort Kontextualisierung) der biblischen Texte ist auch von Theologen mit einem

---

[21] Eine Ausnahme bildet Gordon Fee / Douglas Stuart, *Effektives Bibelstudium. Die Bibel verstehen und auslegen*, Asslar/Giessen, 2005. Das Buch behandelt nicht wirklich umfassend die Fragen des Verstehens und Auslegens der Bibel, sondern setzt den Schwerpunkt auf die Frage, wie die unterschiedlichen Literaturformen der Bibel unterschiedlich ausgelegt werden müssen und welche Konsequenzen diese Literaturformen für die Frage der Applikation haben. Auch dieses Buch ist die deutsche Übersetzung eines englischen Originals: Gordon Fee / Douglas Stuart, *How to Read the Bible for all its worth*, Grand Rapids, 3. Aufl. 2003.

offenbarungstheologischen Ansatz wenig erforscht. Das erstaunt angesichts der zu Recht von erwecklichen und pietistischen Kreisen betonten Absicht der biblischen Offenbarung, zur Praxis, zum Handeln, zum Gehorsam führen zu wollen. Tatsächlich will Gottes Wort für alle Zeiten aktuell wirken und „getan" werden. Es stellt sich aber die Frage, nach welchen Regeln und Kriterien wir dieses oder jenes so oder anders heute anwenden. Warum lassen wir manches weg, nehmen einiges wörtlich, anderes nicht? Ein gewisses Problembewusstsein für diese Fragen ist sicher vorhanden und hier und da werden auch Ansätze zu möglichen Antworten sichtbar (z. B. durch den Hinweis auf die Bedeutung der „Heilsgeschichte" durch Stadelmann[22]). Die mit dieser Fragestellung zusammenhängenden Faktoren allerdings sind äußerst komplex und können nur schwer auf eine einfache Formel gebracht werden. Eine evangelikale Hermeneutik könnte sich an dieser Stelle besonders profilieren, weil für die Methodik der Applikation auch außerhalb des deutschsprachigen Raumes für die Theologie nur sehr wenig Literatur vorhanden ist (siehe dazu unten).

Ausgehend von Armin Sierszyns Buch „Die Bibel im Griff?" ist deutlich geworden, dass sein Aufruf zur Abkehr von der historisch-kritischen Denkweise und Hinkehr zu einer biblischen Theologie, die ihren Ausgangspunkt bei der Offenbarung Gottes nimmt, den richtigen Weg weist. Gerade auch für das Lesen und Verstehen der Bibel gilt es mit der Priorität der Gnade ernst zu machen. Sein neueres Buch greift mit Gadamers philosophischer Hermeneutik die oben angemahnten Themen Erkenntnistheorie und Sprachphilosophie auf und weist in die richtige Richtung. Allerdings ist auch deutlich geworden, dass für eine alternative Hermeneutik weiterhin große Herausforderungen und Aufgaben im Zusammenhang mit dem hörenden Lesen, Verstehen und gehorsamen Tun des Wortes Gottes bestehen bleiben. Der letzte Abschnitt dieses Aufsatzes soll dazu einige Anstöße geben.

6. Ausblick: Hermeneutik lebt von der Gnade

Bereits 1988 überschrieb Vern Sheridan Poythress einen Artikel mit dem Titel „Christ the only savior of interpretation"[23]! Überblickt man die hier dargelegten Gedanken zu einer evangelikalen Hermeneutik, so ist deutlich geworden, dass

---

[22] Zum Beispiel in Helge Stadelmann / Thomas Richter, *Bibelauslegung praktisch. In zehn Schritten den Text verstehen*, Wuppertal, 2006, 161–175.

[23] Vern Sheridan Poythress, *Christ the only savior of interpretation*, in: WTJ 50, 1988, 305–321. Vgl. auch ders., *God's lordship in interpretation*, in: WTJ 50, 1988, 27–64.

auch im Rahmen einer „biblischen Theologie“ und ausgehend von der gnädigen Offenbarung Gottes im Text der Bibel das Verstehen der Bibel nicht einfach ohne weiteres gelingen wird. Die menschliche Beschränkung (geschöpflich und soteriologisch) drückt sich in der grundlegenden Frage nach der Möglichkeit von Erkenntnis, Wissen und Verstehen aus. Auch für die biblischen Texte ergeben sich drei potentielle Verstehenshürden: Missverständnisse können aufgrund des geschichtlichen Abstandes zwischen dem damals Geoffenbarten, in den Texten Berichteten oder Festgehaltenen und dem Heute entstehen. Ebenso erweist sich die Sprachlichkeit der göttlichen Offenbarung als mögliche Ursache für Missverstehen. Schließlich sind auch die angewandten Kriterien rund um die Applikation und Normativität der biblischen Aussagen eine Quelle möglicher Missverständnisse. Es gilt daher für den gesamten menschlichen Verstehensvorgang, dass unser Lesen, Hören, Auslegen, Interpretieren, Verstehen und Anwenden der Bibel völlig auf die Erlösung, das Kreuz, die Gnade Gottes in Jesus Christus angewiesen ist. Christus ist auch der „Retter“ der Auslegung und Bibelinterpretation. Deshalb muss eine evangelikale Hermeneutik durchgehend eine „Hermeneutik der Gnade“ sein. Unsere theologisch-philosophische Antwort auf das Erkenntnisproblem, unsere Überlegungen zur Geschichts- und Sprachphilosophie und unsere Versuche, auch die Applikation nachvollziehbar zu begründen, das alles ist unter dem Vorzeichen der Gnade Gottes und daher als „Hermeneutik der Gnade“ zu versuchen und zu formulieren.

Ich will trotz Sierszyns Mahnung[24] in einem letzten Teil einige vor allem englischsprachige Namen und Werke nennen, die meiner Meinung nach für die oben angesprochenen Themenbereiche einer deutschsprachigen Hermeneutik aus offenbarungstheologischer Perspektive Anstoß und Hilfe sein könnten. Dabei besteht natürlich kein Anspruch auf Vollständigkeit und im Bereich der philosophischen Forschung bin ich selbst kein Experte. Dass allerdings alle Anregungen aus dem englischsprachigen Raum stammen, soll mir nicht als Ausdruck des religiös-humanistischen Fehlweges gedeutet werden, der angesichts der eigenen geistlich-theologischen Notlage seine Hilfe bei anderen, bes-

[24] „Andere wieder schauen erwartungsvoll über den Ozean in die Theologie des englischsprachigen Raumes und erhoffen sich von einer Begegnung mit ihr eine Erneuerung der deutschen Theologie […]“ „Kann aber unsere kranke Theologie […] des deutschsprachigen Raumes durch Begegnung oder gar Kopie bibeltreuer Theologie von jenseits des Ozeans aus ihrer geistlichen Agonie zurückgeholt werden? Wohl nicht durchgehend genug, da Wurzel und Schade viel tiefer liegen […]“ (Sierszyn, *Bibel im Griff*, 86–87).

seren Theologen und Theologien anstatt bei Gott sucht[25], sondern als das relative Recht und letztlich auch als die weise Pflicht, von Weggefährten zu lernen, die bereits wegweisend formuliert haben, was eine „Hermeneutik der Gnade“ sein könnte. Zudem sei angemerkt, dass einige wichtige philosophische Werke, die auf einige der unten genannten englischsprachigen Werke evangelikaler Theologen eingewirkt haben, aus der französischsprachigen Welt stammen (Ricoeur) und meist auch stark von Gadamer beeinflusst sind (Ricoeur und Thiselton).

6.1. Hermeneutische Grundfragen offen legen und klären

Hilfreiche und nachhaltige hermeneutische Entwürfe aus evangelikaler Sicht wurden in den vergangenen Jahren von Grant Osborne[26] und Kevin Vanhoozer[27] vorgelegt. Insbesondere letzterer hat eindrücklich die aktuelle theologische und philosophische Diskussion auf dem weiten Feld der Hermeneutik nicht nur kritisch aufgegriffen, sondern auch konstruktiv unter offenbarungstheologischer Voraussetzung (inklusive einem Bekenntnis ((nicht als Urteil, sondern als Bekenntnis!)) zur Irrtumslosigkeit der Bibel) zu einem eigenständigen, trinitarischen Entwurf verarbeitet. Vanhoozer ist Research-Professor in Systematischer Theologie am Theologischen Seminar der Trinity International University in Deerfield bei Chicago und ein Autor, von dessen Arbeiten immens profitiert werden kann. - Aus England stammt eine überaus anregende und hilfreiche Buchreihe mit dem Titel „Scripture and Hermeneutics Series“ zur Hermeneutik, die 8 Bände umfasst.[28] Eine Fundgrube zu praktisch allen angesprochenen

---

[25] Sierszyn, *Bibel im Griff*, 87.

[26] Grant R. Osborne, *The Hermeneutical Spiral*, Downers Grove, 2., revidierte und erweiterte Aufl. 2006.

[27] Kevin J. Vanhoozer, *Is there Meaning in this Text?*, Grand Rapids, 1998 [Jubiläumsausgabe 2009 mit neuem Vorwort]. Vgl. ders., *First Theology: God, Scriptures & Hermeneutics*, Downers Grove, 2002; ders. (Hrsg.), *Dictionary for Theological Interpretation of Scripture*, Grand Rapids, 2005; ders. / James K. A. Smith / Bruce Ellis Benson (Hrsg.), *Hermeneutics at the Crossroad, Indiana Series in Philosophy of Religion*, Bloomington, 2006.

[28] Craig C. Bartholomew / Colin Greene / Karl Möller (Hrsg.), *Renewing Biblical Interpretation*, Scripture and Hermeneutics Series 1, Grand Rapids, 2000; dies., *After Pentecost. Language and Biblical Interpretation*, Scripture and Hermeneutics Series 2, Grand Rapids, 2001; Craig C. Bartholomew u. a. (Hrsg.): *A Royal Priesthood? The Use of the Bible Ethically and Politically*, Scripture and Hermeneutics Series 3, Grand Rapids,

Themen in Form von Sammelbänden mit Beiträgen meist hoher Qualität und auf aktuellem Stand. – Als Beispiel eines Neutestamentlers, der seine eigene Forschung gründlich hermeneutisch durchdacht und offen gelegt hat, ist Tom Wright zu nennen[29]. Er sieht in der theologischen, historischen und literarischen Fragestellung die drei entscheidenden Faktoren einer der Bibel angemessenen Auslegung und Theologie. Dabei stellt er fest:

> „The inner rationale of this Part of the book [JB: das Kap. 2 "Knowledge: Problems and Varieties"] is the sense that the problems which we encounter in the study of literature, history and theology all belong together. Each reflects, in the way appropriate to its own area, the basic shape of the problem of knowledge itself."[30]

Das bestätigt meine These, dass die literarischen, historischen und theologischen Fragestellungen auch einer „biblischen Theologie" je ihre erkenntnisphilosophischen Voraus-Setzungen reflektieren und offen legen müssen.

6.2. Epistemologie: Erkennen, Verstehen und Kant überwinden

Natürlich gilt es hier in erster Linie die Erkenntnisse und Forschung der Philosophie zur Epistemologie zu beachten und aufzugreifen. Von theologischer Seite gibt es unterdessen einige Bücher, die die Zusammenhänge zwischen philosophischen Fragestellungen und biblischer Hermeneutik zum Thema haben[31].

2002; Craig C. Bartholomew u. a. (Hrsg.), *„Behind" the Text. Historical and Biblical Interpretation*, Scripture and Hermeneutics Series 4, Grand Rapids, 2004; Craig C. Bartholomew u. a. (Hrsg.), *Out of Egypt. Biblical Theology and Biblical Interpretation*, Scripture and Hermeneutics Series 5, Grand Rapids, 2004; Craig C. Bartholomew / Joel B. Green / Anthony C. Thiselton (Hrsg.), *Reading Luke: Interpretation, Reflection, Formation*, Scripture and Hermeneutics Series 6, Grand Rapids, 2005; Craig C. Bartholomew u. a. (Hrsg.), *Canon and Biblical Interpretation*, Scripture and Hermeneutics Series 7, Grand Rapids, 2006; David Lyle Jeffrey / C. Stephen Evans (Hrsg.), *The Bible and the University*, Scripture and Hermeneutics Series 8, Grand Rapids, 2007.

[29] In: Nicholas Thomas Wright, *The New Testament and the People of God*, Christian Origins and the Question of God Vol. 1, 7. Druck (der 2. Druck enthielt einige Korrekturen; erstmals 1992), London, 2004, darin speziell grundlegend 3–144 (Tools for the task). Unterdessen auch auf Deutsch erschienen.

[30] Ebd., 31.

[31] Z. B. Royce Gordon Gruenler, *Meaning and Understanding: The Philosophical*

Für die Erkenntnistheorie entscheidender Drehpunkt scheint mir bis heute die Auseinandersetzung mit Immanuel Kant zu sein[32]. Dabei gilt es, Kants prominenten Zeitgenossen Johann Georg Hamann weiterhin als wirksames Korrektiv zu zentralen Ansichten Kants zu würdigen[33]. Aber auch die eigenständige philosophische Arbeit Adolf Schlatters[34] und die miteinander „verwandten" Ansätze Dooyeweerds[35] und van Tils[36] sind meines Erachtens hier einzubeziehen und fruchtbar zu machen. In neuerer Zeit hat Alvin Plantinga diese „reformierte Epistemologie" mit wichtigen Beiträgen neu belebt[37].

Framework for Biblical Interpretation, Foundations of Contemporary Interpretation Vol. 2, Grand Rapids, 1991. Vgl. zum Verhältnis von Theologie und Philosophie auch Kevin Vanhoozer, *Christ and Concept: Doing Theology and the „Ministry" of Philosophy*, in: John D. Woodbridge / Thomas Edward McComiskey (Hrsg.), Doing Theology in Today's World, Grand Rapids, 1991, 99–145; Douglas Welker Kennard, *The Relationship between epistemology, hermeneutics, biblical theology and contextualization*, Lewiston, 1999.

[32] Vgl. dazu als kurze Einführung T. Dietz, *Kants Kritik und Kantkritik*, in: Ichthys 38, 2003, 2–14. Zu wenig beachtet sind hier die Arbeiten von Oswald Bayer, zum Beispiel: *Autorität und Kritik. Zu Hermeneutik und Wissenschaftstheorie*, Tübingen, 1991. Von nichtevangelikaler Seite beachte zudem G. Essen / M. Striet (Hrsg.), *Kant und die Theologie*, Darmstadt, 2005.

[33] Einen interessanten Einstieg dazu bietet: Heinzpeter Hempelmann: „[…] keine ewigen Wahrheiten, als unaufhörlich zeitliche […]" *Hamanns Kontroverse mit Kant über Sprache und Vernunft*, in: ThB 18, 1987, 5–33; ders., *„Gott – ein Schriftsteller!" Johann Georg Hamann über die Ent-Äußerung Gottes ins Wort der Heiligen Schrift und ihre hermeneutischen Konsequenzen*, Wuppertal, 1988 [vgl. darin im Vorwort weitere Schriften Hempelmanns zu Hamann]. Zu Hamann auch Oswald Bayer, oben in Anm. 32.

[34] Dazu einführend Jochen Walldorf, *Realistische Philosophie. Der philosophische Entwurf Adolf Schlatters*, Göttingen, 1999.

[35] Herman Dooyeweerd, *A New Critique of Theoretical Thought*, 4 Bde., Herman Dooyeweerds Works Series A Vol 1–4, Lewiston, 1997 [orig.: De wijsbegeeerte de wetsidee]; ders., *In the twilight of western thought. Studies in the pretended autonomy of philosophical thought*, Nutley N.J, 1960.

[36] Cornelius Van Til, *A Christian Theory of Knowledge*, Philipsburg, 1969; ders., *The Defence of the Faith*, Philadelphia, 1955; ders., *The New Hermeneutic*, Nutley, N.J, 1974.

[37] Vgl. dazu Alvin Plantinga / Nicholas Wolterstorff (Hrsg.), *Faith and Rationality: Reason and Belief in God*, Notre Dame, Ind., 1983; Alvin Plantinga, *Warranted Christian Belief*, Oxford, 2002. – Beachte zu den philosophischen Grundfragen auch Craig G. Bartholomew, *Uncharted Waters: Philosophy, Theology and the Crisis in Biblical In-*

Der oben erwähnte Tom Wright stützt sich zum Beispiel sehr bewusst auf eine bestimmte Epistemologie ab und legt diese ausführlich offen. Sein Ansatz greift die Erkenntnisse des so genannten "*kritischen Realismus*" auf und stellt damit sein ganzes Projekt einer historisch-theologischen Geschichte der Ursprünge des Christentums (auf 5 Bde. projektiert) auf einen soliden Boden. Der „kritische Realismus" als Erkenntnistheorie betont die relationale Dimension der Epistemologie und sollte als mögliche Alternative sowohl zur positivistischen als auch zu empiristischen (phänomenologischen) Position ernsthaft erwogen werden. Wright nennt als geeigneten Einstieg in die Thematik die Arbeiten von Ben Meyer.[38]

6.3. Biblisch angemessener Geschichtsbegriff

Wie bereits erwähnt, ist sich die evangelikale Hermeneutik auch im deutschsprachigen Raum der Problematik eines biblisch angemessenen Geschichtsbegriffes sehr wohl bewusst. Im Zusammenhang mit der historisch-kritischen Methode war und ist die Frage nach dem Geschichtsverständnis und unserem Zugang zur Vergangenheit ein Dauerthema. Eine Hermeneutik aus offenbarungstheologischer Perspektive reflektiert über ein angemessenes Geschichtsverständnis und kann dabei von Arbeiten profitieren, die sich als weiterführende oder alternative Sicht zu Troeltschs Auseinandersetzung mit dem Historismus anbieten. Ich verweise an dieser Stelle lediglich auf die noch immer wichtige ältere Arbeit von Marrou[39] und ein neueres Buch aus der Feder von Davaney[40].

---

terpretation, in: Craig G. Bartholomew / Colin Greene / Karl Möller (Hrsg.), Renewing Biblical Interpretation, Scripture and Hermeneutics Series 1, Carlisle, 2000, 1–39.

[38] Ben F. Meyer, Reality and Illusion in New Testament Scholarship: A Primer in Critical Realist Hermeneutics, Collegeville, 1994; ders., Critical Realism and the New Testament, Princeton Theological Monograph Series Vol. 17, Allison Park, Pa., 1989.

[39] H.-I. Marrou, *Über die historische Erkenntnis. Welches ist der richtige Gebrauch der Vernunft, wenn sie sich historisch betätigt?*, Freiburg/München, 1973.

[40] Sheila Greeve Davaney, *Historicism: The Once and Future Challenge for Theology*, Guides to Theological Inquiry, Augsburg, 2006. Beachte auch ders., *Pragmatic Historicism: A Theology for the Twenty-First Century*, Albany, 2000.

6.4. Die Sprachlichkeit der Offenbarung ernster nehmen

Wer einen Einblick in die Literar- und Sprachforschung der letzten Jahrzehnte, verknüpft mit den Fragestellungen philosophischer Hermeneutik und zudem kritisch beurteilt aus dem Blickwinkel evangelikaler Theologie erhalten will, der ist – neben Vanhoozer (siehe oben) – mit den Büchern von Anthony Thiselton[41] gut bedient. Thiselton war Professor für Christliche Theologie an der Universität Nottingham und hat mit einem eindrücklichen Kommentar zum 1. Korintherbrief gezeigt, dass er im wahrsten Sinne ein „biblischer Theologe" ist. Einen noch immer guten Einstieg in die Thematik literarischer Perspektiven der Hermeneutik bietet das dünne Büchlein von Tremper Longman aus der „Foundations of Contemporary Interpretation"-Reihe[42]. Und in seinem Sammelband zu verschiedenen methodischen Zugängen zum Neuen Testament hat Stanley Porter einen sehr informativen Artikel zu den aktuellen literarischen Ansätzen geschrieben[43]. Ein früher deutschsprachiger Versuch kritischer Auswertung einer dieser literarischen Ansätze (der rezeptionsästhetischen Analyse) liegt in einigen Arbeiten von Moïses Mayordomo[44] vor.

6.5. Applikation als Frage reflektierter Hermeneutik

Zu den Fragen der Applicatio liegen, wie oben bereits erwähnt, auch aus dem nicht-evangelikalen Raum keine ausführlichen Arbeiten vor. Die Frage nach der Übertragung in die heutige Zeit, nach der Normativität gewisser Texte und Aus-

---

[41] Anthony C. Thiselton, *The Two Horizons: New Testament Hermeneutics and Philosophical Description with Special Reference to Heidegger, Bultmann, Gadamer, and Wittgenstein*, Grand Rapids, 1980; ders., *New Horizons in Hermeneutics*, Grand Rapids, 1992; ders., *Thiselton on Hermeneutics: Collected Works with New Essays*, Grand Rapids, 2006; ders., *The Hermeneutics of Doctrine*, Grand Rapids, 2007; ders., *Hermeneutics: An Introduction*, Grand Rapids, 2009.

[42] Tremper Longman, *Literary Approaches to Biblical Interpretation*, Foundations of Contemporary Interpretation 3, Grand Rapids, 1987; vgl. ders., An Appraisal of the Literary Approach, in: JETS 28, 1985, 385–398.

[43] Stanley E. Porter, *Literary Approaches to the New Testament: From Formalism to Deconstruction and Back*, in: ders. / David Tombs (Hrsg.), Approaches to New Testament Study, JSNTS 120, Sheffield, 1995, 77–128.

[44] Moïses Mayordomo, *Rezeptionsästhetische Analyse*, in: Heinz-Werner Neudorfer / Eckhard J. Schnabel (Hrsg.), Das Studium des Neuen Testaments Bd. 2 Spezialprobleme, TVG Bibelwissenschaftliche Monographien 8, Wuppertal/Giessen, 2000, 33–58.

sagen, n … em Tes-
tament … xempla-
risch be … e Krite-
rien ode … e „Her-
meneuti …
Interessa … ienenen
Hermene … ist die
Erforsch … s heute
nie ins D … esiderat
gebliebe … wenigen
mir beka … lischer
Texte“ a …

- C … Chris-
t … ing in
C … wieder
a … *A Guide to Contemporary Hermeneutics. Major Trends in Biblical Interpretation*, Grand Rapids, 1986, 309–343.

- J. Robertson McQuilkin, *Problems of Normativeness in Scripture: Cultural versus Permanent*, in: Earl D. Radmacher/Robert D. Preus (Hrsg.), Hermeneutics, Inerrancy, and the Bible, Grand Rapids, 1986, 219–241 [Response dazu von George W. Knight III, 243–253 – 2. Response dazu von Alan F. Johnson, 255–282].[46]

- Millard J. Erickson, *Evangelical Interpretation. Perspectives on Hermeneutical Issues*, Grand Rapids, 1993, 55ff. (= Kap. 3 Getting from There to Here. The Problem of Contemporization of the Biblical Message)

---

[45] Johann Jacob Rambach, *Institutiones hermeneuticae sacrae*, Jena, 1723 [ein Exemplar befindet sich in der UB Jena].

[46] Der Aufsatz ist der Abdruck eines Referates im Rahmen der Entstehung einer der Chicago-Erklärungen zur Bibel (daher die beiden Responses). In diesem Zusammenhang ist anzumerken, dass sowohl die „Chicago-Erklärung zur biblischen Hermeneutik“ (1982), als auch die „Chicago-Erklärung zur Anwendung der Bibel“ (1986) die oben erwähnten Erkenntnis- und Verstehensproblematiken nicht genügend gewichten.

- Walter C. Kaiser jr., *Obeying the Word. The Cultural Use of the Bible*, in: ders./M. Silva, An Introduction to Biblical Hermeneutics. The Search for Meaning, Grand Rapids, 1994, 173–190.

- Peter Masters, *Not like any other book. Interpreting the Bible*, London, 2004 - darin Kap. 12: "Is the Bible always binding for today? How to distinguish temporary from permanent duties" 95–108.

Zum Schluss: Man könnte ob all den Verstehenshürden und angesichts der immensen (geistesgeschichtlichen) Herausforderungen auf dem Weg zu einer der offenbarungstheologisch angemessenen Hermeneutik zur Bibel skeptisch werden, ob nicht trotz Ausgangspunkt bei der Offenbarung wahre Erkenntnis und wahres Verstehen von Gottes Wort unmöglich ist. Ob statt Verstehen nicht permanentes Missverstehen unser unausweichliches Schicksal bleibt?

Vern Poythress erinnert im Zusammenhang mit dieser Frage daran, dass Hermeneutik als Wissenschaft (Geschichte), als Kunst (Literatur) und als geistlicher Akt (Heiliger Geist) auf die Gnade angewiesen ist. Wir müssen keine hermeneutischen Skeptiker werden. Gott hat auch die Sprache geschaffen und er ist Herr der Geschichte. Er kommt auch mit dem Problem des Verstehens klar, trotz der Gefallenheit des Menschen und den Folgen der Sünde auch für den Verstehensprozess (vgl. Turmbau zu Babel und Sprachenverwirrung). Und Kevin Vanhoozer zieht am Ende seines Buches die folgende Bilanz[47]: Es gilt schlicht die Möglichkeiten und Grenzen meiner hermeneutischen Fähigkeiten zu erkennen. Das bedeutet für ihn eine „Hermeneutik des Kreuzes", oder wie ich es lieber in Fortführung des Anliegens von Sierszyn nennen möchte: eine „Hermeneutik der Gnade".

Denn: Texte zu lesen, zu interpretieren und zu verstehen, das ist nicht eine Frage der richtigen Technik und Methodik, sondern ein Akt der Begegnung. Hinter den Texten steht eine Person, die sich mitteilen will. Darum hat Verstehen in jedem Fall und immer mit „Glauben" zu tun. Damit nun aber in den Texten nicht nur meine eigene Stimme gehört wird, braucht es Respekt der Stimme des Redenden gegenüber. Hermeneutik ist also zutiefst eine ethische Aufgabe, nicht einfach eine Technik. Hermeneutik bedeutet aber auch „Arbeit" im Sinne einer Beziehungsinvestition. Und Arbeit im Sinne des Bemühens, auch innerhalb der Verstehensspirale so weit wie möglich Rechenschaft über die hermeneutischen

---

47 Schlussgedanken nach: Vanhoozer, *Is there a meaning*, 462–467.

Grundentscheide abzulegen und eine „Hermeneutik der Gnade“ begründet zu bezeugen und zu leben.

In aller Schwachheit der Auslegung und des Verstehens gilt aus christlicher Sicht: Du bist als Mensch im Ebenbild Gottes zur Kommunikation mit Gott geschaffen worden. Die Hermeneutik der Gnade und des Kreuzes ist daher unbedingt eine Hermeneutik der Hoffnung. Wer demütig an die (Verstehens-) Arbeit geht, der wird zudem erkennen, dass das Verstehen der Bibel niemals ein Egotrip sein kann, sondern eine gemeinsame Arbeit. Gerade für Christen ist entscheidend, dass sie als „Leib Christi“ auch diese Aufgabe gemeinsam bewältigen. In der Gemeinschaft der Christen – aller Zeiten – darf durch die Gnade Gottes seine Stimme im Wort der Bibel gehört und verstanden werden und Menschen werden gerufen, gerettet und umgestaltet.

Helge Stadelmann

Postmoderne Hermeneutik und christliche Predigt

Zum Umgang mit biblischen Texten in der neueren Praktischen Theologie und der „New Homiletic“

1. Hermeneutische Herausforderungen der Moderne und Postmoderne

Hermeneutik ist ein Thema, das Armin Sierszyn über die gesamte Spanne seines bisherigen theologischen Schaffens begleitet hat. Sein Theologiestudium (1964-69) fand in den bewegten Jahren des „zweiten Kirchenkampfes“ statt, als sich der theologische Widerstand gegen eine im Wesentlichen hermeneutisch bestimmte „moderne Theologie“ (Bultmannschule, Kerygmatheologie, Neue Hermeneutik) formierte. Sierszyns Studienorte Zürich und Marburg waren die Brennpunkte dieser neuen Hermeneutik; prägend für ihn war aber vor allem die Studienzeit an der Kirchlichen Hochschule Bethel als Ursprungsort einer geistlich-theologischen Gegenbewegung. In Bethel erlebte Sierszyn die Anfänge des „Betheler Freundeskreises“ mit, als sich eine Handvoll Theologiestudenten im Wintersemester 1966/67 im Kontakt mit Prof. Hellmuth Frey allmorgendlich zusammenfand, um auf der Basis von Bibellese und Gebet über Alternativen zur gängigen historisch-kritischen Theologie nachzudenken. Aus diesem Aufbruch erwuchs ein einsemestriges Studienseminar für Theologiestudierende, das der junge Pfarrer Sierszyn dann im WS 1970/71 in Pura/Tessin leitete und das vor allem hermeneutischen Themen gewidmet war. Sierszyns in der Folge veröffentlichtes Buch *Die Bibel im Griff* geht auf diese Anfänge zurück.[1] Seine jüngst erschienene *Christologische Hermeneutik*[2] dokumentiert, wie stark Armin Sierszyn nach wie vor hermeneutische Fragen beschäftigen.

---

[1] Siehe Armin Sierszyn, *Die Bibel im Griff: Historisch-kritische Denkweise und biblische Theologie*, Wuppertal, 1978 [2. Aufl. Holzgerlingen, 2001], 5f. Vgl. auch aus diesen Jahren Armin Sierszyn, *Das Wort Gottes: Theologische Bemerkungen zu seinem rechten Verständnis*, Bäretswil, 1974 [4. Aufl. 2007].

[2] Armin Sierszyn, *Christologische Hermeneutik: Eine Studie über Historisch-kritische, Kanonische und Biblische Theologie mit besonderer Berücksichtigung der philosophischen Hermeneutik von Hans-Georg Gadamer*, Wien, 2010.

Man spürt es dem Spätwerk noch ab, wie engagiert hier ein Vertreter der 68er-Generation die Auseinandersetzung mit den historisch-kritischen Prämissen und Positionen der „modernen Theologie" betreibt. Entsprechend intensiv fällt Sierszyns Ringen mit den aufklärerischen Wurzeln der Moderne, mit Philosophen wie Kant und Theologen wie Semler, Troeltsch und ihren Nachfolgern aus.[3] Auch in seiner weiterführenden Beschäftigung mit der neueren kanonischen Schriftauslegung ist es der wiederkehrende Hinweis auf die Gefahren einer auch hier nicht überwundenen historisch-kritischen Basis mit ihren in der Moderne verwurzelten Voraussetzungen und Hypothesen, die – bei aller Würdigung – Sierszyns Freude an der kanonischen Schriftauslegung trüben.[4] Sein Plädoyer gilt einer biblisch-historischen Auslegung[5], die immanentistische Vorurteile in der Theologie überwindet, die heilsgeschichtliche Offenbarung Gottes als real versteht, dabei im Kern von der Inkarnation her denkt und daher historisch-philologische Aspekte in der Exegese ebenso ernst nimmt wie die gegebene Niedrigkeitsgestalt der Heiligen Schrift, und die sich existentiell dem Anspruch des Aussagewillens des biblischen Wortes stellt.

Vielleicht ist es eine Generationenfrage, dass es dem Verfasser dieser Zeilen so erscheint, als seien die Probleme der Postmoderne für eine theologische Hermeneutik vom Jubilar bisher nicht mit gleicher Intensität beachtet worden wie die hermeneutischen Problematiken „moderner" Theologien und ihrer Denkvoraussetzungen. Ging es in den Theologien der Moderne immer wieder um die Frage nach der *Tatsächlichkeit* des in der Bibel Berichteten – konkret um die Infragestellung der Wirklichkeit transzendentalen Geschehens in den biblischen Berichten sowie um die Bestreitung der Integrität und Echtheit biblischer Schriften –, rückt die Postmoderne entschieden die Frage nach der *Sinngebungshoheit* biblischer Texte in den Mittelpunkt des hermeneutischen Interesses. Im Namen einer werkorientierten Hermeneutik, die das Werk bzw. den Text losgelöst von der vom Autor intendierten Textbedeutung und damit als offen für immer neue Sinngebungen durch den heutigen Leser sieht, löst sich postmodernes Verstehen von der Festlegung auf den ursprünglichen *sensus auctoris* und eröffnet so immer neue Spielräume für subjektives Verstehen.[6] In

---

[3] Sierszyn, *Christologische Hermeneutik*, 15–50, zusammengefasst in exzellenten Thesen ebd., 55–63, und systematisch entfaltet ebd., 107–145.

[4] Ebd., 80, 86, 88 u ö.

[5] *Ebd.*, 132–139.

[6] Siehe dazu Helge Stadelmann, *Vorwort,* in: ders. (Hrsg.), Den Sinn biblischer Texte verstehen: Eine Auseinandersetzung mit neuzeitlichen hermeneutischen Ansätzen, Gießen, 2006, V–VI; sowie Helge Stadelmann, *Die Wende vom „Text" zum „Hörer". Der*

immer neuen subjektiven Sinngebungen emanzipiert sich der postmoderne Leser vom Aussagewillen des Autors; insofern lässt sich von einer emanzipatorischen Hermeneutik sprechen.

Als einer der Wegbereiter solcher postmodernen Hermeneutik dürfte nun Hans-Georg Gadamer zu sehen sein mit seiner Grundkategorie des Verstehens als Horizontverschmelzung zwischen Texthorizont und Hörerhorizont.[7] Gemäß dieser Konzeption bindet sich die Auslegung nicht – wie in der reformatorischen Hermeneutik – an den vom Autor intendierten *sensus literalis*. Es geht nicht um ein (der Anwendung voraus liegendes) Entdecken der ursprünglichen Textbedeutung, sondern Text und Leser treten in ein zur Sinnsynthese führendes Gespräch. In diesem Gespräch kommt dem heutigen Leser gar die dominante Rolle zu.[8] Im Verstehen als Horizontverschmelzung wird, so Gadamer, der eigene Horizont des Interpreten bestimmend – allerdings nicht als ein unabänderlicher Standpunkt, sondern als „eine Meinung und Möglichkeit, die man ins Spiel bringt“[9]. Im Ergebnis kommt so immer neues subjektives Verstehen zustande.

In seiner Würdigung des hermeneutischen Ansatzes von Hans-Georg Gadamer zeigt sich Armin Sierszyn erfreut über die Überwindung der psychologisierenden Autorenbetonung – wie sie Schleiermacher (im Gefolge von Chladenius) begründet hat – zugunsten einer Werkorientierung der Hermeneutik. Er äußert die Einschätzung, diese Werkorientierung könne nicht im Sinne neuprotestantischer emanzipatorischer Ansätze sein.[10] Tatsächlich jedoch öffnet das Abrücken

Paradigmenwechsel zur emanzipatorischen Hermeneutik in der Praktischen Theologie, in: ebd., 29–49.

[7] Hans-Georg Gadamer, *Wahrheit und Methode*, Tübingen, 5. Aufl. 1986, 383.

[8] Ebd., 301: „Dass das nachkommende Verstehen der ursprünglichen Produktion gegenüber eine prinzipielle Überlegenheit besitzt und deshalb als ein Besserverstehen formuliert werden kann, beruht nicht so sehr auf der nachkommenden Bewusstmachung, die zur Gleichstellung mit dem Urheber führt (wie Schleiermacher meinte), sondern beschreibt im Gegenteil eine unaufhebbare Differenz zwischen dem Interpreten und dem Urheber, die durch den geschichtlichen Abstand gegeben ist. Eine jede Zeit wird einen überlieferten Text auf ihre Weise verstehen müssen […] Der wirklich Sinn eines Textes, wie er den Interpreten anspricht, hängt eben nicht von dem Okkasionellen ab, das der Verfasser und sein ursprüngliches Publikum darstellen. Er geht zumindest nicht darin auf.“

[9] Ebd., 383.

[10] Sierszyn, *Christologische Hermeneutik*, 30–31, 49–50, 51. Vgl. 59: Wir verstünden

von der Autorenintention zugunsten einer Werkorientierung gerade die Tür für subjektive Lesarten des nun interpretationsoffenen Werkes! Zwar sieht Sierszyn die Gefahr leserorientierter Sinnveränderungen des ursprünglich Gemeinten bei bestimmten Vertretern der kanonischen Exegese (wie Taschner oder Nicklas), die davon ausgehen, dass es innerkanonisch zu kreativen Traditionsprozessen durch die produktive Rolle immer neuer Leser gekommen sei, und die so Interpretationsräume für heutige Leser eröffnen.[11] Sein Urteil über kanonische Schriftauslegung fällt insofern auch „zwiespältig" aus.[12] Aber eine grundsätzliche Kritik an postmoderner leserorientierter Hermeneutik lässt sein Buch nicht erkennen. Gadamers „Verstehen als Horizontverschmelzung" scheint applikativ gesehen zu werden als Verständigung zwischen der Sache des Textes und dem Leser im Sinne einer kongenialen Anwendung der gemeinten Sache.[13] Nur, meint Gadamers Konzept wirklich vor allem die Kohärenz von Sache (in ihrer vom Autor bzw. Initiator vorgegebenen sowie vom Leser wahrgenommenen Bedeutung) und deren sinngemäßer Anwendung (im Rahmen kongenialer Bedeutsamkeiten)? Geht es ihm nicht vielmehr um die Freiheit des Lesers, ungebunden von der Autorenintention den eigenen Horizont mit den möglichen Bedeutungshorizonten eines Werkes ins Gespräch bringen zu können, um so zu immer neuem Verstehen zu kommen? Liegt das nicht auch bereits in der Konsequenz dessen, dass Gadamer seine Konzeption auf der Grundlage einer Kunsthermeneutik als dem (je subjektiven) Verstehen von Bildern und Kunstwerken entwickelt?[14] Und ist es überhaupt sachgemäß, die Hermeneutik intentionaler bzw. normativer Texte aus den Prinzipien der Interpretation neuerer Kunstwerke abzuleiten, die möglicherweise gar nicht mit einer bestimmten, gar normativ gemeinten Aussageabsicht geschaffen wurden?

In der Praktischen Theologie – und damit auch verbreitet auf protestantischen Kanzeln – ist inzwischen postmodernes Verstehen und leser- bzw. hörerorientierte emanzipatorische Hermeneutik das gängige Paradigma, in Europa wie in

„einen Text nicht, indem wir den Autor verstehen", denn die „biblischen Verfasser sind keine autonomen Subjekte [...] Sie sind vielmehr Zeugen und Teil eines sie weit überragenden Geschehens". Es gehe also nicht um die biblischen Autoren, sondern um die Sache. Es gehe (S. 79) um „eine Teilhabe am Zeugnis des Textes". – Übersehen wird dabei, dass nur der die Sache des Textes verstehen wird, der versteht, was der biblische Autor sagt (und was damit Gott durch ihn sagen will)!

[11] Ebd., 77–80.

[12] Ebd., 79.

[13] Vgl. ebd., 89.

[14] Gadamer, *Wahrheit und Methode*., 9–176 (= Erster Teil).

Nordamerika. Sierszyns im Blick auf kanonische Konzeptionen geäußerter mahnender Hinweis (siehe oben) sollte nicht überhört werden, dass theologische Denkmodelle der letzten 20 Jahre ihre Gebäude häufig auf dem Problemgrund der ungeklärten Prämissen und Positionen einer Hermeneutik der Moderne errichten, die der biblischen Offenbarung und göttlichen Inkarnation in Raum und Zeit nicht gerecht werden. Zugleich mag es für die weitergehende hermeneutische Klärung hilfreich sein in den Blick zu bekommen, wie sich emanzipatorische Hermeneutik heute auswirkt. Das soll im Folgenden anhand praktisch-theologischer Beispiele geschehen, da dies die Fachdisziplin des Autors dieses Beitrags ist.

2. Der Trend zur Leser- bzw. Hörerorientierung in der neueren praktisch-theologischen Hermeneutik

Symptomatisch für die Trendwende war bereits 1967 eine Homiletikertagung in Bad Boll. In Abgrenzung gegen vierzig Jahre christozentrischer Auslegungspredigt einer von Karl Barth geprägten Theologie des Wortes Gottes, die nun als „institutionell gesicherte Belanglosigkeit“ kritisiert wurde, rückte man die Beachtung der aktuellen Situation und empirischer Gegebenheiten als prinzipiell gleichrangig mit den biblischen Texten ins Zentrum des Interesses.[15] Die damalige Verunsicherung hinsichtlich der Wirklichkeit biblischer Sachverhalte dürfte dabei den dunklen Hintergrund abgeben, vor dem die Neubetonung aktueller Wahrheiten nun umso heller leuchten sollte. Ein Gedicht, das die Herausgeber dem Ergebnisband dieser Tagung voranstellten, deutet dies an:

> „Your holy hearsay is not evidence; give me the good news in the present tense. // What happened nineteen hundred years ago, may not have happened; how am I to know. // The living truth is what I long to see. I cannot live upon what used to be. // So shut the Bible up and show me how the Christ you talk about is living now.“[16]

Im Zuge jener “67er”-Wende verschiebt sich der Schwerpunkt dessen, was zu predigen ist, vom biblischen Text hin zum aktuellen Hörer. Predigt ist nach

---

[15] So Peter Krusche, Ernst Lange und Dietrich Rössler im Einladungsschreiben zu dieser Tagung, abgedruckt in: Ernst Lange / Peter Krusche / Dietrich Rössler (Hrsg.), *Zur Theorie und Praxis der Predigtarbeit. Predigtstudien: Beiheft 1*, Stuttgart/Berlin, 1968, 8–10.

[16] Ebd., 6–7.

Ernst Lange „Rede mit dem Hörer über sein Leben im Licht der Verheißung“[17]. Insofern als dieses Gespräch über die Lebenssituation des Hörers im Licht der Christusverheißung geschieht, hat es zwar einen Bezug zu biblischen Texten, diese werden aber nicht in ihrer ursprünglichen Aussageintention exegesiert, sondern jeweils auf das Prokrustesbett der Fragestellung gespannt, inwiefern sie die Sprache der Verheißung gegen die Sprache der Tatsachen zu Gehör bringen. Und das Ergebnis wird dann als Katalysator in die Überlegungen hineingenommen, wie wohl heute den Tatsachen mit dem Widerspruch der Verheißung zu begegnen sei.[18] Die Bedeutung ernsthafter Exegese für die Predigt tritt auf diesem Weg in den Hintergrund. Bibeltexte dienen bestenfalls als Ideengeber für aktuelle Lebenseinschätzungen.

Zwanzig Jahre später formuliert der Berliner Praktische Theologe Wilhelm Gräb:

> „Das Schriftprinzip ist – im Kontext der neuzeitlichen Wendung zum Subjekt – kein petrinisches Fundament für Theologie und Kirche, sondern ein lebendiger Wurzelgrund. Dann benennt es als seine hermeneutische Regel die der Freiheit. Frei ist bekanntlich ein Tun, das sich selber das Gesetz seines Handelns vorschreibt, nach eigener Einsicht in seine allgemeine Geltung. So auch das Verstehen eines biblischen Textes, das der Methode der Freiheit folgt. Es kennt keine absolute Vorweggeltung der Wahrheit biblischer Sätze. Wahr sind sie, insofern sie Wirkliches auf einleuchtende Weise, d. h. in ihrem Existentialsinn, erschließen.“[19]

Als Sinn wird erkannt, was in der Begegnung mit dem Bibeltext als subjektiv sinnvoll erscheint. Der Text ist ausgelegt und die Kanzelrede eine christliche Predigt, wenn der Hörer im Dialog mit dem Text Erhellung seiner Lebenssituation vom Text her und Erhellung des Textes von seiner Situation her erfährt.[20]

---

[17] Ernst Lange, *Predigen als Beruf*, München, 1982, 65.

[18] Ebd., 62–64.

[19] Wilhelm Gräb, *Die Bibel und die Predigt: Homiletische Hermeneutik zwischen Textauslegung und religiöser Selbstauslegung*, in: Wilfried Engemann (Hrsg.), Theologie der Predigt, Leipzig, 2001, 327.

[20] Ebd., 330f.: „Christlich ist diese religiöse Rede, indem sie dem Schriftprinzip am Leitfaden der hermeneutischen Regel der Freiheit folgt, dadurch also, dass sie das Leben auslegt, indem sie die Bibel auslegt und umgekehrt. Der hermeneutischen Regel ist entsprochen, wenn sich Stimmigkeit – ja, so ist es – und eine entsprechende Gestimmt-

Ob der Text dann noch sagen darf, was er sagen will, oder nur noch beantworten darf, was er gefragt wird, ist die Frage. – Einer der zurzeit führenden Predigttheoretiker, Wilfried Engemann, vertritt denn auch, dass die „Frage nach einer ursprünglichen Autorintention" einem Text nicht gerecht werde, vielmehr müsse sich der Leser als „Zeuge der sinngenerierenden Potenz dieses Textes" verstehen.[21] Auf der Kanzel könne es entsprechend nicht mehr heißen „Unser Text sagt", denn in der Predigt erklinge nun der neue Text des Zeugen.[22] – Andere Praktische Theologen gehen noch einen Schritt weiter und unterziehen – im Rahmen einer aus Befreiungstheologien gewonnenen Hermeneutik – den biblischen Text einer Relectura, die ihren Ausgangspunkt beim heutigen Kontext nimmt: Theologische Wahrheit wird dann nicht mehr aus dem „Buch", sondern aus der Praxis befreiter Subjekte bezogen, in deren Licht die Bibel neu verstanden wird.[23]

Doch nicht nur die biblischen Texte werden im Zuge der Exegese vom immer dominanteren postmodernen Leser bzw. Prediger her in ihrer Sinngebungshoheit relativiert. Auch die Predigt wird in einem nächsten Schritt postmodern-subjektivem Verstehen unterzogen. Predigt heute solle keinesfalls so gestaltet werden, dass sie die Hörer zu eindeutigem Verstehen führt. Engemann plädiert vielmehr für die ambiguitäre Predigt, die jedem Hörer genügend Raum zu individuellem Verstehen lässt im Rahmen dessen, was die so konzipierte Predigtgestalt mit ihrem Sinnpotential ermöglicht.[24] Die Predigt wird in diesem Sinn als

heit – jetzt fühle ich mich besser – in den Köpfen und Herzen der Hörer aufbaut."

[21] Wilfried Engemann, Art. *Semiotik III: Praktisch-theologisch*, TRE 31, 2000, 137; ähnlich ders., *Semiotische Homiletik: Prämissen – Analysen – Konsequenzen*, THLI 5, Tübingen, 1993, 115f.

[22] Wilfried Engemann, *"Unser Text sagt ...": Hermeneutischer Versuch zur Interpretation und Überwindung des „Texttods" in der Predigt*, in: ders. (Hrsg.), Personen, Zeichen und das Evangelium: Argumentationsmuster der Praktischen Theologie, APT 23, Leipzig, 2003, 132f. – Vgl. auch Axel Denecke, *Die Texte sind offen! Ein Plädoyer für die eisegetische Predigt*, ZGDP 16, 1998, 21–23.

[23] So Elaine Graham, *Practical Theology as Transforming Practice*, in: James Woodward / Stephen Pattison (Hrsg.), The Blackwell Reader in Pastoral and Practical Theology, Oxford, 2000, 104–116, insb. 107–110. Praktische Theologie ist damit an dem Ort angekommen, den befreiungstheologisch inspirierte ökumensche Missionswissenschaft schon ein Vierteljahrhundert zuvor erreicht hat; vgl. dazu Martin Hamel, *Bibel – Mission – Ökumene: Schriftverständnis und Schriftgebrauch in der neueren ökumenischen Missionstheologie*, Gießen, 1993.

[24] Wilfried Engemann, *Einführung in die Homiletik*, UTB 2128, Tübingen/Basel, 2002, 316–322. Dazu im Einzelnen Thomas Richter, *Der „Texttod der Predigt" und seine*

„offenes Kunstwerk“ verstanden, das viele – wenngleich nicht beliebige – Verständnisse eröffnet.[25] Am Ende hat dann jeder Hörer sein individuelles „Auredit“ (= Hörprodukt). Die Kette subjektiven Verstehens bis dahin ist lang: Der biblische Autor interpretiert ein Ereignis und produziert daraus seinen Bibeltext; der Prediger als Exeget interpretiert den Bibeltext und produziert sein Predigtmanuskript; als Verkündiger interpretiert der Prediger sein Predigtmanuskript und produziert seinen Predigtvortrag; und schließlich interpretiert jeder Hörer die Predigt und produziert sein Predigtprodukt. Keine intentionale Vorgabe engt dabei das individuelle Verstehen ein, solange es jeweils sinnvoll im Rahmen dessen bleibt, was die jeweilige Werksgestalt an Interpretationsmöglichkeiten hergibt.[26]

International einflussreich wird dieser hörerzentrierte Ansatz in der aus den U.S.A. stammenden „New Homiletic“ vertreten.[27] Die „New Homiletic“ entstand aus Impulsen der kerygma-theologischen „Neuen Hermeneutik“ der 1960er Jahre[28] und wirkt von dort inzwischen auf die deutsche Praktische Theo-

---

Überwindung: Wilfried Engemanns semiothisch-homiletische Konzeption, in: Helge Stadelmann (Hrsg.), Den Sinn biblischer Texte verstehen, 50–83.

[25] So in seinem epochemachenden Aufsatz Gerhard Marcel Martin, *Predigt als „offenes Kunstwerk“? Zum Dialog zwischen Homiletik und Rezeptionsästhetik*, EvTh 44, 1984, 46–58. – Siehe hierzu und zu diesem Paradigma verpflichteten neueren Homiletiken Armin Mauerhofer, *Auseinandersetzung mit den hörerzentrierten, rezeptionsästhetischen Ansätzen in der Homiletik*, JETh 25, 2011, 175–189.

[26] Vgl. Engemann, *Einführung in die Homiletik*, 165.

[27] Einflussreiche Vertreter der “New Homiletic” sind: Fred B. Craddock, *As One Without Authority*, St. Louis, 4. rev. Aufl., 2001; ders., *Preaching*, Nashville, 1985; Eugene L. Lowry, *The Homiletical Plot. The Sermon as Narrative Art Form*, Louisville, erw. Aufl 2001; ders., *The Sermon: Dancing the Edge of Mystery*, Nashville, 1997; David Buttrick, *Homiletic: Moves and Structures*, Philadelphia/London, 1987; Thomas G. Long, *The Witness of Preaching*, Louisville, 2. Aufl. 2005; ders., *Preaching and the Literary Forms of the Bible*, Philadelphia, 1989; Richard Lischer, *The Preacher King. Martin Luther King Jr. and the Word that Moved America*, Oxford, 1995; Lucy A. Rose, *Sharing the Word. Preaching in the Roundtable Church*, Louisville, 1997; Jana Childers, *Performing the Word. Preaching as Theatre*, Nashville, 1998; James W. Thompson, *Preaching like Paul. Homiletical Wisdom for Today*, Louisville, 2001; Ronald J. Allen, *Preaching. An Essential Guide*, Nashville, 2002; Paul S. Wilson, *Preaching and Homiletical Theory*, St. Louis, 2004. Thomas G. Long / Leonora Tubbs Tisdale (Hrsg.), *Teaching Preaching as a Christian Practice. A New Approach to Homiletical Pedagogy*, Louisville/London, 2008.

[28] Siehe dazu Scott M. Gibson, *Critique of the New Homiletic: Examining the Link*

logie und Homiletik zurück.[29] Insofern mag es lehrreich sein, an diesem Beispiel zu sehen, wie sich postmoderne emanzipatorische Hermeneutik bis in die Praxis hinein auswirkt.[30]

3. Die „New Homiletic" als Beispiel für die praktischen Auswirkungen postmoderner Hermeneutik

An drei Beispielen soll die Auswirkung leser- und hörerzentrierter Hermeneutik in der „Neuen Homiletik" dargestellt werden.

3.1. Fred Craddock

Eigentlich war Craddock gar kein Predigttheoretiker, sondern Professor für neutestamentliche Exegese. Zur Homiletik kam er erst in Folge eines Sabbatjahres, das er 1968/69 am hermeneutischen Institut der Tübinger Theologischen Fakultät verbrachte.[31] Unter dem Einfluss der „Neuen Hermeneutik" von Gerhard Ebeling und Ernst Fuchs kam er im Gesellschaftsklima der 68er Studentenbewegung zu der Überzeugung, der Prediger könne heute nicht mehr mit dem Autoritätsanspruch auftreten, das ausgelegte Bibelwort als Gottes Wort der Gemeinde sagen zu können. Vielmehr sei er „einer ohne Autorität"[32], ein Makler gewissermaßen zwischen der Situation der Hörer und dem Aussagepotential eines biblischen Textes, der so zu individuellem Verstehen verhelfen soll.

Between the New Homiletic and the New Hermeneutic, in: Haddon Robinson / Craig B. Larson (Hrsg.), *The Art and Craft of Biblical Preaching*, Grand Rapids, 2005, 476–477.

[29] Stark von der „New Homiletic" beeinflusst ist Martin Nicol, *Einander ins Bild setzen. Dramaturgische Homiletik*, 2. durchges. u. überarb. Aufl., Göttingen; vgl. ders., *Grundwissen Praktische Theologie. Ein Arbeitsbuch*, Stuttgart, 2000, 84.

[30] Vgl. dazu Helge Stadelmann, *The Role of Exegesis and Biblical Texts in Preaching the New Testament. Engaging with the "New Homiletic"*, in: Ian Paul / David Wenham (Hrsg.), We Proclaim the Word of Life. Preaching the New Testament Today, Nottingham, 2013 [im Druck].

[31] Dawn Ottoni-Wilhelm, *New Hermeneutic, New Homiletic, and New Directions*, in: Alexander Deeg / Martin Nicol (Hrsg.), Bibelwort und Kanzelsprache. Homiletik und Hermeneutik im Dialog, Leipzig, 2010, 51–52.

[32] So schon der Titel seines Buches: Fred B. Craddock, *As One Without Authority*, 4. Aufl., St. Louis, 2001 [1. Aufl. 1970].

Wenn es um die Predigt geht, würde man nicht vermuten, dass Craddock von der Exegese her kommt. Er will nicht „deduktiv“ mit dem Text beginnen (– als ob Exegese eine deduktive Methode sei!), sondern „induktiv“ mit der Hörersituation.[33] Der Prediger solle auf die Anliegen der Hörer achten, um sie in einen mentalen Dialog mit dem Text zu verwickeln und ihnen dazu zu verhelfen, dass sie am Ende zu eigenen Ergebnissen kommen, so dass die Predigtaussage nicht im Mund des Predigers, sondern im Ohr des Hörers entsteht.[34]

Wenn es in der Predigtvorbereitung um die exegetische Beschäftigung mit dem Text geht, empfiehlt Craddock die üblichen Schritte.[35] Geleitet wird er dabei aber von der hermeneutischen Überzeugung, dass die Aussageintention des biblischen Autors zwar nicht übergangen werden solle, dass sie andererseits aber auch nicht zum alleinigen Maßstab der Interpretation gemacht werden dürfe; denn Texte würden immer einen Sinnüberschuss („surplus of meaning“) gegenüber dem vom Autor intendierten Sinn (wie gegenüber jeder anderen Interpretation) aufweisen.[36] Entsprechend ist der Exeget frei, Abstand vom Text zu gewinnen um zu entscheiden, ob er sich der Aussageintention des Textes in seiner kanonischen Endform anschließen will, ob er lieber vorausgesetzten früheren Schichten der Textentstehung folgt oder Dinge möglicherweise auch anders sehen möchte, als es der Aussageintention des Textes in seiner ursprünglichen Kommunikationssituation entsprach. Am Ende jedenfalls sollte er in der Lage sein, in zusammenfassenden Sätzen gemäß seiner Interpretation zu formulieren, 1. was der Text sagt und 2. was er tut (ob er also erzählt oder sich hymnisch artikuliert oder lehrt usw.).[37]

---

[33] Fred B. Craddock, *Preaching*, Nashville, 1985, 84–98, 125.

[34] Craddock, *As One Without Authority*, 5–6, 14–15, 17, 26–27, 44–55, 104.

[35] Craddock, *Preaching*, 99–124: mehrfaches Lesen des gewählten Textes; Textkritik; Abgrenzen des Textes als thematische Einheit; Verstehen des Textes in seinen unterschiedlichen – historischen, literarischen, theologischen – Kontexten.

[36] Ebd., 115.

[37] Ebd., 117–124. – Ähnlich, wenngleich mit stärkerer Betonung der exegetischen Arbeit, auch Thomas G. Long, *The Witness of Preaching*, Louisville, 2. Aufl. 2005 [1. Aufl. 1989], 106–108. Vertreter kommunikativer Auslegungspredigt beachten in ihrer Exegese nicht weniger die unterschiedlichen Gattungen biblischer Texte, nehmen zugleich aber die ursprüngliche Kommunikationsabsicht des Textes (*sensus auctoris*), heilsgeschichtlich dem Schriftganzen zugeordnet, als Bezugspunkt der homiletischen Textauslegung; vgl. Charles B. Bugg, *Back to the Bible. Toward a New Description of Expository Preaching*, RevExp 90, 1993, 416; Helge Stadelmann, *Evangelikale Predigtlehre*, Witten, 2. Aufl. 2008, 65–77, 153–154.

Kommt dann im Zuge der Predigtvorbereitung die Hörersituation mit ins Gespräch, vertieft sich das subjektive Element des Verstehens. Im Hin-und-Her-Gehen zwischen Hörersituation und Textbestand entwickeln sich neue Aussagemöglichkeiten des Textes. Dies sei möglich, weil der Kanon nur historisch, nicht aber theologisch geschlossen sei.[38] Der Sinn eines Textes sei immer wieder anders, partikular für Jemanden an seinem je besonderen Ort.[39] Gut postmodern wird Sinn damit zu etwas subjektiv (nur) für den Augenblick Gültigem.

Entsprechend unscheinbar ist schließlich die Rolle biblischer Texte in Craddocks Predigten. Obwohl er beiläufig erwähnt, dass die Heilige Schrift (im Sinne eines historischen Dokuments) „normativ" für das Leben der Kirche sei, und dass Predigten, die von der Heiligen Schrift nicht „informiert und inspiriert" seien, wie „Waisen" in der Welt wirkten, „ohne Mutter und Vater",[40] vermisst man doch den erkennbaren Schriftbezug in den von ihm verfassten Musterpredigten, die er seinem grundlegenden Homiletikwerk beigefügt hat.[41] Analog zu gewissen Elementen des Bezugstextes entfaltet der Prediger hier in narrativer Weise einen religiösen Grundgedanken, dessen Verwurzelung in konkreten biblischen Aussagen für den Hörer nirgends evident wird. Es sind die schön erzählten „Stories", die beim Hörer wirken – die aber gar nicht explizit als Analogien bzw. Interpretationen von Elementen des Predigttextes erkennbar werden. Zur autoritativen Quelle der Inspiration des Hörers wird damit der Erzähler selbst. Er mag sich als „einer ohne Autorität" betrachten, mag das Hörprodukt dem je persönlichen Reden Gottes zuschreiben. Doch letztlich versäumt er es, durch nachvollziehbare Auslegung der Schrift auf die außerhalb seiner selbst liegende Autorität der Heiligen Schrift als „Schrift Gottes"[42] zu rekurrieren –

---

[38] Craddock, *Preaching*, 125–150, insb. 128–129.

[39] Ebd., 136.

[40] Ebd., 27.

[41] In der 4. Aufl. seines bahnbrechenden Buches *As One Withouth Authority* (2001) fügt Craddock vier Musterpredigten an, die seinen Ansatz exemplifizieren (131–156). Jeder der vier Predigten ist zwar ein Bibeltext zugeordnet: Röm 11,33–36; Mk 4,34–41; Lk 1,26–38; Mk 16,8. Doch nirgends wird in den Predigten ausdrücklich auf den jeweiligen Text Bezug genommen. Geschichten werden erzählt, die man als Analogien oder Ausschmückungen zu den (verborgenen) Bezugstexten verstehen kann. Schriftzitate und Schriftauslegung sucht man dagegen vergebens.

[42] So die reformatorische Schriftauffassung Martin Luthers, WA 7, 636,12; 638,30ff.; WA 8, 43,27; 72,19; 90,29. Siehe dazu ausführlich Armin Buchholz, *Schrift Gottes im Lehrstreit. Luthers Schriftverständnis und Schriftauslegung in seinen drei großen Lehrstreitigkeiten der Jahre 1521-1528*, Gießen, 2. Aufl. 2007, 8ff.

womit die Hörer ihm, seiner Erzählkunst, seinen Interpretationen als Redeautorität ausgeliefert sind. Craddocks Predigtziel ist, dass im Zuge der Predigtdarbietung dasselbe bewirkt wird, was der Text in seinem ursprünglichen Kontext bewirkte – gleich, ob der Prediger ausdrücklich auf den Text Bezug nimmt, sich locker analog zum Gedankengang eines Bibeltextes bewegt oder solchen Bezug nur impliziert.[43] So sehr sich die postmoderne Predigt um den Bezug zur Situation des Hörers bemüht, so dünn wird der Faden, der das Verstehen (des Predigers wie seiner Hörer) mit dem Bibeltext verbindet. Je stärker aber die Heilige Schrift als Offenbarungsquelle aus dem Blick gerät, desto bereitwilliger rechnet man mit der (möglichen) Offenbarungsqualität subjektiven Verstehens.

3.2. Eugene Lowry

Bei einem weiteren Vertreter der „New Homiletic“, Eugene Lowry[44], wird dies noch deutlicher als bei Craddock. Seine dramaturgische Homiletik reagiert einerseits in beachtenswerter Weise auf die Herausforderungen, die in der heutigen Medienwelt die von Film und Fernsehen geprägten Hör- und Sehgewohnheiten der Menschen für die Predigt darstellen. Zugleich verbindet auch er seinen homiletischen Ansatz mit postmodern subjektiver Hermeneutik.

Lowry plädiert als Grundform der Predigt für den „Plot“ (einen Problemdarstellung, Problemvertiefung und Problemlösung erlebbarmachenden Erzählaufbau). Gleich, welche Form oder Gattung der Predigttext aufweist: er wird in der Gestalt eines dramatischen Plots gepredigt.[45] Die Plot-Form entfaltet sich nach dem Schema „Vom Juckreiz zum Kratzen“ („From itch to scratch“)[46] in vier Basisschritten: 1. Die Hörerschaft aus dem Gleichgewicht bringen: d. h. bei den Hörern das Bewusstsein für ein bestimmtes Problem wecken [„Oops!“]. 2. Spannung aufbauen: d. h. die Sache verkomplizieren durch Vertiefung der Problemstellung und kritisches Nachfragen [„Ugh!“]. 3. Den Schlüssel zur

[43] Craddock, *Preaching*, 28.

[44] Eugene L. Lowry, *The Homiletical Plot. The Sermon as Narrative Art Form*, Atlanta, 1980; erw. Aufl. Louisville, 2001; ders., *The Sermon. Dancing the Edge of Mystery*, Nashville, 1997.

[45] Gleichnis- oder Narrativtexten kommt diese Plot-Form entgegen, weil sie oftmals bereits selbst diese Erzählform aufweisen und entsprechend gepredigt werden können. Predigten über andere Texte werden in die Plot-Form gebracht. Lowry, *Homiletical Plot*, 24, 105–115.

[46] Ebd., 118.

Problemlösung präsentieren: d. h. die plötzliche Wende zur Lösung hin einleiten [„Aha!“ & „Whee!“]. 4. Das Evangelium erfahren: d. h. den Hörern Zukunft eröffnen durch einen Aspekt des Evangeliums [„Yeah!“].[47] Keine Frage, dass so problembewusst und interessant gepredigt werden kann! Allzu schlichte Antworten werden vermieden und die Hörer zum Nachdenken angeregt. Allerdings gerät der Predigttext leicht zum bloßen Sprungbrett für eine bestimmte Problemstellung. Hat man ein Problem geortet, das sich vom Text her nahelegen könnte, wird es in den umfangreichen Teilen 1 und 2 des Predigtplots thematisch (und im Wesentlichen textunabhängig) im Dialog mit dem wirklichen Leben entfaltet. Wenn in Teil 3 und 4 die Lösung ins Blickfeld kommt, hat bereits das letzte Viertel der Predigt begonnen – vielleicht gelten der Lösung sogar nur noch wenige betonte Sätze.[48] Der Text taucht, wenn überhaupt, erst ganz zum Schluss der Predigt auf.[49] Solche Predigt ist nicht Auslegung eines Bibeltextes; vielmehr bestimmt das dramatische Erzählschema „Vom Problem zu seiner Lösung“ die Predigtgestalt.[50]

Es verwundert von daher nicht, dass die Exegese eine eher bescheidene Rolle in der Vorbereitung solcher Predigten spielt. Lowry schlägt drei Schritte der Predigtvorbereitung vor[51]: 1. Meditatives Eintauchen in den Text: d. h. mehrfaches Lesen und Meditieren des Textes mit der Fragestellung, wo der Text das Leben berührt und eine Problemstellung anspricht, die die Hörer wirklich „juckt“. 2. Beobachtungen am Text: d. h. kreative Beschäftigung mit Aussagen, Bildern und Vorgängen im Text, immer mit der Frage, wo sie vielleicht im Predigtdrama einen Platz finden könnten; dann eine Art praktische „Exegese“ durch den Prediger als dem „Gelehrten vor Ort“ („scholar in residence“), der immer schon Gemeinde und Text zusammen denkt und in Beziehung zueinander setzt; schließlich dann als abschließende Kontrolle – und wirklich jetzt erst! – der Blick in Kommentare: Denn wer zu früh mit wissenschaftlicher Exegese beginnt, legt nach Lowrys Überzeugung der homiletischen Phantasie Zügel an.[52]

[47] Lowry, *The Sermon*, 74–89; ders., *Homiletical Plot*, 118–121.

[48] Lowry, *The Sermon*, 86.

[49] Ebd., 112: It „is quite possible that the text may not appear in the sermon as preached until quite late […]. In such a case the preacher may want to suspend the text while hunting for something to unlock the way for the sudden shift and good news”.

[50] Lowry, *Homiletical Plot*, 24.

[51] Lowry, *The Sermon*, 90–114.

[52] Exakt exegesierende Kommentare „intrude themselves between the text and the preacher and begin explaining everything. Such an attitude never lets the homiletical mind loose”! Ebd., 104.

3. Schließlich wird die Predigt geformt: Der zentrale „Juckreiz“, der sich für den Prediger im Zuge seiner Meditation ergeben hat, wird festgelegt und entschieden, welche Elemente des Textes in die Plot-Struktur eingebaut werden können, um problematisiert zu werden und am Ende einer Lösung zugeführt zu werden. Vor allem aber ist nun über die Plot-Struktur zu entscheiden, die den Predigtinhalt bestimmt.

Dass dem Bibeltext bei diesem Procedere eher eine Juniorrolle zukommt, beunruhigt Lowry nicht. Ihm geht es nicht darum, dass ein Text (lebensnah) ausgelegt wird – Hauptsache, am Ende wurde „das Wort Gottes“ verkündigt! Dabei ist für ihn „Predigen“ und „Verkündigung des Wortes Gottes“ nicht identisch. Er unterscheidet hier sorgsam die Begriffe. Predigen ist für ihn eine Aufgabenbeschreibung („task term“) für etwas, was ein Mensch tun kann. Verkündigung des Wortes Gottes ist für ihn eine Ergebnisbeschreibung („achievement term“) für etwas, was vom Menschen erhofft und erstrebt, aber nur von Gott realisiert werden kann. Das „Wort Gottes“ ist nicht mit dem biblischen Wort zu identifizieren (Reformatoren)[53]; es ist für Lowry auch nicht etwas, was bei der Auslegung des biblischen Wortes senkrecht von oben erwartet werden darf (Karl Barth)[54]. Vielmehr geschieht „Verkündigung des Wortes Gottes“ dann, wenn die dramatische Plot-Struktur die Hörer packt und in der befreienden Lösung des Problems am Schluss die Wirkung des Evangeliums erfahren wird.[55] Darauf zielt der Vortrag des dramatischen Predigtplots durch den Prediger. Die tatsächliche Evozierung („evocation“) des Gefühls plötzlicher Erleichterung („sudden relief“) beim Hörer am Ende der Predigt sei aber als Ereigniswerdung des Wortes Gottes zu sehen. Die Predigt dient dieser Evozierung, ohne sie nach Belieben bewirken zu können. Lowry argwöhnt, „biblische Literalisten“, denen es vor allem darum gehe, Bibeltexte zu predigen, könnten an solchen Akten homiletischer Evozierung nicht sonderlich interessiert sein. Sie seien damit zufrieden, lediglich das zu wiederholen, was – ihrer Meinung nach – Gott (in der Bibel) gesagt hat – ohne dazu beitragen zu wollen, dass es zu einem geheimnisvollen individuellen Offenbarungsgeschehen kommt.[56] Dabei sei Gottes Wahr-

---

[53] Näher dazu Buchholz, *Schrift Gottes im Lehrstreit*, 67–77.

[54] Näher dazu Karl Barth, *Homiletik. Wesen und Vorbereitung der Predigt*, Zürich, 1966, 58–71; ders., *Das Wort Gottes als Aufgabe der Theologie*, Christliche Welt 36, 1922, 858 –872; ders., *Menschenwort und Gotteswort in der christlichen Predigt*, Zwischen den Zeiten 3, 1925, 119–140.

[55] Lowry, *The Sermon*, 37–38.

[56] Ebd., 41: They just repeat what they “believe God said - that´s the end of the matter. Mystery no more; it is swallowed up by absolute knowledge”; und 42: They “leave the

heit, so Lowry, doch nicht im Text der Heiligen Schrift niedergelegt, bereit auf dieser Basis gepredigt zu werden! Wahrheit könne nur persönlich erlebt werden in Erfahrungen des evozierten Angesprochenseins durch Gott.[57] Das verkündigte „Wort“ ist damit nicht notwendigerweise mit dem identisch, was der biblische Text in seiner Gedankenentfaltung sagen wollte. Das „Wort“ ist vielmehr das Resultat eines kreativen Prozesses, angeregt durch die Begegnung zwischen einem Bibeltext und den schöpferischen Meditationen des Predigers in seiner Studierstube, wo er Text und Hörerschaft problembewusst aufeinander zu beziehen versucht und dann einen dramatischen Plot entwirft, der (hoffentlich) seine Hörer packt und in ihnen eine geheimnisvolle Begegnung mit dem Unsagbaren evoziert. Das „Wort Gottes“ ist insofern eine mystische Offenbarungserfahrung des Individuums, die – wenn es Gott gefällt – durch eine gut geplante und „geplottete“ Dramaturgie hervorgerufen wird. Gut postmodern ist Wahrheit damit subjektiviert.

3.3 Lucy A. Rose

Mit Lucy Rose (1947-1997) wurde 1995, dem Jahr ihrer Promotion[58], bereits eine Vertreterin der zweiten Generation zur Präsidentin der Academy of Homiletics, dem Verband der „New Homiletic“, gewählt. Sie hatte am Union Theological Seminary bei Fred Craddock studiert. Kurz nachdem 1997 ihre Dissertation als Buch erschien[59], verstarb sie. Den Weg ihrer Vorgänger zu einer von postmoderner Hermeneutik bestimmten Homiletik war sie konsequent weitergegangen.

Wie schon ihr Lehrer Fred Craddock ist Lucy Rose überzeugt, dass der Prediger als „einer ohne Autorität“ zu sehen sei. Für sie ergibt sich das allerdings nicht aus seiner Rolle im Gegenüber zu einer post-68er Generation von Hörern, die keine Autoritätsperson akzeptieren würden, die deduktive Wahrheiten verkündigt, sondern aus Einsichten der feministischen Bewegung. Männer hätten die Tendenz, sich durch Abgrenzung zu definieren; Frauen dagegen stünden für den

---

dance at the edge of mystery and […] plod along the road of truth”.

[57] Ebd., 44–46.

[58] Rose promovierte zum Ph.D. mit ihrer Thesis „Preaching in the Round-Table Church” (Atlanta 1995) am Columbia Theological Seminary, an dem sie auch als “Associate Professor of Preaching and Worship” lehrte.

[59] Lucy A. Rose, *Sharing the Word. Preaching in the Roundtable Church*, Louisville, 1997.

Beziehungsmodus der Verbundenheit mit anderen Menschen.[60] Aus dieser Sicht heraus kritisiert sie jede Vorstellung als patriarchalisch, die den Prediger als autoritatives Gegenüber der Gemeinde sieht – sei es die klassische Homiletik des 19. Jahrhunderts eines John Broadus, der durch biblische Lehre der Gemeinde das autoritative Wort Gottes verkündigen wollte; sei es die kerygmatische Wort-Gottes-Theologie eines Karl Barth oder Charles Dodd, die als Autoritäten korrekter Bibelauslegung der Gemeinde in der Erwartung gegenübertraten, dass Gott unter solcher Verkündigung das Wort ergreife; seien es aber auch Homiletiker wie Fred Craddock und Eugene Lowry, die immer noch als privilegierte Experten der Predigtvorbereitung und Predigtdarbietung der Gemeinde gegenüberträten, um dadurch der Gemeinde eine Gottesbegegnung zu ermöglichen.[61] Hier müsse die Homiletik einen Schritt weitergehen und Predigt (von *homilia* = Gespräch) neu als eine Unterhaltung gleichberechtigter Partner („Conversational Preaching") begreifen. „At the heart of my proposal is the idea that preaching gathers the community of faith around the Word", schreibt Lucy Rose.[62] Prediger und Gemeinde sitzen nach diesem Verständnis auf gemeinsamer Entdeckungsreise einem Text, einer Bedeutung oder einem Geheimnis gegenüber, weshalb ein Rollenverständnis des Predigers als Sender und der Gemeinde als Empfänger ausgeschlossen ist.[63]

Bildhaft gesprochen geht es um die am Runden Tisch versammelte Gemeinde („Roundtable Church", siehe Buchtitel). Hier ist Jede und Jeder gleichberechtigt; keiner hat das Privileg auf korrekte Erkenntnisse der Wahrheit. Denn – und hier kommt eine zweite Grundüberzeugung von Lucy Rose ins Spiel: Wahrheit ist nie etwas Absolutes, Feststehendes, sondern immer etwas Relatives, Prozesshaftes. Im Anschluss an L. M. Dewailly und M. P. Carroll kommt Rose zu der Erkenntnis:

> „My proposal is that in conversational preaching the *kerygma* is no longer the unchanging core of the gospel, grounded in the apostles′ preaching as once-and-for-all revelation. Instead, the *kerygma* might designate a temporary formulation of a slice of God′s activity in the world that is critical for the contemporary church and that is grounded in revelation as an ongoing conversation with God, the Word, and bibli-

[60] Rose, *Sharing the Word*, 90.

[61] Ebd., 78f.

[62] Ebd., 93; vgl. bereits 4: Am runden Tisch der Gemeinde solle jede(r) Einzelne ermutigt werden, eigene Interpretationen und Erkenntnisse hervor- und einzubringen.

[63] Ebd., 90.

> cal texts. The *kerygma* for one generation in one corner of the church might be human freedom; it will be different in a different generation in a different corner of the church."[64]

Damit ist – offensichtlich abweichend vom apostolischen Evangeliums – und Wahrheitsverständnis (1 Kor 15,1–3a; Gal 1,6ff.; Jud 3, u. ö.) – der Rückbezug auf gültig ergangene Wahrheitsoffenbarung ausgetauscht für wechselnde Wahrheitserkenntnisse, die gar als fortschreitende Offenbarung überhöht werden.

Predigt wird in der Folge als ein vorläufiger Interpretationsversuch verstanden, der die Gemeinde zu eigenen Interpretationen anregt, ihre Interpretationsversuche aufgreift, aber nie beansprucht, objektive Wahrheit auszusagen.[65] Da Wahrheit immer sprachlich vermittelt ist, Sprache aber – nach Rose – seit dem Sündenfall unvollkommen und daher nicht in der Lage ist, eine Sache kohärent und sicher identifizierbar auszudrücken, bleibt der Interpretationsgemeinschaft der Kirche immer nur eine relative und damit individuelle Sprach- und Wahrheitserkenntnis.[66] Subjektives Erkennen und der Ausschluss normativer Wahrheitsansprüche werden auf diese Weise festgeschrieben. Die reformatorische Erkenntnis, dass sich Gott als Schöpfer der Sprache erkennbar offenbaren kann und sich in der Heiligen „Schrift" in geschöpflich zugänglicher Sprache offenbart hat[67], wird von Rose ebenso unberücksichtigt gelassen wie linguistische Erkenntnisse, denen zufolge Sprache (als *parole*) in der konkreten Sprachverwendung aufgrund von kontextualen, disambiguierenden Faktoren durchaus in aller Regel eindeutig zu kommunizieren in der Lage ist.[68] Für sie folgt aus der Relativität von Wahrheitserkenntnis und sprachlicher Kommunikation, dass auch Prediger Dinge immer nur in subjektiver Bekenntnissprache ausdrücken können und dabei ihre Sprache so wählen sollen, dass dadurch die Hörer zu eigenen Verständnissen veranlasst werden.[69] Die Sprache der als „Unterhaltung

---

[64] Ebd., 103; schon 6. Vgl. auch 107: „The *kerygma* is a provisional formulation of a portion of the gospel for a particular generation in a particular location."

[65] Ebd., 92, 94, 96, 100.

[66] Ebd., 32, 52, 55, 81, 90.

[67] WA 18, 700,33ff.; 18, 734,16f. und 772,30. Dazu Buchholz, *Schrift Gottes im Lehrstreit*, 64ff.

[68] Heinrich von Siebenthal, *Sprachwissenschaftliche Aspekte* (69–154), in: Heinz-Werner Neudorfer / Eckhard J. Schnabel (Hrsg.), *Das Studium des Neuen Testaments. Bd. 1. Eine Einführung in die Methoden der Exegese*, Wuppertal/Gießen, 1999, 85–105.

[69] Rose, *Sharing the Word*, 109. Vgl. 110: Der Prediger „speaks of personal experiences, interpretive possibilities, and convictions, using words that invite the personal expe-

am Runden Tisch" gedachten Predigt dürfe immer nur persönlich-bekenntnishaft („confessional") und anschlussfähig für unterschiedlichste Sinndeutungen („generative of multiple meanings") sein. Sprache, die eindeutig kommunizieren, überzeugen, das biblische Kerygma repräsentieren oder performativ das Göttliche evozieren will, lehnt Rose ab.[70] Es bleibt das egalitäre Gespräch derer, die um den Tisch des Wortes versammelt sind und subjektiven Erkenntnisgewinn erwarten, zu dem einer den anderen anregt und bei dem jeder den anderen stehen lässt.

4. Plädoyer für ein hermeneutisches Ritardando

Die Kämpfe der 1960er und -70er Jahre darum, was jeweils das richtige Verständnis ist, scheinen vergessen zu sein. Plurale Verständnisse haben Konjunktur. Allerdings wird von ihren Vertretern wenig Zweifel daran gelassen, wo die Grenze der Pluralität liegt: Anspruch auf hermeneutische Seriosität scheinen nur Diejenigen beanspruchen zu können, die – auf diese oder jene Weise – dem Paradigma subjektiven Verstehens folgen. „Exegetisch" arbeitende Prediger in der Studierstube, wie auch Predigthörer unter der Kanzel oder am Runden Tisch fühlen sich heute nicht mehr durch den vom jeweiligen Autor intendierten Sinn in ihrem Verständnis gebunden – Autoren von Predigten werden im Gegenteil gerade dazu veranlasst, sich vielfältigem Verständnis offener, ambiguitärer Sprache zu bedienen. Der von der Aussageintention seines Autors gelöste Text wird im Rahmen einer Werkhermeneutik von seinem Sinnpotential her betrachtet, das (zwar nicht allen, aber) vielen Interpretationen offensteht.[71] Der emanzipierte Leser oder Hörer, der sich auch vom Autor den Sinn eines Textes nicht mehr vorgeben lässt, ist dann frei, das Sinn generierende Verstehenspotential des Textes immer neu zu entfalten.

riences, interpretations, and convictions of all the worshippers as participants in the ongoing, communal conversations".

[70] Ebd., 110.

[71] Nach Umberto Eco, *Semiotik und Philosophie der Sprache*, München, 1985, 13f., müsse Texthermeneutik ihren Weg zwischen zwei „Extremen" finden: dem einen Extrem, „dass jeder Text (sei es eine Gesprächsäußerung oder ein Gedicht) auf eine, und nur auf eine einzige Weise, nämlich gemäß der Intention des Autors, interpretiert werden kann", und dem anderen Extrem, „dass ein Text jede Interpretation stützt". – Nur, ist erstgenannte Position wirklich so rasch als extrem abzutun?

Die Entwicklung der letzten Jahrzehnte ist sehr rasch in diese Richtung gegangen – wie immer bei einem Paradigmenwechsel. Eine Entschleunigung dieses Aufbruchs in das Land der (nahezu) unbegrenzten Verstehensmöglichkeiten könnte lohnend sein. Schon im täglichen Leben erweist sich solch eine Hermeneutik als wenig lebensdienlich: Würde man beginnen, intentionale oder gar normative Texte (etwa die Nachricht einer Behörde, einen Geschäftsbrief oder Vertrag) im Alltag als ambiguitäre, interpretationsoffene Verlautbarungen zu lesen, käme solch ein aus der Kunsthermeneutik gewonnenes Verständnis des Verstehens von Sinn rasch an seine Grenzen. Doch auch von der Literaturwissenschaft und Textlinguistik her fragt sich, ob ein hermeneutisches Ritardando nicht längst angezeigt ist hinsichtlich des Transfers der Sinngebungshoheit vom Autor zum Leser bzw. Hörer. Die neuere Sprachwissenschaft hat die Sprache als Kommunikationsmittel vermehrt ins Zentrum ihrer Betrachtung gerückt und in diesem Zusammenhang im Rahmen der Textlinguistik Fragen des Textverstehens erforscht. Dabei wird Textverstehen als Erschließung dessen verstanden, was der Textproduzent meint. Solches Verstehen wird als Normalfall sprachlicher Kommunikation verstanden.[72] Die Hermeneutik kann solche linguistischen Sachverhalte nicht unberücksichtigt lassen. Schon Ende der 1960er Jahre, als im Zuge emanzipatorischer Entwicklungen offenbar (neben vielen anderen) auch Autoren hinsichtlich ihrer Kompetenzen hinterfragt wurden – in diesem Fall: hinsichtlich ihrer Autorität, den Sinn dessen, was sie mit ihrem Werk sagen wollten, zu bestimmen –, mahnte ein Literaturwissenschaftler der Yale Universität, E. D. Hirsch, man solle beim Interpretieren von Texten doch Validität nicht für Subjektivität eintauschen.[73] Sein Vorschlag war es dann, zwischen der *Bedeutung* („meaning"), also dem vom Autor intendierten Sinn, und der *Bedeutsamkeit* („significance"), also der je unterschiedlichen Sinnanwendung auf die Situation des einzelnen Lesers, zu unterscheiden.[74] Sinnanwendungen können dann hinsichtlich ihrer Sinnhaftigkeit jeweils an der Bedeutung überprüft werden, von der sie abgeleitet werden. Zentral aber bleibt die Aufgabe, die gemeinte Bedeutung, den Sinn einer sprachlichen Äußerung, mit

---

[72] Siehe Heinrich von Siebenthal, *Griechische Grammatik zum Neuen Testament*, Gießen/Basel, 2011, 591–600 [innerhalb eines Kapitels zur Textgrammatik, 581–651].

[73] Siehe sein Werk E. D. Hirsch, *Validity in Interpretation*, New Haven, 1967; deutsch: ders., *Prinzipien der Interpretation*, UTB 104, München, 1972.

[74] Hirsch, *Validity in Interpretation*, 8: „*Meaning* is that which is represented by a text; it is what the author meant by his use of a particular sign sequence; it is what the signs represent. *Significance*, on the other hand, names a relationship between that meaning and a person, or a conception, or a situation, or indeed anything imaginable." Vgl. auch ebd., 140–144.

Ernst und Genauigkeit zu erheben, so wie sie ursprünglich intendiert war. Auch dabei wird der Interpret nicht über den Stückwerkcharakter allen Erkennens hinauskommen (1 Kor 13,9a). Doch wenn das Ziel klar ist, den Sinn dessen, was der Autor gemeint hat, anhand des Textes – und nicht jenseits oder diesseits desselben – zu verstehen, werden der Willkür bei der Auslegung von Texten enge Grenzen gesetzt sein. Solche hermeneutische Orientierung kann dem Verstehen von Texten nur gut tun – besonders, wenn es sich um die Schriften der Apostel und Propheten handelt.

Martin Hohl

Trinitarische Bibellektüre

Einleitung

Mit den folgenden Ausführungen möchte ich zur Diskussion über die Frage beitragen, ob und wie die Bibel durch sich selbst ausgelegt werden kann (scriptura sacra sui ipsius interpres). Zu dieser Diskussion hat Armin Sierszyn – in der Auseinandersetzung mit historisch-kritischer Theologie – wertvolle Beiträge geleistet.[1] An seine „sechs Leitsätze für eine Theologie nach biblischer Denkweise“[2] knüpfe ich an.

Zudem möchte ich mit diesem Artikel zur Klärung der Frage beitragen, was wir unter „Bibeltreue“ verstehen können[3]. Dabei ziehe ich den Ausdruck *„bibelgemäß“* oder „bibelgerecht“ dem Begriff „bibeltreu“ vor: Maßstab soll nicht die moralische Haltung der Ausleger und Anwender sein, sondern die Sache der Bibel selbst: die in schriftlicher Form vorliegenden und in einem Buch vereinigten Texte. Das versachlicht die Diskussion und stellt die Teilnehmenden auf eine Ebene der Gleichwertigkeit.

Natürlich können nur *Aspekte* zur Sprache kommen. Die Bibel selbst ist außerordentlich komplex, unsere Erkenntnisgewinnungs- und Verarbeitungskapazitäten sind beschränkt, und besonders von Gott kann unsere Erkenntnis höchstens „Stückwerk“ (1 Kor 13,9) sein. Umso mehr sollten diese Aspekte möglichst

---

[1] Armin Sierszyn, *Die Bibel im Griff? Historisch-kritische Denkweise und biblische Theologie*, Wuppertal, 1978. Armin Sierszyn, *Christologische Hermeneutik. Eine Studie über Historisch-kritische, Kanonische und Biblische Theologie mit besonderer Berücksichtigung der philosophischen Hermeneutik von Hans-Georg Gadamer*, Studien zu Theologie und Bibel 3, Wien, 2010.

[2] Sierszyn, *Die Bibel im Griff*, 146–148.

[3] Thomas Schirrmacher, *Irrtumslosigkeit der Schrift oder Hermeneutik der Demut? Ein Gespräch unter solchen, die mit Ernst bibeltreu sein wollen*, Nürnberg, 2001. Helge Stadelmann (Hrsg.), *Liebe zum Wort: das Bekenntnis zur Biblischen Irrtumslosigkeit als Ausdruck eines bibeltreuen Schriftverständnisse: Zum Gespräch mit Heinzpeter Hempelmann*, Nürnberg, 2002.

Wesentliches erfassen. Wesentlich erscheinen mir zuerst die folgenden drei Eigenheiten der Bibel:

1. *Gleichzeitigkeit von Vielfalt und Einheit.* Die Bibel enthält Schriften von vielen Autoren, die zu unterschiedlichen Zeiten unter verschiedensten Umständen gelebt haben und eine grosse Vielfalt an Gotteserfahrungen zum Ausdruck bringen. Alle diese Zeugnisse liegen zusammengestellt in *einem* Buch vor. Bibelgemässe Theologie sollte *beidem* gerecht werden: der Vielfalt und der Einheit. Die Vielfalt sollte nicht einseitig, dogmatisch reduziert werden. Gleichzeitig sollte trotz aller Vielfalt ein roter Faden, ein Zusammenhang, eine Einheit sichtbar werden.

2. *Gleichzeitigkeit von Gutem und Bösem.* In der Bibel finden wir Texte, die über wunderbar Gutes berichten. Daneben gibt es Berichte über entsetzlich Böses. Bibelgerechte Theologie muss diesem Sachverhalt Rechnung tragen und sollte keine Seite ausblenden. Nicht bibelgerecht ist es somit, selektiv und einseitig Positives herauszupicken – oder andererseits nur die negativen Seiten zu beachten.[4]

3. *Frohbotschaft.* Die Bibel stellt sich trotz der Darstellung auch von unheimlich Bösem als Evangelium, als Frohbotschaft dar. Bibelgemässe Theologie sollte dieses Frohe im Ganzen erhellen.

Offensichtlich geht es in der Bibel um Gott. Es ist von Gott die Rede, und in vielen Passagen wird gesagt, Gott spreche hier direkt. Für Christen ist die Bibel „Wort Gottes", heilige Schrift.

Nicht zuletzt Armin Sierszyn hat darauf aufmerksam gemacht, dass ein Zugang zur Bibel, der meint, die Bibel „objektiv", „wissenschaftlich", mit rein innerweltlichen Kriterien (Troeltsch: Kritik, Analogie, Korrelation) adäquat erfassen

[4] Im Herbst 2010 forderten Freidenker in der Schweiz ein Bibelverbot für Kinder und Jugendliche. Die Bibel enthalte „zu viel Gewalt" (s. a. Internet zum Thema ‚Bibelverbot'). Dazu ist zu sagen, dass die Bibel das Böse grundsätzlich natürlich nicht propagiert, sondern aufdeckt, ans Licht bringt und davor warnt. Das geschieht dadurch, dass es ausgesprochen, kommuniziert und eben auch schriftlich festgehalten wird. Während Böses normalerweise verleugnet, vertuscht, verdrängt wird, bringt es die Bibel offen zur Sprache. Zum Thema Gewalt: Wir finden in der Bibel einen deutlichen Zug von der Gewaltbändigung zur Gewalteindämmung und Überwindung – vom „Auge um Auge"-Gebot bis zum Gebot der Feindesliebe in der Bergpredigt.

zu können – „wie wenn es Gott nicht gäbe“, nicht unproblematisch ist.[5] Es gibt keine voraussetzungslosen, vorurteilslosen Zugänge zur Bibel. Der Mensch findet, was er sucht. Wer in der Bibel Mord und Totschlag sucht, der wird Mord und Totschlag finden. Wer Heil und ewiges Leben sucht, der wird Heil und ewiges Leben finden. Viele Meinungen, Urteile, Theorien über die Bibel sagen mehr über die entsprechenden Leser aus als über die Bibel selbst. Darum ist es sinnvoll, sich bewusst zu machen, was man sucht. Im wissenschaftlichen Kontext bedeutet dies, dass man die eigenen hermeneutischen Denkvoraussetzungen/Paradigmen kennt, transparent macht und kommuniziert. Sollen diese Denkvoraussetzungen selbst möglichst bibelgerecht sein, müssen wir bereit sein, uns von der Bibel etwas sagen zu lassen, eine „Hermeneutik der Demut“[6] zu praktizieren. Bibelgemässe Hermeneutik entwickelt sich in einem intensiven Lernprozess, in Auseinandersetzung mit der Bibel, an dem sich möglichst nicht nur einzelne Individuen, sondern auch Gemeinschaften beteiligen. Ein solcher hermeneutischer, theologischer Zugangsschlüssel zur Bibel liegt seit Jahrhunderten vor. Nur wird er nach meiner Beobachtung kaum je angewendet. Es ist dies die Vorstellung Gottes als *Trinität* (Dreieinigkeit, Dreifaltigkeit). Greshake betrachtet die „Trinität als Mitte und Verstehensschlüssel des christlichen Glaubens“[7]. Dieser Schlüssel kann meines Erachtens mit sehr grossem Gewinn auch auf die Bibel angewendet werden.

Der Gott, von dem die Bibel spricht und der durch die Bibel spricht, ist also meines Erachtens der Dreieine Gott. Es ist ein kommunizierender Gott, der in sich selbst und mit seiner Schöpfung, besonders den Menschen, kommuniziert. Dieser Gott lässt, gemäss biblischem Zeugnis, wichtige Dinge von allgemeiner Bedeutung schriftlich festhalten und tradieren. Ich gehe also im Folgenden davon aus, dass der dreieinige Gott Mitte und Verstehensschlüssel der Schrift ist. Er kann auch als ihr „Herausgeber“ betrachtet werden – nicht etwa die Kirche oder „die Geschichte“.

[5] Sierszyn, *Die Bibel im Griff*, Anm 1.

[6] Der Ausdruck stammt von Heinzpeter Hempelmann, vgl. Fussnote 3.

[7] Gisbert Greshake, *Der Dreieine Gott. Eine trinitarische Theologie*, Freiburg im Breisgau, 1997/2007, 219–221.

Der Dreieine Gott: Mitte und Verstehensschlüssel der Bibel

Dass der dreieinige Gott Verstehensschlüssel und Mitte der Bibel ist, das sollte nicht nur eine dogmatische Behauptung sein, nicht nur durch Gläubige nachvollziehbar, sondern allgemein und sachlich in der Bibel selbst feststellbar.

Der Ausdruck Trinität bzw. Dreieinigkeit kommt in der Bibel zwar nicht vor, wohl aber dieses Gottesverständnis selbst – sowohl im Alten[8] wie auch im Neuen Testament[9]. Es ist aufgrund der Bibel, in einem langen, intensiven Ringen – mit stetem Bezug auf die biblischen Schriften – herausgebildet worden. Dieses Ringen hat in den frühchristlichen Bekenntnissen, die alle trinitarisch sind, einen Abschluss gefunden. So bestand zumindest damals ein breiter Konsens darüber, dass das trinitarische Gottesverständnis biblisch ist.

Wie ist die Trinität zu verstehen? Natürlich ist das letztlich ein Geheimnis, doch Annäherungen aufgrund der Schrift sind möglich.

Ein Schlüssel zum Verständnis liegt meines Erachtens im hebräischen Begriff für Einheit: *aechad*. Dieser Begriff begründet den biblischen Monotheismus und kommt im jüdischen Glaubensbekenntnis vor (Dtn 6,4): „Höre Israel, der HERR ist unser Gott, der HERR ist Einer“ (oder auch: Einziger, Alleiniger). Diese Einsheit/Einheit des Begriffs *aechad* hat zwei grundsätzlich verschiedene Ausprägungen: a) Eins als zahlenmässige, mathematische, alles andere ausschliessende Einheit und b) Eins als zusammengeschlossene, soziale, mehreres einbeziehende und verbindende Einheit.[10] Jesus versucht seine Zeitgenossen

---

[8] Wichtiger Hinweis auf ein trinitarisches Gottesverständnis im AT ist die Verwobenheit verschiedener Gottesbezeichnungen, vor allem der Gottesnamen „Jahwe“ und „Elohim“. „Jahwe“ bezeichnet Gott als konkrete, lebende Einzelperson. „Elohim“ ist eine Pluralform, die als Einheit im Singular agiert. Die Verwobenheit ist meines Erachtens von Anfang an, sicher auch von der Schlussredaktion, bewusst gewollt. Sie liegt so unbestreitbar vor und muss einen Sinn haben. Eine Quellenscheidung aufgrund dieser Gottesnamen zerstört diese Verwobenheit und Sinnzusammenhänge.

[9] Hans-Joachim Eckstein, *Die Anfänge trinitarischer Rede von Gott im Neuen Testament*, in: Michael Welker / Miroslav Volf (Hrsg.), Der lebendige Gott als Trinität. Jürgen Moltmann zum 80. Geburtstag, Gütersloh, 2006, 85–113.

[10] Siehe Beispiele in den verschiedenen Wörterbüchern zum AT: Israel kämpfte wie *ein* Mann (isch aechad); Mann und Frau sind wie *ein* Fleisch (basar aechad); Israel und Juda sind wie *ein* Holz (ez aechad) u. a. Die Gottesbezeichnung „Elohim“ bezeichnet ebenfalls eine zusammengeschlossene Einheit (Anm 9).

davon zu überzeugen, dass der Gott Israels eine Einheit im zweiten Sinne des Begriffs *aechad* ist. Allerdings stösst er auf Unverständnis und Ablehnung. Johannes berichtet, dass in dem Moment, da Jesus sagte: *„Ich und der Vater sind eins!"* (Joh 10,30–31), die Umstehenden Steine aufhoben, um ihn zu steinigen.

Der dreieinige Gott ist also als zusammengeschlossene Einheit zu verstehen, die in sich lebt, sich austauscht, kommuniziert. Im ‚hohepriesterlichen Gebet' (Joh 17) ist uns ein kurzer, eindrücklicher Einblick in das innertrinitarische Geschehen gewährt. In diesem Gebet wird deutlich, dass die göttliche Dreieinheit selbst keine exklusive Einheit ist, sondern auch andere aufnehmen und beteiligen will, *„damit sie eins seien wie wir"* (Joh 17,11). Das zeigt: Der dreieine Gott vermag nicht nur Einheit, sondern auch Vielfalt zuzulassen – und solche nicht nur zu tolerieren, sondern auch zu schaffen und zu fördern.[11] Der dreieinige Gott selbst, beziehungsweise das Verständnis Gottes als Dreieinigkeit (zusammengeschlossene Einheit), gibt uns also einen hermeneutischen Schlüssel, um der Bibel gerecht zu werden – in ihrer Einheit einerseits und in ihrer gleichzeitigen Vielfältigkeit andererseits.

Damit stellt sich die Frage, warum dieser Schlüssel kaum je angewendet wurde und wird. Das hat wohl mit der Jahrhunderte währenden „Trinitätsvergessenheit"[12] zu tun, auf deren Ursachen hier nicht eingegangen werden kann. Ein anderer Grund ist wohl, dass dieses Gottesverständnis aus der Sicht der Verfechter der anderen Sicht von Einheit (aechad) als irrational erscheint.

Tatsächlich ist die Auffassung, Gott sei eine Einheit von Vater, Sohn und Heiligem Geist, nicht sofort allgemein verständlich zu machen. Dies kann aber zuerst einmal, in der Diskussion mit Religionskritikern, sogar ein Vorteil sein: Ein solches Gottesbild kann – im Gegensatz zu wohl allen anderen Gottesbildern, inklusive dem, dass es keinen Gott gebe – nicht von Menschen erfunden sein! So etwas kann kein Mensch erfinden oder erfunden haben. Das trinitarische Gottesverständnis ist uns *geschenkt* – durch die Bibel, durch Jesus Christus, der

[11] Greshake, *Der Dreieine Gott*, 219–221.

[12] Andreas Loos, *Die Krise der Trinitätslehre in der protestantischen Theologie*, in: Peter P.J. Beyerhaus (Hrsg.), Das Geheimnis der Dreieinigkeit im Zeugnis der Kirche. Trinitarisch anbeten – lehren – leben. Ein bekenntnis-ökumenisches Handbuch, Nürnberg, 2009. Christoph Schwöbel, *The Renaissance of Trinitarian Theology: Reasons, Issues and Tasks*, in: ders. (Hrsg.), Trinitarian Theology Today. Essays on Divine Being and Act, Edinburgh, 1995.

laut Matthäus als Auferstandener in seinen Abschiedsworten sagt: *„Tauft sie auf den Namen des Vaters und des Sohnes und des Heiligen Geistes!“* (Mt 28,19)

Martin Luther hat nicht die Trinität, sondern Jesus Christus („was Christum treibet“) als Mitte der Schrift benannt. Dies ist durch sein Grundanliegen, die Rechtfertigung des Sünders, bedingt. Seine christozentrische Auffassung kann biblisch gut begründet werden.[13] Sie hat zudem ihre Berechtigung dadurch, dass Jesus sagt, der Zugang zum Vater und damit zum dreieinigen Gott sei einzig durch ihn möglich.[14]

Auf der anderen Seite wird uns gesagt, Jesus Christus sei durch den Heiligen Geist gezeugt und werde von ihm geleitet. Er tue nichts von sich aus, sondern nur das, was in Übereinstimmung mit dem Willen des Vaters stehe. Das heißt: Mit Jesus Christus ist nicht nur ein Individuum, sondern der dreieinige Gott auf diese Welt gekommen!

Eine ausschließlich christozentrische Sicht der Mitte der Schrift birgt die Gefahr einer einseitigen Individualisierung. Der dreieinige Gott aber kann nicht nur ICH sagen – das tut er auch und dies an ganz zentralen Stellen der Bibel[15] –, sondern *in sich* auch DU[16], ER, WIR, IHR, SIE. Als Dreiheit kann er *in sich* die *ganze Fülle* möglicher personaler Beziehungen leben!

Eine einseitig christozentrische Sicht birgt zudem die Gefahr einer nicht bibelgemäßen Konzentration auf das Neue Testament[17], in dem der neue, individuel-

---

[13] Wilhelm Vischer, *Das Christuszeugnis des Alten Testaments*, Bd. 1, 7. Aufl. 1946. Wilhelm Vischer, *Das Christuszeugnis des Alten Testaments,* Bd. 2, 2. Aufl. 1946. Jesus sagt: „Die Schrift zeugt von mir“ (Joh 29), s. a. Lk 24,27.44; 2 Tim 3,15–17.

[14] Joh 14,6. Diese Aussage ist nicht ein abstrakter Absolutheitsanspruch, sondern bezieht sich explizit auf den Vater: *“Niemand kommt zum Vater denn durch mich.“*

[15] Natürlich ist es von zentraler Bedeutung, dass Gott ICH sagt und sich so selbst vorstellt/darstellt: *„Ich bin...“, „ich will...“,* im NT die „Ich-bin-Worte“ Jesu. Im neuen Bund wird dank Jesus Christus ein ganz persönliches, individuelles Verhältnis zu Gott möglich, zu dem jedes Individuum eingeladen ist. Die Beziehung „Ich und Jesus“ oder „Jesus und ich“ ist ganz grundlegend. Aber diese ist eingebettet in größere Zusammenhänge. Weder Gott noch der Mensch als sein Ebenbild lebt nur als ICH oder ausschließlich in Zweierbeziehung.

[16] Über die Bedeutung des DU in der Schrift siehe die Werke von Martin Buber.

[17] Die einseitige Konzentration auf das Neue kann, wie erwähnt, zu einer Missach-

le Bund im Mittelpunkt steht. Eine trinitarische Sicht hingegen vermag meines Erachtens der ganzen Bibel besser gerecht zu werden.

Wie kann eine trinitarische Sicht von Gott und der Bibel verständlich und allgemein zugänglicher gemacht werden? Traditionellerweise wird das mit einer heilsgeschichtlichen Differenzierung versucht: Zwar ist in allen heilsgeschichtlichen Perioden die ganze Trinität am Werk, doch in einzelnen Perioden tritt eine Person gegenüber der Schöpfung und den Menschen stärker in Erscheinung. Meist wird so die Schöpfung dem Vater zugeordnet, die Erlösung dem Sohn und die Vollendung dem Heiligen Geist.[18] Durch diese heilsgeschichtliche Charakterisierung der Trinität kommt die ganze Bibel in den Blick. Sie ist meines Erachtens sinnvoll und kann biblisch gut begründet werden. Allerdings bewegt sie sich innerhalb des christlichen Glaubenszusammenhangs und macht Außenstehenden die Trinität nicht unbedingt verständlicher.

Ich schlage eine andere grundlegende Charakterisierung der Trinität vor, auf die ich nicht durch die Bibel, sondern durch die heutige wirtschaftliche und politische Realität gestoßen bin.

Leben als Verwobenheit von Individualität, Kollektivität und Lebensprozessen in einer lebensdienlichen Umwelt

Das vergangene Jahrhundert war geprägt durch eine Auseinandersetzung zwischen individualistischen und kollektivistischen Systemen politischer und wirtschaftlicher Art. Dabei hat sich gezeigt, dass in Systemen, in denen die individuelle Freiheit zu einseitig im Vordergrund steht („Manchester-Liberalismus"), viele Menschen zu kurz kommen, Gemeinschaften geschädigt werden und die Umwelt leidet. Auf der anderen Seite haben kollektivistische Systeme an den Bedürfnissen der Individuen vorbei produziert, die individuelle Leistungsmoti-

---

tung/Abwertung des Alten Testamentes, der früheren Bünde, führen, schliesslich auch zu Judenverachtung und Antisemitismus. Selbst Luther ist davon nicht verschont geblieben.

[18] Der amerikanische Theologe Johnson kritisiert einseitige Sicht- und Lebensweisen christlicher Gemeinden und propagiert, wie ich das in diesem Artikel tue, einen konsequent trinitarischen Ansatz. Er bleibt bei der traditionellen Zuordnung: Vater – Schöpfung, Sohn – Erlösung, Heiliger Geist – Vollendung. Thomas K. Johnson, *What Difference Does the Trinity make? A complete Faith, Life and Worldview*, The WEA (World Evangelical Alliance) Global Issues Series Volume 7, Bonn, 2009.

vation zerstört, Korruption begünstigt und die Umwelt ebenfalls massiv geschädigt. Soziale Marktwirtschaften haben sich als am lebensfähigsten erwiesen. Auf politischem Gebiet sind es verschiedene Formen von Demokratie. In Marktwirtschaften und Demokratien kann in einem relativ freien Spiel der Kräfte um einen Ausgleich zwischen individuellen und kollektiven Bedürfnissen sowie Umweltanliegen gerungen werden. Politische Parteien, die sich für die individuelle Freiheit, für die Gemeinschaft (als Nation oder soziale Solidargemeinschaft) sowie für die Umwelt einsetzen, tragen zum Ausgleich aller dieser wichtigen Gesichtspunkte bei. Wo *alle* diese Bedürfnisse (Individualität, Kollektivität, lebenswerte Umwelt) einigermassen gut gelebt werden können, da besteht hoher Migrationsdruck, da wollen alle hin.

Nun ist in den letzten Krisen deutlich geworden, dass die Konzentration auf diese Faktoren allein für ein prosperierendes Wirtschafsleben nicht genügt. Nötig sind zusätzlich Lebensprozesse verschiedenster Art. Ohne diese stirbt alles. Es braucht Austauschprozesse, die keineswegs selbstverständlich sind. Diese Lebensprozesse können weder mit individualistischen (Appelle an das Gewissen, die Moral des Einzelnen etc.), noch mit kollektivistischen (Befehle, Verordnungen, Gesetzen etc.) Methoden geschaffen und dauerhaft erhalten werden. Sie gedeihen nur in einem bestimmten Klima, in einer bestimmten Atmosphäre. Zentral dabei ist das Vertrauen. Heute ist allgemein erkannt und anerkannt, dass Vertrauen das wichtigste Kapital einer Firma (besonders einer Bank) und auch einer Volkswirtschaft ist. Ohne Vertrauen stirbt das Leben auch auf den globalen Märkten. Ohne Vertrauen geht nichts. Die Frage ist nun: wie entsteht Vertrauen? Durch Öffentlichkeitsarbeit? Durch einzelne Hoffnungsträger? Durch einzelne Regierungen oder Institutionen, etwa die Zentralbank? Grosse Ratlosigkeit herrscht. In der Bibel allerdings ist Vertrauen eines der zentralen Themen.

Erstaunlich ist nun, und meines Erachtens von enormer Bedeutung: Der biblische Gott vereinigt in sich alle diese Faktoren, die sich in der letzten Zeit deutlich herausgebildet und für die ganze Menschheit als lebenswichtig herausgestellt haben: Individualität, Kollektivität und Lebensprozesse in einer lebensgerechten Umwelt!

Mit dieser Differenzierung kann wieder sichtbar werden, dass die Bibel höchst relevant und aktuell ist – für das ganze Leben der Welt! Sie ist nicht allein Erbauungsbuch für einige Gläubige, sondern hat allen, zu allen Zeiten und an allen Orten etwas zu sagen, was auch ihr Anspruch ist.

Die Trinität als Einheit von Individualität, Kollektivität und Lebensprozessen

Dreieinigkeit bedeutet die Einheit der drei Personen Vater, Sohn (Jesus Christus) und Heiliger Geist. Wie aber, in welchem Verhältnis stehen Einheit und Dreiheit zueinander? Diese Frage steht seit Augustin[19] im Zentrum trinitarischer Theologie. Dabei ist bis zum Ende des letzten Jahrhunderts ein „Vorrang des ‚Unitarischen' im abendländischen Denken" festzustellen.[20] Dies hat meines Erachtens mit der mangelnden Überwindung der mathematischen, statischen, Vielfalt ausschließenden Vorstellung von Einheit und mit einer entsprechenden Angst vor einem „Tritheismus" zu tun. Gleichzeitig werden die innertrinitarischen Lebensprozesse kaum beachtet, die die Einheit permanent verstärken und vertiefen.

Ich denke also, dass die Trinität, biblisch begründet, als eine Einheit von Individualität, Kollektivität und Lebensprozessen charakterisiert werden kann.

Individualität: Vater, Sohn und Heiliger Geist sind eigenständige Personen, Persönlichkeiten mit eigener Individualität, eigenem Charakter, eigenem Selbst, eigenem Willen, eigener Würde usw. Die Drei respektieren und achten sich gegenseitig in dieser Personalität und Würde unbedingt, vollkommen.

Kollektivität: Die Drei bilden seit jeher eine soziale, zusammengeschlossene Einheit. Sie sprechen gegen außen mit einer Stimme. Sie handeln mit einem einheitlichen Willen. Sie bilden zusammen eine Gemeinschaft, „Communio" (Greshake) von allerhöchster Qualität und Vorbildlichkeit. Sie sind immer alle als Gemeinschaft präsent, auch wenn zu den verschiedenen Zeiten der Heilsgeschichte jeweils eine Person in den Vordergrund tritt. Ihre Gemeinschaft ist dadurch charakterisiert, dass der Sohn und der Geist nicht nur dem Vater dienen, sondern dass der Vater sie auch an seiner Herrschaft beteiligt.

---

[19] Roland Kany, *Augustins Trinitätsdenken. Bilanz, Kritik und Weiterführung der modernen Forschung zu ‚de trinitate'*. Studien und Texte zu Antike und Christentum 22, Tübingen, 2007. Kany stellt die wichtigsten Gesamtdarstellungen von Augustins Trinitätslehre vor. (Ausführliches Literaturverzeichnis)

[20] Greshake, Der Dreieine Gott, 61: „Der Durchbruch zu einem ‚interpersonal-communialen' Gottesbild geschah, glaubens- und geistesgeschichtlich gesehen, nur unter grossen Schwierigkeiten in einem Prozess, der bis heute keineswegs beendet ist."

Lebensprozesse: Zwischen den Dreien spielen sich komplexe Lebensprozesse ab, die die Individualitäten bestätigen und beglücken sowie die Einheit und Gemeinschaft stärken und vertiefen. Sie kommunizieren miteinander: Der Sohn spricht mit dem Vater durch den Heiligen Geist (Joh 17). Sie lieben sich gegenseitig mit vollkommener Liebe und bezeugen diese Liebe gegen außen („Dies ist mein geliebter Sohn…“ Mk 9,7). Sie schenken sich gegenseitig Vertrauen, Anerkennung, Freude und viele andere Güter – sogar Macht („Mir ist gegeben alle Macht…“ Mt 28,18). Es besteht ein beständiger Austausch, ein Empfangen und Weitergeben auf einer Ebene der Gleichwertigkeit. Zudem kooperieren die Drei miteinander und können in dieser Kooperation allerhöchste Spannungen überwinden. Die Lebensprozesse vervielfältigen, multiplizieren laufend das Leben der Drei als Einheit, so dass gesagt werden kann: 1 x 1 x 1 = 1.[21]

Die drei Wesensmerkmale der Trinität (Individualität, Kollektivität, Lebensprozesse) können den drei Personen der Trinität zugeordnet werden:

Der *Sohn* tritt als *Individualität,* Einzelpersönlichkeit in diese Welt ein, wobei die biblischen Texte deutlich machen, dass mit ihm stets auch der Vater und der Heilige Geist präsent sind. Der durch sein Befreiungs- und Erlösungswerk gestiftete Bund wird jedem einzelnen Menschen als Individuum angeboten. Es ist ein ganz persönlicher, individueller Vertrag zur Erneuerung, Heilung und Heiligung des eigenen Lebens.

Dem *Vater* kann das Merkmal der *Kollektivität* zugeordnet werden. Er sorgt für die Lebensbedingungen (Schöpfung) und für die Voraussetzungen kollektiven Zusammenlebens auf diesem Planeten (Sinai-Bund). Im Judentum wird die kollektive Anrede Gottes als „unser Vater“ praktiziert.[22] Im neuen Bund stiftet der Vater die neue Gemeinschaft insofern, als er die Mit-Glieder dem Sohn übergeben hat (vgl. Joh 17,6).

Der *Heilige Geist* „macht lebendig“ (2 Kor 3,7; Joh 6,63). Er steht für die *Lebensprozesse* und ihre Unverfügbarkeit durch den Menschen. Er ist vom Vater und vom Sohn gesandt und schenkt dort, wo man ihn lässt, neues Leben, Verständigung, Trost, Kraft, Liebe, Freude und vieles andere mehr.[23] Das alles ge-

---

[21] Vgl. Ernst-Martin Borst, *Dreieinigkeit – Vater, Sohn und Heiliger Geist*, Aufklärung 61, Lage, 2007, 9.

[22] Eduard Lohse, *Vater unser. Das Gebet der Christen,* Darmstadt, 2. Aufl. 2010, 16–22.

[23] Die Aufzählung in Gal 5,22 ist wohl nicht abschließend gemeint: „Die Frucht des

schieht nicht augenblicklich, sondern in Wachstumsprozessen. Der Heilige Geist „weht wo er will"; wo er ist, „da ist Freiheit" (2 Kor 3,17). Er (und mit ihm Gott) ist nicht manipulierbar, nicht instrumentalisierbar, nicht monopolisierbar.

Trinität in einer selbst gestalteten Umwelt

Der Dreieine Gott lebt selbst nicht in einem Vakuum, sondern in einer von ihm selbst gestalteten Lebenswelt („Himmel"), in die in der Bibel nur seltene, kurze Einblicke gegeben sind. Zu dieser Lebenswelt gehört aber auch die uns bekannte Schöpfung. Diese Schöpfung ist einerseits strikt vom Schöpfer getrennt, und die Verehrung der Schöpfung anstelle des Schöpfers gilt als grosser Frevel (Röm 1,25). Andererseits trägt sie die Handschrift des Schöpfers und ist durch Lebensprozesse mit ihm verbunden. Ohne diese Verbindung geht sie zugrunde. Ein zentraler Lebensprozess ist Liebe. Sie durchfliesst alles. Diesen Liebesfluss zu erhalten und zu verstärken ist dem Menschen als höchstes Gebot (Liebesgebot) gegeben (Mt 22,37–39 par; schon im AT: Dtn 6,5; Num 19,18).

Gottesebenbildlichkeit des Menschen

Der Mensch als Geschöpf kann ohne Lebenswelt/Umwelt (Natur und Kultur) nicht leben. Bibelgemässe Anthropologie umfasst somit, da der Mensch „Ebenbild" der Trinität ist, eben diese Aspekte: Individualität, Kollektivität, Lebensprozesse, Lebenswelt. Der Mensch braucht zum Leben ***alle*** diese Lebenselemente. Das eine oder andere mag vorwiegen. Nie aber dürfen sie auseinandergerissen werden – Leben besteht nur als Einheit ***aller*** dieser Merkmale. Nie darf ein Element oder dürfen mehrere Elemente ausser Acht gelassen oder instrumentalisiert werden. Darum sind aus dieser Sicht die folgenden, historisch, empirisch feststellbaren, Einseitigkeiten/Ideologien ungöttlich, unbiblisch, zerstörerisch:

- Individualismus, Personenkult (Das ICH als Mass aller Dinge. Ausleben individueller Bedürfnisse ohne Rücksicht auf Gemeinschaften, Lebensprozesse, Umwelt.)

Geistes aber ist Liebe, Freude, Frieden, Geduld, Güte, Rechtschaffenheit, Treue, Sanftmut, Selbstbeherrschung."

- Kollektivismus (Ein Kollektiv wie Familie, Sippe, Rasse, Klasse, Nation als Maß aller Dinge. Ausleben kollektiver Bedürfnisse auf Kosten von Individuen, anderer Kollektive, Lebensprozessen, Umwelt)

- Gnostizismus, Mystizismus, Esoterik (Einseitige Konzentration auf Geist, Seele, Lebensenergien unter Abwertung und Vernachlässigung konkreter, auch materiell- körperlicher Existenz als Individuum und als Kollektiv in komplexer Lebenswelt)

- Naturalismus, Ökologismus (Einseitige Naturverehrung, Unterwerfung von Individuen, Kollektiven und Lebensprozessen unter die scheinbaren Notwendigkeiten und Erfordernisse der Naturerhaltung)[24]

Das Leben des Menschen aus trinitarischer Sicht ist also charakterisierbar als ein komplexes Ineinander von Individualität, Kollektivität, Lebensprozessen und Lebenswelt. Diese Lebensmerkmale sind universal, überzeitlich, überhistorisch, für alle Lebewesen, Orte und Zeiten unabdingbar. Sie ermöglichen eine unermessliche Fülle an Leben. Die Bibel schildert diese Fülle und dieses Ineinander mit Hilfe von verschiedenen literarischen Gattungen und durch die zeitliche Differenzierung historischer Abläufe.[25] Am Anfang der Bibel wird in Erzählform geschildert, wie Gott alles erschafft (mit eben diesen Lebensmerkmalen): Lebenswelt; einzelnes Individuum, dem Leben eingehaucht wird; Gemeinschaft mit Gott und mit einem anderen Menschen; in einem paradiesischen Garten. Dem Menschen ist dies alles – in einer guten, vollkommenen Form – geschenkt.

Dieser paradiesische Zustand ist allerdings von kurzer Dauer. Die weitaus meisten Texte der Bibel handeln in einer Welt „jenseits von Eden". Hier finden wir Gutes und Böses nebeneinander. Damit komme ich zur zweiten der eingangs gestellten Fragen: Wie ist diese Gleichzeitigkeit von Gutem und Bösem in der Bibel zu verstehen?

---

[24] Dazu z.B. Thomas Lachenmaier, *Schädling Mensch. Das totalitäre Potential des neuen Ökologismus,* in: factum 1, 2010, 10–13.

[25] Geschichte ist also nicht Selbstzweck, sondern dient beschränkten Geschöpfen zur Erkenntnisgewinnung.

Leben in einer Welt von Ambivalenzen

Die Bibel selbst erklärt die Gleichzeitigkeit von Gut und Böse auf dieser Welt mit der bekannten Geschichte vom Sündenfall. Der Baum, dessen verbotene Frucht Adam und Eva essen, heißt: „Baum der Erkenntnis von Gut und Böse“[26] Der Fall des Menschen, der Gottes Wort misstraut, der selber Gott sein will, bewirkt diese Ambivalenz. Dabei werden die bösen Seiten der menschlichen Schuld[27], die guten Seiten Gottes Gnade zugeschrieben. Aus Gnade, aus Liebe, damit der Mensch überleben und nicht nur Böses, sondern auch Gutes kennenlernen und erkennen kann, begleitet Gott selbst den Brudermörder Kain („Kainszeichen“) und alle anderen Sünder.

Wichtig ist nun aus einer trinitarischen Sicht, dass auch von diesem Sündenfall *alle Aspekte* des Lebens betroffen sind. Auch jenseits des Paradieses können sie nicht auseinander gerissen werden. Alles ist betroffen: alle Individualität, alle Kollektivität, alle Lebensprozesse und auch die Lebenswelt.[28] Alle Einzelmenschen, alle Gemeinschaften, alle Lebensvorgänge aber auch alle Kultur und Natur ist nun nicht mehr eindeutig gut oder eindeutig böse, sondern Gut und Böse gleichzeitig. Dem Menschen ist die Aufgabe gegeben, dies zu erkennen und im Vertrauen auf Gott, im Bunde mit ihm, gute, sinnvolle Wege zu gehen.[29] Wenn er dies nicht tut, nimmt das Böse überhand. Auf diesen Wegen ist niemand auf dieser Erde schon am Ziel. Auch die Frömmsten leben hier noch in der paulinischen Spannung zwischen „schon jetzt“ und „noch nicht“. Nichts und niemand ist perfekt, kein Individuum, kein Kollektiv, kein Lebensprozess, keine Kultur, auch nicht die Natur. Jeder Naturoptimismus ist unbiblisch. Auch die Natur ist ambivalent: einerseits als Gottes Schöpfung herrlich, kraftvoll, phantasievoll, vielfältig usw. (Röm 1,20), andererseits von einer gnadenlosen Brutalität, Fressen und Gefressen werden.

Alles auf dieser Welt ist ambivalent. Das heißt: nichts ist vollkommen. Jede (Wissens-, Glaubens-, Leistungs- etc.) Überheblichkeit ist fehl am Platz. Auf

---

[26] Gen 2,9.17 (Zürcher Bibel, Luther 1984: „Baum der Erkenntnis des Guten und Bösen“)

[27] Die Schuld des Menschen besteht darin, dass er sich von bösen Mächten verführen lässt. Er ist nie selbst absolut böse.

[28] Aufgrund einer trinitarischen Sichtweise wird besonders einsichtig und verständlich, warum die beiden Menschen aus dem Paradies haben vertrieben werden müssen.

[29] Ps 139,24: „Sieh, ob ich auf bösem Wege bin, und leite mich auf ewigem Wege.“

der anderen Seite ist nichts total schlecht; für alles, was noch lebt, kann es Hoffnung geben.

Das Leben in einer Welt der spannungsgeladenen Gleichzeitigkeit von Gut und Böse, fällt dem Menschen nicht leicht. Diese Spannung bedeutet unter anderem Leiden, Mühsal, Entbehrung, Unsicherheit und Angst. Der Mensch hätte es lieber schmerzfreier, bequemer, sicherer. Am liebsten würde er das Paradies auf Erden selber wieder herstellen. Aber solche Versuche bewirken stets Verfall und Zerstörung. Das Ineinander, die Verwobenheit der Lebensaspekte ist so komplex, dass aus biblischer Sicht jede Art von Selbsterlösung zum vornherein ausgeschlossen ist.

Das empirisch feststellbare Phänomen einer spannungsgeladenen Gleichzeitigkeit von Gegensätzen wird in den Wissenschaften zunehmend unter dem Begriff der „Ambivalenz" erkannt und untersucht.[30] Der Begriff ist etwa hundert Jahre alt und stammt von dem Schweizer Psychiater Eugen Bleuler. Früher wurden in der Psychologie Ambivalenzen als krankmachend empfunden. Mit Hilfe dieses Begriffs „zeichnete sich ein wichtiger Wandel ab. Nicht das Erleben von Ambivalenzen galt als krankmachend, sondern die Unfähigkeit, sie sich einzugestehen, sie auszuhalten und damit umzugehen."[31]

Die Bibel kennt die Ambivalenz allen Lebens von Anfang an (Baum der Erkenntnis von Gut und Böse), und sie bietet dem Menschen, der diese Ambivalenzen nicht liebt, Hilfen an, um mit ihnen besser zu leben und sie schliesslich sogar – in Gottes Reich – zu überwinden. Diese Hilfe, ohne die der Mensch verloren ist und alles zugrunde geht, leistet der dreieinige Gott in der Bibel in der Form von Bünden. Vor jedem Bund erzählt die Bibel eine Befreiungsgeschichte, eine Geschichte der Befreiung von bösen Mächten. Dabei geht es zuerst um die globale Lebenswelt (Noah-Bund), dann um die Befreiung eines Kollektivs (Sinai-Bund) und schließlich um die Befreiung und Erlösung einzelner Individuen (neuer Bund). Auch die biblische Heilsgeschichte bestätigt also die Differenzierung in die Aspekte: Lebenswelt, Kollektivität und Individualität!

---

[30] Kurt Lüscher, *Oszillieren zwischen den Gegensätzen. Über die Aktualität des Ambivalenten*, in: Neue Zürcher Zeitung Nr. 265, 13. November 2010, 67.

[31] Lüscher ebd.

Mehrzahl und Einheit der biblischen Bünde

Der biblische Gott regelt die Beziehungen zu seiner Schöpfung und den Geschöpfen in der Form von Bünden (hebräisch: berit) – nicht also etwa durch Unterwerfung, Zwang oder gar Gewalt, sondern indem er allem und jedem ein Eigenleben gewährt und dieses Eigenleben auch schützt und respektiert. Schöpfung und Geschöpfe werden als Gegenüber behandelt, dem Gott einen bestimmten Lebensrahmen zur Verfügung stellt, innerhalb dessen Leben gedeihen und gelingen kann. Dabei geht Gott selbst verbindliche Verpflichtungen ein. Diese werden schriftlich fixiert – ebenso auch Rechte und Pflichten der „Bundesgenossen". Die Bibel aus dieser Sicht ist „Bundesurkunde".

Der Reformator Heinrich Bullinger, Nachfolger Zwinglis in Zürich, gilt als Begründer der Bundestheologie. Er untersuchte und beschrieb als Erster das Wesen, Nacheinander und Ineinander der biblischen Bünde. Dabei legte er großen Wert darauf, festzustellen, dass die Bünde, trotz ihrer Verschiedenheit, gemeinsam eine Einheit bilden. Daher gab er seinem bundestheologischen Hauptwerk den Titel: „Von dem einigen und ewigen Testament oder Bund Gottes".[32] Dieser Ansatz ist meines Erachtens richtig – liegen doch die beiden Testamente in *einem* Band vor – und wichtig: Er bewahrt vor einem Auseinanderreißen der Bibel, vor einer Abwertung des Alten Testaments, vor einer (immer noch weit verbreiteten) Substitutions- oder Ersatztheologie, die Antijudaismus und Antisemitismus begünstigt. Gegen jede christliche Überheblichkeit wendet Bullinger auch ein, der Messiasglaube durchziehe seit dem „Protevangelium"[33] (Gen 3,15) die ganze Bibel. Die Menschen, die vor dem Wirken Jesu Christi auf dieser Welt gelebt haben, haben geglaubt, dass er kommen werde, die nach ihm leben, glauben, dass er gelebt habe. Gesehen haben ihn beide nicht. Beide setzen ihre Hoffnung auf Gottes Heilshandeln und nicht auf eigene Gerechtigkeit.[34] Bullinger sieht in „Gottes Bund mit Abraham den Schlüssel zum Ver-

[32] *De testamento seu foedere Dei unico et aeterno. Heinrychi Bullingeri brevis expositio. Von dem einigen und ewigen Testament oder Pundt Gottes. Heinrichen Bullingers kurzer Bericht*, Zürich, 1534. Enthalten in: Emidio Campi / Detlef Roth / Peter Stotz (Hrsg.), *Heinrich Bullinger. Schriften*, Bd. 1, Zürich, 2004, 49–101.

[33] Die frohe Botschaft durchzieht also die *ganze* Bibel.

[34] *Der alt gloub. / Das der Christen gloub von anfang der waelt gewaert habe / der recht waar alt vnnd vngezwyflet gloub sye / klare bewysung Heinrychen Bullingers*, Zürich, 1539. Auch in: Campi / Roth / Stotz (Hrsg.), *Bullinger*, 171–257.

ständnis der gesamten Schrift"[35] Im Abraham-Bund sind die reformatorischen Prinzipien *sola gratia, sola fide, solus Christus* enthalten, ebenso die Verheissung des Sinai-Bundes und des Neuen Bundes. So beginnt er denn auch sein Werk „vom einen und ewigen Testament oder Bund Gottes" mit dem Abraham-Bund.

Bullingers Bundestheologie hat eine enorme Bedeutung für die ganze abendländische Geschichte.[36] Die Bestrebungen der Reformierten, ausgehend von Zürich und Genf, das Leben nach Gottes Bünden zu gestalten – nicht um sich so das Heil zu verdienen oder ein irdisches Paradies zu errichten,[37] sondern einzig um Gottes Willen zu tun – hat zu einer enormen Verbesserung der Lebensqualität beigetragen. Auf ökonomischem Gebiet können wir Bullinger und Calvin als Vordenker einer sozialen Marktwirtschaft betrachten.[38]

Aufgrund einer konsequent trinitarischen Sicht werden aber auch Schwächen und Mängel sichtbar: Die Anliegen der Täufer, die den persönlichen, individuellen Charakter des neuen Bundes erkennen und leben wollen, können (noch) nicht gesehen und ernst genommen werden. Der Noah-Bund, in den gemäss der Bibel alle folgenden Bünde eingebettet sind, kommt zu kurz. „Der Noah-Bund wird zwar nicht ganz übersehen. Es ist aber von ihm die Rede, als ob er einzig und allein der Person Noahs gegolten hätte [...]. Gottes Zuwendung zum Ganzen der Schöpfung wird schlicht übersehen."[39]

---

[35] Lukas Vischer, *..einen Bund mit euch und allen lebenden Wesen,* in: Emidio Campi / Peter Opitz (Hrsg.), Heinrich Bullinger Life – Thought – Influence. Zurich, Aug. 25-29, 2004. International Congress Heinrich Bullinger (1504-1575), Volume II, Zürich, 2007, 961.

[36] J. Wayne Baker, *Heinrich Bullinger and the Covenant: the Other Reformed Tradition,* Athens/Ohio, 1980. Martin Hohl, *Heinrich Bullinger und seine Bundestheologie*, Hamburg, 2001.

[37] „Mein Reich ist nicht von dieser Welt" sagt Jesus (Joh 18,36). Die Zwei-Reiche-Lehre Luthers hat eine grosse Bedeutung und biblische Berechtigung, sollte aber nicht dazu führen, das Leben auf dieser Welt anderen Mächten zu überlassen.

[38] André Biéler, *La pensée économique et sociale de Calvin*, Genêve, 1961. Martin Hohl, *Heinrich Bullinger als Ökonom,* in: Campi / Opitz (Hrsg.), Bullinger Life – Thought – Influence, 143–156. Elemente der Ökonomie Bullingers: Hohe Wertschätzung von Arbeit und Beruf, Befreiung von der ‚Jenseitsökonomie', persönliches Eigentum mit sozialer Verantwortung, Idee der Handels- und Gewerbefreiheit, Wohlstand aller durch gegenseitige Förderung, positive Beurteilung von Handels- und Kreditgeschäften, Koordination und Stabilität durch vertragliche Bindungen.

[39] Vischer, *Bund,* 969–970.

„Gottes Bund mit seinem Volke ist im Laufe des 16. und des 17. Jahrhunderts mehr und mehr zu einem zentralen, wenn nicht sogar dem zentralen Thema der reformierten Theologie geworden.“[40] „Die Stärke der Föderaltheologie bestand darin, dass sie das biblische Zeugnis in übersichtlicher Zusammenfassung zugänglich machte. Diese Stärke war aber zugleich ihre Schwäche: sie wurde dem Reichtum und der Vielfalt des biblischen Zeugnisses nicht gerecht.“[41] Zudem kam es in den Zeiten der Orthodoxie zu einer gewissen rechtlich-gesetzlichen Erstarrung. Diese Nachteile und Schwächen ergeben sich meines Erachtens nicht aus der Föderaltheologie selbst, sondern aus dem Bestreben, sie selbst zur Grundlage und Mitte der Schrift zu machen. Ein trinitarischer Ansatz macht es möglich, dem Reichtum und der Vielfalt des biblischen Zeugnisses gerecht zu werden, ohne den Gesamtzusammenhang aus den Augen zu verlieren. Für diesen roten Faden sind die Bünde in der Bibel offensichtlich von zentraler Bedeutung. Sie im Lichte eines trinitarischen Gottesverständnisses zu erforschen müsste meines Erachtens eine zentrale Aufgabe biblischer Theologie sein.
Dazu an dieser Stelle einige Gedanken.

Befreiung und Bund: Mit Gott – durch Ambivalenzen hindurch – zur Vollendung

Die Bibel schildert, als „frohe Botschaften“ Befreiungsgeschichten, die verschiedene Bundesschlüsse vorbereiten. Gott befreit aus dem Bann des Bösen: auf globaler Ebene (Sintflut), auf der Ebene eines Kollektivs (Exodus) und auf individueller Ebene (persönliche Vergebung, Heilungen verschiedenster Art) und stellt damit „Bundesfähigkeit“ her.

Die Bünde sind Geschenke Gottes, „einseitige Rechtsgeschäfte“, aus reiner Gnade gegeben. Darum können sie auch als „Testament“ oder „Stiftung“ bezeichnet werden. Alle Bünde enthalten Lebenswelt-, Kollektiv- und Individualaspekte, wobei die einzelnen Bünde dadurch charakterisiert sind, dass ein Aspekt jeweils überwiegt. Der Noah-Bund ist ein Bund mit der ganzen Schöpfung, der Sinai-Bund ein Bund mit einem Kollektiv (Israel), der Neue Bund wird allen menschlichen Individuen persönlich angeboten.

---

[40] Lukas Vischer, *Die Vorstellung des Bundes in Geschichte und Gegenwart,* in: Ulrich Luz u.a. (Hrsg.), Bund – Bundestheologie und Bundestradition, SEK Schweizerischer Evangelischer Kirchenbund, Bern, 1987, 33.

[41] Ebd., 37–38.

Die Bibel schildert Bundesgeschichte im Spannungsfeld zwischen Verheissung und Erfüllung, unbedingter Bundestreue Gottes und mangelhafter Treue des Menschen, Segen und Fluch, Schuld und Sühne, Vergebung und Bundeserneuerung. Dabei nehmen Eigenständigkeit und Eigenverantwortlichkeit des Menschen im Verlauf der Bundesgeschichte zu. Der Noah-Bund ist ganz geschenkt. Er setzt keine Zustimmung von Menschen voraus. Beim Abschluss des Sinai-Bundes wollte Gott die Zustimmung des Kollektivs, des ganzen Volkes. Die einzelnen Mitglieder werden später in den Bund hinein geboren, können sich also nicht persönlich dafür oder dagegen entscheiden. Im Neuen Bund ist das der Fall: Jedes menschliche Individuum kann sich persönlich entscheiden, ob es das Heilswerk Jesu Christi für sich annehmen und in den Bund eintreten will.[42] Noch etwas zu wichtigen Bünden:

- *Noah-Bund*: Eine Reaktion der Menschen auf die Ambivalenzen nach dem Sündenfall ist: grenzenloser Zorn, masslose Wut und entsprechende Gewalt. „Die Vorgeschichte zum Noah-Bund ist eine Geschichte der Gewalt."[43] Mit der Sintflut macht Gott dieser Gewalt ein Ende und ermöglicht einen Neuanfang. Im Bund mit Noah und allen lebendigen Wesen verpflichtet sich Gott, künftig für stabile Lebensbedingungen auf diesem Planeten zu sorgen. Die Menschen werden unter anderem verpflichtet, Gewalt einzudämmen sowie die Schöpfung zu hegen und zu bewahren.

- *Sinai-Bund*: Der Sinai-Bund dient dem Schutz und Segen eines befreiten Kollektivs. Die zehn Gebote schützen die Gemeinschaft mit Gott (Gebote 1-4) sowie verschiedene Aspekte menschlicher Gemeinschaft (Gebote 5-10): die Lebensgemeinschaft (nicht töten), die Familie (kein Ehebruch), die Gemeinschaft zwischen Generationen (Vater und Mutter ehren), die Wirtschaftsgemeinschaft (nicht stehlen), die Rechtsgemein-

---

[42] Zur Frage der Entscheidungsfreiheit/Willensfreiheit: Die Idee vom „freien Willen" ist meines Erachtens ein philosophisches, kein biblisches Konzept. Ein „freier Wille" kommt, wie schon Luther feststellte, in der Bibel nicht vor. Dennoch hat die menschliche Individualität und Eigenpersönlichkeit einen sehr hohen Stellenwert. Daher sollte in biblischer Theologie meines Erachtens nicht von einem freien, sondern von einem *eigenen* Willen gesprochen werden. Jeder Mensch hat einen eigenen, persönlichen Willen. Und diesen gilt es unbedingt zu respektieren. Niemals darf der Wille eines Menschen gewaltsam gebrochen werden. Der Gott der Bibel tut das nie. Er strebt Willensübereinstimmung durch Bünde, durch Einsicht, durch Erkenntnis von Gut und Böse an.

[43] Vischer, *Bund*, 975.

schaft (kein falsches Zeugnis), die Solidargemeinschaft (nichts Fremdes begehren).
Die Gebote sind nicht primär an Individuen, sondern an ein Kollektiv und dessen Führer gerichtet. In den Königs- und Geschichtsbüchern wird darum über die Könige Israels berichtet, ob und inwiefern sie dafür sorgen, dass die Gebote gelebt werden und somit befreites Leben gedeihen kann.

- *Neuer Bund*: Der neue Bund ist ganz individueller, persönlicher Art, wie eine Ehe: Ein intimes Ja zueinander von Gott und einzelnem Mensch, das Außenstehende grundsätzlich nichts angeht. Der Zugang erfolgt durch Jesus Christus und seine Vergebung. Das Bundeszeichen gegen außen, die Taufe, erfolgt auf den Namen des Vaters, des Sohnes und des Heiligen Geistes. Der Geltungsbereich des Neuen Bundes geht über diese Welt und die Gemeinschaften hier hinaus: Jesus verspricht neues, ewiges Leben in neuer Gemeinschaft in seinem Reich.

Solange wir auf dieser Erde leben, heben diese Bünde die Ambivalenzen auf dieser Erde nicht auf, helfen aber, in und mit ihnen besser zu leben und sie schrittweise zu überwinden. Im Bunde mit Gott kann Gutes gefördert und Böses zurückgedrängt werden. In einem Leben ohne oder gegen Gottes Bund nimmt Böses überhand. Dabei ist es Gott, der alles führt und leitet. Er führt und leitet schließlich aus allen Ambivalenzen hinaus. Dabei bahnt Jesus Christus – in Kooperation mit dem Vater und dem Heiligen Geist – den Weg. Er durchleidet alle Ambivalenzen, überwindet alles Böse, alle Schuld und sogar den Tod.[44] Die mit ihm Verbündeten können an diesem Sieg teilhaben.

Momentan leben wir aber alle noch in dieser Welt, mit diesen Ambivalenzen. Dabei können wir *zwei Arten von Ambivalenzen* erkennen, die als a) *Ambivalenzen zwischen Gut und Böse* (Liebe – Hass, Vertrauen – Misstrauen, Leben – Tod, Licht – Finsternis etc.) und b) *Ambivalenzen jenseits von Gut und Böse* (arm – reich, hoch – niedrig usw.) bezeichnet werden können. Bei der ersten Form a) wird gesagt, Gott werde diese Gegensätze auseinanderführen (Him-

[44] Mit einer trinitarischen Sicht, unter Annahme eines in sich kooperierenden Gottes, kann meines Erachtens gerade auch das Heilswerk Jesu Christi besser verstanden werden. Wie kann Gott gleichzeitig ohnmächtig und allmächtig sein? Wie kann Gott Ambivalenzen aushalten und überwinden? Vom biblischen Gott wird uns gesagt, dass er dies kann. Vgl. Das „trinitarische Drama“ bei Greshake, Der dreieine Gott, 326–328.

mel – Hölle[45]), bei der zweiten Form b) heisst es, er werde sie zusammenführen und ausgleichen. Die Texte über Jesus Christus zeigen, dass dort, wo er präsent ist, solches bereits geschieht: Blinde sehen, Lahme gehen, Aussätzige werden geheilt, Tote werden lebendig, Dämonen fliehen, die Finsternis weicht – auf der anderen Seite werden Gräben zwischen Menschen und Menschengruppen überwunden. Das ist ein wichtiger Aspekt des Evangeliums, der im Abendmahl zum Ausdruck kommt: Am Tische Jesu sind alle Gegensätze zwischen Generationen, Nationen, Geschlechtern, Rassen, Klassen usw. überwunden. Alle „Bundesgenossen" sind gleich, weil sie alle vom Heilswerk Jesu Christi, von seiner Vergebung, von seinem hingegebenen Leib und Blut leben.

Mündlichkeit und Schriftlichkeit

Die Bibel ist uns als Buch, also schriftlich überliefert. Welche Bedeutung haben Mündlichkeit und Schriftlichkeit?

Meines Erachtens können wir der Bibel entnehmen, dass beim dreieinigen Gott alle Schriftlichkeit in Mündlichkeit eingebettet ist. Mündlichkeit geht aller Schriftlichkeit vor, und alle Schriftlichkeit hat wieder Mündlichkeit zum Ziel. Das Christentum ist Lebensreligion, Kommunikationsreligion – nicht Buchreligion.[46]

---

[45] Viele Menschen, auch Theologen, halten die Vorstellung von einer Hölle für überholt und modernen Menschen unzumutbar. Unbestreitbar ist allerdings, dass diese Vorstellung biblisch ist. Jesus warnt mehrfach, auch in der Bergpredigt (Matthäus 5–7) davor. Wichtig ist mir, darauf hinzuweisen, dass die Bibel nie mit der Hölle droht (Angstmacherei), sondern davor warnt: Die Menschen sollen davor bewahrt werden. Die moderne Geschichte zeigt, dass der Mensch durchaus in der Lage ist, in Höllen verschiedenster Art (auf individueller, kollektiver und globaler Ebene) zu fallen: Süchte, Folter, Konzentrationslager, Kriege, Katastrophen etc.

[46] Alois M. Haas, *Das Buch der Bücher und der Übersetzungen. Die neue Zürcher Bibel zwischen Kult und Kultur,* in: Neue Zürcher Zeitung Nr.149, 30. Juni/1. Juli 2007, B 3: „An sich ist das Christentum keine Buchreligion mit Schriften, die heiligen Texten vergleichbar wären, wie sie der Islam, die Manichäer oder Mormonen besitzen und entsprechend verehren. Denn im Christentum sind Schreiben, Schrift und Lesen, wie Elmar Salman formuliert, ‚umfangen, getragen und bestimmt vom lebendigen Ergehen des Wortes und von einem freien, in unvordenkliche Geschichten verstrickten Hören, die den Betroffenen verwandeln, in eine andere Welt versetzen'."

Der dreieinige Gott spricht in sich selbst mündlich. Der Sohn spricht mit dem Vater, vermittelt durch den Heiligen Geist, mündlich.

Jesus Christus hat – im Gegensatz etwa zu Mohammed – nichts Geschriebenes hinterlassen. Mit ihm ist Gott als konkrete, lebendige Person – nicht als Buch – auf diese Welt gekommen. In seinen Begegnungen hat er die Menschen direkt, persönlich angesprochen. Alle seine Reden hat er mündlich gehalten. Die Augen- und Ohrenzeugen haben alles in ihren Herzen bewahrt und dann mündlich weitererzählt. Die Erwartung der baldigen Wiederkunft hat wohl die Schriftlegung verzögert.

Die Schrift ist ein Hilfsmittel dort (Sündenfall, verzögerte Wiederkunft u. a.), wo der direkte, persönliche Kontakt nicht mehr möglich ist. Sie dient in einer Welt der Ambivalenzen, der Vergänglichkeit, der Lüge und des Vergessens als „externalisiertes, künstliches Gedächtnis", als „externalisierte, künstliche Stimme"[47]. Dank der Schrift können bestimmte, konkrete Begegnungen und Erfahrungen aufgezeichnet, objektiviert, bewahrt und Menschen zugänglich gemacht werden, die in räumlicher und/oder zeitlicher Distanz zum Geschehen leben. Die Schrift ermöglicht es auch ihnen, am mit-geteilten Geschehen Teil zu nehmen und Teil zu haben. Die Schrift macht universale Mit-Teilung konkreten Geschehens möglich. Solche Mit-Teilung ist in einer Welt der „Sprachverwirrung" allerdings höchst komplex und niemals selbstverständlich. Es braucht Überlieferung, Übersetzung, Verbreitung, Auslegung sowie Hörbereitschaft und -fähigkeit der Angesprochenen. Schliesslich ist es nach biblischer Auffassung Gott selbst, der durch den Heiligen Geist die Sprachverwirrung aufhebt und eine Verständigung über zeitliche, räumliche, sprachliche und kulturelle Distanzen/Gräben hinaus ermöglicht.

Zweck der Schrift ist also eine erneute Vergegenwärtigung, „Vermündlichung" des Geschriebenen – persönliche Ansprache, Zusprache und Antwort des Angesprochenen – in Gottesdiensten, Seelsorge, Bildungsarbeit, persönlichem Studium usw. „Das Bewusstsein, dass sich hinter dem schriftlichen Text die Präsenz lebendiger Personen verbirgt, prägt jede biblische Äusserung und hält sie offen für immer wieder durchbrechende Mündlichkeit [...]. Die Schrift ist das Medium, welches zur mündlichen Wiedergabe der Heilsereignisse animiert."[48]

---

[47] Jan Assmann, *Jenseits der Stimme, jenseits des Mythos. Über die Veränderung der Welt durch Schrift*, in: Neue Zürcher Zeitung Nr. 15, 19./20 Januar 2002, 79.

[48] Haas, *Buch der Bücher*, 2007.

Bibelgemäße Theologie zielt also auf lebendige Praxis.

Zum Schluss einige Gedanken zur Frage, was Paulus mit der Aussage meint: „Der Buchstabe tötet, aber der Geist macht lebendig.“ (2 Kor 3,6) Sind somit alle beliebigen „geisterfüllten“ Interpretationen möglich, ohne auf die fixierten Buchstaben zu achten?

Geist und Buchstabe

Ich denke: Beides ist wichtig, Geist und Buchstabe. Ohne Buchstaben gäbe es keine Objektivierung, Externalisierung. Die Buchstaben der Bibel wollen etwas zum Ausdruck bringen und festhalten, was im Sinn und Geist des biblischen Gottes ist. Der Geist aber ist wichtiger als der Buchstabe. Die Buchstaben selbst sind tot. Die biblischen Texte sind zwar von verschiedenen, geistgeleiteten Menschen niedergeschrieben worden (2 Tim 3,16), sie haben diesen Geist aber nun nicht in sich per se, als Schriften, sondern sie müssen gewissermaßen wiederbelebt werden. Deswegen beten und bitten christliche Ausleger der Schrift in langer Tradition um Führung und Leitung durch den Heiligen Geist. Er möge ihnen Sinn und Zweck der Schrift offenbaren.

Dieser Sinn und Zweck kann offenbar oft durch verschiedene, unterschiedliche Buchstaben, Worte und Sätze ausgedrückt werden. Das zeigt der Parallelismus, ein wichtiges Stilmittel der Bibel. Hier wird ein Sachverhalt ein zweites Mal mit anderen Worten ausgedrückt. Auch verschiedene Autoren schildern oft den gleichen Sachverhalt mit anderen Worten und aus einer anderen Perspektive. Wichtig ist, dass wir versuchen – über die Buchstaben hinaus – dem Sinn und Geist des Textes gerecht zu werden. Bei verschiedenen Auslegungsmöglichkeiten können christliche Ausleger jener Variante den Vorzug geben, die dem Wesen des Heiligen Geistes eher entsprechen. Wir können somit Lesarten bevorzugen, die Leben besser fördern, Liebe verbreiten, Vertrauen aufbauen, Verständnis vertiefen, die verbindend, versöhnend, heilend usw. wirken.

Ein Text in der Bibel wird allerdings dadurch besonders hervorgehoben, dass gesagt wird, *Gott selber* habe ihn mit eigenem Finger auf steinerne Tafeln *geschrieben*: die zehn Gebote, das Kernstück des Gesetzes.[49] Jesus selbst praktiziert und verlangt Treue zu jedem Buchstaben des Gesetzes (Mt 5,17–19,

[49] Ex 24,12; 31,18; 32,15–16; Dtn 4,13; 5,22; 9,10. Auch die zweiten, erneuerten Tafeln sind von Gott persönlich geschrieben: Dtn 10,1–5.

Lk 16,17).[50] Solche Buchstabentreue bedeutet, so sagt er in der Bergpredigt, auch zu den kleinsten Geboten zu stehen und sie zu lehren (Mt 5,19).

Nun stellen wir im AT fest, dass die Übertretung auch schon kleiner Gebote den Tod zur Folge haben kann. Mit dem Buchstaben, der tötet, meint Paulus das Gesetz in seiner Gesamtheit. Das Gesetz führt letztlich nicht zum Heil. Angesichts des Gesetzes hat jeder Mensch den Tod verdient. Das ist keine frohe Botschaft. Die frohe Botschaft aber ist, dass es neben dem Gesetz, dank Jesus Christus, auch noch Gnade und Vergebung gibt. Die Aussage von Geist und Buchstabe steht in Zusammenhang der Aussagen des Paulus über Gesetz und Gnade. Beides ist wichtig. Ohne Gesetz kann es keine Gnade geben. Beides soll gelehrt werden – so wie Vater und Sohn nicht auseinandergerissen werden können. Verkündigung von Gnade ohne Gesetz ist gesetzlos, Verkündigung von Gesetz ohne Gnade ist gnadenlos. Das Gesetz allein tötet, zusammen aber mit der Gnade hat es lebenswichtige Funktionen. Deshalb wird im AT das Gesetz nicht nur als tötender Buchstabe, sondern auch schon als Evangelium (Ps 119 u. a.), als frohe Botschaft wahrgenommen. Das Gesetz schafft Ordnung, Transparenz, Orientierung in einer Welt des Chaos. Es ermöglicht die Erkennung von Gut und Böse, ist ein Schutz gegen das Böse und begünstigt die Befolgung des Guten.

Und zwar das alles eben nicht nur auf einer individuellen Ebene („Sündenspiegel", Anleitung zum Leben für Individuen), sondern auch und besonders auf einer kollektiven Ebene. Das Gesetz dient dem Zusammenleben, dem Schutz, der Stabililtät, der Zuverlässigkeit von Gemeinschaft. Es schafft *Rechtssicherheit*, die in allen Gesellschaften und Gemeinschaften ein ausserordentlich wichtiges Gut ist. Voraussetzung ist, dass die *Autorität* der Schrift/des Gesetzes von allen, besonders von den menschlichen Autoritäten, anerkannt wird. Solche Schriftautorität ist Voraussetzung für jede Art von Rechtsstaat. In einem Rechtsstaat ist es so: Schriftlich verfasstes Recht steht über dem Willen, der Macht, der Willkür von Einzelpersonen. Nicht einzelne Personen oder Gruppen, sondern Gerechtigkeit und Recht sollen regieren. Die Schrift als objektiviertes Recht ermöglicht also *Rechtsstaatlichkeit* und dazu gehörend etwas enorm Wichtiges: *Herrschaftskritik!* Solche Herrschaftskritik finden wir im AT. Weite Teile des AT sind Herrschaftkritik (Königsbücher, Propheten, Chronika). Die Könige Israels werden danach beurteilt, ob und inwiefern sie sich ans Gesetz halten. Das Ganze geschieht auch noch schriftlich. Es ist kein Wunder, dass solche Schrift unbeliebt ist und dass diejenigen, die die Mächtigen aufs Gesetz

[50] Kein „Jota", „Häklein" oder „Strichlein" soll vergehen.

verweisen, die Propheten, gefährlich leben.[51] Menschliche Autoritäten aller Art stossen sich an solcher Schrift und Schriftautorität. Deshalb besteht ein breites Interesse daran, die Texte zu verändern, zu relativieren oder zum Verschwinden zu bringen. Schon das AT berichtet davon, dass Gesetzestexte verloren gegangen sind. Die objektivierte, schriftliche Form ermöglicht es aber auch, dass sie wieder gefunden werden können. Zur Zeit des Königs Josia wird im „Haus des HERRN" das „Gesetzbuch", das „Buch des Bundes" wieder gefunden (2 Kön 22–23).

Die Bibel ist heute global das weitaus am meisten übersetzte und verbreitete Buch. Es ist nicht so einfach, sie verschwinden zu lassen und zum Schweigen zu bringen. Sie ist somit dazu geeignet, global Rechtssicherheit und Rechtsstaatlichkeit zu fördern sowie jede Art von Herrschaft (politisch, wirtschaftlich, kulturell, auf individueller und kollektiver Ebene) zu kritisieren. Den „Dienern des neuen Bundes" (2 Kor 3,6) geht es aber nicht nur um diese Kritik an sich, nicht um den Buchstaben der tötet, sondern um den Geist, der lebendig macht. Es geht um die Verkündigung eines lebendigen Gottes, bei dem die Individualität jeder einzelnen Person unendlich wichtig ist, bei dem erfüllte Gemeinschaft möglich ist in vielfältigen natürlichen und kulturellen Umwelten – hier auf dieser Erde aber auch über sie hinaus. Alle Schrift dient diesem Gott und seiner Liebe, seinen Lebensprozessen. Johannes gibt als Zweck seiner Schriften an: vollkommene Freude. *„Dies habe ich euch geschrieben, damit unsere Freude vollkommen sei"!*[52]

---

[51] In der heutigen Welt übernehmen manche Medienschaffende – in guter, allerdings säkularisierter, biblisch-prophetischer Tradition – diese Funktion und leben entsprechend gefährlich. Im Bestreben, objektiv zu berichten, Schweigen zu brechen und Transparenz zu schaffen, sind sie häufig Drohungen und Gewalt ausgesetzt. Nach Spillmann hat diese Gewalt gegen Journalisten in letzter Zeit weltweit massiv zugenommen: Markus Spillmann, *Freie Medien für eine freie Welt,* in: Neue Zürcher Zeitung Nr. 162, 14./15. Juli 2012, 1.

[52] 1 Joh 1,4

Stefan Schweyer

Bewährte Lieder entdecken und pflegen

Religionspädagogische und liturgische Perspektiven

1. Erfahrungen

Frau B. wohnt im Altenheim. Ein Gespräch mit ihr ist kaum mehr möglich. Oft sitzt sie scheinbar apathisch im Rollstuhl. Auf Fragen reagiert sie meist nicht, ab und zu antwortet sie mit einigen wenigen Worten. Anders beim Singen. Wenn man Frau B. besucht, ihr die Hand hält und mit ihr singt, beginnt Frau B. mitzusummen. Bei „Großer Gott wir loben dich" singt sie ganze Strophen mit. Bei einigen anderen ihrer Lieblingslieder wie „Stern, auf den ich schaue" oder „Wenn nach der Erde Leid, Arbeit und Pein" singt sie sogar die zweite Stimme. Frau B. kann nach dem Singen auch verbal zum Ausdruck bringen, dass ihr das gefallen hat. In den anschließenden kurzen Gesprächen gebraucht sie Worte, die sie sonst nicht mehr verwendet. Sie wünscht sich, dass mit ihr gebetet wird. Im Gebet reagiert Frau B. aktiv auf Schlüsselwörter wie „Hirte", „Helfer", „Heiland", „Erlöser", „Kraft" oder „Fels".

Diese von einer Heimseelsorgerin geschilderte Erfahrung ist nicht singulär. Aufgrund ähnlicher Beobachtungen mit ihrer an Alzheimer erkrankten Mutter hat die Altistin Wiebke Hoogklimmer ein Album mit Kinder- und Volksliedern aufgenommen.[1] Im Interview antwortet Hoogklimmer auf die Frage, ob auch andere Patienten positiv auf Lieder reagieren:

> „Ja. Ich bin ganz überrascht über die ganzen Rückmeldungen! Die CD wurde von einigen Pflegedienstleitungen und Sozialdienstleitungen gekauft, und es scheint mit den Demenzkranken zu funktionieren. Ich habe die Lieder ja extra in tiefer Tonlage aufgenommen, da im Alter die Stimme immer tiefer wird und viele Mitsing-CDs in zu hoher Tonlage

[1] Wiebke Hoogklimmer, *Volkslieder. Musik als Schlüssel zu Demenzkranken*, Hamburg, 2012.

> für die ältere Generation sind. Also bisher habe ich die Rückmeldung, dass fröhlich mitgesungen wird.“[2]

Musizieren und Singen erweist sich als „Königsweg“ in der Demenzpflege[3] und daher auch als naheliegender Ansatzpunkt für die seelsorgerliche Begleitung. Darauf weist Michael Herbst hin, wenn er von den seelsorgerlichen Möglichkeiten bei Menschen mit Demenz spricht:

> „Zuerst ist das *Musizieren* oder leise Singen einfacher Lieder und alter Choräle zu nennen. Hilfreich ist Musik aus der Lebensgeschichte des alten Menschen. Wiegenlieder sind gut geeignet, alte Kinderlieder, Volkslieder, auch alte Schlager und alte geistliche Volkslieder.“ [4]

Auf dem Hintergrund solcher Erfahrungen stellt sich die Frage: Welche Lieder wird man der jetzt jungen Generation singen können, wenn sie älter geworden ist? Welche Lieder haben sich so tief eingeprägt, dass sie auch dann noch präsent sind, wenn andere Leistungen des Hirns ausfallen?

Diese knappen Beschreibungen und Fragen mögen genügen, um den Wert bewährter Lieder anzudeuten. Davon ausgehend soll das Potential bewährter Lieder für den christlichen Glauben und das kirchliche Leben noch etwas genauer beschrieben werden (Kap. 2). Damit stellt sich aber auch die Frage, wie dieses Potential zur Entfaltung kommt. Dazu bedarf es der Entdeckung (Kap. 3) und der Pflege (Kap. 4) bewährter Lieder.

2. Das Potential bewährter Lieder

2.1. Der Mensch und das Singen

Bewährte Lieder haben zunächst dadurch Potential, dass es sich um *Lieder* handelt. Singen ist eine zutiefst *menschliche Tätigkeit*.[5] Es nimmt den

---

[2] http://www.volksliedsammlung.de/interview.html (zuletzt abgerufen am 15.12.2012).

[3] Simone Willig / Silke Kammer, *Mit Musik geht vieles besser. Der Königsweg in der Pflege bei Menschen mit Demenz*, Hannover, 2012.

[4] Michael Herbst, *Beziehungsweise. Grundlagen und Praxisfelder evangelischer Seelsorge*, Neukirchen-Vluyn, 2012, 258.

[5] Vgl. Eckhard Jaschinski, *Kleine Geschichte der Kirchenmusik*, Freiburg i. Br., 2004, „Anthropologische Dimension der Kirchenmusik“, 14–21.

Menschen in seiner ganzen Geschöpflichkeit in Beschlag. Singen ist ein leiblicher Vorgang, der Geist und Emotionen involviert. Der berühmte Geiger Yehudi Menuhin hat über das Singen gesagt:

> „Das Singen ist die eigentliche Muttersprache des Menschen:
> denn sie ist die natürlichste und einfachste Weise,
> in der wir ungeteilt da sind und uns ganz mitteilen können –
> mit all unseren Erfahrungen, Empfindungen und Hoffnungen.“[6]

Die Verbindung von Melodie und Text ermöglicht zudem eine besonders hohe *Erinnerungsfähigkeit.*[7] Lieder bleiben besser haften als bloßer Text oder bloße Musik, weil beim Singen alle Sinne beteiligt sind. Gehirnregionen werden angesprochen, in denen „die motorische Kontrolle, das Gedächtnis, die Aufmerksamkeit und Sprache verarbeitet und gesteuert werden“.[8] Durch diese vielfältigen Verbindungen ist die Gedächtnis- und Erinnerungsleistung im Zusammenhang mit Liedern besonders hoch. Die „Speicherung“ von Liedern erfolgt in unterschiedlichen Hirnarealen. Die große Vernetzung erlaubt vielfältige Abrufmöglichkeiten. Man hat versucht, diese Erkenntnisse mit Studierenden nachzuvollziehen. In einem Anatomiekurs konnten Studierende, die man den Stoff singen ließ, diesen tatsächlich besser behalten.[9] Das stimmt mit der alltäglichen Erfahrung überein, dass es einfacher ist, ein Lied auswendig zu lernen als ein Gedicht.

Im Singen bleibt der Mensch nicht alleine. Singen ist ein Mittel *zwischenmenschlicher Kommunikation*, die über die Mitteilung von Sachinhalten weit hinausreicht – man denke beispielsweise an Liebes- oder Klagelieder. Gemeinsames Singen verbindet Menschen untereinander.

Es darf nicht verschwiegen werden, dass Singen sich aufgrund seines hohen Potentials auch für *Manipulation* eignet. Es gibt keine Diktatur, die auf das

---

[6] http://www.il-canto-del-mondo.de/fileadmin/docs/Yehudi_Menuhin-Zur_Bedeutung_Des_Singens.pdf (zuletzt abgerufen am 15.12.2012).

[7] Friedrich Emanuel Wieser, "*Alte mit den Jungen*". *Ein Plädoyer für ein "integrierendes Singen" in christlichen Gemeinden*, in: Zeitschrift für Theologie und Gemeinde 8, 2003, 357–380, 371f.

[8] http://arbeitsblaetter.stangl-taller.at/GEDAECHTNIS/Gedaechtnis-Musik.shtml (zuletzt abgerufen am 15.12.2012).

[9] http://www.planet-wissen.de/kultur_medien/musik/macht_der_musik/index.jsp (zuletzt abgerufen am 15.12.2012).

Mittel des gemeinsamen Singens zur Indoktrination großer Massen verzichten würde. So wird beispielweise in nordkoreanischen Kindergärten schon den kleinen Kindern von Beginn an durch die Lieder auf den Führer die Staatsideologie eingeimpft.[10] Hier findet eine Perversion des Singens statt. Singen ist in diesem Kontext nicht mehr Ausdruck eigener menschlicher Erfahrungen, sondern ein Mittel, um die Menschen, ihre Gedanken und ihre Gefühle zu steuern. Der Mensch wird damit zum Objekt des Singens degradiert. Die heute in Deutschland feststellbare Zurückhaltung beim öffentlichen gemeinsamen Singen wird mitunter als Reflex auf die Propaganda-Lieder des Nationalsozialismus interpretiert.[11]

Die Gefahr des Missbrauchs sollte bei der Praxis und Gestaltung gemeinsamen Singens im Raum der Kirche ebenso mit bedacht werden. Die Wahrnehmung missbräuchlichen Singens schärft das Bewusstsein für den *Raum der Freiheit*, der notwendig ist, damit gemeinsames Singen nicht zur Aufhebung des Menschen als Subjekt des Singens führt. Genauso unmenschlich wie erzwungenes Singen ist aber auch das Nicht-Singen. Ohne das Singen fehlt dem Menschen eine Ausdrucksform, die seinem Menschsein in der Gesamtheit entspricht. Fehlendes Singen kann weder durch Sprache noch durch Musikkonsum angemessen kompensiert werden. Menschsein drängt zum Singen!

2.2. Singen und der christliche Glaube

Was allgemein vom Singen gesagt wurde, gilt in besonderer Weise für *geistliche Lieder*. Der Glaube hat ein ganz besonderes Gefälle zum Singen.[12] Das liegt daran, weil der Glaube selber eine Dimension ist, welche die gesamte Existenz des Menschen in Beschlag nimmt. Wer Glaube auf die Zustimmung zu rational fassbaren Wahrheiten oder auf ethisches Verhalten reduziert, der muss nicht singen. Glaube aber, der existentiell und ganzheitlich erfahren wird,

[10] Siehe z. B. http://www.dailymail.co.uk/news/article-2163817 (zuletzt abgerufen am 15.12.2012)

[11] Siehe z. B. Christa Reich, *Singen heute. Vermischte Bemerkungen zu einem komplexen Phänomen*, in: Arbeitsstelle Gottesdienst 16, 2002, 59-68, 60f; Stephan A. Reinke, *Singen im Gottesdienst – ein Relikt aus alter Zeit?*, in: Liturgie und Kultur 1, 2010, 17–28, 23.

[12] Siehe Armin Kircher, *„Ein Hauch der Gottheit ist Musik"*, in: Ernst Hintermaier (Hrsg.), In Signo Crucis Omnia. Festschrift für Erzbischof Dr. Georg Eder zum 75. Geburtstag, Schriftenreihe des Salzburger Konsistorialarchivs 6, Salzburg, 2003, 535–548, 535–536.

drängt nach einer dieser Ganzheitlichkeit entsprechenden Ausdrucksform. Wer glaubt, muss singen:

> „Singet dem Herrn ein neues Lied. Singet dem HERRN alle Welt. Denn Gott hat unser Herz und Mut fröhlich gemacht durch seinen lieben Sohn, welchen er für uns gegeben hat zur Erlösung von Sünden, Tod und Teufel. Wer solches mit Ernst glaubt, der kann's nicht lassen, er muss fröhlich und mit Lust davon singen und sagen, dass es andere auch hören und herzukommen."[13]

Die rein verbale Artikulation des Glaubens trägt der umfassenden Wirklichkeit des Glaubens nicht genügend Rechnung. Singen ist nach Augustinus die Möglichkeit, das „Unerklärliche" zum Ausdruck zu bringen: „Erklären können wir's nicht, verschweigen dürfen wir's nicht, also singen wir."[14]

Es wundert daher nicht, dass Singen eine wesentliche Ausdrucksform des individuellen und des gemeinsamen Glaubens ist. Davon zeugen die zahlreichen Lieder, die bereits in der Bibel enthalten und die in der Geschichte der christlichen Kirche im Laufe der Jahrhunderte entstanden sind.

2.3. Das Potential bewährter Lieder

Nach den allgemeinen Ausführungen über die menschliche und geistliche Dimension des Singens lässt sich nun das Potential *bewährter* Lieder genauer bestimmen. Lieder können dann als bewährt bezeichnet werden, wenn sie zu unterschiedlichen Zeiten von unterschiedlichen Personengruppen in unterschiedlichen Kontexten gesungen und als wertvoll erachtet werden.

Jede Zeit hat ihr eigenes Gepräge. Jede Zeit ist Quelle vieler neuer Lieder. Die meisten dieser neuen Lieder haben eine geringe Halbwertzeit. Sie werden gedichtet, während einer gewissen Zeit gesungen und gehen dann wieder in Vergessenheit. Bewährte Lieder dagegen sind in mehr als einer Generation bekannt. Erkennbar sind diese Lieder zum Beispiel daran, dass sie bei Gesangbuch-Revisionen erhalten bleiben und in Gesangbüchern unterschiedlicher Konfessionen enthalten sind.

---

[13] Martin Luther, Vorrede zum Babstschen Gesangbuch von 1545, WA 34,477.

[14] Augustinus – Enarrationes in psalmos 32 II, I.8, zitiert nach Kircher, *Ein Hauch der Gottheit ist Musik*, 536.

Bewährte Lieder zeichnen sich dadurch aus, dass in ihnen christlicher Glaube auf eine Art und Weise thematisiert wird, die den spezifischen Kontext ihrer Entstehungszeit aufnehmen und gleichzeitig über diesen hinausgreifen. Die konkrete Erfahrung einer bestimmten historischen Situation verbindet sich mit Wahrheiten, die allgemeingültigen Charakter haben – ganz nach dem Muster und Vorbild der biblischen Psalmen. Dadurch werden die Lieder breit rezipierbar. Sie bieten einen inhaltlichen und musikalischen Rahmen, in dem man sich als Sängerin oder Sänger identifizierend oder auch kritisch verorten kann. Ohne die konkrete Verwurzelung werden Lieder abstrakt und belanglos. Sie sind zwar wahr, aber nicht geerdet. Solche Lieder finden keine Resonanz im Leben der Menschen. Sie werden schnell vergessen. Wenn andererseits die Verbindung mit den allgemeingültigen Wahrheiten fehlt, dann wird das Lied nur dann als relevant erachtet werden, wenn die Rezeptionssituation der Ursprungssituation ähnlich ist. Durch die Verbindung von konkreter Lebenssituation und christlichem Glauben haben bewährte Lieder ein *glaubensstärkendes Potential.* Sie unterstützen und fördern die Integration des christlichen Glaubens in das alltägliche Leben.

Bewährte Lieder haben auch ein *seelsorgerliches Potential* und zwar in doppelter Hinsicht. Im Kennenlernen bewährter Lieder kann der einzelne Mensch seine Lebensgeschichte und seine eigenen Erfahrungen in einem größeren Horizont verstehen und artikulieren lernen. In diesem Sinne sind bewährte Lieder ein Mittel für die Seelsorge auch für Menschen, denen diese Lieder noch fremd sind. Und wenn sich dann bewährte Lieder bei einem Menschen verinnerlicht haben, dann bieten diese in unterschiedlichen Lebensabschnitten und -situationen einen „abrufbaren" Schatz, wie die eingangs des Artikels beschriebene Erfahrung zeigt. Bewährte Lieder sind für diejenigen Menschen, die mit ihnen vertraut sind, seelsorgerliche Begleiter.

Lieder mit zeit- und kontextübergreifender Relevanz sind dann auch zugänglich für Menschen unterschiedlicher Milieus und unterschiedlichen Alters. Sie haben dadurch ein *Menschen verbindendes Potential.* Bewährte Lieder bilden ein wesentliches Element milieu- und generationenübergreifender kirchlicher Arbeit. Und sie erweisen sich auch in den die eigene kirchliche Gemeinschaft überschreitenden ökumenischen Beziehungen als bedeutsam.[15] Gerade wenn Christen aus unterschiedlichen lokalen Gemeinden zusammen Gottesdienst feiern, erweisen sich bewährte Lieder als verbindend. Damit ist auch schon die Problemanzeige eröffnet: Wer in der Verantwortung steht, Kasualfeiern oder ge-

---

[15] Siehe z. B. die „Arbeitsgemeinschaft für ökumenisches Liedgut im deutschen Sprachraum", http://www.oe-lieder.eu (zuletzt abgerufen am 15.12.2012).

meinsame Gottesdienste für Landes- und Freikirchen zu gestalten, der kennt nur allzu gut die Herausforderung, Lieder auszuwählen, bei denen möglichst viele Menschen einstimmen können. Wenn keine bewährten Lieder zur Verfügung stehen, ist eine sinnvolle Auswahl kaum möglich.

2.4. Das vernachlässigte Potential

Das Potential bewährter Lieder kann sich aus mindestens drei Gründen nur begrenzt entfalten. Der erste Grund besteht in der *Singarmut* unserer Gesellschaft. Sie ist dadurch gekennzeichnet, dass der Musikkonsum an die Stelle des Singens tritt.[16] Gemeinsames Singen in der Öffentlichkeit befindet sich auf dem Rückzug.[17] „Singen erscheint nicht mehr als eine selbstverständliche, eine gleichsam natürliche Betätigung."[18] Es beschränkt sich hauptsächlich auf das Mitsingen bei Pop- und Rockkonzerten, auf Stammtischlieder und auf Fangesänge im Sport. Das Singen in der Schule und in den Familien ist rückläufig. Singen in der Kirche bildet eine Ausnahmesituation. Für die Mehrheit der Zeitgenossen ist die Kirche einer der wenigen Orte, die überhaupt noch Gelegenheit zum Singen bietet.[19]

Der zweite Grund, weshalb das Potential bewährter Lieder sich nur begrenzt entfalten kann, besteht in der *Unkenntnis* dieser Lieder. Der nachwachsenden Generation sind diese Lieder fremd. Mit der Ausdifferenzierung der Kirchenlandschaft in unterschiedliche Milieus kam es auch zu einer Pflege eines für das jeweilige Milieu typischen Liedgutes. In Jugendkirchen, Jugendkreisen und Jugendgemeinden dominiert dabei ein Liedgut, das sich in kurzer Zeit vollständig erneuert. Mit einem zehnjährigen Jugendliederbuch lassen sich in der heutigen Jugendarbeit kaum noch Jugendliche zum Singen bewegen.

Drittens verunmöglicht die *kurze Halbwertzeit neuer Lieder*, dass diese selber zu bewährten Liedern werden. Das lässt sich nicht nur in der Jugendszene beobachten, sondern auch bei den sogenannten „Praise & Worship"-Liedern. Das

---

[16] http://www.idea.de/nc/nachrichten/detailartikel/artikel/gemeinsames-singen-kommt-aus-der-mode-1.html (zuletzt abgerufen am 31.7.2012).

[17] Katharina Vollmer Mateus, *Wenn nur noch der Pfarrer singt. Zum Rezeptionsprozess von Gemeindegesang*, Zürich, 2006, 15.

[18] Reinke, *Singen im Gottesdienst*, 24.

[19] Vgl. die Ergebnisse bei Andreas Heye u. a., *Singen im Gottesdienst. Eine empirische Studie*, in: Liturgie und Kultur 1, 2010, 29–43.

Repertoire ändert sich in einem schnellen Rhythmus. Davon zeugen die in kurzer Abfolge erscheinenden neuen Bände von Anbetungsliedern. In der Serie „Du bist Herr" sind in achtzehn Jahren fünf Bände erschienen: Band 1 (1988), Band 2 (1991), Band 3 (1995), Band 4 (2000), Band 5 (2006). Die ersten vier Bände sind vergriffen und nicht mehr lieferbar.[20] Für den fünften Band hat der Herausgeber insgesamt 3000 neue Lieder gesichtet und davon 240 ausgewählt. Ähnliche Phänomene sind bei der Serie „Feiert Jesus!" erkennbar.[21] Die Lieder dieser Liederbücher haben insgesamt eine relativ kurze Lebensdauer. Wer ausschließlich mit solchem Liedgut aufwächst, hat in seinem Repertoire kaum Lieder, die über die gesamte Lebensspanne in unterschiedlichen Lebenssituationen präsent sind. Die Fixierung auf ständig neues Liedgut verhindert damit nicht nur den Zugang zu bewährten Liedern, sondern verunmöglicht es auch, dass neue Lieder sich bewähren können.

3. Bewährte Lieder entdecken

Damit das Potential bewährter Lieder zur Entfaltung kommen kann, braucht es zunächst einen Zugang zu bewährten Liedern. Es ist zu fragen, welches denn überhaupt bewährte Lieder sind (Kap. 3.1) und wie Personen, denen diese Lieder fremd sind, sie kennenlernen können (Kap. 3.2).

3.1. Bewährte Lieder identifizieren

Im Impulspapier der EKD „Kirche der Freiheit" wird unter dem Stichwort der kirchlichen Bildungsarbeit auch das Thema „Lieder" angeschnitten. Der zunehmenden Unkenntnis christlicher Tradition soll mit einer Elementarisierung und einer Konzentration auf den Grundbestand zentraler Texte begegnet werden:

> „Es sollte eine Verständigung über die zwölf wichtigsten biblischen Geschichten, die zwölf wichtigsten evangelischen Lieder, die zwölf wichtigsten Gebete geben, die Gemeinsamkeit und Beheimatungskraft zugleich ausstrahlen."[22]

[20] Gemäss Angaben auf http://www.gerth.de (zuletzt abgerufen am 15.12.2012).

[21] Informationen zur Reihe sind erhältich unter http://www.feiertjesus.de (zuletzt abgerufen am 15.12.2012).

[22] *Kirche der Freiheit. Perspektiven für die Evangelische Kirche im 21. Jahrhundert,*

Diese Anregung aufnehmend haben die Evangelischen Landeskirchen Baden und Württemberg einen Verständigungsprozess über den Kernbestand an Kirchenliedern eingeleitet. Schnell zeigte sich, dass eine Reduktion auf bloß zwölf Lieder unrealistisch ist, wenn man Lieder im Tages-, Jahres- und Lebenskreis mitberücksichtigen will. Schließlich einigte man sich auf eine Kernliederliste, die 33 Lieder umfasst.[23]

> „Die Auswahl erfolgte nach den Gesichtspunkten Tageslauf, Kirchenjahr, Kasualien, Sonntagsgottesdienst, Verbindung über die Generationengrenzen hinweg, Gemeinschaft, emotionale Ansprache, Ökumene, protestantisches Profil."[24]

Die Liturgische Konferenz der EKD empfiehlt den Gliedkirchen, die Kernliederliste zu übernehmen „und für ihre Verbreitung zu sorgen".[25]

Die Idee einer Kernliederliste wurde auch in den Reformierten Kirchen der Schweiz aufgenommen. Nach einer breiten Vernehmlassung hat die Liturgie- und Gesangbuchkonferenz der evangelisch-reformierten Kirchen der deutschsprachigen Schweiz eine Liste mit insgesamt 50 Liedern publiziert.[26] Die Lieder sind in vier Gruppen unterteilt: Dreißig Kernlieder, die vier „Selbstverständlichen" („Großer Gott, wir loben dich", „O du fröhliche", „Stille Nacht" und „So nimm denn meine Hände"), vier Kanons und zwölf neuere Lieder und Gesänge.

Die Unterteilung in vier Gruppen dokumentiert die unterschiedliche Funktion der auf dieser Liste aufgeführten Lieder. Die vier „Selbstverständlichen" sind Lieder, die auch dort gesungen werden können, wo eine hohe Vertrautheit mit kirchlichen Liedern nicht vorausgesetzt werden kann. Die dreißig bewährten Lieder sollen „die Generationen verbinden" und „die Kontinuität sichern".[27] Die

---

Ein Impulspapier des Rates der EKD, 2006, http://www.ekd.de/download/kirche-der-freiheit.pdf (zuletzt abgerufen am 15.12.2012), 79.

[23] http://www.ekd.de/liturgische_konferenz/download/UnsereKernlieder_AmtfKirchen musik2007.pdf (zuletzt abgerufen am 15.12.2012).

[24] Bernhard Leube, *Die Kernliederliste – eine Erinnerung*, in: Liturgie und Kultur 1, 2010, 64–67, 65.

[25] http://www.ekd.de/presse/pm218_2007_kernliederliste.html (zuletzt abgerufen am 15.12.2012).

[26] http://www.liturgiekommission.ch/RG/Listen/Kernliederliste (zuletzt abgerufen am 15.12.2012).

[27] Andreas Marti, *Eine weitere "Kernliederliste". Die Kernliederliste zum Reformierten*

neueren Lieder sind die Lieder, denen das Potential zur Traditionsbildung zugemutet wird. In dieser Kategorie findet man u. a. zwei Gesänge aus Taizé („Laudate omnes gentes“, „Ubi caritas“) und ein schweizerdeutsches Weihnachtslied („Das isch de Stärn vo Bethlehem“). Die folgenden Tabellen geben eine Übersicht über die Schnittmenge und das „Sondergut“ der beiden Kernliederlisten.

Kernlieder D & CH	EG[28]	ERG[29]	F&L[30]	[31]
All Morgen ist ganz frisch und neu	440	557	455	(ö +)
Befiehl du deine Wege	361	680	428	ö
Christ ist erstanden	99	462	255	(ö) +
Der Mond ist aufgegangen	482	599	481	ö
Gelobt sei Gott im höchsten Thron	103	466	258	(ö +)
Großer Gott, wir loben dich („Selbstverständlich“)	331	247	30	(ö) +
Herr, bleibe bei uns (Kanon)	483	604	482	ö +
Ich lobe meinen Gott	272	8	62	
Ich singe dir mit Herz und Mund[32]	324	723	52	(ö)
Lobe den Herren, den mächtigen König der Ehren	316/317	242	55	(ö) +
Lobet den Herren, alle, die ihn ehren	447	570	460	ö +
Macht hoch die Tür	1	363	179	ö +

Gesangbuch, in: Jahrbuch für Liturgik und Hymnologie 49, 2010, 213–216, 214.

[28] *Evangelisches Gesangbuch*, Stammausgabe, 1992.

[29] *Gesangbuch der Evangelisch-reformierten Kirchen der deutschsprachigen Schweiz*, 1998.

[30] *Feiern & Loben. Die Gemeindelieder*, Hänssler 2003. Das Liederbuch wurde in Zusammenarbeit mit dem Bund Freier evangelischer Gemeinden in Deutschland und dem Bund Evangelisch-Freikirchlicher Gemeinden in Deutschland erstellt. Das Liederbuch wird hier als exemplarisches Beispiel eines freikirchlichen Gesangbuchs aufgeführt.

[31] ö: Zugehörigkeit zu dem von der Arbeitsgemeinschaft für ökumenisches Liedgut vereinbarten gemeinsamen Repertoire deutschsprachiger Lieder; + Das Lied ist auch im Katholischen Gesangbuch (1998) und im Christkatholischen Gesangbuch (2004) der Schweiz enthalten; Klammern markieren kleine Abweichungen.

[32] „Ich singe Dir mit Herz und Mund“ ist kein eigenständiges Kernlied auf der CH-Liste. Es ist aber auf der Liste vermerkt, dass dieses Lied zur Melodie von „Nun danket all und bringet Ehr“ (Nr. 235) gesungen werden kann.

Nun danket alle Gott	321	233	51	ö +
O du fröhliche („Selbstverständlich“)	44	409	220	ö +
O Haupt voll Blut und Wunden	85	445	241	(+)
Vom Aufgang der Sonne (Kanon)	456	69	14	ö +
Vom Himmel hoch, da komm ich her	24	394	200	ö (+)

Kernlieder nur D	EG	ERG	F&L	
Ausgang und Eingang (Kanon)	175	345		ö +
Ein feste Burg ist unser Gott	362	32	130	
Geh aus, mein Herz, und suche Freud	503	537	493	(ö)
Gott gab uns Atem, damit wir leben	432	841		+
Gott liebt diese Welt	409	279		ö +
Ich bin getauft auf deinen Namen	200	177	140	
Jesu, geh voran	391	690	426	ö
Jesus Christus herrscht als König	123	492	273	
Komm, Herr, segne uns	170	343	121	+
Komm, sag es allen weiter	225	323	299	(ö)
Korn, das in die Erde	98	456		ö +
Meinem Gott gehört die Welt	408	535		ö
O komm, du Geist der Wahrheit	136	511	283	(ö)
Von guten Mächten	65	353/550	236	
Weißt du, wie viel Sternlein stehen	511	531		ö
Wir haben Gottes Spuren festgestellt	656[33]		441	

Kernlieder nur CH	EG	ERG	F&L	
Allein Gott in der Höh sei Ehr	179	221	2	(ö) (+)
Am Morgen will ich singen		50		
Bewahre uns, Gott	171	346	120	
Das isch de Stärn vo Betlehem		426		
Die güldne Sonne	449	571	457	(ö)

[33] Aus dem Regionalteil von Baden (Nr. 665), Württemberg (Nr. 656) bzw. Westverbund (Nr. 648). Die Lieder sind auch über diese Bereiche hinaus gut bekannt, siehe Leube, *Die Kernliederliste*, 65.

Dir, Auferstandner		485		
Dona nobis pacem (Kanon)	435	334	84	ö +
Du meine Seele, singe	302	98	46	(ö)
Gott ist gegenwärtig	165	162	1	(ö)
Himmel Erde Luft und Meer	504	530	491	ö
Holz auf Jesu Schulter	97	451		ö +
Ich steh an deiner Krippe hier	37	402	245	(ö +)
In dir ist Freude	398	652	393	+
Kumbaya my Lord		702		+
Laudate omnes gentes	181.6	71	7	ö +
Lob Gott getrost mit Singen	243	787	127	ö
Lobet und preiset, ihr Völker, den Herrn (Kanon)	337	42		ö +
Lobt Gott, ihr Christen alle gleich	27	395	199	(ö) (+)
Morning has broken		533		
Nun danket all und bringet Ehr	322	235	53	ö +
Nun jauchzt dem Herren alle Welt	288	57	49	(ö) +
O Heiland, reiß die Himmel auf	7	361	189	ö +
O Heiliger Geist, o heiliger Gott	131	506	277	
O Höchster, deine Gütigkeit		27		
Singt, singt dem Herren neue Lieder	286	55	9	
So nimm denn meine Hände („Selbstverständlich“)	376	695	429	ö
Sollt ich meinem Gott nicht singen	325	724	54	
Sonne der Gerechtigkeit	263	795	164	ö +
Stille Nacht („Selbstverständlich“)	46	412	221	ö (+)
Ubi caritas		813		+
Vertraut den neuen Wegen	395	843	439	
Weit wie das Meer		700		+
Wer nur den lieben Gott lässt walten	369	681	392	ö (+)
Wie soll ich dich empfangen	11	367	182	(ö)
Wir wolln uns gerne wagen	254	811	166	

Die Lieder, die auf beiden Listen erscheinen, sind mit Ausnahme des neueren Liedes („Ich lobe meinen Gott“) gemeinsames *ökumenisches Liedgut*. Sie verbinden damit die deutschsprachigen Kirchen über die Landes- und Konfessionsgrenzen hinweg. Die Schnittmenge bildet damit einen idealen

Ausgangspunkt zur Erschließung der Kernlieder. Natürlich fallen auch die Unterschiede auf. Die Schweizer-Liste enthält entsprechend der reformierten Tradition mehr Psalmengesänge – auch solche, die im Evangelischen Gesangbuch gar nicht enthalten sind („Am Morgen will ich singen" und „O Höchster, deine Gütigkeit"). Die Aufnahme einiger neuerer Lieder zeigt auch, dass die Schweizer-Liste nicht nur deskriptiv aufführt, was bekannt ist, sondern „tendenziell mehr normativ" [34] angelegt ist, indem auch Lieder aufgenommen wurden, denen im Blick auf die Zukunft ein hohes Bewährungspotential zugetraut wird.

Es dürfte nicht schwer sein, bei Gemeindegliedern, Kirchenmusikern und Pfarrpersonen Liedertitel genannt zu erhalten, die man auf den Kernliederlisten vermisst. Die Kernliederlisten spiegeln weder individuelle noch lokale Präferenzen. Sie bieten aber – und darin liegt ihr Vorzug – eine Auswahl von Liedern, die in einer breiten Vernehmlassung über einen größeren geografischen Raum und unter Einbezug vielfältiger Personengruppen entstanden ist. Die Kernliederlisten erlauben es, bewährte Lieder zu identifizieren, ohne sich dabei nur auf eine schmale Erfahrungsbasis abstützen zu müssen.

Jede lokale Kirchgemeinde wird selbstverständlich nicht bei dieser Kernliederliste stehen bleiben, sondern wird auch aus ihrer Tradition zusätzliche Lieder als bewährt erachten und pflegen. Das gilt in besonderer Weise für die evangelischen Freikirchen. Für ihren Geschmack ist das *erweckliche Liedgut* in den Kernliederlisten zu wenig vertreten. Man kann dabei an die im Anfangsbeispiel erwähnten Lieblingslieder wie „Stern, auf den ich schaue" und „Wenn nach der Erde Leid, Arbeit und Pein" denken, oder auch an andere freikirchliche Klassiker wie „Welch ein Freund ist unser Jesus", „Wenn Friede mit Gott", „Der Herr, mein Hirte, führet mich", „Herr, weil mich festhält deine starke Hand" oder auch etwas neuere Lieder wie „Meine Zeit steht in deinen Händen" oder „Herr, du gibst uns Hoffnung".[35]

Es wäre aber zum eigenen Schaden, nur deshalb die Kernliederlisten links liegen zu lassen, weil sie die eigene Tradition nur ungenügend repräsentieren. Viel besser wäre es, sich von diesen Listen inspirieren zu lassen und wahrzunehmen, was in breiten Kreisen als bewährt gilt. Als Beispiel wurde in der oben aufgeführten Tabelle das von den Freien Evangelischen Gemeinden und den Evange-

---

[34] Ebd., 67.

[35] Die hier aufgeführten Lieder waren die bei einer in der Freien Evangelischen Gemeinde Bubikon im Jahr 2004 unter allen Gottesdienstbesuchern durchgeführten Umfrage meistgenannten Lieder.

lisch-Freikirchlichen Gemeinden (Baptisten) gemeinsam herausgegebene freikirchliche Liederbuch „Feiern & Loben“ aufgeführt. In diesem Liederbuch ist die Schnittmenge der beiden Kernliederlisten komplett und die übrigen Kernlieder zu rund zwei Dritteln enthalten. Das zeigt, dass zu wesentlichen Teilen die Kernlieder auch gemeinsames Liedgut der evangelischen Freikirchen sind, auch wenn diese Lieder in den Freikirchen vielleicht nicht als „Kernlieder“ wahrgenommen und gepflegt werden.

Wir können festhalten: Die Kernliederlisten bieten eine Auswahl von Liedern, die sich in unterschiedlichen kirchlichen Kontexten bewährt haben und bewähren können. Sie sind landes- und freikirchlich anschlussfähig. Je nach Kontext wird man mit der Kernliederliste unterschiedlich umgehen. Für eine Schweizer Freikirche könnte das zum Beispiel bedeuten, dass sie die Kernliederlisten benutzt, um bewusst den Liedbestand zu pflegen, den sie mit den Landeskirchen gemeinsam hat. Darüber hinaus wird sie auch die Lieder der eigenen Tradition und die lokalen Präferenzen berücksichtigen.

3.2. Bewährte Lieder kennenlernen – religionspädagogische Perspektiven

Es kann nicht vorausgesetzt werden, dass Familien Orte gemeinsamen Singens sind und damit auch Entdeckungsorte bewährter Lieder. Die religionspädagogische Arbeit spielt daher eine Schlüsselrolle, wenn es darum geht, dass Kinder und Jugendliche bewährte Lieder kennenlernen.[36] Darüber hinaus müsste die religionspädagogische Arbeit auch darauf abzielen, das Singen in den Häusern und Familien wieder zu stärken. Wir bleiben aber zunächst bei der elementaren religionspädagogischen Arbeit.

Das Kennenlernen bewährter Lieder umfasst eine praktische und eine reflexive Dimension. Die praktische Dimension lässt sich einfach formulieren: „*learning by doing*“ – Lieder lernt man kennen, indem man sie singt – mit den Kindern im Kindergottesdienst, im kirchlichen und im schulischen Religionsunterricht und in all den andern religionspädagogischen Gefäßen. Die Tücken dieser einfachen Regel zeigen sich in der alltäglichen Praxis. Wie frustrierend kann es für Lehrpersonen sein, wenn sie mit der nachwachsenden Generation bewährte Lieder singen wollen. Lustlos und auf Befehl gesungen erreichen diese Lieder genau die gegenteilige Wirkung. Sie sind weder glaubensstärkend noch verbindend,

[36] Bernhard Leube, *Zur Konzeption der Kernliederliste*, in: Susanne Betz u. a. (Hrsg.), Unsere Kernlieder. Werkbuch zur Arbeit mit Kindern, Jugendlichen und Erwachsenen, München, 2011, 9–10, 10.

sondern sie werden wahrgenommen als altertümlich, verstaubt, altmodisch und langweilig. Wer will schon solche Ladenhüter singen? Bewährte Lieder können sich schwer bewähren, wenn sie in Verbindung mit negativen Emotionen gesungen werden.

Reflexive Ansätze versuchen, genau hier einzusetzen und die emotionale Distanz zu bewährten Liedern zu überbrücken. Es wird berücksichtigt, dass bewährte Lieder der nachwachsenden Generation zunächst als fremde Lieder begegnen.[37] Diese Fremdheit gilt es zunächst wahrzunehmen. Wenn bekannt ist, in welchen gesellschaftlichen und persönlichen Kontexten ein Lied entstanden ist, kann das Neugierde wecken und die Wertschätzung für ein Lied fördern.[38] Das Lied wird dann zu einem lebendigen und authentischen Glaubenszeugnis.

Zum Lied „All Morgen ist ganz frisch und neu" – um nur ein Lied aus der Schnittmenge der Kernliederlisten exemplarisch auszuwählen – eröffnen sich neue Zugänge, wenn man einige Hintergründe kennt. Das Lied wurde von Johannes Zwick (1496–1542) gedichtet. Zwick war eine zentrale Gestalt in der Konstanzer Reformation. Die Kinder lagen ihm besonders am Herzen. Er hat für sie zahlreiche Lieder und Gebete verfasst. Als in der Gegend die Pest ausbrach und auch beide Pfarrer in Bischofszell, Kanton Thurgau, der Pest erlagen, übernahm er dort das Pfarramt. Er besuchte und pflegte Pestkranke und musste oft täglich Erwachsene und Kinder beerdigen. Schließlich wurde Zwick selber angesteckt und starb an der Pest.[39] Wer in einem solchen Kontext mit einer frischen Melodie davon singt, dass Gottes Gnade jeden Morgen neu ist, der weiß um die existentielle Dimension dieser Aussagen. Es ist nicht selbstverständlich, dass man gesund aufsteht und leben darf. Ähnliche Horizonte eröffnen sich,

[37] Christa Reich, *Das Kirchenlied*, in: Hans-Christoph Schmidt-Lauber u. a. (Hrsg.), Handbuch der Liturgik. Liturgiewissenschaft in Theologie und Praxis der Kirche, Göttingen, 3., vollständig neu bearb. und erg. Aufl. 2003, 763–777, 765.

[38] Christa Kirschbaum, *Praktische Überlegungen zum Singen im Gottesdienst*, in: Liturgie und Kultur 1, 2010, 68–73, 71f. Hilfreiche Hintergrundinformationen zu den Liedern bieten u. a. *Liederkunde zum Evangelischen Gesangbuch*, Einzelhefte, Göttingen: Vandenhoeck & Ruprecht, 2001ff; Kurzkommentare zu Kernliedern aus dem Reformierten Gesangbuch: http://www.liturgiekommission.ch/RG/Listen/Kernliederliste/KLL-Kurzkomm.htm (zuletzt abgerufen am 15.12.20212); Susanne Betz u. a., *Unsere Kernlieder. Werkbuch zur Arbeit mit Kindern, Jugendlichen und Erwachsenen*, München, 2011; Wolfgang Heiner, *Bekannte Lieder – wie sie entstanden*, Neuhausen-Stuttgart, 1979.

[39] Betz u. a., *Unsere Kernlieder*, 155f; Heiner, *Bekannte Lieder – wie sie entstanden*, 72.

wenn man die Lieder von Paul Gerhardt im Kontext des Dreißigjährigen Krieges und der seine eigene Familie betreffenden Schicksalsschläge reflektiert. Ein reflexiver Zugang gelingt aber nicht nur durch die Kenntnis der Entstehungssituation, sondern auch durch die *Wahrnehmung der Wirkungsgeschichte*. Besonders eindrücklich ist es, wenn ältere Gemeindeglieder über Erfahrungen berichten, welche sie mit bewährten Liedern gemacht haben. Es lohnt sich, Seniorinnen und Senioren zu Treffen mit Kindern und Jugendlichen oder zu Unterrichtsstunden einzuladen, um da aus ihrem eigenen Leben und den eigenen Erlebnissen mit bewährten Liedern erzählen. Solche authentische Berichte helfen der nachwachsenden Generation, den Wert bewährter Lieder zu entdecken. – Natürlich gilt umgekehrt das gleiche: Es kann der älteren Generation helfen, in neuere Lieder einzustimmen, wenn sie aus erster Hand etwas erfährt über die Bedeutung dieser Lieder im Leben jüngerer Menschen.

Auch wenn Text und Melodie bewährter Lieder fremd bleiben, so steigt durch die Kenntnis der Entstehungssituation und der Wirkungsgeschichte doch die Achtung vor solchen Liedern. Damit ist die Grundlage gelegt, dass man dann mit einer positiven Grundhaltung in diese Lieder singend mit einstimmt. Wer das tut, der stellt sich „in die geschichtliche Gemeinschaft derer, die dieses Lied gedichtet, komponiert, niedergeschrieben haben, die es schon gesungen haben, die sie noch singen werden“.[40]

Im Zuge der pädagogischen Reformen der vergangenen fünfzig Jahre gilt das *Auswendiglernen* von Liedern als überholt.[41] Das zeigt sich auch in der religionspädagogischen Praxis. Gemäß einer Analyse des Biblischen Unterrichtes in 75 Freien Evangelischen Gemeinden der Schweiz wird das Auswendiglernen von Liedern gerade mal in zwei Gemeinden praktiziert.[42] Wenn man bedenkt, dass sich gerade Lieder besonders gut eignen, um sich Inhalte zu verinnerlichen, dann hat man hier zum eigenen Schaden auf ein wesentliches pädagogisches Mittel verzichtet. Eine gute Einbettung in die praktische und reflexive Dimension erlaubt es, auch das Auswendiglernen bewährter Lieder wieder neu zu pflegen. Die Kernliederlisten und insbesondere ihre „Schnittmenge“ bietet eine sinnvolle Auswahl für Lieder, die sich zum Auswendiglernen eignen.

---

[40] Vollmer Mateus, *Wenn nur noch der Pfarrer singt*, 17.

[41] Reich, *Das Kirchenlied*, 773.

[42] Lea Schweyer, *Biblischer Unterricht in den Gemeinden der FEG Schweiz. Eine Analyse*, 2011, http://www.feg.ch/feg/Aktuell/Ressourcen/Gemeindeentwicklung/110510_BU-Analyse-FEGSchweiz-April2011.pdf (zuletzt abgerufen am 15.12.2012), 11.

Die religionspädagogischen Lücken in Bezug auf bewährte Lieder bringen es mit sich, dass auch junge Personen, die sich für einen kirchlichen Dienst ausbilden lassen, mit diesem Liedgut nicht vertraut sind. Damit ergibt sich eine pädagogische Aufgabe auch im Bereich der *theologischen Ausbildung*. Es ist nicht zuletzt diese Aufgabe, die den Anstoß zur Abfassung dieses Artikels gegeben hat. Prof. Dr. Armin Sierszyn, dem diese Festschrift gewidmet ist, hat an der STH Basel im Gespräch mit Kollegen und mit Studierenden, in Vorlesungen und Seminaren immer wieder angemahnt, nicht nur trendige Lieder zu singen, sondern gerade auch den Studierenden den Zugang zu bewährten Lieder zu eröffnen. Damit benennt Sierszyn mit Recht ein Defizit in der theologischen Ausbildung. Folgende praktische Hinweise können helfen, diesem Defizit zu begegnen. Die Hinweise sind auf die STH Basel abgestimmt, gelten aber mutatis mutandis auch für andere theologische Ausbildungsstätten.

- Es wird als *Ausbildungsziel* formuliert, dass die Studierenden mit bewährten Liedern vertraut sind.

- Zur Identifikation der bewährten Lieder bieten sich die *Kernliederlisten* an. Für eine Schweizer Hochschule mit enger Verbindung zum deutschsprachigen Europa legt es sich nahe, dabei beide Kernliederlisten zu berücksichtigen, und zwar nicht ihre Schnittmenge, sondern ihre Summe. Es darf von Studierenden erwartet werden, dass sie die Kernlieder beider Listen – also insgesamt 68 Lieder – so gut kennen, dass sie diese problemlos mitsingen können.

- Damit die Studierenden Zugang zu den Kernliedern haben, wird ein *Liederbuch* angeschafft, das die Lieder beider Listen möglichst vollständig enthält. Es ist naheliegend, dabei an das Gesangbuch der Evangelisch-reformierten Kirchen der deutschsprachigen Schweiz zu denken, denn es enthält mit Ausnahme des Liedes „Wir haben Gottes Spuren festgestellt“ alle Lieder beider Kernliederlisten. Das Liederbuch wird in genügend hoher Anzahl angeschafft, so dass gemeinsames Singen in der Studierendenschaft möglich ist.

- Es wird ein *didaktisches Konzept* erarbeitet, das es gewährleistet, dass die Studierenden im Laufe des Studiums alle Kernlieder kennenlernen. Das könnte zum Beispiel so aussehen, dass pro Vorlesungswoche ein Kernlied vorgestellt und eingeübt wird, sinnvollerweise im Rahmen der täglichen Andachten. Dabei werden in knapper Form einige Hintergrundinformationen zum Lied weitergegeben, wenn möglich auch verbunden mit persönlichen Erfahrungen. Das Lied wird in dieser Woche mehrmals gesungen, auch in den Gebetstreffen der Studierenden. So kann man pro Semester vierzehn Lieder kennenlernen, d.h. innerhalb von fünf Semestern alle Kernlieder. Im Laufe der Normalstudienzeit von zehn Semestern begegnen die Studierenden jedem Kernlied mindestens zweimal.

4. Bewährte Lieder pflegen – liturgische Perspektiven

Bewährte Lieder können sich nur dann bewähren, wenn sie in unterschiedlichen Lebensabschnitten und -situationen präsent sind. Das bedeutet, dass bewährte Lieder immer wieder gesungen werden müssen. Kurz: „Singen braucht Nachhaltigkeit.“[43] Vorzügliche Orte zur Pflege bewährter Lieder sind der Gottesdienst und die Familie.

4.1. Gottesdienst

Das gemeinsame Singen gehört zum Grundbestand des christlichen Gottesdienstes. Im gemeinsamen Singen bekennt sich die versammelte Gemeinde zu dem dreieinen Gott, betet ihn an, dankt ihm für seine guten Gaben, klagt ihm die eigene und fremde Not, spricht in seinem Namen einander Frieden und Hoffnung zu und ermutigt einander, den Weg des Glaubens zu gehen. Das gemeinsame Singen verbindet die vielen Stimmen zu einem Gesang, es verleiht eine gemeinsame Sprache, die über das rein Textliche hinausgeht. Im gemeinsamen Singen schafft sich Freude und Trauer Raum. Im Singen ist die Gemeinde sagend und hörend, gebend und empfangend zugleich. Die Singenden kommunizieren mit Gott und untereinander. Singen ist eine der wichtigsten liturgischen Formen gemeinsamer aktiver Beteiligung.

Im Vergleich zu dieser idealen Schilderung ist die Realität oft ernüchternd. Die Erfahrung kann dabei sehr unterschiedlich sein. In manchen kirchlichen Kontexten ist die singende Gemeinde kaum zu hören.[44]

> „Empirische Studien zum Singen im Gottesdienst haben u.a. gezeigt, dass singwillige Menschen, wenn sie in die Kirche gehen, dort in der

---

[43] Leube, *Die Kernliederliste*, 67.

[44] Michael Heymel, *Chorsingen, ja - Singen im Gottesdienst, nein?*, in: Deutsches Pfarrerblatt 112, 2012, 405–407, 405.

> Regel einen voll klingenden Gemeindegesang erwarten und enttäuscht sind, wenn nur wenige in der Gemeinde in die Lieder mit einstimmen."[45]

Das Singen wird wenig ansteckend sein und keine einprägende Wirkung haben, wenn es „halbherzig" geschieht, wenn es mehr ein Murmeln ist als ein Singen, wenn kümmerlicher Gesang da ist. In diesen Kontexten wird es darauf ankommen, *gerne* zu singen. In anderen kirchlichen Kreisen wird zwar sehr enthusiastisch und voller Elan gesungen, allerdings mit einseitigem und für Nicht-Insider oft gänzlich unbekanntem Liedgut. Hier wird es darauf ankommen, *das Richtige* zu singen. Aus diesen typologischen Schilderungen lässt sich also formulieren, worauf es beim Gottesdienst ankommt: dass man *das Richtige gerne* singt. Die Pflege bewährter Lieder deckt beide Aspekte ab:

Bewährte Lieder helfen, *gerne* zu singen. Dabei gibt es eine verstärkende Dynamik. Es werden vor allem diejenigen Lieder gerne gesungen, die man mag und die man kennt.

> „Wir singen gerne, was wir gut können. Wir können das gut, was wir oft singen. Was wir oft singen, können alle, und deshalb singen wir es gerne. Deshalb wollen wir es oft singen."[46]

Nicht alle Lieder sind dafür geeignet, häufig gesungen zu werden. Es braucht schon eine bestimmte Qualität und Robustheit, damit ein Lied nicht ausleiert. Bewährte Lieder haben gerade dieses Potential, dass sie auch bei häufigem Singen nicht an Wert verlieren, sondern im Gegenteil an Wert gewinnen.

Die folgenden Hinweise können helfen, dass im Gottesdienst *gerne* gesungen wird:

- Das Singen ist *zentraler und vollwertiger Bestandteil des Gottesdienstes*. Lieder sind weder Pausenfüller noch Überbrückung. Eine Anmoderation eines Liedes im Sinne von „Wir stehen auf und singen noch Lied sowieso, damit wir frisch sind, die anschließende Predigt zu hören" degradiert das Singen auf die leiblich-physische Dimension. Das gleiche gilt, wenn das Lied nur die Stille beim Einsammeln der Kollekte kaschieren soll. Der Wert des Singens liegt im Singen selber. Das Singen

[45] Ebd., 407.

[46] Vollmer Mateus, *Wenn nur noch der Pfarrer singt*, 138.

wird daher mit ebenso großer Sorgfalt vorbereitet, geplant und durchgeführt wie die anderen Elemente des Gottesdienstes, beispielsweise die Predigt.

- Bei der Planung des Gottesdienstes wird es wichtig sein, dass *das erste und das letzte Lied gut bekannt* sind. Mit dem ersten Lied wird die Grundstimmung für die weiteren Lieder gelegt. Das letzte Lied wird einen prägenden Eindruck auf die Nachwirkung eines Gottesdienstes machen.

- Bei der Auswahl der Lieder lohnt es sich auch, *Liedwünsche der Gemeinde* zu berücksichtigen.[47] Das motiviert die Gemeinde, mitzusingen. Es ist auch eine Bereicherung des Gottesdienstes, wenn ein Gemeindeglied kurz von einer persönlichen Erfahrung mit dem von ihm gewünschten Lied berichtet.

- Die Begleitung der Lieder soll so erfolgen, dass man mühelos dazu singen kann. „Eine scheinbare Selbstverständlichkeit: *Alle, die* Gemeindegesang auf Instrumenten *begleiten*, sollen die Lieder *selbst singen* können."[48] Das gilt für Organisten ebenso wie für Band-Musiker. Wer die Lieder selber singt – beim musizieren auch innerlich mitsingt – wird das richtige Tempo anschlagen und in der richtigen „Stimmung" begleiten. Die Musik wird dann zur Trägerin des Gesangs. Oft ist es inspirierend, wenn eine gute Singstimme das Singen anleitet.[49]

- Die Einführung *neuer Lieder* muss im Gottesdienst gut eingeplant werden.[50] Damit der Gottesdienst nicht verpädagogisiert wird, ist darauf zu achten, neue Lieder möglichst natürlich einzuführen. Das ist besonders gut möglich, wenn diese neuen Lieder in inhaltlicher Nähe zu einem bekannten Lied, zu einer Textlesung oder zur Predigt stehen.[51] Damit neue Lieder Teil des Liederrepertoires werden, muss man sie öfters singen.

---

[47] Ebd., 133.

[48] Kirschbaum, *Praktische Überlegungen zum Singen im Gottesdienst*, 69.

[49] Vollmer Mateus, *Wenn nur noch der Pfarrer singt*, 133.

[50] Wieser, *Alte mit den Jungen*, 374.

[51] Ebd., 376.

- Manche Gemeinden haben gute Erfahrungen mit *Monatsliedern* gemacht. Ein neues Lied wird eingeführt und einen Monat lang intensiver gesungen. Damit ist gewährleistet, dass neue Lieder gut bekannt werden und die Gemeinde nicht mit einer Übermenge an neuen Liedern überfordert wird. Mit Monatsliedern kann eine sanfte und beständige Erweiterung des Liederrepertoires erfolgen, ohne dass dabei die bewährten und traditionellen Lieder vernachlässigt werden. Monatslieder bieten auch eine gute Möglichkeit, um bewährte Lieder, die der Gemeinde wenig bekannt sind, einzuführen und zu pflegen.

Nun geht es im Gottesdienst nicht nur darum, *gerne* zu singen, sondern auch, *das Richtige* zu singen. Damit ist die Auswahl der Lieder angesprochen.

- Lieder sind darauf zu befragen, wie ihr inhaltlicher Wert ist, wie ihre literarische und musikalische Qualität ist, welche liturgische Bedeutung das Lied im Duktus des Gottesdienstes hat.[52] Bei der inhaltlichen und musikalischen Beurteilung wird man in Betracht ziehen, dass Lieder im Gottesdienst gewählt werden, die *gemeinsam* gesungen werden können. Bewährte Lieder erfüllen in der Regel diese Kriterien. Gerade deshalb haben sie sich ja bewährt.

- Es braucht Klarheit über das Liedrepertoire einer lokalen Kirchgemeinde. Der Verweis auf ein Liederbuch alleine reicht oft nicht aus, weil jedes Liederbuch zu viele für eine Gemeinde unbekannte Lieder enthält. Es wird daher hilfreich sein, eine *Liste mit dem Liederrepertoire* zu erstellen. Dieses sollte zumindest die Kernlieder des jeweiligen Landes beinhalten. Darüber hinaus können weitere Klassiker aus der eigenen Tradition oder lokale Lieblingslieder aufgenommen werden. Die Liste könnte jährlich überarbeitet werden unter Aufnahme neuer Lieder, so dass im Laufe der Zeit das Repertoire auch erweitert wird. Für eine freikirchliche Gemeinde könnte das Liederrepertoire beispielsweise so aufgebaut sein:

    - Allgemeiner Kernbestand: Die Schnittmenge beider Kernliederlisten einschließlich der vier „Selbstverständlichen“ aus der CH-Liste.

[52] Ebd., 374.

  - Lokaler Kernbestand: Bewährte Lieder aus der erwecklichen Tradition, weiter Lieder aus den Kernliederlisten und lokale Hits.
  - Monatslieder: Stetige Erweiterung des Liederrepertoires. Monatslieder, die sich bewähren, können dann zum lokalen Kernbestand werden.
  - Neue Lieder, „Praise & Worship": Lieder, die man mit Freuden singt, ohne dass man den Anspruch erhebt, dass diese Lieder sich über eine lange Zeit bewähren müssen.

- Die Zusammenstellung eines Liederrepertoires sollte *breit abgedeckt* sein, so dass nicht nur Pfarrpersonen und Kirchenmusiker involviert sind, sondern auch Gemeindebesucher, also Sängerinnen und Sänger. Das ist umso wichtiger, weil die Bedürfnisse teilweise unterschiedlich gelagert sind. Gerade das wiederholte Singen bekannter Lieder ist für Pfarrpersonen und Kirchenmusiker häufig unattraktiv, aus der Sicht von Gottesdienstbesuchern aber durchaus erwünscht.

4.2. Familie

Motivierendes Singen im Gottesdienst wird eine Auswirkung haben auf das alltägliche Leben der Kirche und der christlichen Familie. Das umgekehrte gilt auch: Wenn das Singen im Gottesdienst motivierend sein soll, dann darf es nicht auf den Gottesdienst beschränkt sein:

> „Ein Lied, das am Sonntag im Gottesdienst lebendig sein soll, braucht am Werktag Orte, an denen es ebenfalls lebendig ist [...] Lieder werden ihre spirituelle, gemeindebildende und liturgische Kraft auf Dauer nur dort entfalten können, wo eine gewisse Vertrautheit mit ihnen wächst und wo sie helfen, Leben zu prägen."[53]

Bewährte Lieder sind nicht nur Lieder, die im Gottesdienst gesungen werden, sondern die sich im alltäglichen Leben bewähren. Es wird daher auch zur familienpädagogischen Arbeit einer Kirchgemeinde gehören, Familien zum gemeinsamen Singen zu ermutigen und anzuleiten.

[53] Reich, *Das Kirchenlied*, 769.

- Das Singen in der Familie kann sehr *natürlich* erfolgen beim Ins-Bett-Gehen, vor dem Essen am Tisch, bei Familienfesten und rund um die kirchlichen Festtage.

- Für das Singen mit kleinen Kindern ist *angepasstes Liedgut* in reicher Form verfügbar. Tonträger und kindgerechte Liederbücher helfen, das gemeinsame Singen zu pflegen.[54]

- Es lohnt sich, Kinder zum Erlernen von *Musikinstrumenten* zu ermutigen. Kinder können dann beim gemeinsamen Singen mit ihren Instrumenten mitwirken.

- Bei älteren Kindern und Erwachsenen wird es darum gehen, das gemeinsame Singen bewusst zu pflegen. Bei der Auswahl eignen sich diejenigen Lieder gut, die man auch ohne musikalische Begleitung gut singen kann, also Lieder mit einem einfachem Rhythmus und einer eingängigem Melodie.

- Es ist natürlich sinnvoll, wenn das *Liederbuch*, das in einer Kirchgemeinde verwendet wird, auch im Haushalt in genügend hoher Anzahl vorhanden ist, so dass auch im Familienleben aus diesem Liederbuch gesungen werden kann. Zu manchen Liederbüchern sind auch Tonträger erhältlich,[55] so dass auch weniger singerprobte Eltern und Kinder die Lieder kennenlernen und singen können.

- Auch beim Singen in der Familie kann man wieder an die Idee einer *Kernliederliste* anknüpfen. Wenn diese Lieder bekannt sind, dann lassen sie sich im Alltag auch einfacher singen.

---

[54] z. B. das Mundart-Kinderliederbuch *„Liebe Gott, du ghörsch mis Lied"*, http://www.kinderlieder.ch (zuletzt abgerufen am 15.12.2012).

[55] z. B. zum oben erwähnten freikirchlichen Gesangbuch „Feiern & Loben" sind sieben nach Themen geordnete CDs erhältlich, zusätzlich auch CDs mit Orgelbegleitungen zum Mitsingen, siehe die Angaben im Webshop auf http://www.scm-haenssler.de (zuletzt abgerufen am 15.12.2012).

5. Was bleibt

Wir blicken noch einmal zurück auf das eingangs geschilderte Beispiel und die daran anschließenden Fragen: Welche Lieder wird man der jetzt jungen Generation singen können, wenn sie älter geworden ist? Welche Lieder haben sich so tief eingeprägt, dass sie auch dann noch präsent sind, wenn andere Leistungen des Hirns ausfallen?

Die Überlegungen zur gegenwärtigen Singpraxis zeigen, dass nicht selbstverständlich davon ausgegangen werden kann, dass die jetzt junge Generation in schwierigen Lebenssituationen auf einen in Bewusstsein und Existenz tief verwurzelten Schatz zurückgreifen kann. Das hohe Potential, das bewährte Lieder mit sich bringen, kann sich in der gegenwärtigen kirchlichen und christlichen Praxis nur schwer entfalten. Es wäre zum Schaden der Kirche und der Menschen, diesen Schatz bewährter Lieder zu vergessen und zu vernachlässigen. Es braucht daher zielgerichtete religionspädagogische und liturgische Arbeit, um diesen großen Schatz zu heben. Wenn bewährte Lieder entdeckt und gepflegt werden, dann können sie sich tatsächlich auch im Leben der Menschen bewähren.

„Ich singe dir mit Herz und Mund,
Herr, meines Herzens Lust;
ich sing und mach auf Erden kund,
was mir von dir bewusst.

Wohlauf, mein Herze, sing und spring
und habe guten Mut!
Dein Gott, der Ursprung aller Ding,
ist selbst und bleibt dein Gut.“

Paul Gerhardt, 1653

Armin Mauerhofer

Die Menschenbilder in der Praktischen Theologie

1. Einleitende Gedanken zur Praktischen Theologie

Gegenwärtig prägen zwei verschiedene Paradigmen die praktisch-theologische Diskussion. Im Rahmen des ekklesialen Paradigmas, wie es z. B. von M. Herbst vertreten wird, zielt Praktische Theologie auf den Gemeindebau. Homiletik, Religionspädagogik und Poimenik – um nur die Hauptbereiche zu nennen – dienen diesem Ziel. Das ist dann der Fall, wenn in diesen Bereichen das Wort Gottes immer wieder neu zu Gehör gebracht wird.[1] Bei den Überlegungen, wie das geschehen kann, spielt das Menschenbild eine zentrale Rolle. Denn es ist der Mensch, der mit Gottes Wort konfrontiert wird, der hört und der verändert werden soll.

Im Rahmen des religiösen Paradigmas, wie es z. B. von G. Otto, A. Grözinger, W. Gräb vertreten wird, zielt die Praktische Theologie auf die Förderung von individueller und gesellschaftlicher Religion.[2] Die Kirche wird als Teil der Gesellschaft und nicht als ihr Gegenüber betrachtet. Als religiöse Institution nimmt sie gesellschaftliche Funktionen wahr, insbesondere diejenige der religiösen Sinnvermittlung.[3] Auch da stellt sich die Frage nach dem Menschenbild. Denn es ist der Mensch, der religiöse Gehalte empfängt, verarbeitet und darin Sinn entdecken soll.

Das Menschenbild spielt in beiden Paradigmen eine zentrale Rolle. Es ist daher eine wichtige Aufgabe jeder Form von Praktischer Theologie, sich mit dem Menschenbild auseinanderzusetzen, um eine klare Vorstellung zu gewinnen, wer der Mensch eigentlich ist, auf den praktisch-theologisches Handeln ausge-

[1] Michael Herbst, *Praktische Theologie*, in: Evangelisches Lexikon für Theologie und Gemeinde, hrsg. v. H. Burkhardt/U. Swarat, Wuppertal/Zürich, Bd. 3, 1994, 1592–1595.

[2] Siehe zum religiösen Paradigma in der Praktischen Theologie: Stefan Schweyer, *Kontextuelle Kirchentheorie. Eine kritisch-konstruktive Auseinandersetzung mit dem Kirchenverständnis neuerer praktisch-theologischer Entwürfe*, Zürich, 2007, 155–225.

[3] Ebd., 222–223.

richtet ist. Wir fragen also: Wer sind denn die Menschen, denen wir in den Gottesdiensten predigen? Wer sind die Menschen die im Religions- und Konfirmandenunterricht vor uns sitzen? Wer sind die Menschen, denen wir seelsorgerlich zu helfen suchen?

2. Menschenbilder in der heutigen Praktischen Theologie und ihre Auswirkungen auf die Weitergabe des Wortes Gottes

Um zu klären, welche Menschenbilder die heutige Praktische Theologie prägen, habe ich mich entschlossen, einige neuere homiletische, religionspädagogische und poimenische Veröffentlichungen von verschiedenen Vertretern der theologischen Fakultäten im deutschsprachigen Raum etwas näher anzuschauen. Bei der Auswahl der Werke habe ich mich auf zwei pro Fachbereich beschränkt. Diese können beispielhaft für viele andere gesehen werden. Es geht mir um die Fragen: Welche Menschenbilder werden in den vorliegenden Ausführungen entfaltet und welche Auswirkungen hat das auf die Weitergabe der biblischen Botschaft?

2.1. Menschenbilder im Bereich der Homiletik

Ulrich Nembach ist es in seiner 1996 veröffentlichten Homiletik wichtig, dass die Hörer in ihrem Leid und in ihrer Freude angesprochen werden.[4] Zudem gelte es zu beachten, dass jeder Hörer in unserer Zeit des Individualismus und Pluralismus sein Leben anders gestalte. Demzufolge gebe es unter den Hörern keine sie verbindende Religiosität mehr.[5] Er erwähnt dann noch kurz, dass es den sündigen und den gerechtfertigten Hörer gibt, ohne dies aber breiter auszuführen.[6]

Welche Auswirkungen haben diese Vorstellungen vom Menschen auf die Predigt? Zunächst ist nach U. Nembach die Predigt vor allem dazu da, ein Wir-Gefühl zu erzeugen.[7] Weiter ist es ihm wichtig, dass die Leiden und Freuden der Hörer zur Sprache kommen. Er ist davon überzeugt, dass das Wort Gottes selbst das zweifelnde Leiden der Menschen aufnimmt. Damit der Hörer dies

[4] Ulrich Nembach, *Predigen heute – ein Handbuch*, Stuttgart, 1996, 35–43.

[5] Ebd., 144.

[6] Ebd., 156–158.

[7] Ebd., 144.

merkt, soll die Predigt vor allem erzählend sein, denn Erzählen in der Predigt sei ein Teil-Geben und Teil-Nehmen durch Reden und Hören.[8]

Frank Thomas Brinkmann bemüht sich in seiner im Jahr 2000 erschienenen Homiletik um die empirische Erfassung der Predigthörerinnen und Predigthörer. Um dem heutigen Menschen gerecht werden zu können, brauche es das Ernst-Nehmen der vielfältigen Sinnwelten, in denen der moderne Mensch lebt. Es gilt die medialen Einflüsse und die meinungs- und sinnbildenden Kräfte, die täglich auf ihn einwirken, zu beachten.[9] Dieser moderne Mensch ist zugleich als autonomer Mensch zu begreifen, der in seinem Alltag in verschiedenen Rollen und Sozialzusammenhängen zu agieren hat. Dies kann natürlich zu einer Diskrepanz zwischen Rollenerwartung und Selbstwahrnehmung führen.[10] Die Predigthörerin und der Predigthörer pendeln auch zwischen verschiedenen Sinn- und Symbolwelten hin und her. Zudem hat man nach F. Th. Brinkmann in der Predigt darauf zu achten, dass die Hörer in unserer Erlebnisgesellschaft zu verschiedenen sozialen Milieus gehören.[11] Außerdem gelte es zu berücksichtigen, dass der Gottesdienstbesuch gegenwärtig eine Freizeitgestaltungsmöglichkeit neben vielen anderen sei.[12]

Frank Thomas Brinkmann sucht die Predigthörerin und den Predigthörer mit Hilfe kultur-soziologischer Erkenntnisse zu umschreiben und zu erfassen. Die kultur-soziologischen Überlegungen gehen zumeist von verschiedenen psychologischen Menschenbildern aus.[13] Von diesen psychologischen Menschenbil-

---

[8] Ebd., 201–206.

[9] Frank Thomas Brinkmann, *Praktische Homiletik. Ein Leitfaden zur Predigtvorbereitung*, Stuttgart, 2000, 100.

[10] Ebd., 101–102.

[11] Ebd., 104–105.

[12] Ebd., 107.

[13] Hier eine kurze Übersicht über die psychologischen Menschenbilder: Das *psychoanalytische und tiefenpsychologische Menschenbild* geht auf Sigmund Freud, Alfred Adler und Carl Gustav Jung zurück. S. Freud sah die Problematik des Menschen vor allem in seinen Konflikten mit dem Sexualtrieb und in unverarbeiteten Kindheitserlebnissen, die nun sein Unbewusstes prägen. A. Adler wies vor allem auf den Willen zur Macht und die damit verbundenen Minderwertigkeitsgefühle und deren Kompensation hin. Nach C. G. Jung kommen Probleme vor allem aus dem Bereich des Unbewussten und sind auch auf ein falsches Rollenspiel zwischen Persona und Schatten (dunkle Seiten der Persönlichkeit) zurückzuführen (vgl. R. Stalmann [Hrsg.], Kindlers Handbuch Psychologie, München, 1982, 56–88). – Bei dem von der *behavioristischen Psychologie ge-*

dern her kommend soll es in der Predigt nach F. Th. Brinkmann vor allem um die Vermittlung christlicher Lebensdeutungsperspektiven gehen, die die Ermöglichung selbständiger Sinnerschließung seitens der Hörer offen lassen.[14] Es soll also so gepredigt werden, dass das Ausgeführte dem Hörer Sinndeutungsperspektiven für sein Leben gibt.[15]

2.2. Menschenbilder im Bereich der Religionspädagogik

Zuerst werfe ich einen Blick in das 1994 von *Godwin Lämmermann* veröffentlichte Buch zur Religionspädagogik. Es gibt einen Überblick über die religionspädagogischen Entwicklungen im 20. Jahrhundert. Mich interessieren vor allem die Vorstellungen über das Kind in den neueren religionspädagogischen Entwürfen:

- Im *hermeneutischen Religionsunterricht* suchte man dem Kind und der Situation, in der es sich befindet, eine eigenständige Bedeutung beizumessen. In seiner jeweiligen Situation soll es zu einem existentiellen Verstehen der Glaubensaussagen kommen.[16]

- Im *problemorientierten Unterricht* ist das didaktische und theologische Ziel die Emanzipation des Kindes, damit es in die Lage versetzt wird,

---

prägten Menschenbild geht man davon aus, dass der Mensch nur eine begrenzte personale Identität habe, weil er durch vorgegebene organische Strukturen und Umweltfaktoren geformt werde. So sei z. B. falsches Verhalten nach Auffassung von Burrhus F. Skinner grundsätzlich angelernt. Wenn falsches Verhalten angelernt sei, könne es auch wegtrainiert werden. (siehe A. Mauerhofer, *Pädagogik auf biblischer Grundlage*, Nürnberg/Hamburg, 2009, 84–85). – In der von Abraham Maslow und Charlotte Bühler und anderen ins Leben gerufenen *humanistischen Psychologie* steht der autonome Mensch im Mittelpunkt. Probleme entstehen nach Überzeugung der humanistischen Psychologie immer dort, wo die Selbstverwirklichung des Menschen gehemmt worden sei. Man glaubt, dass im Menschen ein großes Potenzial an positiven Kräften vorhanden sei, so dass er auf dem Weg der Selbstverwirklichung aus jeder noch so schwierigen Situation herausfinden könne (vgl. Stalmann, *Handbuch*, 253–254). – Zusammenfassend kann gesagt werden, dass der Mensch aus psychologischer Sicht entweder als wertneutrales oder als positives Wesen gesehen wird.

[14] Brinkmann, *Praktische Homiletik*, 119.

[15] Ebd., 147.

[16] Godwin Lämmermann, *Religionspädagogik im 20. Jahrhundert*, Prüfungswissen Theologie, Gütersloh, 1994, 98–107.

seine personale und soziale Wirklichkeit neu zu gestalten. Die Schüler und Schülerinnen sind nicht von der Bibel her zu verstehen, sondern die Bibel von den Schülern und Schülerinnen und ihren Situationen her.[17]

- Im *therapeutischen und sozialisationsbegleitenden Unterricht* wird der Glaube als ein Produkt der religiösen Sozialisation in der Familie und durch die Gesellschaft verstanden.[18]

- Der von G. Otto und S. Vierzig geforderte *kritische Religionsunterricht* hat von der Lebenssituation der Schüler und Schülerinnen auszugehen. Diese wird nicht nur durch die konkrete soziologische Lebenswelt, sondern auch durch die dem Alter entsprechende Entwicklungsstufe bestimmt.[19]

Die Ausführungen über die neueren religionspädagogischen Modelle machen deutlich, dass das Kind im Unterricht als Subjekt verstanden wird. Die Bibel wird aus seiner Sicht betrachtet. Zugleich kommt es zum Primat seiner Lebenswelt. Sie bestimmt, was dem Kind im Religionsunterricht weitergegeben werden kann und was nicht.[20]

Indem man von der Vorstellung einer religiösen Sozialisation ausgeht, weist man darauf hin, dass man sich an verschiedenen psychologischen Menschenbildern orientiert, ohne aber die optimistischen philosophischen Menschenbilder außer Acht zu lassen, die ebenfalls von der Möglichkeit der Selbstbestimmung des Kindes ausgehen.[21]

---

[17] Ebd., 136–139.

[18] Ebd., 178–179.

[19] Ebd., 196.

[20] Ebd., 208–211.

[21] Einige grundsätzliche Gedanken zu den optimistischen philosophischen Menschenbildern. Aufgrund der Hochschätzung der Vernunft durch I. Kant, entwickelten sich optimistische Menschenbilder, die im deutschen Idealismus eine besondere Ausgestaltung gefunden haben. Diese optimistische Auffassung vom Menschen wurde auch von den Sozialphilosophen der „Frankfurter Schule“ aufgenommen. Diese waren sogar davon überzeugt, dass der Mensch in der Lage sei, ein selbstbestimmtes, von allen Zwängen befreites – d. h. emanzipiertes – Leben gestalten zu können (siehe A. Mauerhofer, *Pädagogik auf biblischer Grundlage*, 114–118).

Godwin Lämmermann sagt im Blick auf die Weitergabe der biblischen Botschaft an Kinder und Teenager in Kirchgemeinden und an Schulen, dass der Ausgangspunkt nicht der biblische Text sein dürfe, sondern die Lebenssituationen der Kinder und Teenager.[22] Da es im Religionsunterricht vor allem zur Erfahrung mit dem Gehörten kommen sollte, gelte es, die christlichen Symbole zu entfalten. In den Symbolen seien Materialien für neue Erfahrungen enthalten. Symbole sind nach ihm so etwas wie Elemente eines historischen Kollektivbewusstseins. Natürlich müssten die Symbole in einer kritischen Distanz vermittelt werden. Von diesem Symbolunterricht her sollten die lebensweltlich vorgegebenen Themen, Fragen und Probleme in religiöser Perspektive neu entdeckt, diskutiert und durchdacht werden.[23]

Auch *Joachim Kunstmann* bemüht sich in seiner 2004 veröffentlichten Religionspädagogik, auf das Wesen der heranwachsenden Kinder und Jugendlichen einzugehen. Zunächst weist er darauf hin, dass das Kind wegen seiner langen Kindheit als „Mängelwesen" zu verstehen ist, das abhängig und instinktarm, dafür aber enorm formbar und weltoffen ist. Das Kind wird stark und nachhaltig von den ersten Bezugspersonen und von der Atmosphäre, die es umgibt, geprägt. Es findet schließlich durch eine unterstützte Selbstentwicklung zur eigenen Identität. Es ist für Kunstmann weiter klar, dass das Kind als ein eigenständiges Subjekt ernst genommen werden muss.[24] Religiosität entstehe im Leben eines Kindes aus einer Mischung von Veranlagung, Prägung und ersten Eindrücken in der Familie, sowie durch seine spezifische Verarbeitungsweise.[25]

In unserer Zeit, in der es viele Freiheiten, aber wenige Vorgaben gibt, kommt es in den heranwachsenden Jugendlichen zu einer starken Ausrichtung auf sich selbst und die eigenen Bedürfnisse.[26] Da unsere Zeit von der Jugend eine starke Flexibilität und schnelle Anpassung fordert, ist es für sie schwer, zu einer festen Identität zu gelangen. Die Jugendlichen fühlen sich oft überfordert und sind geplagt von Versagensängsten.[27] Die unbeschränkte Freiheit führt im Leben

---

[22] Lämmermann, *Religionspädagogik im 20. Jahrhundert*, 210.

[23] Ebd., 204–209.

[24] Joachim Kunstmann, *Religionspädagogik. Eine Einführung*, Tübingen/Basel, 2004, 83–87.

[25] Ebd., 79.

[26] Ebd., 269.

[27] Ebd., 281.

vieler Jugendlicher zu Hilflosigkeit und Orientierungslosigkeit.[28] Zudem erhöht die instabile und bedrohlich erlebte Welt den psychischen Druck auf viele junge Menschen und führt bei einigen zu einer narzisstischen Haltung. Diese zeigt sich in Unlust, Freudlosigkeit, hoher Anspruchshaltung, Sehnsucht nach Anerkennung und in seelischer Labilität.[29] Religion gilt als Privatsache und wird kaum noch zum Gesprächsthema.[30]

Joachim Kunstmann macht interessante Ausführungen über die Entwicklung des Kindes und seine Beeinflussung durch die Umwelt. Er sucht weiter das Verhalten der heutigen Jugendlichen gründlich zu erklären. Es gibt aber auch Hinweise, dass J. Kunstmann von psychologischen Menschenbildern ausgeht, da das Kind nach seinem Verständnis stark von der Umwelt beeinflusst wird.

Diese eben beschriebenen Kinder und Jugendlichen sollen religiös gebildet werden. Geeignete Grundlagen für eine solche religiöse Bildung sind nach Kunstmann im Ästhetischen zu finden, da es die Gehalte der Religion am ehesten zugänglich mache, sei es in Bildern, Symbolen, der Musik, der besonderen Sprache, den Ritualen, Andachten, Haltungen, Gebäuden und Räumen. Kunstmann ist der Ansicht, dass es kaum etwas bringt, über Religion zu informieren oder zu reflektieren. Vielmehr muss sie wahrgenommen und sinnlich erfahren werden. Darum soll die heutige christliche Religionsdidaktik konsequent auf ästhetische Erfahrungen ausgerichtet werden. Dieses ästhetische Gespür für Religion trage in sich einen sehr kritischen Zug gegen Verfestigungen im Bereich der Religion.[31] J. Kunstmann schreibt sogar: „Kirche, Theologie, Bekenntnisse und religiöse Moral dürfen sich selbst niemals absolut setzen; ein Glaube, der seine Mythen und Symbole wörtlich versteht, ist Aberglaube."[32]

Ein auf das Ästhetische ausgerichteter Religionsunterricht gehe weit über eine Lehre von Inhalten hinaus, da er zu religiösem Interesse, Kompetenz und Identifikation im Sinne der Selbstentfaltung der Person führe.[33]

---

[28] Ebd., 284–285.

[29] Ebd., 296.

[30] Ebd., 292–293.

[31] Ebd., 339–340.

[32] Zit. nach ebd., 340.

[33] Ebd., 341.

2.3. Menschenbilder in der Poimenik

Zunächst betrachte ich die Ausführungen über den Menschen in der von *Klaus Winkler* im Jahr 2000 in zweiter Auflage veröffentlichten Seelsorgelehre. Er weist gleich zu Beginn darauf hin, dass die heutige Poimenik stark von den Humanwissenschaften geprägt ist.[34] Er führt dann aus, dass von diesen her kommend verschiedene Psychotherapien Eingang in die Seelsorge gefunden haben, so die Psychoanalyse, die Gesprächstherapie, das themenzentrierte Interaktionsmodell von Ruth Cohn, die klinische Verhaltenstherapie, die Gestalttherapie, die Logotherapie usw.[35] Diese verschiedenen Therapien gehen von bestimmten psychologischen Menschenbildern aus, so unter anderem vom psychoanalytischen/tiefenpsychologischen, dem behavioristischen und dem der humanistischen Psychologie.[36] Man übernahm also in der Poimenik ganz bewusst die Menschenbilder der Psychologie.

Er zeigt weiter, dass die Fachgebiete Soziologie und Psychologie, insbesondere die Psychoanalyse, auch die Grundlage der feministischen Seelsorgelehre bilden. Diese Seelsorge zielt darauf, Frauen und Mädchen auf der Grundlage psychologischer Menschenbilder zu einer ihrer Geschlechtlichkeit entsprechenden Autonomie zu verhelfen.[37]

Außerdem finden die emanzipatorischen Gedanken, die von optimistischen philosophischen Menschenbildern ausgehen, Eingang in K. Winklers Seelsorgelehre.[38] Im Blick auf die Entfaltung der inneren Kräfte eines Menschen ist man neben dem Einsatz von christlichen Symbolen bereit, auch auf östliche Weisheiten zurückzugreifen.[39]

Die Seelsorge soll dem eben beschriebenen Menschen helfen, mit Konflikten in seinem Leben in rechter Weise umzugehen. Von Sünde sollte in seelsorgerlichen Gesprächen nach K. Winkler nur dann gesprochen werden, wenn sich mit diesem Begriff seitens des Ratsuchenden nicht eine moralisch bewertete Verhaltenssequenz verbindet. Verhaltensänderungen würden letztlich aus der Sehnsucht nach einem gottgewollten Handeln mit der Person des Ratsuchenden her-

[34] Klaus Winkler, *Seelsorge*, Berlin/New York, 2000^2, 175.

[35] Ebd., 181–186.

[36] Siehe Fußnote 13

[37] Winkler, *Seelsorge*, 206–210.

[38] Ebd., 244.

[39] Ebd., 249.

auswachsen. Seelsorge sollte immer als Hilfe zur Selbsthilfe verstanden werden. Sie soll zur Freisetzung eines christlichen Verhaltens im Blick auf die Lebensbewältigung führen.[40] Zudem soll in christlicher Seelsorge auch der Glaube angesprochen werden, da dieser die Daseinsbejahung erlebbar mache und so zur Basis der Lebensbewältigung werden könne.[41] Klaus Winkler vermeidet es aber, etwas über den Inhalt dieses Glaubens zu sagen, da jeder Seelsorge-Suchende sein eigenes Glaubenscredo habe.[42]

Schließlich versuche ich die Menschenbilder, die *Jürgen Ziemer* in seiner 2004 aktualisierten zweiten Auflage seiner Seelsorgelehre entfaltet, herauszuarbeiten.

Zunächst ist Jürgen Ziemer davon überzeugt, dass Seelsorge heute ohne die moderne Psychologie und Psychotherapie nicht mehr vorstellbar ist. Was seelsorgerlich geschieht, muss seiner Meinung nach psychologisch verstanden werden und hat immer auch einen therapeutischen Aspekt. Ziemer schreibt sogar: „Seelsorge kann nicht nicht-psychologisch sein."[43] Er zeigt dann, dass die Seelsorge vor allem von einem tiefenpsychologischen Menschenbild und einem, das von der humanistischen Psychologie geprägt ist, ausgehen sollte. Auch das behavioristische Menschenbild wird beachtet, da der Verhaltenstherapie eine große Bedeutung zukommt.[44] Er sucht aber diese Menschenbilder teilweise kritisch zu hinterfragen, da der Mensch als ein von Gott geschaffenes Wesen auch offen sein soll für Gottes Handeln. Ergänzend meint J. Ziemer jedoch, dass diese Offenheit auch psychologisch wahrgenommen und gedeutet werden könne. Ja, er hält das sogar für sehr wichtig, da so eine Unterscheidung zwischen neurotischer Religiosität und gewachsenem Glauben möglich sei.[45]

Einerseits sucht J. Ziemer die psychologischen Menschenbilder aufzubrechen, doch wird nicht klar, wie er sich den Menschen vorstellt. Eigentlich bleibt er den psychologischen Menschenbildern verhaftet, wenn er schreibt: „Übernahmen aus der Psychotherapie sind in der modernen Seelsorge unverzichtbar, sollten aber nicht eine völlige Veränderung des seelsorgerlich-pastoralen set-

---

[40] Ebd., 278–280.

[41] Ebd., 331.

[42] Ebd., 276–277.

[43] Zit. nach Jürgen Ziemer, *Seelsorgelehre. Eine Einführung für Studium und Praxis*, Göttingen, 2004[2], 129.

[44] Ebd., 130–134.

[45] Ebd., 136.

tings nach sich ziehen."[46] Er sagt sogar, dass man Seelsorge durchaus als psychologisches Handeln betrachten kann.[47] In den übrigen Ausführungen des Buches spürt man immer wieder, dass Jürgen Ziemer die psychologischen Menschenbilder ergänzen möchte. Da und dort knüpft er bei optimistischen Menschenbildern der Philosophie an, vor allem dann, wenn er darauf hinweist, dass Seelsorge eigentlich ein Vorgang der Befreiung sei.[48]

Die Ratsuchenden können nach J. Ziemer in der Seelsorge davon ausgehen, dass der Seelsorger oder die Seelsorgerin eine persönliche Beziehung zum christlichen Glauben hat. Die Seelsorge selbst geschieht in der Annahme, dass der Ratsuchende glaubensfähig und glaubenswürdig ist. Auch wenn der Ratsuchende einen solchen Glauben nicht oder nur bedingt teilen kann, ist es für ihn eine ermutigende Erfahrung, wenn jemand da ist, der mit ihm seine Ratlosigkeit und Verzweiflung aushält und ihm Hoffnung zuspricht. Nach J. Ziemer ist in der Seelsorge der Glaube auch dann im Spiel, wenn von ihm expressis verbis gar nicht gesprochen wird. Ziemer lehnt jede Form der Glaubensnötigung ab.[49] Seelsorge darf nach ihm nicht missionarisch sein.[50] Er schreibt im Blick auf die geistlichen Aspekte der Seelsorge:

> „Jeder Dialog, der um die Wahrheit einer Person geführt wird, hat auch eine religiöse Seite. Er führt, wenn er gelingt in eine Tiefe, in der die Abgründe und Gewissheiten, die Hoffnungen und Zweifel eines Menschen ruhen. Nicht das ‚Material' und die Begriffe sind entscheidend, sondern die Tiefe der existentiellen Betroffenheit."[51]

Wenn es zu dieser tiefen Betroffenheit gekommen ist, kann der Seelsorger oder die Seelsorgerin dem Hilfesuchenden einen Gedanken, einen Text, ein Lied, ein Gebet oder eine Geste der Liebe weitergeben. Es kann aber auch sein, dass die Betroffenheit so groß ist, dass dem Seelsorger oder der Seelsorgerin nur das Eingeständnis seiner Hilflosigkeit und Ohnmacht übrig bleibt.[52] Jürgen Ziemer vermeidet es aber ebenfalls – wie Klaus Winkler – etwas über die Glaubensin-

---

[46] Zit. nach ebd., 137.

[47] Ebd., 137.

[48] Ebd., 116–117.

[49] Ebd., 143–144.

[50] Ebd., 116.

[51] Zit. nach ebd., 171.

[52] Ebd., 182.

halte, mit denen Ratsuchenden geholfen werden könnte, zu sagen, da es auch für ihn nur einen eigenen, selbst vertretenen und selbst verantworteten Glauben gibt.[53]

2.4. Zusammenfassung

Wenn wir die in der Homiletik, der Religionspädagogik und in der Poimenik entfalteten Menschenbilder betrachten, so wird zunächst einmal deutlich, dass man sich vor allem in der Religionspädagogik und der Poimenik um klare Vorstellungen, wer der Mensch eigentlich ist, bemüht. In diesen beiden Bereichen stehen vor allem die psychologisch geprägten Menschenbilder im Vordergrund. Diese Menschenbilder gehen davon aus, dass der Mensch entweder wertneutral – also weder gut noch böse – oder positiv zu sehen ist. Da und dort knüpft man auch an optimistische philosophische Menschenbilder an. In der Homiletik geht man von merkwürdig verschwommenen Vorstellungen aus, wer der Mensch eigentlich ist.

Wie wir eben gesehen haben, haben die Vorstellungen, wer der Mensch ist, Konsequenzen für die Weitergabe des göttlichen Wortes. Aus dem erzählend weitergegebenen Wort der Bibel soll der Mensch ihm dienliche Sinndeutungsperspektiven für sein Leben ableiten können. Die heranwachsenden Jugendlichen sollen mit Hilfe des auf Symbole ausgerichteten Religionsunterrichts die vorgegebenen Themen und Fragen des Lebens in religiöser Perspektive neu entdecken lernen. Zudem sucht man sie durch einen auf das Ästhetische ausgerichteten Religionsunterricht, zur religiösen Selbstentfaltung zu führen. In der Seelsorge gilt es, den Ratsuchenden zu helfen, ihr christliches Verhalten so freisetzen zu können, dass sie in der Lage sind, ihr Leben mit all seinen Problemen zu bewältigen. Es soll zudem in der Seelsorge zu einer existenziellen Betroffenheit kommen, in der das Religiöse zur Sprache gebracht werden kann.

Von den durch die Psychologie und die Philosophie geprägten Menschenbildern ausgehend wird der Mensch entweder als wertneutrales oder positives Wesen betrachtet. Das Wichtigste ist seine religiöse Selbstentfaltung, damit er fähig ist, sein Leben möglichst unbeschwert zu bewältigen. Interessant erscheint mir, dass man annimmt, dass die Religiosität der Menschen irgendwie christlich gefärbt sei. Es wird aber nirgends erklärt, warum.

---

[53] Ebd., 246–247.

Nach all diesen Ausführungen drängt sich die Frage auf: Wo bleibt der Inhalt der biblischen Botschaft? Biblische Inhalte kommen eigentlich nirgends zur Sprache. Weiter fragen wir uns: Warum wird überhaupt nicht auf die Rettung durch Jesus Christus hingewiesen? Das durch Christus vollbrachte Erlösungswerk braucht auf Grund der angenommenen Menschenbilder nicht mehr entfaltet zu werden. Der Mensch wird nicht mehr als ein sündiges Wesen gesehen, das sein Leben getrennt von Gott gestalten muss und deshalb die Rettung durch Jesus Christus nötig hat.

Das eben Ausgeführte ist umso verständlicher, wenn wir beachten, dass sich die wahrnehmungsorientierte Praktische Theologie von den theologischen Grundfächern und damit von der Bibel verabschiedet hat. Empirische Analysen, die Interpretationen religiöser Lebenswelten und die Durchdringung symbolischer und ästhetischer Gestaltformen des Glaubens bilden die Orientierungsgrundlagen der Praktischen Theologie.[54]

Es erstaunt mich aber trotzdem, dass in keinem der eben betrachteten Bereiche der Praktischen Theologie nur ansatzweise versucht wird, ein biblisches Menschenbild zu entfalten. Dies finde ich deshalb erstaunlich, weil die Praktische Theologie nach meiner Auffassung doch die in der alt- und neutestamentlichen Theologie und in der Dogmatik entfalteten anthropologischen Überlegungen berücksichtigen sollte.[55]

3. Anfragen an die Menschenbilder der heutigen Praktischen Theologie

Ein Grunddefizit der in der Philosophie und Psychologie entworfenen Menschenbilder besteht darin, dass der Mensch von sich selber ausgeht. Er anerkennt keine sinnstiftende, von ihm unabhängige Größe über sich. Sowohl die

[54] Wolfgang Steck, *Praktische Theologie. Horizonte der Religion – Konturen des neuzeitlichen Christentums – Strukturen der religiösen Lebenswelt*, Stuttgart, Bd. 1, 2000, 119–148.

[55] Siehe dazu: Peter Biehl, *Mensch. Menschenbild*, in: Norbert Mette / Folkert Rickers (Hrsg.), Lexikon der Religionspädagogik Bd.2, Neukirchen-Vluyn, 2001, 1314–1320; Rolf Hille / Herbert H. Klement, *Ein Mensch – was ist das? Zur theologischen Anthropologie. Bericht von der 13. Studienkonferenz des Arbeitskreises für evangelikale Theologie (AfeT) 14.-17. Sept. 2003 in Bad Blankenburg. Helmut Burkhardt zum 65. Geburtstag gewidmet*, Wuppertal, 2004.

Philosophie als auch die Psychologie stellen den Menschen in den Mittelpunkt und bleiben so der Diesseitigkeit verhaftet.

Lutz von Padberg schreibt: „Indem sie Gott als bestimmende Größe ausklammern, unterliegen sie einem gigantischen Realitätsdefizit, einer prinzipiellen Fehldeutung.“[56]

Die tiefste Ursache dieser Entwicklung ist die Selbstüberschätzung des Menschen, der meint, *mit Hilfe seiner eigenen Fähigkeiten alles erfassen zu können.*

Als wirklich lässt der Mensch nur noch das gelten, was er *erfahren, beobachten und empirisch nachweisen* kann. Deshalb kann er über sich selbst nur das in Erfahrung bringen, was in dieser für ihn zugänglichen Welt erforschbar ist. Seinem neuesten Forschungsstand entsprechend konstruiert er immer wieder neue Menschenbilder.

Der postmoderne französische Philosoph M. Foucault stellt die *in der Psychologie* gemachten Aussagen über den Menschen in Frage. Der Mensch, der sich selber zum Subjekt gemacht hat, macht sich in der Psychologie zum Objekt seiner selbst. Der Mensch wird so zum Fundament der Erkenntnis seiner selbst. Er beachtet viel zu wenig, dass seine Erkenntnis von Vorverständnissen, kulturellen Prägungen, von Begrenzungen und vielen anderen Einflüssen bestimmt wird.[57]

M. Foucault zweifelt einerseits die Möglichkeit, dass der Mensch sich als Subjekt zum Objekt machen kann, grundsätzlich an, andererseits hält er es nicht für möglich, dass der Mensch mit Hilfe seiner Erkenntnis, da diese nie wertneutral ist, letzte Aussagen über sich selber machen kann.[58] Dies beweisen die widersprüchlichen Auffassungen über den Menschen in der Psychologie.

---

[56] Zitat nach Lutz von Padberg, *Auf der Suche nach dem neuen Menschen*, in: Bibel und Gemeinde, Nr. 1/1990, 67.

[57] Thomas Coelen, *Pädagogik als „Geständniswissenschaft“? Zum Ort der Erziehung bei Foucault*, Frankfurt a. M. 1996, 49.

[58] Hermann J. Forneck, *Bildung – Die Archäologie der Selbsterschaffung*, in: Winfried Marotzki / Heinz Sünker (Hrsg.), Studien zur Philosophie und Theorie der Bildung. Kritische Erziehungswissenschaft – Moderne – Postmoderne Bd. 2, Weinheim, 1993, 162–171.

Bei der Suche nach dem wirklichen Menschenbild helfen uns die empirischen, philosophischen und psychologischen Überlegungen nicht weiter, weil sie nur von innerweltlichen Vorstellungen ausgehen. Um zu einem tragfähigen Menschenbild zu gelangen, bedarf es eines Fundaments, das eben nicht vom Menschen abhängig ist, da der Mensch mit Hilfe all seiner Fähigkeiten – wie wir eben sahen – nie zu sich selbst gelangt. *Wir bedürfen einer zeitlos gültigen Wahrheit über den Menschen.* „Diese eine Wahrheit, nach der sich die Menschen aller Zeiten gesehnt haben, kann nicht im Menschen selbst liegen, sonst würde das Karussell der Ideologien von neuem starten."[59]

Nur der Schöpfer kann dem Menschen sagen, wer er ist. Und genau dies hat Gott *in der Bibel* gemacht. Er sagt ihm in seinem Wort in letzter Deutlichkeit, wer er ist. Was Gott im Einzelnen sagt, wollen wir jetzt genauer betrachten.

4. Biblisches Menschenbild

4.1. Der Mensch ist im Bild Gottes geschaffen worden

Im Schöpfungsbericht, der als einleitendes Vorwort für den Rest des Kanons steht, wird gesagt, dass Gott den Menschen geschaffen hat (Gen 1,27).[60]

Der Gott, der die Menschen geschaffen hat (Gen 1,26f.), steht als der Dreieine im Mittelpunkt der biblischen Botschaft. Die beiden Verse machen uns deutlich, dass sich das Menschsein an Gott selbst orientiert. Damit gibt es, um den Menschen zu erfassen, keinen anderen Ausgangspunkt als Gott selbst. In den nun folgenden Ausführungen wende ich das göttliche Vorbild direkt auf den Menschen an, wissend, dass der Mensch Geschöpf Gottes und als Geschöpf Abbild Gottes ist. Wir sehen, dass nur der *zum wirklichen Menschenbild gelangt*, der ein *klares Gottesbild* hat, da der Mensch im Bild Gottes geschaffen ist. Wir haben Gott so ernst zu nehmen, wie er sich uns in der Bibel offenbart, denn er ist und bleibt für uns Menschen unverfügbar.[61] Deshalb lehnen wir alle spekulativen Behauptungen wie z. B. die des Feminismus über Gott ab. Mit dem Streit,

[59] Zit. nach v. Padberg, *Auf der Suche nach dem neuen Menschen*, 68.

[60] Warum wir die Urgeschichte, so wie sie in der Bibel überliefert ist, ernst nehmen können, führt Herbert H. Klement aus (H. H. Klement, *Mensch und Sünde in der Urgeschichte*, in: Hille / Klement, Ein Mensch – was ist das?, 60–88).

[61] Ingeborg Hauschildt, *Die feministische Versuchung und die Antwort der christlichen Frau*, Wuppertal/Zürich, 1989, 98–100.

ob Gott männlich oder weiblich ist, wird Gott verdiesseitigt, verfügbar gemacht. Es kommt so zu einer Verfremdung des Gottesbilds und damit auch des Menschenbilds.

Jetzt betrachten wir den von Gott geschaffenen Menschen von seinem göttlichen Vorbild her.[62] Ich entfalte nun, was dies im Einzelnen bedeutet.

4.1.1. Personhaftigkeit – Körperlichkeit

Die Bibel berichtet von Anfang an von einem redenden (Gen 1,3–5), handelnden (Gen 2,8), mitfühlenden (Gen 2,18) und wollenden (Gen 3,16f.) und damit *personhaften* Gott, der sich den Menschen in seinen personhaften Eigenschaften offenbart hat. Obwohl Gott in seiner Unendlichkeit, Allgegenwart und Allwissenheit menschliche Eigenschaften weit übertrifft, hat er den Menschen in seiner *Personhaftigkeit* in seinem Bild geschaffen. Diese menschliche Personhaftigkeit, die eigentlich eine *geistig-seelisch-leibliche Einheit* ist, hat Gott so gemacht: „Da bildete Gott, der Herr, den Menschen, aus Staub vom Erdboden und hauchte in seine Nase den Odem des Lebens, so wurde der Mensch eine lebende Seele." (Gen 2,7) Der Mensch ist von seiner Zeugung an eine einzigartige Persönlichkeit, ein Ich.[63] Er hat demzufolge eine Identität. Da ist nichts von minderwertiger Körperlichkeit zu spüren, wie im griechischen Platonismus und späteren Gnostizismus. In seiner Verwobenheit mit dem geistig-seelischen Bereich soll der Körper Gott zur Verfügung stehen. Die menschliche Körperlichkeit ist etwas Gottgewolltes, Wunderbares, ja sie gehört auch zur Gottesbildlichkeit.[64] Erich Sauer schreibt dazu:

> „Es hätte überhaupt keine leibliche Menschwerdung des Sohnes Gottes gegeben, keine leibliche Auferstehung, wenn nicht der Leib des Men-

[62] In den folgenden Ausführungen halte ich mich stark an das Scriptum von H. R. Steiner, *Gottes Plan mit den Menschen (Scriptum)*, 1986.

[63] Diesen hier entfalteten Personenbegriff versucht der australische Philosoph Peter Singer von der Evolution her kommend, durch einen neuen Personenbegriff zu ersetzen, der auch höher entwickelte Säugetiere mit einschließt. Vgl. dazu: Hans-Jürgen Peters, *Menschenbilder der Gegenwart. Zur Alltagsanthropologie,* in: Hille / Klement, Ein Mensch – was ist das?, 324.

[64] Die Auffassung von C. Westermann, dass sich die Gottesbildlichkeit nicht auf die äußere Gestalt des Menschen beziehen könne, teile ich nicht (vgl. Westermann, Bd. 1/Teil 1, 215–216).

> schen ein irgendwie passendes Gefäß des nach dem Bilde Gottes geschaffenen Menschen wäre.“[65]

Mann und Frau sind beide im Bild Gottes geschaffen. Sie sind wohl verschiedenartig, aber gleichwertig.[66]

Hätte der Mensch vom vorerst nicht verbotenen Baum des Lebens (Gen 2,9) gegessen, wäre er Gott sogar in seiner Unvergänglichkeit (Gen 3,22b) gleich gewesen.

4.1.2. Gemeinschaftsfähigkeit (der geistliche und soziale Bereich)

Gott ist als der Dreieine ein Gemeinschaftswesen. In Gen 1,26 sagt er ja: „Lasst uns Menschen machen in unserem Bild, uns zum Abbild.“ Gott pflegt in sich selber Gemeinschaft. Dies kommt in der Aussage im Johannesevangelium 1,1, welche sich ja an den Schöpfungsbericht anlehnt, ganz stark zum Ausdruck. Hier wird Christus, der Sohn Gottes, als das „*Wort*“ und damit als der Inbegriff der Kommunikation vorgestellt.

Der im Abbild Gottes geschaffene Mensch ist einerseits zur *Gemeinschaft mit Gott*,[67] andererseits auch zur *Gemeinschaft mit seinesgleichen* befähigt.

Gott begegnete dem Menschen im Garten Eden von Angesicht zu Angesicht (Gen 3,8). Zu dieser Begegnung gehörte auch das Gespräch. Die *Sprachlichkeit* des Menschen liegt im Willen Gottes begründet, mit dem Menschen Gemeinschaft zu pflegen.

Auf der zwischenmenschlichen Ebene bemühte sich Gott darum, ein kommunikationsfähiges Gegenüber für den Menschen zu finden (Gen 2,20–25). Er schuf mit Eva für Adam eine Frau, die nicht seine Kopie, sondern seine Hilfe, sein Beistand und damit seine Ergänzung war. Auch hier hat Gott sich als Vorbild genommen. Er ist nämlich Einheit in der Verschiedenheit: Vater, Sohn und Heiliger Geist nehmen gemäß dem offenbarten Wort unterschiedliche Funktionen wahr. Hieraus können wir schließen, dass sich Ergänzung gemeinschaftsfördernd auswirkt (Pred 4,9-12).

---

[65] Zit. nach Külling, *Genesis*, 7. Fortsetzung, 13.

[66] Hauschildt, *Die feministische Versuchung*, 62.

[67] Werner Gitt, *Faszination Mensch*, Bielefeld, 1996, 110.

4.1.3. Verantwortlichkeit (der moralische Bereich)

Die Bibel beschreibt Gott als heiligen, gerechten Herrn aller Dinge. Er ist es, der von allem Anfang an Maßstäbe setzte, indem er dies, was er geschaffen hat, als *„sehr gut"* beurteilte (Gen 1,31). Das Prinzip der Moralität ist demzufolge in Gott selber begründet. Als Inbegriff alles Guten und Gerechten konnte er nichts Böses in seiner Umgebung dulden (Gen 3,22–24). Von Anfang an betraute er den Menschen mit *moralischer Verantwortung*: „Aber vom Baum der Erkenntnis des Guten und Bösen, davon darfst du nicht essen." (Gen 2,17) Dazu kam auch die *verwalterische Verantwortung*, die in der Pflege des Gartens und in der Herrschaft über die Schöpfung, insbesondere über die Tiere, bestand (Gen 1,28; 2,15). Als Abbild Gottes ist der Mensch somit *ein verantwortliches, moralisches Wesen*, das die Konsequenzen für sein Handeln tragen kann und muss.

4.1.4. Emotionalität

Auch die Emotionalität ist eng mit der Personhaftigkeit Gottes verwoben. Gott hatte *Mitgefühl* mit dem allein dastehenden Adam und schuf für ihn eine Hilfe, ein Gegenüber (Gen 2,18). Wir lesen im Alten Testament weiter, dass Gott sich freuen (Dtn 30,9) und dass er betrübt und traurig sein kann (Hes 20,17).

Die Gabe des Gefühls kommt erstmals zum Ausdruck, als Adam voll Freude über die ihm von Gott zugeführte Frau ausruft:

> „Diese endlich ist Gebein von meinem Gebein und Fleisch von meinem Fleisch; diese soll Männin heißen, denn vom Mann ist sie genommen [...] Und sie waren beide nackt, der Mensch und seine Frau, und sie schämten sich nicht."[68]

Die gefühlsmäßige Verbindung mit seiner Frau war ungetrübt. Adam und Eva lebten in einem inneren und äußeren Gleichgewicht.

Dieser personhafte, gemeinschaftsfähige, verantwortliche und mit Emotionalität beschenkte Mensch ist im Bild Gottes geschaffen und deshalb überaus *wertvoll.* Ihm kommt als Geschöpf Gottes eine große Würde zu. Der Mensch wird nicht

---

[68] Gen 2,23.25

wertvoll, sondern ist es gleich vom Augenblick seiner Zeugung an.[69] Diese dem Menschen zukommende Würde ist unverlierbar.

4.2. Die Folgen des Sündenfalls

Die bisherigen Ausführungen zeigten uns, wie Gott den Menschen ursprünglich geschaffen hat. Doch was ist nach dem Sündenfall von dem übrig geblieben? Indem der Mensch anstelle des Baumes *„des Lebens"* den Baum *„der Erkenntnis des Guten und des Bösen"* wählte, öffnete er sich dem Bösen und wählte damit sein Verderben (Gen 2,17). Ich halte den in Gen 3,1–6 beschriebenen Sündenfall für eine historische Tatsache und nicht für eine dichterische Erfindung oder mythische Darstellung. Die hier beschriebene Abwendung des Menschen von Gott führte zu einem unüberwindbaren Graben zwischen ihm und den Menschen, dessen Realität bis heute von allen schmerzlich erfahren wird. Mit dem Sündenfall ist die Zeit der ungetrübten Harmonie mit Gott beendet (Gen 3,12–19). Jeder Mensch ist nun von Natur aus ein Sünder (Röm 5,12). Er ist aus seinem Herzen, aus seinem Innersten heraus, böse (Gen 8,21).[70] Zudem steht er *unter der Herrschaft Satans* (Joh 8,44). Er kann wohl noch das Gute erkennen, aber ist nicht mehr fähig, es zu tun (Röm 7,15–18). Die Bibel zeigt uns, dass sich die Konsequenzen der Abkehr von Gott auf alle im letzten Abschnitt erwähnten Bereiche auswirken.

4.2.1. Entstellte Personhaftigkeit – Körperlichkeit

Das Verhältnis von Geist-Seele-Leib ist durch die Sünde gestört worden. Es kommt im Leben der Menschen immer wieder zu Identitätskrisen und psychosomatischen Schwierigkeiten.

Das körperliche Wohlbefinden des Menschen wurde durch den Sündenfall stark eingeschränkt. Der Mensch muss heute mit körperlichen Schwachheiten, verschiedensten Krankheiten, einschneidenden Behinderungen, Schmerzen und schließlich mit dem Tod fertig werden (Gen 3,16–19). Die Lebenserwartung beträgt 70 bis 80 Jahre (Ps 90,10).

---

[69] Eberhard Schockenhoff, *Menschen erschaffen nach unserem Bild? Chancen und Grenzen der Gentechnik aus ethischer Sicht*, in: Hille / Klement, Ein Mensch – was ist das?, 239.

[70] Klement, *Mensch und Sünde*, 71–75.

Es kann im Leben bestimmter Menschen auch zu schweren psychischen Erkrankungen kommen wie zu endogenen Depressionen oder Schizophrenie.[71]

Auch Trunksucht, übermäßiges Essen (1 Petr 4,3) und viele andere Süchte können zum körperlichen Zerfall führen.

4.2.2. Entstellte Gemeinschaftsfähigkeit

Das Verhältnis des Menschen zu Gott, den Mitmenschen und zu sich selbst ist aufgrund des Sündenfalls gestört.

Die Beziehung zu Gott ist radikal gestört. Die Sünden sind zu Scheidewänden zwischen Gott und den Menschen geworden (Jes 59,2). Die Menschen leben als Sünder getrennt von Gott in dieser Welt, denn Gott verabscheut in seiner Heiligkeit jede Sünde, und in seiner Gerechtigkeit wird er jede Sünde ewig bestrafen (Offb 21,8).

Auch *im zwischenmenschlichen Bereich* ist die ursprüngliche Gemeinschaftsfähigkeit derart stark gestört, dass der Mensch unmöglich zu Gottes Idealen gelangen kann. Paulus beschreibt den von Gott abgefallenen Menschen als „erfüllt mit aller Ungerechtigkeit, Bosheit, Habsucht, Schlechtigkeit, voll von Neid, Mord, Streit, List, Tücke, Verbreiter übler Nachrede, Verleumder, Gotteshasser, Gewalttäter, Hochmütige, Prahler, Erfinder böser Dinge, den Eltern Ungehorsame, Unverständige, Treulose, ohne natürliche Liebe, Unbarmherzige" (Röm 1,29–31). Die Beziehungsprobleme sind offensichtlich. Sie kommen u. a. auch im sexuellen Bereich zum Ausdruck, indem die natürliche Verbindung von Mann und Frau durch Homosexualität, Lesbianismus (Röm 1,26–27) und durch Hurerei, Ehebruch und Unzucht (Gal 5,19) überschattet wird.

Auch die *inneren Spannungen des einzelnen Menschen* brechen immer wieder durch (Röm 7). Der Mensch hat durch die Sünde eine gestörte Beziehung zu sich selbst. Er kann sich oft selbst nicht verstehen.
Diese gestörte Beziehung der Menschen zu sich selbst, die in Beziehungsproblemen ihren Ausdruck finden, wurde gründlich untersucht. Es gibt u. a. parano-

---

[71] Samuel Pfeifer, *Die Schwachen tragen. Moderne Psychiatrie und biblische Seelsorge*, Basel/Gießen, 1988, 19.

ide, schizoide, antisoziale, narzisstische und starrsinnige Menschen, die ein Zusammenleben fast verunmöglichen.[72]

Trotz gestörter Gemeinschaftsfähigkeit bleibt der Mensch allerdings auf Gott und den Nächsten hin angelegt. Er ist weiterhin zu Kommunikation und sogar zu Liebe fähig, dies auch im sündigen Zustand. Das Bild Gottes ist also in dieser Beziehung *nicht völlig zerstört* worden (Gen 5,1), obwohl alle Bereiche seines Lebens davon betroffen sind, einschließlich der Sprache. Die vom Sündenfall gezeichnete Sprache ist sowohl verständlich als auch missverständlich. Sie kann zudem benutzt werden, um anderen zu helfen, aber auch, um sie zu verletzen. Sie ist somit Ausgangspunkt vieler zwischenmenschlicher Spannungen, Verletzungen und Kränkungen.

4.2.3. Entstellte Verantwortlichkeit

Entstellte Gemeinschaftsfähigkeit ist oft gleichzeitig entstellte Verantwortlichkeit. Die in Röm 1,29–31 aufgeführte Liste ist voller direkter und indirekter Unmoral: „Ungerechtigkeit, Schlechtigkeit, Bosheit, Habsucht, Mord, Erfinder böser Dinge". *Der gottlose Mensch hat sich selbst zum Maßstab aller Dinge gemacht.* Er lehnt es ab, sich Gott unterzuordnen und ihm gegenüber Verantwortung wahrzunehmen. Er ist auf Grund dieser Rebellion zum Sklaven seiner Begierden geworden. Indem der Mensch den in der Bibel vorgegebenen absoluten Maßstab von Gut und Böse – dessen Grundlage die Zehn Gebote sind – ablehnt, öffnet er sich einer völlig willkürlichen Situationsethik. Er verhält sich nicht nur seinen Mitmenschen gegenüber verantwortungslos (Abtreibungen, Scheidungen, sexueller Missbrauch von Kindern usw.), sondern nimmt auch der Schöpfung, insbesondere den Tieren gegenüber, seine ihm von Gott gegebene Verantwortung nicht wahr. Statt die Schöpfung verantwortungsvoll zu pflegen, beutet er sie aus.

4.2.4. Entstellte Emotionalität

Die Sünde hat auch den emotionalen Bereich stark in Mitleidenschaft gezogen.

[72] Samuel Pfeifer, *Der sensible Mensch. Leben zwischen Begabung und Verletzlichkeit*, Wuppertal, 2002, 132–145.

Im Alltag machen den Menschen Gefühle der Niedergeschlagenheit, Minderwertigkeitsgefühle und verschiedenste Ängste bis hin zu Depressionen zu schaffen. Besonders bedrückend ist die Angst vor dem Tod (Ps 116,3).

In den zwischenmenschlichen Beziehungen kann es zu besonders starken emotionalen Verletzungen kommen. Es gibt Menschen, die von denen, die sie besonders liebten und mit denen sie sich gut verstanden, zutiefst enttäuscht wurden. Wieder andere fühlen sich von ihren Mitmenschen – den Eltern, dem Ehepartner, den Mitarbeitern usw. – nicht ernst genommen oder abgelehnt. Dies kann zu großer Traurigkeit und Resignation führen, da sich jeder Mensch nach Annahme sehnt.[73]

Viele Menschen sind emotional so tief verletzt, dass sie unter Depressionen und psychotischen Störungen leiden.

Wir sehen, dass *alle Menschen von der Macht der Sünde beherrscht,* ja, gefangen gehalten werden. Sie übertreten die Forderungen Gottes, die Zehn Gebote (theologische Schuld), werden zudem an ihren Mitmenschen schuldig (soziale Schuld) und handeln gegen ihr Gewissen (psychologische Schuld).[74] Sie sind unfähig, das zu tun, was Gott von ihnen erwartet.[75]

Dieses *Gefangensein von der Macht der Sünde* wird in der Psychologie nicht ernst genommen. S. Freud spricht stattdessen von Triebkonflikten und Alfred Adler von Problemen im Umgang mit dem Geltungstrieb. Für den behavioristischen Psychologen ist der Mensch durch die Gegebenheiten der Umwelt bestimmt usw. Jedes Verhalten des Menschen ist letztlich erklär- und damit entschuldbar. Man meint sogar, man könne das Selbstentfremdungsproblem durch die Beseitigung der gesellschaftlichen oder psychischen Einengungen lösen.[76]

Wer die Aussagen der Bibel über den gefallenen Menschen ernst nimmt, erkennt, dass *eine Selbsterlösung* des Menschen nicht denkbar ist. Der Mensch ist

---

[73] Lawrence J. Crabb, *Die Last des andern. Biblische Seelsorge als Aufgabe der Gemeinde*, Basel/Gießen, 1984, 57.

[74] Gary R. Collins, *Die biblischen Grundlagen für beratende Seelsorge*, Marburg a. d. Lahn o. J., 149–157.

[75] Paul D. Tripp, *Werkzeuge in Gottes Hand. Biblische Seelsorge in der Gemeinde*, Friedberg, 2006, 25–26.

[76] Lutz von Padberg, *Die Bibel. Grundlage für Glauben, Denken und Erkennen*, Neuhausen-Stuttgart, 1986, 78–79.

nicht fähig, sich selbst aus der Herrschaft der Sünde zu befreien. Vielmehr ist alles, was er tut, sei es, dass er eine belastende Situation zu bewältigen sucht oder sei es, dass er sich im zwischenmenschlichen Bereich besser verhalten möchte, von seiner Sündhaftigkeit geprägt. Er ist irgendwie überfordert sich selbst zu helfen, da sein Denken (Röm 1,21–24) und sein Wille (Eph 2,2) von der Sünde geprägt sind. Der durch die Sünde auf sich selbst zurückgeworfene Mensch hat Mühe, sich in den Nöten und Schwierigkeiten des Lebens zu helfen.

4.3. Das Erlösungswerk Jesu und seine Auswirkungen

Da der Mensch sich nicht selber aus der Herrschaft Satans und der Sünde befreien kann, ist er auf das helfende Eingreifen Gottes in seinem Sohn Jesus Christus angewiesen. Um uns Menschen zu helfen, hat Gott seinen Sohn, Jesus Christus, in diese Welt gesandt (Joh 3,16). Jesus war nach einem sündlosen Leben (Hebr 4,15) bereit, die Sünden aller Menschen auf sich zu nehmen (Joh 1,29). Deshalb fiel die Strafe des heiligen und gerechten Gottes, die eigentlich jeden einzelnen Menschen ewig hätte treffen müssen, auf ihn (Jes 53,5). Darum musste er an unserer Stelle unter solch fürchterlichen Leiden und Schmerzen am Kreuz von Golgatha sterben (Phil 2,6–8). Gott Vater hat dann seinen Sohn am dritten Tag wieder auferweckt (Eph 1,20). Jesus lebt heute (Röm 6,9).

Dieser auferstandene Christus bietet nun allen Menschen auf Grund seines Erlösungswerks die Sündenvergebung an (Eph 1,7). Als Auferstandener macht er uns das Angebot eines neuen, ewigen Lebens (Joh 3,16). Er kann uns sogar in die Stellung der Gotteskindschaft versetzen (Joh 1,12) und zu neuen Menschen machen (2 Kor 5,17; Eph 4,24).

Wir sehen: Jesus kann uns in die durch den Sündenfall zerbrochene Gemeinschaft mit Gott zurückführen.

Entscheidend ist nun aber, dass die Menschen diese Angebote Gottes – Vergebung der Sünden, ein neues ewiges Leben, die Stellung der Gotteskindschaft – im Glauben annehmen, indem sie Jesus in Reue ihre Sünden bekennen (1 Joh 1,9) und Jesus bewusst in ihr Leben aufnehmen (Joh 1,12; Offb 3,20). Haben sie diese göttlichen Geschenke angenommen, gehen sie nicht mehr verloren. Sie können sogar mit Gott Gemeinschaft haben und sind befähigt, ein Leben aus der Gemeinschaft mit ihm heraus zu gestalten.

Das Ziel Gottes mit Menschen, die ihn als Retter angenommen haben, ist, dass sie immer mehr ins Bild Jesu umgestaltet werden (Kol 3,10), der ja das vollständige Ebenbild Gottes ist (2 Kor 4,4; Hebr 1,3). Diese Umgestaltung ist ein Prozess, der erst mit dem Tod abgeschlossen sein wird (Phil 3,12–14). Auf Grund seines Erlösungswerkes ist Jesus einerseits Ausgangspunkt dieses Umgestaltungsprozesses. Andererseits ist er es auch, der als der erhöhte Christus diesen Umgestaltungsprozess auf der Grundlage des Wortes Gottes mit Hilfe des Heiligen Geistes durch bestimmte Lebensumstände, durch unsere Nächsten und die Gemeinde Schritt für Schritt vollzieht (2 Kor 3,18; Eph 4,11–13). Durch diese fortwährende Umgestaltung werden wir befähigt, den Willen Gottes in einer orientierungslosen Welt immer besser zu erfüllen.[77]

5. Das biblische Menschenbild in der Praktischen Theologie und seine Auswirkungen auf die Weitergabe des Wortes Gottes

Wir haben uns nun zu fragen, welches die Konsequenzen für die Praktische Theologie sind, wenn wir vom biblischen Menschenbild ausgehen und was das für die Weitergabe des Wortes Gottes bedeutet?

Wir haben in der Homiletik, der Religionspädagogik und in der Poimenik zunächst ernst zu nehmen, dass jedem Menschen, da er ja ein Geschöpf Gottes ist, eine große Würde zukommt. Zudem haben wir zu berücksichtigen, dass jeder Mensch nach biblischem Verständnis von Natur aus ein Sünder ist und sein Leben getrennt von Gott gestalten muss. Er ist also in allem auf sich selbst zurückgeworfen. Deshalb ist es entscheidend wichtig, dass wir ihm mit Hilfe des göttlichen Wortes zeigen, dass jeder Mensch auf Grund des Erlösungswerkes Jesu aus Gnaden, allein durch den Glauben gerettet werden kann. Hat er im Glauben diese Rettung angenommen, haben wir ihm von der Bibel her aufzuzeigen, wie er nun mit Hilfe von Jesus sein Leben gestalten soll. Es gilt also, das Wort Gottes christozentrisch weiterzugeben. Dies stellt für uns deshalb kein Problem dar, weil wir die Bibel heilsgeschichtlich verstehen. Das heilsgeschichtliche Verstehen der Bibel öffnet den Blick für ihre Einheit. Es nimmt den Spannungsbogen von Prophetie und Erfüllung ernst.[78] Kein Teil der Schrift ist in ihrem heilsgeschichtlichen Ganzen entbehrlich. Somit sind die Aussagen

[77] Jürg Buchegger, *Der neue Mensch in Christus und seine tägliche Erneuerung*, in: Hille / Klement, Ein Mensch – was ist das?, 203–213.

[78] Helge Stadelmann, *Biblische Apokalyptik und heilsgeschichtliches Denken*, in: ders., Epochen der Heilsgeschichte, Beiträge zur Förderung heilsgeschichtlicher Theologie, Wuppertal, 1984, 99.

der Bibel gleichwertig.[79] Zudem ist die Heilsgeschichte von Kontinuität und Diskontinuität gekennzeichnet. Wenn Gott eine neue heilsgeschichtliche Epoche ins Dasein ruft, werden bestimmte Dinge beibehalten, andere aufgegeben und neue eingeführt.[80] Der Heilige Geist zeigt uns zudem, dass Jesus Christus die Mitte der Heilsgeschichte ist.[81] Alles in der Bibel ist offen oder geheim auf diese Christusmitte ausgerichtet.[82]

5.1. Das biblische Menschenbild in der Homiletik

In der Homiletik geht es darum aufzuzeigen, wie das Wort Gottes den Menschen unserer Zeit in ansprechender Weise verkündigt werden kann.

Im Blick auf das biblische Menschenbild haben wir ernst zu nehmen, dass wir Hörer und Hörerinnen vor uns haben, die als Sünder keine persönliche Gottesbeziehung kennen. Sie leben getrennt von Gott und sind dadurch in ihrem Leben auf sich selbst zurückgeworfen. Die Zusagen der Bibel sind für sie nur leere Versprechen und das, was der biblische Text von ihnen erwartet, wird ihnen zur Überforderung.

Diesen Hörern haben wir zu zeigen, wie sie zu einer persönlichen Gottesbeziehung gelangen können. Wir haben sie vom Wort Gottes her aufzufordern, Jesus als persönlichen Retter im Glauben anzunehmen, da er ja auch für sie am Kreuz von Golgatha gestorben und am dritten Tag auferstanden ist. Damit die Hörer das wirklich begreifen können, sollte das stellvertretende Leiden und Sterben Jesu und seine Auferstehung dem jeweiligen Predigtinhalt angepasst erzählend ausgeführt werden. Zudem erklären wir ihnen, wie sie Jesus ganz konkret als Retter annehmen können. Den Hörern wird gezeigt, wie sie durch den Glauben an die Erlösungstat Jesu zur Sündenvergebung und zur Gotteskindschaft und dadurch zur ersehnten Gottesbeziehung gelangen können.[83] Dies kann je nach

[79] Walter C. Kaiser, *Legitime Hermeneutik*, in: Fundamentum, Nr. 1/1998, 93.

[80] Helge Stadelmann, *Evangelikales Schriftverständnis. Die Bibel verstehen – der Bibel vertrauen – der Bibel folgen*, Hammerbrücke, 2005, 131–132.

[81] Armin Mauerhofer, *Jesus – Mitte jeder Predigt. Christozentrische Auslegungspredigt*, Hammerbrücke, 2010², 34–39.

[82] Armin Sierszyn, *Die Bibel im Griff? Historisch-kritische Denkweise und biblische Theologie*, Holzgerlingen, 2001, 41–43.

[83] Leider fehlt genau das in den vielen wertvollen Predigtbeispielen, die Klaus Eickhoff in seinem Buch „Die Predigt beurteilen“ sorgfältig bespricht (vgl. Klaus Eickhoff, *Die*

Predigttext kürzer oder breiter ausfallen.[84] Jede Predigt braucht demzufolge eine evangelistische Stoßrichtung.[85] Heiko Krimmer formuliert dies so: „Deshalb ist schriftgemäße Predigt erweckliche Predigt, Umkehrpredigt, Bekehrungspredigt.“[86]

Da schriftgemäße Predigt, wenn sie sich dem Sünder zuwendet, einerseits die Sünde und andererseits die Gnade Gottes aufzeigt, mündet sie in einen *Aufruf aus, sich von der Sünde und dem sündigen Leben abzuwenden und sich dem Retter, Jesus Christus, zuzuwenden.*[87] Diese Rettung kann nur annehmen, wer seinen sündigen Zustand vor Gott erkennt und auch anerkennt.[88] Wer sich vor Gott als Sünder sieht, kann gar nicht anders, als ihm in Reue seine Sünden bekennen (1 Joh 1,9) und Jesus, den Auferstandenen, bitten, in seinem Leben Wohnung zu nehmen.

Den *an Christus glaubenden Hörern* wird durch die Verkündigung der Kreuzigung und der Auferstehung Jesu und durch die Erklärung des Heilswegs immer wieder neu vor Augen geführt, wer Jesus ist und was ihnen in ihm alles geschenkt ist. Dies erfüllt sie stets von neuem mit *großer Dankbarkeit*. Sie erkennen zudem, dass sie durch den innewohnenden Christus, das lebendige Wort Gottes (Offb 19,13), befähigt sind, das geschriebene Wort Gottes zu verstehen, zu erfahren und auch in die Tat umzusetzen. *In Jesus ist den an ihn Glaubenden*

Predigt beurteilen. Gemeinde denkt mit, Wuppertal, 1998, 64–208).

[84] Das betont auch der bedeutende Evangelist Billy Graham. Vgl. Billy Graham, *Biblische Richtlinien für Evangelisten. Bemerkungen zu den fünfzehn Verpflichtungen, zu denen sich die Teilnehmer bei der Internationalen Konferenz für reisende Evangelisten in Amsterdam, Niederlande, im Juli 1983 bekannten*, Neuhausen-Stuttgart, 1986, 57.

[85] Bernd Schlottoff, *Den Aufbruch wagen. Zehn Thesen zur Zukunft der Kirche*, Wuppertal/Zürich 1994, 72.

[86] Zit. nach Heiko Krimmer, *Schriftgemäß predigen – aber wie?*, in: Eberhard Hahn / Rolf Hille / Heinz-Werner Neudorfer (Hrsg.), Dein Wort ist die Wahrheit. Beiträge zu einer schriftgemäßen Theologie (Festschrift für Gerhard Maier), Wuppertal, 1997, 278.

[87] Helmut Burkhardt, *Evangelisation als Ruf zur Umkehr. Dogmatische und praktisch-theologische Erwägungen*, in: Herbert H. Klement (Hrsg.), Evangelisation im Gegenwind. Zur Theologie und Praxis der Glaubensverkündigung in der säkularen Gesellschaft, Gießen, 2002, 121.

[88] Henry A. Ironside, *Das unbequeme Wort oder das Dilemma einer verdrängten Wahrheit*, Bielefeld, 1991, 10.

alles geschenkt, um das, was das Wort Gottes lehrt, zu erleben und zu tun (Röm 8,32).

Viele Verkündiger versäumen es, die Gläubigen anzuleiten, mit Hilfe des in ihnen wohnenden Christus ihr alltägliches Leben zu bewältigen. Sie setzen alle Gedankengänge, die mit dem Kreuz und der Auferstehung Jesu zusammenhängen, bei den gläubigen Hörern voraus. Dadurch fördern sie, ohne es zu wollen, eine Ausrichtung der Gläubigen auf sich selbst.

Eine auf Christus ausgerichtete Predigt macht den an ihn Glaubenden zunächst deutlich, was ihnen in Jesus, durch sein Erlösungswerk, alles geschenkt ist und welche neue Identität sie durch ihn erlangt haben.[89]

Diese Erkenntnis, was ihnen in Jesus alles geschenkt ist, ermöglicht in ihrem Leben eine immer tiefere Einsicht in ihre neue Identität. Zugleich führt sie diese Einsicht zu einer helfenden und heilenden Selbstannahme[90], die aber nicht individualistisch missverstanden werden darf. Von Gott gewirkte Selbstannahme verstärkt das Eingebunden-Sein in die Gemeinde und fördert die sozialdiakonische und missionarische Zuwendung zum Nächsten.[91] Zudem erfüllt die Glaubenden die Tatsache, dass sie durch Christus so reich beschenkt sind, mit *großer Dankbarkeit und Freude*.

Diese schriftgemäße auf Jesus ausgerichtete Predigt führt auch zu Veränderungen in ihrem Leben. Es ist nämlich das Ziel Gottes mit all denen, welche das neue Leben in Christus angenommen haben, also eine neue Schöpfung geworden sind, dass sie „zur vollen Mannesreife, zum Vollmaß des Wuchses der Fülle Christi“ (Eph 4,13b) gelangen. Gott will, dass die, welche an Christus glauben, immer mehr *in sein Bild umgestaltet werden* (Kol 3,10). In jedem Gläubigen sollte das Verlangen geweckt werden, Christus immer ähnlicher zu werden.

Diese Umgestaltung ins Bild Jesu geschieht wachstümlich und findet ihren Abschluss erst, wenn wir sterben oder wenn Jesus wiederkommt (Röm 8,29). Wir lesen in 1 Joh 3,2: „Geliebte, jetzt sind wir Kinder Gottes, und es ist noch nicht offenbar geworden, was wir sein werden; wir wissen, dass wir, wenn es offen-

[89] René Christen, *Erneuerung von innen nach außen. Teilnehmer-Unterlagen Nr. 1*, Basel/Gießen, 1997.

[90] Arne Völkel, *Testfeld Leben. Theologie und Erfahrung – miteinander statt gegeneinander*, Wuppertal, 1998, 42.

[91] Ebd., 66.

bar werden wird, *ihm gleich sein werden,* denn wir werden ihn sehen, wie er ist."

Jesus ist – wie wir gesehen haben, auf Grund seines Erlösungswerks – der Ausgangspunkt dieses Umgestaltungsprozesses in sein Bild geworden. Er ist es auch, der als der Erhöhte diesen Umgestaltungsprozess *mit Hilfe seines Wortes, des Heiligen Geistes, der Nächsten, der Gemeinde und mit Hilfe negativer Lebensumstände* Schritt für Schritt vollzieht (2 Kor 3,18; Eph 4,11-13). Die durch den Heiligen Geist in unser Leben ausgegossene Liebe Gottes (Röm 5,5) ist die eigentliche Triebfeder dieses Umgestaltungsprozesses.

Im Verlauf dieses Umgestaltungsprozesses wird unser Leben verändert. Die Wesenszüge des in uns lebenden Christus – „herzliches Erbarmen, Güte, Demut, Milde, Langmut" (Kol 3,12) – prägen immer mehr unser Leben. Wir sind auch bereit denen, die an uns schuldig geworden sind, zu vergeben, so wie es Jesus gemacht hat (Kol 3,13). Wir können Böses mit Gutem überwinden (Röm 12,21; 1 Thess 5,15). Durch Jesus sind wir sogar befähigt, unsere Feinde zu lieben, denen die uns hassen, Gutes zu tun, die uns fluchen zu segnen und für die zu beten, die uns beleidigen (Lk 6,27.28). *All diese Veränderungen sind nur mit Hilfe des innewohnenden Christus möglich*. Damit aber Jesus unser Leben verändern kann, braucht es unsererseits immer wieder die Bereitschaft, ihm unser Leben ganz zur Verfügung zu stellen und seinem Wort zu gehorchen.

5.2. Das biblische Menschenbild in der Religionspädagogik

In der Religionspädagogik geht es um die Frage, wie das Wort Gottes im gemeindlichen (kirchlichen) und schulischen Unterricht weitergegeben werden soll. Wichtig ist, dass die Kinder, Teenager und Jugendlichen ihrem Alter entsprechend (entwicklungspsychologische Überlegungen) mit dem Inhalt der Bibel vertraut gemacht werden. Im Blick auf die Weitergabe des göttlichen Wortes gilt es zudem, die Situationen der heranwachsenden Kinder zu berücksichtigen. Zugleich müssen didaktische und methodische Überlegungen beachtet werden.

Trägerin der religionspädagogischen Bemühungen ist die Gemeinde. Sie weiß sich von Jesus beauftragt, die Kinder, Teenager und Jugendlichen mit der biblischen Botschaft bekannt zu machen und sie dieser Botschaft entsprechend erzieherisch zu begleiten. Es ist die Aufgabe der Gemeinde, in der gemeindlichen Katechese in allen Bereichen, die in der Religionspädagogik entfaltet werden – Sonntagschule, Jungschar, Teenagerclub, biblischer Unterricht, Konfirmandenunterricht, Jugendgruppe – das Wort Gottes ganzheitlich (pädagogisch-didaktisch) weiterzugeben. Zugleich hat sie sich in den Kindergärten und im Religionsunterricht an öffentlichen und freien Schulen, um eine diesem Umfeld angepasste Entfaltung des göttlichen Wortes zu bemühen.

Bevor die Frage nach der Gestaltung des Unterrichts im Einzelnen erörtert werden kann, haben wir die Frage zu klären: Wem geben wir eigentlich das Wort Gottes weiter? Wie sieht die Bibel die Kinder, Teenager und Jugendlichen, die wir unterrichten?

Von der Bibel her haben wir ernst zu nehmen, dass wir im Religionsunterricht Kinder, Teenager und Jugendliche vor uns haben, die von Natur aus Sünder sind. Als Sünder sind sie von Gott getrennt und deshalb einerseits nicht in der Lage, ihrer eigentlichen Lebensbestimmung entsprechend zu leben, und andererseits werden sie nach ihrem Tod ewig von Gott getrennt weiterleben. Deshalb muss es das *Hauptziel* aller religionspädagogischen Bemühungen sein, *die Kinder, Teenager und Jugendlichen zu ihrem Retter, Jesus Christus, zu führen* (Mk 10,13–16).

Im Blick auf die Hinführung der Kinder, Teenager und Jugendlichen zu Jesus, bemühen sich an Christus glaubende Lehrpersonen zunächst darum, ihnen ein Leben mit Jesus vorbildlich vorzuleben. Dieses Leben mit Jesus wird für die Kinder und Teenager vor allem darin sichtbar, dass sie ihnen mit Liebe begegnen, die sich darin zeigt, dass sie sich von ihnen angenommen fühlen.

Weiter erklären sie den Kindern und Teenagern ihrem Alter entsprechend, wie sie die ihnen in Christus angebotene Rettung im Glauben annehmen können. Gerade die Hinführung eines Kindes oder Teenagers zu Jesus Christus, seinem Retter, braucht von den Lehrpersonen viel Einfühlungsvermögen. Wichtig ist, dass das Kind oder der Teenager aus sich heraus, in einer persönlichen Entscheidung, Jesus als Retter annimmt. Lehrpersonen dürfen also im Blick auf die Entscheidung eines Kindes oder Teenagers keinen Druck ausüben.

Entwicklungspsychologisch gesehen kann ein Kind ab dem Zeitpunkt, da es zwischen Gutem und Bösem unterscheiden kann, also weiß, was Sünde ist, die ihm von Jesus angebotene Rettung durchaus annehmen. Dies ist etwa ab sechs oder sieben Jahren der Fall.[92] Es ist klar, dass das Kind in diesem Alter nicht

---

[92] Armin Mauerhofer, *Pädagogik auf biblischer Grundlage*, Nürnberg/Hamburg, 2009^2, 516–517.

umfassend versteht, was Sünde alles mit einschließt. Dies ist aber im Blick auf die Annahme der Rettung, die Jesus ihm anbietet, auch nicht nötig.

Hat ein Kind die ihm von Jesus angebotene Rettung angenommen, ist es ein Gotteskind, ein neuer Mensch (2 Kor 5,17). Jesus ist nun die höchste Autorität seines Lebens. In der Bindung an ihn kann sich sein Leben frei zu dem entfalten, wozu es Gott eigentlich geschaffen hat. Ein solches Leben gipfelt nach dem Tod in der ewigen Gemeinschaft mit Gott (Joh 17,24). Es gelangt zu seinem eigentlichen Ziel (Phil 3,14). Ein solches Leben hat seinen letzten Sinn gefunden. Es ist herausgerissen aus der Anonymität unserer Zeit. Dieses Wissen um die Gotteskindschaft gibt dem Kind und später dem Erwachsenen eine tragende Geborgenheit in seinem Leben. Es kann Jesus alles zutrauen.

Jesus sucht nun noch die Kinder, Teenager und Jugendlichen, die an ihn glauben, in sein Bild umzugestalten (Kol 3,10). Jesus ist es, der mit Hilfe des Heiligen Geistes diese Umgestaltung vollzieht (2 Kor 3,18). Dabei ist Gott einerseits das Bild und andererseits der Bildende.

Die an Christus glaubenden Lehrer und Lehrerinnen haben den Auftrag, im Leben der Kinder, Teenager und Jugendlichen, die zur Gotteskindschaft gelangt sind, diese Umgestaltung ins Bild Gottes zu unterstützen (Eph 4,11–13). Es ist also nicht so, dass die an Christus glaubenden Lehrpersonen die Hände in den Schoß legen können, wenn ein Kind ein Gotteskind geworden ist, da ja Jesus nun in diesem Kind die Umgestaltung ins Bild Gottes bewirkt. Vielmehr ist es ihre Aufgabe, das, was Jesus durch den Heiligen Geist in ihm wirkt, von außen zu unterstützen, als solche, in welchen der Heilige Geist ebenfalls am Wirken ist. Dieses unterstützende Handeln kann als *Erziehung*, aber auch als *Bildung* verstanden werden.[93] Das Kind hat zu lernen, Jesus als höchste Autorität in seinem Leben anzuerkennen. Aus dieser Anerkennung wächst die Bereitschaft, Gott zu gehorchen. Das Kind muss aber trotzdem *zum Gehorsam angeleitet werden.* Dies ist für ein gläubiges Kind deshalb keine Überforderung, weil

[93] Hermann Röhrs hat den deutschen Bildungsbegriff ausführlich entfaltet. Er hat aufgezeigt, dass nach und nach anstelle der zurücktretenden biblischen Inhalte immanente Bildungsziele in den Vordergrund gerückt wurden, u. a. die sittliche Bildung (J. H. Pestalozzi), die Bildung als Sorge um die Selbstvollendung (W. v. Humboldt) und Bildung als Inkulturationsprozess, bei welchem es um die Einführung in die kulturellen Inhalte gehe (H. Röhrs). Vgl. Hermann Röhrs, *Allgemeine Erziehungswissenschaft. Eine Einführung in die erziehungswissenschaftlichen Aufgaben und Methoden*, Bd.1, Weinheim, 1993, 151–162.

„Gott es ist, der in uns wirkt, sowohl das Wollen als auch das Wirken zu seinem Wohlgefallen." (Phil 2,13)

Zielsetzung aller religionspädagogischen Bemühungen hat es zu sein, *den Menschen in seiner Ganzheit zu fördern*, das heißt in allen Bereichen, welche zur Gottesbildlichkeit gehören, sei es im Bereich der Gemeinschaftsfähigkeit, der Verantwortlichkeit, der Emotionalität und im Umgang mit dem Körper. Diese ganzheitliche Förderung ist bei einem an Christus glaubenden Kind deshalb möglich, weil durch den Heiligen Geist *Erkennen und Tun*, Gnosis und Praxis miteinander verbunden sind.[94] Biblischer Unterricht will, dass sich das an Christus glaubende Kind zunächst biblisches *Wissen* aneignet. Dieses biblische Wissen führt zu Einstellungen, welche im Alltag das Verhalten und die Taten des Kindes prägen, sei es im persönlichen Bereich, in der Familie, in der Schule, der christlichen Gemeinde und in der Gesellschaft.

5.3. Das biblische Menschenbild in der Poimenik

In der Seelsorge geht es um ein Sich-Kümmern um den ganzen Menschen. Es werden ihm von der Bibel her Hilfen zur Lebensbewältigung gegeben.

Die Bibel, das Wort Gottes, lehrt uns, dass alle Menschen seit dem Sündenfall von Adam und Eva von Natur aus Sünder sind (Röm 5,12). Als Sünder müssen sie ihr Leben getrennt von Gott gestalten. Sie sind in den Nöten, Schwierigkeiten und Krankheiten des Lebens auf sich selbst zurückgeworfen. Sie müssen selbst mit all diesen belastenden Dingen irgendwie fertig werden. Dies führt in ihrem Leben oft zu einer hoffnungslosen Überforderung, die in ihnen die tiefe Sehnsucht nach echter Hilfe weckt. Sie sehnen sich eigentlich nach Jesus, der durch sein Erlösungswerk ihr Retter werden möchte.

Die wichtigste Aufgabe der Seelsorge besteht deshalb darin, die Ratsuchenden von der Bibel her zu diesem Retter, Jesus Christus, zu führen.[95] Ihnen muss gezeigt werden, wie sie die ihnen von Jesus angebotene Vergebung und das neue Leben im Glauben annehmen können.

---

[94] Rudolf Seiss, *Identität und Beziehung. Ein zentraler Aspekt verstehender Entwicklungspsychologie*, Neuhausen-Stuttgart, 1986, 329.

[95] Armin Mauerhofer, *Seelsorge auf biblischer Grundlage. Die Menschen zu Jesus führen*, Nürnberg/Hamburg, 2010, 57.

Hat ein Mensch die Vergebung und das neue Leben im Glauben angenommen, hat er Gemeinschaft mit Gott, da er ein Kind Gottes ist (Joh 1,12). Dadurch, dass er durch den Glauben zu einer persönlichen Beziehung zu Gott gelangt ist, hat er zum Sinn des Lebens gefunden. Zudem weiß er sich von Jesus angenommen und geliebt. Somit sind seine tiefsten Lebensbedürfnisse durch die persönliche Beziehung zu Jesus gestillt.[96] Er weiß, dass er nach seinem Tod die Ewigkeit in der Gegenwart Gottes im Himmel verbringen wird.

Ist der Ratsuchende nicht bereit, diese Angebote der Vergebung und der Gotteskindschaft im Glauben anzunehmen, begegnen wir ihm weiter mit Liebe und setzen alles daran, ihm in seiner belastenden Situation zu helfen. Wir geben ihm von der Bibel her helfende Ratschläge, die zu einer Erleichterung beitragen oder sogar zur Genesung führen können. Wir begleiten ihn mit ermutigendem Zuspruch und beten für ihn. Diese liebende Zuwendung, zu der uns ja die Bibel beauftragt (Mt 22,39; Röm 13,8–10), wirkt sich positiv auf den Heilungsprozess beim Ratsuchenden aus. Es kann sein, dass diese opferbereite und liebende Zuwendung ihn offen macht, Jesus doch noch als seinen Retter im Glauben anzunehmen.

Wenn ein Mensch Jesus im Glauben als Retter angenommen hat, ist leider sein Leib noch nicht neu geworden. Er kennt weiterhin in seinem Leben körperliche Schwachheit (2 Kor 12,9–10), Krankheiten (2 Tim 4,20), oft auch Behinderungen, Schmerzen und muss schließlich sterben (1 Thess 4,13).

Zudem kann es im psychischen Bereich weiterhin zu Spannungen, Ängsten, Zwängen, depressiven Verstimmungen und schweren psychotischen Erkrankungen kommen.
Auch im zwischenmenschlichen Bereich – Ehe, Familie, Arbeitsplatz usw. – wird es Probleme und Schwierigkeiten geben.

Doch kann ein an Christus glaubender Mensch aus der ihm geschenkten Beziehung mit Jesus den Nöten, Schwierigkeiten und Krankheiten seines Lebens in ganz anderer Weise begegnen, da er sich von ihm geliebt und angenommen weiß. Diese schwierigen Zeiten können zur Quelle eines inneren Wachstums werden und zur Umgestaltung ins Bild Gottes beitragen. Zudem kann der glaubende Mensch im zwischenmenschlichen Bereich, da er die Möglichkeit hat, mit Hilfe von Jesus ein neues Leben zu führen, harmonische Beziehungen zu

[96] Lawrence J. Crabb, *Von innen nach aussen. Veränderung ist möglich*, Gießen/Basel, 1990, 76–84.

seinen Nächsten anstreben, indem er sie liebt, annimmt und ihnen mit einer inneren Vergebungsbereitschaft begegnet.

In der Seelsorge gilt es vor allem zu beachten, was in 1. Thessalonicher 5,14 steht: „Weist die Unordentlichen zurecht, ermutigt die Kleinmütigen, nehmt euch der Schwachen an, seid geduldig gegen alle.“

- Dieser Text lehrt uns, dass „Unordentliche zurechtgewiesen werden sollen“.
  „Unordentliche“ sind Gläubige, die eigentlich durchaus in der Lage wären, ihr Leben mit Hilfe von Jesus zu bewältigen. Sie sind rundum gesund. Leider aber schaffen sie sich selbst Probleme durch eine unordentliche, sündige Lebensweise. Solchen Gläubigen gegenüber braucht es ein klares *„Wort der Zurechtweisung“*. Wir fordern sie auf, ihre Sünden Jesus zu bekennen und sie auch zu unterlassen. Zudem haben sie sich im zwischenmenschlichen Bereich dort, wo es nötig ist, für ihr sündiges Verhalten zu entschuldigen. Wir haben sie weiter aufzufordern, ihr Leben Jesus, ihrem Herrn, zur Verfügung zu stellen und statt zu sündigen, ihm zu gehorchen (Röm 6,12–14). Sie sollen die sündhaften Lebensweisen ablegen und neue gottgefällige Verhaltensweisen anziehen.[97]

- Weiter haben wir die *„Kleinmütigen, Ängstlichen zu ermutigen“*.
  Mit diesen *„Kleinmütigen und Ängstlichen“* sind Gläubige gemeint, die durch schwere Lebensumstände und durch körperliche oder psychische Krankheiten in eine Krise geraten sind. Ihr Glaubensleben ist überschattet von Niedergeschlagenheit und Angst.
  Solche Gläubige brauchen *„Zuspruch und Ermutigung“* vom Wort Gottes her. Jesus kennt ihre Not, er weiß, was sie belastet und bedrückt, deshalb dürfen sie ihre ganze Not ihm abgeben, wissend, dass er auf sie hört (Ps 50,15).

- Schließlich sollen wir den „Kraftlosen, Schwachen helfend zur Seite stehen“.
  Die *„Kraftlosen und Schwachen“* sind Gläubige, die durch körperliche oder psychische Krankheiten in ihrer Schaffenskraft begrenzt sind. Sie können oft beim besten Willen nicht mehr die volle Leistung erbringen.

---

[97] Jay E. Adams, *Handbuch Seelsorge. Praxis der biblischen Lebensberatung*, Gießen/Basel, 9. Aufl. 1988, 108–110.

Vielleicht müssen sie ständig bestimmte Medikamente einnehmen, damit keine Verschlimmerung ihres Zustandes eintritt. In solchen Situationen sollte der Seelsorger über Grundkenntnisse im Blick auf psychische Erkrankungen verfügen, die ihn vor einer unangemessenen Betreuung bewahren.
In der Seelsorge haben wir *„Kraftlosen, Schwachen“* zu zeigen, dass sie deshalb, weil sie in ihrer Schaffenskraft begrenzt sind, nicht weniger wertvoll sind in den Augen Gottes. Wir haben ihnen im Blick auf ihre tägliche Not helfende Bibelworte zuzusprechen und mit ihnen zu beten. Zudem sind wir als Seelsorger darum besorgt, dass ihnen andere aus der Gemeinde ganz praktisch helfend zur Seite stehen, sei es beim Putzen, Waschen, im Garten usw.[98]

- Allen, die in die Seelsorge kommen, haben wir *„mit Geduld zu begegnen“*. Wir haben mit viel Liebe und Rücksichtnahme mit ihnen einen Weg zurückzulegen, der oft mit Rückschlägen verbunden ist. Geduld zeigt sich darin, dass wir nicht aufgeben, sondern ihnen in der Kraft Jesu zu helfen suchen.[99]

Wenn Ratsuchende schwer erkranken, z. B. an Krebs, oder einen schweren psychotischen Schub haben, sind wir als Seelsorger auf die medizinische Hilfe von Ärzten und Psychiatern angewiesen.

5.4. Zusammenfassung

Wenn wir in den verschiedenen Bereichen der Praktischen Theologie vom biblischen Menschenbild ausgehen, nämlich dass der Mensch von Natur aus ein Sünder ist und aus sich heraus nicht in der Lage ist, sein Leben in gottgewollter Weise zu gestalten, können wir nicht anders, als von der Bibel her aufzeigen, wie er durch Christus gerettet werden kann. Wir legen die Bibel, die wir als ewiggültiges Wort von Gott an uns Menschen ernst nehmen, heilsgeschichtlich-christozentrisch aus, weil alles in ihr direkt oder indirekt um Christus kreist.[100]

[98] Mauerhofer, *Seelsorge auf biblischer Grundlage*, 76–84.

[99] Pfeifer, *Die Schwachen tragen*, 167–168.

[100] Armin Sierszyn, *Christologische Hermeneutik. Eine Studie über die Historisch-kritische, Kanonische und Biblische Theologie mit besonderer Berücksichtigung der philosophischen Hermeneutik von Hans-Georg Gadamer*, Berlin/Wien, 2010, 102.

In den Predigten, in welchen wir das Wort Gottes gründlich auslegen, suchen wir den sündigen Menschen immer wieder aufzuzeigen, dass sie Jesus als Retter nötig haben. Wenn sie Jesus im Glauben als ihren Retter angenommen haben, wird ihnen gezeigt, was ihnen in Christus alles geschenkt ist, damit ihr Leben immer mehr ins Bild Jesu umgestaltet werden kann. Im Religionsunterricht bemühen wir uns, die Kinder und Teenager zu Jesus zu führen. Dies machen wir, indem wir sie mit dem biblischen Inhalt vertraut machen. Wenn sie Jesus als Retter angenommen haben, schenkt er ihnen ein sinnerfülltes Leben und begleitet sie durch ihr Leben. In der Seelsorge bemühen wir uns, die durch die Sünde auf sich selbst zurückgeworfenen Menschen zu Jesus, ihrem Retter und Helfer zu begleiten. Wenn sie ihn als persönlichen Retter angenommen haben, hilft er ihnen bei der Bewältigung der Nöte und Probleme des Lebens. Manchmal ist aber zusätzlich auch ärztliche oder psychiatrische Hilfe nötig.

6. Auswertung

Wir haben gesehen, dass die Vorstellungen, wer der Mensch ist, die Schwerpunkte der Praktischen Theologie stark mitprägen.

Da sind einerseits die Menschenbilder der handlungs- und wahrnehmungsorientierten Praktischen Theologie, die vor allem von den Humanwissenschaften – der Psychologie und Soziologie – und teilweise auch von der Philosophie geprägt sind. Diese vor diesem Hintergrund her entfalteten Menschenbilder sehen den Menschen als ein wertneutrales oder positives Wesen. Zudem ist man davon überzeugt, dass jeder Mensch in irgendeiner Weise religiös ist. Diese Religiosität gilt es in allen Bereichen der Praktischen Theologie zu fördern. Interessant erscheint mir, dass diese Religiosität irgendwie christlich ist, ohne dass dies aber begründet wird.

Auf der anderen Seite haben wir das biblische Menschenbild. Von diesem Menschenbild ausgehend kommt jedem Menschen eine große Würde zu, da er im Ebenbild Gottes geschaffen ist. Leider ist er aber seit dem Sündenfall von Natur aus ein Sünder und durch die Sünde getrennt von Gott, da Gott in seiner Heiligkeit eine jede Sünde verabscheut und in seiner Gerechtigkeit ihre Bestrafung fordert. Jeder Mensch ist deshalb auf das helfende Eingreifen Gottes in seinem Leben angewiesen. Er benötigt das für ihn vollbrachte Erlösungswerk Jesu, des Sohnes Gottes. Wenn er Jesus im Glauben als persönlichen Retter angenommen hat, hat er zu einem sinnerfüllten Leben gefunden. Jesus hilft ihm bei der Bewältigung der Nöte des Lebens. Schließlich wird er nach diesem Leben ewig bei Gott sein.

Samuel Leuenberger

Würdigung und Kritik der Anthroposophie und der Christengemeinschaft

Einführende Bemerkungen

Anthroposophie erfreut sich großer Beliebtheit vor allem im deutschsprachigen Raum. Wird vulgäre Esoterik von akademischen Kreisen wenig beachtet, ist doch die Anthroposophie Rudolf Steiners eine durchaus salonfähige Esoterik, mit der sich intellektuelle Kreise auseinandersetzen und zu einer fairen Kritik und Würdigung bereit sind.

1. Zur Erkenntnislehre

Positiv zu werten ist das Anliegen der Anthroposophie, Religion, Naturwissenschaft, Glauben und kritisches Denken harmonisch miteinander zu verbinden. Wenn die Erkenntnis in diesem System eine so große Rolle spielt, so ist das vom Prinzip her nicht falsch. Wenn nach Kolosser 2,3 in Jesus alle Schätze der Weisheit und Erkenntnis verborgen liegen, so liegt es auf der Hand, dass für die Nachfolger Christi der Auftrag zur Erweiterung und Vertiefung der Erkenntnis und des Wissens legitim ist. Es gibt also auch eine christliche Gnosis. Die falsche Gnosis möchte uns ein Anstoß dazu sein, nach der richtigen Erkenntnis zu fragen. Auch Epheser 3,14–19 zeigt uns eine echt biblische Gnosis, wenn davon die Rede ist, dass ... *„die Heiligen innewerden sollten, welches die Breite, Länge, Höhe und Tiefe sei und die alle Erkenntnis übersteigende Liebe Christi...“*.

In Kolosser 1,9–10 sehen wir, dass Paulus für die Gemeinde in Kolossä das Wachsen in der Erkenntnis erbittet. Paulus grenzt die Erkenntnis aber ab. Es geht um die Gnosis von Gottes Willen, wobei diese Erkenntnis sich in der Liebe und im geheiligten Lebenswandel auswirken muss. Die Auseinandersetzung mit der Anthroposophie bringt zwangsläufig die Reflexion über echte und falsche Gnosis mit sich. In der Anthroposophie gründet die Erkenntnis nicht in erster Linie auf der Hl. Schrift. Die Anthroposophie holt sich die Erkenntnis von Menschen, die ihr Wissen aus gnostisch-esoterischen Quellen geholt haben.

Eine der wichtigsten Offenbarungsquellen ist für Rudolf Steiner die Akasha-Chronik.[1] Vieles, was Steiner lehrt, ist spekulativ und lässt sich von der Bibel her nicht erhärten. Die legitime Gnosis dagegen anerkennt jene Grenzen, welche die Hl. Schrift setzt. Was uns Paulus in 2. Korinther 10,4–5 sagt, muss uns zu denken geben: *„Denn die Waffen unseres Kampfes sind nicht fleischlich, sondern mächtig im Dienste Gottes zur Zerstörung von Bollwerken, indem wir Erwägungen zerstören, und jeden hohen Bau, der sich wider die Erkenntnis Gottes erhebt, und jeden irrigen Gedanken gefangen führen in den Gehorsam gegen Christus..."*

Keineswegs dürfen wir die Warnung von 1 Kor 8,1b–3 und 1 Kor 13,2 übersehen. So kann die Erkenntnis auch aufblähen. Die Gnosis muss von der Liebe her gehalten sein. *„Und wenn ich prophetisch reden könnte und wüsste alle Geheimnisse und alle Erkenntnis und hätte allen Glauben, so dass ich Berge versetzen könnte, und hätte die Liebe nicht, so wäre ich nichts."*

Eine weitere sehr aufschlussreiche Stelle finden wir in 1 Kor 1,18–30. Dort ist der Hauptbegriff nicht „Gnosis" sondern „Sophia". Doch ist der Weisheitsbegriff des Apostels seiner offenbarten Lehre über die legitime „Gnosis" nahe verwandt. Es geht um jene Weisheit, die für die auf Anerkennung von der Welt bedachten Leute mit Namen und Rang eine Torheit ist. Diese von Gott offenbarte Weisheit des Rettungsweges Gottes gipfelt in der Aussage in V. 27–29: *„...sondern was vor der Welt töricht ist, hat Gott erwählt, damit Er die Weisen zuschanden mache, und was vor der Welt schwach ist, hat Gott erwählt, damit Er das Starke zuschanden mache, und was vor der Welt niedrig geboren und was verachtet ist, hat Gott erwählt, das, was nichts gilt, damit Er das, was gilt, zunichtemache, auf dass sich kein Fleisch vor Gott rühme."*

Die anthroposophische, ja überhaupt die esoterische Gnosis und Weisheit, kommen in sehr hochtrabenden Worten daher, wobei der Quell der Offenbarung gleichsam naturhaft im Menschen drinnen angelegt ist. Das Trügerische der antiken wie der heutigen esoterischen Gnosis tarnt sich mit komplizierten Denkstrukturen, um so dieser Art von Erkenntnis eine gewisse Kompetenz vorzutäuschen. Die Weisheit des Erlösungsweges Gottes und die dafür nötige Erkenntnis kommen mit schlichten Denkstrukturen aus. Das gehört zum Geheimnis von Gottes Inkarnation, die nicht nur für gebildete Menschen Bedeutung haben soll, sondern auch für einfache Menschen begreifbar.

---

[1] Rudolf Steiner, *„Aus der Akasha Chronik"*, Dornach, 1986.

2. Zur Reinkarnationslehre und ihre vermeintlichen Notwendigkeit für die Entwicklung des Ichs

Die Reinkarnationslehre, die Entwicklungsphasen vermittels unzähliger Erdenleben als notwendig erachtet, widerspricht der biblischen Botschaft in folgendem: Jesus heilte Menschen nachhaltig gerade auch in geistlicher Hinsicht. Er hat Herzen so umgestaltet, dass man es mit geistlich erneuerten Menschen zu tun hat, die nicht mehr auf destruktive Machenschaften aus sind und somit sind Entwicklungsprozesse über unzählige Wiederverkörperungen hinfällig.

Als Beispiel sei Zachäus (Lk 19) angeführt, der den von ihm Geschädigten das gestohlene Geld vierfach zurückerstattet. Um zu dieser Erkenntnis seines egoistischen und von Gier geprägten Verhaltens zu gelangen, brauchte er nicht eine riesige Zeitspanne von Reifeprozessen. Oder denken wir an die neue Lebensausrichtung der Samariterin am Brunnen in Joh 4. Der Schächer am Kreuz (Lk 23) hat sich zu einem neuen Menschen umwandeln lassen durch Reue und dankbare Annahme der Barmherzigkeit Gottes. Nach anthroposophischer Auffassung müsste doch das Karma des Schächers äußerst belastend sein, aber auch das des Zöllners Zachäus und so vieler anderer. Vom Schächer wird nichts gesagt, dass er seine Schuld noch über mehrere Erdenleben abzutragen hätte. Ihm wird von Jesus selber sogar der direkte Eingang ins Paradies verheißen. Denken wir noch an den von finstern Geistern besessenen Gadarener in Markus 5. Bei ihm ist durch die Befreiungstat Jesu eine nachhaltige Heilung am innern Menschen geschehen. Da fanden keine langen Prozesse statt. Beim blind Geborenen in Johannes 9 stoßen wir auf Fragen, die aufzeigen, dass möglicherweise durch den Einfluss frühgnostischer Kreise der Karma-Gedanke und die damit verbundene Reinkarnationslehre ein Thema gewesen sein könnte; denn die von den Jüngern an Jesus gerichtete Frage ist ja: *„Wer hat gesündigt, dieser oder seine Eltern, dass er blind geboren worden ist?"*

Wenn die Jünger von aktivem Sündigen sprechen in Bezug auf einen von Geburt an Blinden, dann muss seine vermutete Schuld sich auf ein vorangegangenes Leben beziehen, sonst hätte diese Frage keinen Sinn. Im Mutterleib drinnen und unmittelbar nach der Geburt konnte er sich ja nichts zuschulden kommen lassen. Jesus lehnt aber diese in Richtung Karma und somit in Richtung Reinkarnation gehende Idee deutlich ab, wenn Er sagt: *„Weder dieser hat gesündigt noch seine Eltern, sondern die Werke Gottes sollen an ihm offenbar werden."* Denken wir auch an all die körperlichen Heilungen, die Jesus an schwerstens behinderten Menschen vorgenommen hat. Mit keinem Wort macht Jesus eigene Schuld geltend im Sinn einer karmischen Hypothek.

Wenn die Anthroposophie so viel Wert auf die Erreichung hoher Bewusstseinsstufen legt, so geht es in der neutestamentlichen Botschaft auch um ein Bewusstsein oder, besser gesagt, um eine Erkenntnis. Aber es geht nicht um verschiedene Erkenntnisstufen, sondern um eine allen zugängliche und notwendige Grunderkenntnis, die Erkenntnis der eigenen Verlorenheit. Eine Person, welche die eigene Schuld vor Gott erkennt und das Angewiesen sein auf Gottes freies Geschenk der Vergebung kraft des Sühnetodes Jesu am Kreuz, eine solche Person hat jenes vom Schöpfer anerkannte „Bewusstsein". Er weiß nämlich um die im Glauben geschenkte Gerechtigkeit, mit der er vor dem höchsten Richter bestehen kann. Das ist die fürs Heil von der höchsten Autorität beglaubigte und erwünschte Erkenntnis, das ist die eigentliche fundamentale „Stufe".

Dem NT ist es fremd, von verschiedenen karmisch bedingten Bewusstseinsstufen zu sprechen und diese gar gegen einander auszuspielen. Im NT finden wir wohl die Unterscheidung von Christen, die Milch brauchen und solchen, die bereits feste Nahrung zu sich nehmen können. Da handelt es sich um Reifeprozesse, die nichts mit Karma und Reinkarnation zu tun haben.

Dem NT ist Mündigkeit wichtig, die sich darin zeigt, dass Personen sich nicht durch Ideologien manipulieren und fremdbestimmen lassen. Ideologien sind meistens dadurch charakterisiert, dass sie Instrumente zur Befriedigung von Machtgelüsten einzelner Personen oder Gremien sind. Ideologien wollen den ganzen Menschen beherrschen und bevormunden.

Nun gibt es aber unzählige einfache Menschen ohne höhere Bildung und damit auch ohne Überblick über Geistesgeschichte und Kultur, und auch solche Menschen haben eine Haltung der Mündigkeit an den Tag gelegt beispielsweise in Zeiten von Verfolgung. Man denke dabei an Leute, die ihren christlichen Glauben standhaft bekannt und sogar Gefängnis und Tod auf sich genommen haben trotz verlockender Angebote von Parteifunktionären, die im Fall von Widerruf Begnadigung und Freiheit versprochen hatten. Wir denken an die Tragödien hinter dem ehemaligen Eisernen Vorhang. Bereits im AT begegnen wir solchen Persönlichkeiten, die bereit gewesen sind, ihren jüdischen Glauben mit dem Tod zu bezahlen. Wir denken an Daniel und die Jünglinge im Feuerofen. Sie haben einer von okkulten Machenschaften durchsetzen Religion die Stirne geboten. Jahwe, Jesus und der Hl. Geist als Personen des einen dreifaltigen Gottes zeigen uns aufs deutlichste, wie sehr ihr Wirken das Ich des Menschen stärkt, so dass sich der Gläubige gegen die Mächte der Finsternis in Form von Irrlehren, Gruppenzwängen und bösen Drohungen zu behaupten vermag.

Reinkarnationen sind in diesem Zusammenhang abzulehnen, weil das karmische Denken mit dem Postulat von wiederholten Erdenleben die Eigenständigkeit des Ichs und das erhöhte Bewusstsein des Selbst in engste Verbindung mit einer Verdienstethik bringt. Der Trost des Gnadenwirkens Gottes schwindet dahin. Das Weltenich oder das Göttliche erweist sich eben gerade nicht als eine dem Bund und den Verheissungen verpflichtete Person, die auch spontan eingreift und handelt, sondern dieses Weltenich und Göttliche erweist sich vielmehr als eine nach strengen Gesetzmäßigkeiten wirkende unpersönliche Kraft. Das Unpersönliche kennt aber kein Erbarmen.

In den von anthroposophischem Gedankengut geprägten Büchern von Herbert Hahn („Vom Genius Europas") und von Gottfried Richter („Ideen zur Kunstgeschichte") ist die Reinkarnationslehre vorausgesetzt. Die Analysen der beiden Autoren in Bezug auf Kultur als Philosophie, Politik, Sozialwesen und Kunst mit ihrem vielfältigen Spektrum von Architektur, Malerei, Musik, Tanz, Literatur, Theater, diese Analysen machen durchaus den Prozess zu einer gewissen Eigenständigkeit des Individuums sichtbar. Sie zeigen auch den Wert von Eigenheiten und zunehmender Horizonterweiterung durch Entdeckungen und technische Errungenschaften. Doch dürfen wir nicht vergessen, dass in geistesgeschichtlicher Hinsicht in Theologie, Philosophie und Literatur in Deutschland Höchstleistungen zu verzeichnen sind, desgleichen in den schönen Künsten von Musik, Malerei und Architektur. Eine einzigartige Schärfe in der Reflexionsfähigkeit finden wir in der Neuzeit im deutschen Volk. Wenn sich das denkende Ich aber vom lebendigen Gott loslöst und sich zum Maßstab aller Dinge macht – was unter anderem in der Aufklärung und der Französischen Revolution deutlich sichtbar wird – dann ist dieses denkende Ich auch zu den größten Schandtaten von Menschenverachtung fähig trotz höchster Kultur, was wir beispielsweise am Holocaust in erschreckender Weise sehen und am wenigsten von einem solch kulturell hochstehenden Volk wie dem deutschen erwartet hätten.

Der Bibel sind nicht hohe Bewusstseinsgrade und Reflexionsfähigkeit wichtig, obschon diese durchaus ihren Stellenwert haben sollen. Viel wichtiger ist für die Bibel die Mündigkeit. Mündigkeit ist dort vorhanden, wo wir am Munde Gottes hängen und Seine Ordnungen einhalten. Mündigkeit ist an Gottes Offenbarung gemessene Erkenntnis. Diese Erkenntnis ist immer auch der „Humanitas Dei" verpflichtet, der Menschenfreundlichkeit Gottes. Im Namen einer von Gott losgelösten Intelligenz und einer sogenannt hohen Bewusstseinsstufe haben über Macht verfügende Menschen die Schwächeren oft ausgebeutet oder sogar liquidiert. Selbstbewusstsein und hohe Reflexionsfähigkeit – losgelöst vom lebendigen Gott und Seiner Offenbarung – lassen leicht Chaos und Terror entstehen.

Befände sich die Menschheit in einem Reinkarnationsprozess, der fortwährend zu höheren Erkenntnisstufen führt, so müssten eigentlich nach so viel tausend Jahren von Menschheitsgeschichte Krieg, Terror, Kriminalität und Wirtschaftsbrutalität längstens überwunden sein. Menschen, die sich Jesus anvertrauen und Ihm nachfolgen, wachsen zu mündigen Menschen heran, die einen Geist der Unterscheidung haben. Sie lassen sich nicht durch Ideologien menschlicher Willkür und menschlichen Machtstrebens einschüchtern. Und diese Mündigkeit reift unter Glaubenden bereits im Hier und Jetzt heran, was Reinkarnation hinfällig macht.

3. Zur Anthropologie

An der Anthropologie gibt es zu würdigen, dass nach dem Menschenbild der Anthroposophie unmittelbar nach der Zeugung ein vollwertiger Mensch am Entstehen ist. Es wird eine zeitliche Einteilung der Schwangerschaft verworfen, wonach beispielsweise vor Ablauf des dritten Monates noch nicht von einem vollwertigen Menschen gesprochen werden könne. Für das anthroposophische Menschenbild ist Abtreibung Mord. Auch bei einer Prognose mit Hilfe von Ultraschall, die deutlich auf die Geburt eines behinderten Kindes hindeutet, kommt Abtreibung für Anthroposophen gar nicht in Frage.

So gehört es zum anthroposophischen Menschenbild, dass körperlich wie geistig behinderte Menschen ein Lebensrecht haben. Die Zuwendung, die behinderte Kinder in anthroposophischen heilpädagogischen Heimen erfahren dürfen, ist vorbildlich. Die anthroposophische Medizin[2] sowie die anthroposophische Ernährungswissenschaft sieht den Menschen nicht als ein Wesen, aus dem es in erster Linie Profit herauszuschlagen gilt. Das ganzheitliche Wohl steht im Blickfeld. Medikamente dürfen keine schädlichen Nebenwirkungen haben. Weleda-Produkte wollen eine Alternative gegenüber chemischen Konzernen sein, bei denen häufig rücksichtsloser Profit zum höchsten Prinzip gehört. Der Mensch kommt in der Anthroposophie vor dem Profit.

Es ist der anthroposophischen Medizin zugute zu halten, dass sie den Patienten nicht zum passiven Objekt herabwürdigt, über das einfach verfügt wird. Der

---

[2] Herbert Sieweke, *Anthroposophische Medizin*, Dornach, 1982.

anthroposophische Arzt animiert den Patienten zur Mithilfe im Heilungsprozess beispielsweise durch sorgfältige auf das Leiden abgestimmte Ernährung. Die Ethik der Firmen für die Demeter-Nahrungsprodukte macht sich dafür stark, in erster Linie dem Menschen zu dienen. Mit gesundheitsschädlichen Zusatzmitteln die Produkte zu strecken, um den Profit dadurch zu erhöhen, ist für diese Ethik verwerflich. Die anthroposophische Ernährungslehre reflektiert den Gesundheitswert der Nahrung für die verschiedenen Organe und versteht den Körper als Instrument der Geistseele, den es zu warten gilt. Dass Geschäftstüchtigkeit und Gewinn eine Rolle zum Überleben anthroposophisch geprägter Firmen eine Rolle spielen müssen, sollte klar sein. Aber Gewinn in angemessenem Rahmen und Gier sind deutlich voneinander zu unterscheiden.

Zur Anthropologie gehört wesentlich auch die Pädagogik; denn sie soll dem Menschen dienen. In den Waldorf- und Rudolf Steiner-Schulen[3] erfährt der heranwachsende Schüler viel Ermutigung. Es gehört zum pädagogischen Ethos, dass die Schüler keine demütigenden und wegwerfenden Bemerkungen über sich ergehen lassen müssen, die traumatisierende Wirkung haben könnten. Das Leben stellen die Lehrer als etwas dar, das wertvoll, aber auch in seiner Herausforderung interessant ist und viele Möglichkeiten zur Entfaltung bieten möchte. Das vermittelte Wissen soll im Schüler nicht den Anschein erwecken, als ob dieses in erster Linie dazu da sein möchte, sich im Erwerbsleben und Existenzkampf über Wasser halten zu können. Das vermittelte Wissen muss in erster Linie zur Entfaltung der im Menschen drinnen schlummernden Gaben dienen.

Dadurch heben diese Schulen das Selbstwertgefühl ihrer Zöglinge. Es geht nicht um Wettbewerb, bei dem der eine Schüler den andern auszustechen versucht. Es geht vielmehr darum, dass jeder sein Bestes zu geben lernt und die Schüler einander mit ihren Gaben dienen und ergänzen. Der Erfolg dieser Schulen ist aus dem optimistischen Menschenbild her zu erklären, aber auch aus der ideologischen Einigkeit des Lehrkörpers sowie aus dem intensiven Einbeziehen der Eltern in den Schulbetrieb.

Ich glaube, dass wir trotz aller zu würdigenden Faktoren in einer Steiner Schule uns als Christen ernsthaft fragen müssen, ob Kinder in diesem pädagogischen Umfeld einer okkulten Belastung ausgesetzt werden. Ich weiß es nicht. Doch erachte ich es für heranwachsende Kinder immer noch für viel besser, einen Unterricht zu genießen, der den Menschen ganzheitlich ernst nimmt und ihn zu brauchbaren Gliedern der Gesellschaft erzieht, was man den Anthroposophen

[3] Heiner Ullrich, *Waldorfschulpädagogik und okkulte Weltanschauung*, München, 1987.

sicher nicht absprechen darf. Wie verheerend ist dagegen eine Erziehung an Schulen, die mit Gender-Mainstreaming-Ideologie liebäugeln, wo es keine verbindlichen Werte des jüdisch-christlichen Erbes mehr geben darf.

4. Zum Schriftverständnis

Was das anthroposophische Schriftverständnis anbetrifft, die sogenannte „spirituelle Interpretation“,[4] was vor allem innerhalb der Christengemeinschaft, der religiösen Glaubensgemeinschaft der Anthroposophen, zum Tragen kommt, möchte ich im anerkennenden Sinn die Einsicht hervorheben, dass der Bibeltext sich nicht durch die historisch-kritische Methode erschließt. Gebet und Kontemplation erkennt diese Theologie als wichtige Voraussetzungen zum Verständnis der Bibel. Positiv zu bewerten ist auch die Erkenntnis, dass die Anordnung der biblischen Texte ein Kunstwerk ist. Sehr problematisch wird es allerdings, wenn anthroposophische Exegese viele der historisch zu verstehenden Aussagen der Bibel der geschichtlichen Faktizität beraubt und als im geistigen Bereich sich abspielendes Ereignis interpretiert.

Geradezu schriftwidrig ist es, wenn Texte dann als zentral gewertet werden, wenn diese als Aussagen über eine Höherentwicklung des Ichs verstanden werden. Ein grundlegender Unterschied zum reformatorischen Schriftverständnis besteht in der spirituellen Interpretation darin, dass diese die Selbstauslegung, das „scriptura sui ipsius interpres“, nicht berücksichtigt. Immerhin ist eine Ehrfurcht gegenüber der Hl. Schrift vorhanden in dem Sinn, dass diese nicht einfach mit kaltem Verstand seziert wird, sondern ein meditatives Hineinhorchen gefordert wird. Dennoch geht die Anthroposophie, beziehungsweise die Theologie der Christengemeinschaft, mit dem Vorverständnis einer geistigen Evolution als hermeneutisches Prinzip an die Bibel heran, das die Texte mit ihrer Intention oft vergewaltigt.

5. Theologie, Christologie und die Soteriologie mit ihrer Eschatologie

Die Theologie geht in der Kosmologie auf, weil der Unterschied zwischen Geist und Materie fließend ist. Schöpfer und Schöpfung sind nicht klar voneinander abgehoben. Die Materie ist verdichteter Geist oder der Geist maximal verdünnte

[4] Siehe Gerhard Wehr, *„Spirituelle Interpretation der Bibel als Aufgabe“*, Basel, 1968.

Materie. Sobald aber Materie nach dem gnostischen Muster eine Art Emanation (Herausfließen) aus einem göttlichen Lichtmeer ist, so handelt es sich beim Kosmos um verdichtete Gottheit, die sich im Vergeistigungsprozess nach Oben wieder mit ihrer gleichartigen Ursubstanz vereinigt. Mit dem Verkörperungsprozess des Menschen durch den Einstieg ins Erdenleben – wobei Verkörperung nach anthroposophischer Auffassung zum Sündenfall gehört – hat das geistige Ich in seinem Abstieg aus dem spirituellen Lichtmeer einen göttlichen Funken mitgenommen.

Damit sind die Menschen potentielle Götter. Sobald die Grenzen zwischen Geist und Materie fließend verstanden werden, geht dem Menschen Gott als persönlich gegenüberstehender Schöpfer verloren. Es geht aber beim Unterschied zwischen Geist und Materie nicht um einen quantitativen Unterschied von mehr oder weniger Verdichtung, es geht nach biblischem Verständnis um einen prinzipiell qualitativen Unterschied. Die Verwischung dieses Unterschiedes hat sehr viel mit der in Gen 3,4–5 aufgezeigten Lüge der Schlange zu tun, welche den Menschen das „Sein wie Gott" verspricht. Es ist klar, dass von dieser Verschmelzung von Kosmologie und Theologie Gott als Gegenüber verloren geht, vor allem auch Gott als der uns im Bund und in den Verheissungen Begegnende.

Was die Christologie betrifft, ist Jesus nach anthroposophischer Erkenntnis durchaus ein göttliches Wesen. Er stirbt auch am Kreuz. Doch nimmt er mit seinem Sühnetod nicht den durch der Menschen Rebellion gegen Gott verursachten Zorn auf sich, als die Ureltern Gott gleich sein wollten und diese Grundhaltung der Menschheit vererbt haben. Es geht in der Anthroposophie vor allem um die Sühne des kollektiven Karmas. Ohne ein gesühntes kollektives Karma gäbe es für die einzelnen Menschen keine Weiterentwicklung. Durch Jesu Tat auf Golgatha ist nun die Möglichkeit jedem einzelnen gegeben, sein persönliches Karma über viele Erdenleben abzutragen. Jesus ist nicht der persönliche Retter, der für jeden einzelnen von uns durch sein stellvertretendes Leiden die vor Gott geltende Gerechtigkeit erworben hat (2 Kor 5,21).

Jesus ist nach anthroposophischer Auffassung nicht der, welcher ein Verhältnis des Friedens zwischen Gott und den Menschen herstellt. Der Sündenfall wird positiv gesehen. Er ist gleichsam Voraussetzung dazu, dass die Menschen höhere Bewusstseinsstufen erklimmen können. Sünde ist kaum Rebellion gegen Gott und Verlust jener Gerechtigkeit, die wir vor dem Schöpfer haben sollten. Sünde ist vielmehr ein Herausfallen aus höheren geistigen Sphären und somit das Gefangensein in der Materie.

Die Bedeutung Jesus besteht weiterhin darin, dass durch seinen Tod auf Golgatha sein am Kreuz herabgeflossenes Blut der Erde gleichsam ein Ferment geschenkt hat, durch das die Erde aus ihrer Versklavung in der Materie wieder in einen rein geistigen Zustand zurückkehren kann. Nach der Soteriologie der Anthroposophie ist das Wesentliche die Vergeistigung des Menschen und des ganzen Kosmos. Die biblische Erlösungslehre bejaht dagegen die Rettung der Materie im Sinn ihrer Verklärung und gerade nicht im Sinn ihrer Aufhebung (Römer 8,18–23 und Jes 25,6–9).

Weil die Anthroposophie die Auflösung der Materie als Endziel der Erlösung sieht, deshalb ist es auch verständlich, weshalb Jesus nicht leiblich auferstanden ist. Die Anthroposophie lehrt, dass Jesu Leib im Grab sich zersetzt hat. Die Geringschätzung der Materie ist biblischem Denken fern und nimmt das für die Hl. Schrift wichtige Anliegen der Erlösung als Wiederherstellung der Ganzheitlichkeit nicht ernst.

Weiterhin muss uns zu denken geben, dass die Anthroposophie für Jesus bibelfremde Bezeichnungen braucht wie „das Christuswesen", „der Christusimpuls", „das hohe Sonnenwesen". Die Liturgie der Christengemeinschaft misst dem „Christus in euch" große Bedeutung zu. Dennoch bleibt für uns nach der Darstellung der Anthroposophie eine große Unklarheit, wer dieser Christus wirklich ist. Ist er eine geistige Kraft oder ist er wirklich eine Person, bei der wir mit unsern Nöten und Freuden vorstellig werden und den wir durch Anbetung ehren können? Nimmt Jesus uns wahr oder ist er vielmehr eine geistige Gesetzmäßigkeit ohne persönliche Dimension?

Wenn auch die Anthroposophie sich damit rühmt, christozentrisch zu sein, so ist sehr zu bezweifeln, dass es sich um den biblischen Jesus handelt; denn der anthroposophische Jesus ist grundsätzlich in allen Religionen vorhanden, doch im jetzigen, d. h. im michaelischen Zeitalter, ist er für fortgeschrittenes Bewusstsein viel besser wahrnehmbar als in früheren Zeitaltern. Ein auf Mt 28,18–20 gegründetes Missionsverständnis gibt es deshalb nicht. Das Christuswesen kann durch mystische Erfahrung grundsätzlich in allen Religionen erkannt und wahrgenommen werden. Dadurch wird der Absolutheitsanspruch Jesu deutlich in Frage gestellt.

6. Abschließende Bemerkungen

Die große Problematik in der anthroposophischen Theologie ist das widerbiblische Verständnis von Sünde. Wenn der Mensch sich vergeht, vergeht er sich nicht gegen den lebendigen Gott als Person, er vergeht sich lediglich gegen die Gesetzmäßigkeiten der unerbittlichen Ordnung des Karmas. Ein jeder Mensch entwickelt sich nach Oben, wenn häufig auch über lange Umwege. Die verschiedensten Denksysteme werden als Teil eines notwendigen Entwicklungsprozesses gesehen, auch wenn die Bibel diese als Irrlehre qualifiziert.

Die Christengemeinschaftstheologie unterscheidet nicht zwischen gläubig und ungläubig. Es besteht lediglich der Unterschied zwischen denen, die noch auf einer untern Stufe stehen und jenen, die höhere Erkenntnisse erreicht haben. Die große Gefahr bei der Anthroposophie besteht darin, dass es äußerst schwierig ist, auf Alarmsignale aufmerksam zu werden. Bei den meisten Jugendreligionen (Scientology, Hare Krishna, Kinder Gottes), aber auch bei den Zeugen Jehovas und Mormonen sowie bei vielen andern Glaubensgemeinschaften gibt es gewisse Alarmsignale, die mehr oder weniger offensichtlich sind. Der größere Teil sektiererischer Gemeinschaften ist durch totalitäre Elemente charakterisiert, das heißt durch Fremdbestimmung und Entmündigung. Ein häufiges Phänomen ist auch die Isolierung von Familienangehörigen und Freunden sowie der Verlust der Unabhängigkeit in materieller Hinsicht durch geforderte Überweisung der finanziellen Ressourcen des Sektenmitgliedes. Geld, Gut, Freiheit und lieb gewordene Beziehungen zu verlieren, das kann immer wieder ein guter „Augenöffner" sein. So finden denn doch immer wieder in totalitäre Sekten Verstrickte den Notausgang.

Ein Anhänger der Anthroposophie oder ein Mitglied der Christengemeinschaft erlebt jedoch meistens, dass er innerhalb seiner Glaubensgemeinschaft als mündiges Glied behandelt wird. Von finanzieller Ausbeutung und Glaubensterror kann nicht die Rede sein. Jeder darf Kritik üben. Man kann durchaus Mitglied der Anthroposophischen Gesellschaft oder der Christengemeinschaft sein und zugleich zur Landeskirche, ja sogar zu einer Freikirche gehören. Das hohe kulturelle Niveau und die auf Mündigkeit bedachte Behandlung der Glieder sowie die große Ehrfurcht vor dem Menschen macht es außerordentlich schwer, die Gefahren zu sehen. Es gibt sehr wenige Ideologien, die intellektuell derart anregend und attraktiv sind. Mit der Anthroposophie ist es möglich, einen großen Teil der Kultur- und Geistesgeschichte intellektuell in den Griff zu bekommen und in plausibler Weise einzuordnen. Dieses System schafft Überblick und Ordnung und für den natürlichen Menschen befriedigende Zusammenhänge. Mit der Reinkarnationslehre ist es für den natürlichen Menschen möglich, das Leid und die großen Rätsel von Schicksalsschlägen in diesem Erdenleben zu erklären.

Es gibt allerdings ein Alarmsignal, und dieses ist okkulte Belastung. Diese kann sich in Depressionen zeigen, in Angstträumen, meistens jedoch darin, für Gottes Wort als einzige Quelle für Glaubensfragen und ethisches Verhalten keinen Appetit zu haben. Wenn die Bibel gelesen wird, dann mit jenem Vorverständnis, das sich an esoterischen Quellen orientiert wie z. B. an manchen apokryphen Schriften wie das Thomas- und Philippus-Evangelium oder die Akasha-Chronik. Doch auf dieses Alarmsignal muss einen Anhänger anthroposophischer Ideologie meistens eine Person von außen aufmerksam machen, es sei denn, ein solcher Bibelleser stieße durch wunderbar gefügte Umstände auf einen Kommentar, der die Selbstauslegung der Hl. Schrift auf den Leuchter stellt.

Ich denke, die Anthroposophie kann wertvolle Anregungen geben hinsichtlich der Einsicht, dass der Glaube alle wichtigen Lebensbereiche durchdringen sollte wie Gesellschaft, Kultur, Wissenschaft, Wirtschaft und Politik. Ich verdanke der Anthroposophie und übrigens auch der altliberalen Theologie, dass sie mich darauf aufmerksam gemacht haben, dass Christentum und Kultur durchaus zusammenspannen dürfen und wenn möglich sollen. Später ist mir aufgegangen, dass die große Kultur in Architektur, Malerei und Musik die wichtigsten Impulse aus christlichem Geist empfangen hat. Die Anthroposophie gehört meines Erachtens zu den süßen Giften. Sie kann wohl wertvolle Anregungen geben, aber wie in der Medizin Gifte für Heilzwecke nur in der richtigen Dosierung anzuwenden sind, so gilt das ganz besonders für die Anthroposophie. Die wichtigsten Kriterien, die gegen die Anthroposophie sprechen, ist die Erkenntnis unsrer großen Reformatoren vom „sola scriptura“, „sola gratia“, „sola fide“, „solus Christus“.

Gianfranco Schultz

Der Mensch in der Entscheidung

Helmut Kuhn – ein Philosoph in der christlich-abendländischen Tradition

1. Einleitung

1.1. Biografische Notiz[1]

Helmut Kuhn wurde am 22.03.1899 im niederschlesischen Lübben geboren. Er besuchte das dortige Realgymnasium, das er aber 1914 zum Entsetzen seiner Eltern und Lehrer verließ, um unter Verschweigung seines wahren Alters am ersten Weltkrieg teilzunehmen. Nach Kriegsende holte er das Abitur nach und studierte Philosophie und neuere Sprachen an der Universität Breslau. Nach der Promotion folgte 1923 der Wechsel an die Universität Berlin, wo er sich im Jahr 1930 in Philosophie habilitierte. In Berlin gehörte er zu den evangelischen Mitgliedern des Kreises um Romano Guardini. Aufgrund seiner kritischen Haltung gegenüber dem Nationalsozialismus sah sich Kuhn 1937 zum Verlassen Deutschlands gezwungen. Die Jahre 1937 bis 1949 verbrachte er in USA an der Chapel Hill University. Nach seiner Rückkehr war Kuhn zunächst Philosophieprofessor in Erlangen, bald darauf erreichte ihn ein Ruf an die Universität München. Die Begabung einer kritisch-diagnostischen Kraft, durch welche Kuhn bereits in jungen Jahren hervortrat, veranlasste später Hans-Georg Gadamers Einladung an Kuhn, als Mitherausgeber der 1953 gegründeten *Philosophischen Rundschau* zu fungieren. Kuhn starb am 2. Oktober 1991.

1.2. Geistesgeschichtlicher Ort

Emigration als Heimkehr[2] – so könnte der Weg von Kuhns intellektueller Entwicklung umrissen werden. Die gemeinte metaphorische Emigration entsprang dem Unbehagen und Ungenügen an der zeitgenössischen Philosophie – das war

[1] Helmut Kuhn, *Curriculum vitae meae*, in: L. J. Pongratz (Hrsg.), Philosophie in Selbstdarstellungen Bd. 3, Hamburg, 1974, 234–236.

[2] Helmut Kuhn, *Das Sein und das Gute*, München, 1962, 12.

im Fall Kuhns die deutsche Philosophie zwischen den beiden Weltkriegen. Aus der Verweigerung dem herrschenden Trend gegenüber kam die Kraft, einen eigenen Weg zu suchen und zu gehen. Eine Verweigerung allerdings, die sich nicht vorab schon gegen das Denken ihrer Gegenwart immunisiert hat, sondern sich im Gegenteil tief in dieses Denken eingelassen hatte. Der suchende Weg abseits zeitgenössischer Schulrichtungen führte zur tieferen Begegnung mit der metaphysischen Tradition des Abendlandes. Dazu passt, dass Kuhn schon von der Darstellung her eine Vorliebe für die Form des Weges, d. h. der Meditation, zu haben scheint, eine Form, die es unternimmt, eine Gedankenfolge als realen Vollzug darzustellen und zum Mitvollzug einzuladen – „eine Einladung, die die Freiheit des Mitdenkenden zu schonen trachtet“[3].

In der Beirrung der akademischen Philosophie der zwanziger Jahre unternahm Kuhn den Versuch, den Einsatz der Philosophie an ihren Ursprüngen aufzusuchen. Ein Gedanke gab seinem Lebenswerk das Gepräge: Aus der Sorge um das rechte Leben erwächst der Frageimpuls, der sich auf das Gute selbst ausrichtet. Dies führte ihn zunächst zu einer intensiven Beschäftigung mit Platon. Später setzte sich Kuhn in seinem Buch „Begegnung mit dem Nichts“ mit dem auf Kierkegaard fußenden Existentialismus auseinander, in dessen Zentrum die Klärung von Sinn und Bedeutung des Begriffs der Krise steht. Der Satz „Krisis, recht verstanden, ist die erschütternde Erfahrung unserer eigenen Ohnmacht, eines Elends, aus dem wir erlöst werden können, dem uns aber unsere eigene Kraft nicht zu entreißen vermag“, leitet dann schon zum Gegenstück der Abhandlung über, nämlich zur *Begegnung mit dem Sein.*

Krise eröffnet die Chance der Begegnung mit dem Sein, denn die Krise stellt den Menschen vor die Wahl, denk- und lebensmäßig die Sinnhaftigkeit der Wirklichkeit wollend zu bejahen (die ontologische Affirmation), indem und wodurch der Zusammenhang von Sein und Gutheit aufscheint und so zu einer neuen, sich stets verfestigenden Haltung leitet. Die Wahl kann aber ebenso der ontologischen Negation gelten und Unwissenheit, ja Verzweiflung das Tor öffnen. Krise ist Krise des Gewissens, daher wird eine Analyse des Gewissensvorganges die Offenheit auf die Transzendenz als dem Gewissensgrund ans Licht fördern.

Kuhn bezeichnet seine Gedanken als nicht originell. Am Aufsuchen von Bewahrtem sei ihm gelegen, und er findet es in der metaphysischen Tradition. Die Originalität seines Denkens besteht darin, dass er diese metaphysische Tradition

[3] Helmut Kuhn, *Der Weg vom Bewusstsein zum Sein*, Stuttgart, 1981, 11.

gleichsam erst durch das Läuterungsfeuer der modernen Philosophie hindurchgehen lässt. In diesem Sinne liegt bei ihm nicht einfach eine Repristination vergangener und zurückgelassener Systeme vor, sondern die Erneuerung des Gedankens, dass alles, was ist, in einer ewigen Wahrheit begründet sein muss.

Die Überzeugung von einer ewigen Wahrheit bringt Kuhn natürlich in Gegensatz zu dem Denker der Zeitlichkeit, der zugleich auch das Ende der Philosophie – und die war ihm gleichbedeutend mit Metaphysik – konstatieren wollte, Martin Heidegger. Die Bedeutung seiner eigenen Position ist Kuhn durch diesen Gegensatz wohl erst nach und nach bewusst geworden: „Ohne es zu wollen oder auch nur zu bemerken, formulierte ich die Antithese zu Heideggers erst später bekannt gewordener Interpretation der Philosophiegeschichte.“[4] Kein Wunder, dass Heidegger auf irgendeine Weise in vielen Abhandlungen Kuhns kontrastierend gegenwärtig ist. „Die Geschichtsphilosophie erwies sich als der eigentliche Widerpart der Metaphysik: Dem ewigen und unveränderlichen Sein trat die ‚Seinsgeschichte' entgegen – ein hinreichend deutliches Wort, obwohl ein unvollziehbarer Gedanke. Dass eine zeitliche Bestimmung eine Aussage wahr oder unwahr machen, dass die Wahrheit datierbar sein sollte – eine solche Behauptung schien mir der mutwilligen Zerstörung der Wahrheit gleichzukommen, um deretwillen Sokrates starb, die von den Lehrern der Menschheit je und je bezeugt wurde und die einen unveräußerlichen Bestandteil auch der christlichen Wahrheit ausmacht.“[5]

Das Stichwort „Geschichtsphilosophie“ ruft sogleich einen anderen Namen auf, auf den sich Kuhn vor allem in seinen politischen Schriften immer wieder bezieht, den Namen „Hegel“. Dem Wissen der Geschichtsphilosophie setzt Kuhn die Weisheit des Gewissens entgegen. „Es ist mehr Weisheit im Gewissen als in der Geschichtsphilosophie, die in der meist uneingestandenen Nachfolge Hegels die Vorsehung in Wissenschaft verwandeln oder das Schicksal lenken möchte.“[6] Im Anspruch des Gewissens liegt die Kraft, das usurpatorische Totalitätsdenken aufzubrechen.[7]

Ein Denken, das sich für den Weg der Metaphysik entschieden hat, kann auch nicht an Kant vorbeigehen, nach dessen bekannter Auffassung es immer eine Metaphysik in der Welt gegeben habe und auch in Zukunft geben werde und

[4] Ebd., 263.
[5] Kuhn, *Das Sein und das Gute*, 13.
[6] Ebd., 14.
[7] Ein ähnliches Anliegen findet sich auch in der Philosophie von E. Levinas.

der selbst einen Weg zu einer „künftigen Metaphysik" bahnen wollte. Der kantische Begriff der sittlichen Persönlichkeit liegt durchaus auch auf Kuhns Linie, der ja ein sich in die Entscheidung stellendes Denken befürwortet. Aber zugleich sieht Kuhn in Kant – als dem Denker der Freiheitsphilosophie – den Initiator der idealistischen, ja schon den Vorausweiser auf die existentialistische Philosophie unserer Zeit.

Die oft konstatierte Zerstäubung und Zersplitterung heutigen Denkens trachtet Kuhn dadurch zu überwinden, dass er zu den Quellen zurück geht: Einmal in die Quellgebiete der neuzeitlichen Philosophie, durch Descartes markiert, und darüber hinaus zur Quelle, aus der sich der Fluss der Philosophie, so Kuhn, bis heute noch speist, d. h. zu Platon. Kuhns Philosophieren knüpft an die konkrete Fülle der Wirklichkeit an, um deren Strukturlinien aufzuzeigen und im Überstieg dieser Wirklichkeitsfülle, in gleichsam aufsteigender Bewegung, den Grund des Seins, des vollen Seins, zu entdecken. Hierin klingt deutlich ein schöpfungstheologischer Aspekt. Aus diesem Grunde kann man Kuhns Philosophie als christliche Philosophie bezeichnen. Dies ist allerdings eine Benennung, die er selbst nur ungern gelten lassen würde, weil sie den Verdacht erzeugt, die Philosophie wolle sich durch das Attribut „christlich" der Pflicht einer rationalen Verantwortung entziehen.

Gleichwohl schöpft Kuhn in seinem Denken ausdrücklich aus der christlichen Glaubensüberlieferung. Kuhn, der sich selbst keiner philosophischen Schulrichtung anschließen konnte und wollte und darum „bekümmert einen nur noch wenig begangenen Weg"[8] beschritt, ist selbst auch nicht schulbildend gewesen. Er bekennt, wohl „viele Studenten, doch kaum einen Schüler"[9] gehabt zu haben. Gerade sein Bekenntnis zur *philosophia perrenis* führte ihn zur Überzeugung, dass von allen Philosophen etwas zu lernen sei, nicht zuletzt von den Denkern der Vergangenheit. Es ist ein Denken, das sich um das Menschsein des Menschen sorgt. Es trägt in diesem Sinne den Stempel der Humanität.

1.3. Der Weg vom Bewusstsein zum Sein

Der Titel von Kuhns letztem Buch „Der Weg vom Bewusstsein zum Sein" hat etwas Programmatisches. Um das Sein geht es ihm – um das Sein, zu dem das neuzeitliche Denken den Weg versperrt hat. Die klassische Seinsmetaphysik

---

[8] Kuhn, Das Sein und das Gute, 15.

[9] Kuhn, Curriculum, 269.

verstand sich letztendlich als Weg des Denkens zu Gott, und diese Dimension möchte Kuhn wiedergewinnen. Er ist durchaus der Auffassung, „dass Philosophie immer und aus sich selbst im Begriffe ist, Theologie zu werden oder eine Theologie zu begründen“[10]. Dass dieser Weg zum Sein vom modernen Denken nicht mehr gegangen wird, hat nach Kuhns Überzeugung etwas mit der tief greifenden Wendung zu tun, welche zu Beginn der Neuzeit eingeleitet wurde, die so genannte subjektivistische Wendung. In dem Maß, wie das Vertrauen in eine übermenschliche, sinnvolle, kosmische Gesamtordnung, in welcher jedem Seienden sein ihm zukommender Ort reserviert war, zerbrach und Gott nicht mehr als Schöpfer, Erhalter, Lenker und Vollender der Welt erkannt und verehrt wurde, kam dem menschlichen Subjekt mehr und mehr eine „tragende“ Rolle im Drama des Welt- und Geschichtslaufs zu.

Der Philosophie fiel alsbald die Aufgabe zu, eine als grundlos erfahrene Wirklichkeit wieder in einem letzten Grund zu verankern. Unter dem Letztbegründungsanspruch des philosophischen Denkens konnte eine Vergewisserung der Wirklichkeit schließlich nur vom menschlichen Ausgangspunkt her geleistet werden, und zwar derart, dass dem Subjekt eine produktive oder konstitutive Funktion in diesem Vorgang zugeschrieben wurde. Der wachsenden Zentralbedeutung des menschlichen Denkens entsprach ein zunehmender „Verlust des Objekts“, ein „dropping of the object“ (C. E. M. Joad). Von etwas, das ist, verwandelt sich die Gegenständlichkeit des Gegenstandes in etwas, das vorgestellt wird. Kuhn charakterisiert die aufkommende Philosophie der Moderne als Bewusstseinsphilosophie. Dieser Einschnitt ist so tiefgehend, dass von nun an Philosophie immer Bewusstseinsphilosophie zu sein hat, denn jede Gegenstandsbestimmung beruht auf dem Bewusstsein vom Gegenstand. In diesem Sinne ist die Entwicklung nicht rückgängig zu machen.

Die Gefahr liegt jedoch in der Verabsolutierung dieser Einsicht, dann nämlich, wenn der Gegenstand seine Eigenständigkeit verliert und als in irgendeiner Form auf die konstitutive Leistung eines Vernunft-Ich reduziert wird. Statt zum wirklichen Gegenstand zu gelangen, geht das Bewusstsein gleichsam wieder zu sich selbst zurück. Die Frage ist: Kann es zu einem Sich-Öffnen des Bewusstseins kommen, wodurch eine Rehabilitierung des Gegenstandes und eine erneute Begegnung mit dem Sein herbeigeführt wird? In diesem Fall wäre Bewusstsein dann so etwas wie ein Zugang und Durchgang. Ist dieser Weg eine reelle Möglichkeit? Nach Kuhn ja, wenn nicht von einem reduktiven Formal-Ich, sondern von dem „unverkürztem Reichtum eines von Lebenserfahrung gesättig-

[10] Kuhn, *Weg*, 14.

tem Bewusstsein"[11] ausgegangen wird. Daraus ergibt sich schon von selbst, dass der Weg vom Bewusstsein zum Sein nicht nur erkenntnismäßig zurückzulegen ist, sondern sich vielmehr als eine das ganze Leben erfassende Bewegung, als Lebensweg darstellen muss. Weg ist gleichbedeutend mit Sinn. Sinn gibt die Zieldimension des Weges an, Sinn ist aber zugleich auch der Weg auf dieses Ziel zu. D. h. nicht erst am Seinspol als dem Ende des Weges ist Sinn, sondern schon der Anfang des Weges am Bewusstseinspol ist Sinn. Die Sinnhaftigkeit des Weges muss also bereits im Bewusstsein enthalten sein. Dieses muss schon jene Dimensionen aufweisen, in welchen der Sinn der Wirklichkeit aufscheint. Kuhn spricht von „Dimensionen der Sinnhaftigkeit".

Beim Durchdenken erweisen sich diese Dimensionen als bipolar beherrscht, oder mit anderen Worten: Sinnhaftigkeit erweist sich als Zueinander gleichursprünglicher, aber aufeinander bezogener Pole. Kuhn identifiziert drei „sinnkonstituierende" Polaritäten: „Ich – Welt", „Selbst – Gemeinschaft", „Aktivität – Passivität". Er weist selbst darauf hin, dass das Wissen um die Gegensatzbestimmtheit des Kosmos schon am Anfang der Philosophie und auch in anderen Kulturen eine Rolle spielte. Es kommt Kuhn zufolge darauf an zu zeigen, dass die Sinnerfahrung des Bewusstseins darin liegen muss, stets die Spannung dieser Polaritäten durchzuhalten, ohne einseitig am einen oder anderen Pol anzukommen.

Die ontischen Grundpolaritäten werden überlagert oder durchdrungen von der Sphäre der ontologischen Gegensätze – der Sphäre der Transzendenz. In seiner letzten Studie differenziert er noch innerhalb dieser Sphäre nach Transzendenz und Supertranszendenz – er spricht auch von „inkarnierter" und „desinkarnierter" Transzendenz. Der einfache Transzendenzbegriff deutet „auf das Reich der idealen Möglichkeiten, das den Grund von Weltwirklichkeit erschließt"[12]. Der Ausdruck zielt auf die Sphäre der rationalen Allgemeinheit und der von der konkreten Wirklichkeit abstrahierten Gesetzlichkeit. Kuhn geht es nun darum, in einem zweiten ontologischen Schritt diese formale Transzendenz, die nur Erklärungen nach dem Ursache-Wirkung-Schema zulässt, zu übersteigen, um zum Grund der Wirklichkeit durchzustoßen. Auch diese potenzierte Transzendenz ist von Gegensätzlichkeit gezeichnet, doch es handelt sich um eine von der ontischen Polarität verschiedene Gegensätzlichkeit, die als ontologische Antithetik anzusprechen ist: „Sein –Nichts", „Wahr –Unwahr", „Gut – Böse".

[11] Ebd., 13.
[12] Ebd., 64.

Die Frage nach der Offenheit des Bewusstseins für eine Begegnung mit dem Sein führt zur Problematik einer erkenntnisleitenden existentiellen Grundentscheidung, welche die Grundhaltung dem mundanen und transzendenten Sein gegenüber bestimmt. Kuhns Analysen kommen im Begriff der Wahl zusammen. Kuhn bemüht sich, den mit dem Begriff der Wahl implizierten normativen Aspekt der Transzendenz in seinen Gedanken zum Anspruchscharakter des Gewissens zu verdeutlichen. Es liegt Kuhn daran, aufzuzeigen, dass sich im Gewissen eine Seinsordnung meldet, die sich nicht auf die Ebene der Subjektivität des Bewusstseins reduzieren lässt.

2. Weglosigkeit der Transzendentalphilosophie

2.1. Erkenntnis in der Spannung zwischen Ich und Welt

Eine Philosophie, die sich im Bild des Weges darstellen will, enthält in sich notwendigerweise die Verflechtung einer theoretischen und einer praktischen Perspektive. Weg ist in einer Hinsicht das, worauf man sich ausrichtet, das, was suchend angezielt wird. Weg ist aber zweitens auch das Gehen auf diesem Weg, das Unterwegssein auf das Ziel zu. Weg drückt demnach sowohl eine Besinnung als auch eine Fortbewegung aus. Auf die Ebene des Bewusstseins übertragen, ergibt sich der Doppelaspekt von Bewusstsein als einer Beziehung auf es selbst, d. h. Selbstbewusstsein, und Bewusstsein als Außenrelation, d. h. Bewusstsein von etwas. In diesem Satz ist bereits eine jener Urpolaritäten bezeichnet, welche das Feld mit abstecken, innerhalb dessen der Weg auch zum begehbaren Weg wird: die Polarität von Ich und Welt.

Wenn Polarität bedeutet: Das eine nicht ohne das andere – in diesem Fall: Bewusstsein nicht ohne Gegenstand –, dann ergeben sich aus diesem Zueinander zwei Wege, oder genauer gesagt, zwei Aspekte des einen Lebensweges: der Weg der Selbsterkenntnis und der Weg der Welterkenntnis. Die beiden Aspekte ergänzen sich zu einem Weg, denn die sich vertiefende Welterkenntnis muss auch auf das Ich als einem In-der-Welt-Seienden stoßen, wie umgekehrt die fortschreitende Selbstreflektion schließlich auf die Welthaltigkeit des Ich stößt, auf die Welt-im-Ich[13]. Weder das Ich noch die Welt sind trotz ihrer Gleichursprünglichkeit einfachhin für sich gegeben, sie sind vielmehr schon ineinander enthalten und aufeinander bezogen. Dieser Sachverhalt ist grundlegend für Er-

[13] Ebd., 347.

kenntnismöglichkeit überhaupt, und nur im Durchhalten dieses Spannungsverhältnisses können reduktionistische Verzerrungen vermieden werden.

2.2. Der kosmologische Zirkel

Über die Art, wie Ich und Welt aufeinander zu beziehen sind, liegen schon Antworten der Tradition vor. Die erste Antwort stammt von den Griechen, und Kuhn gibt ihr den Namen: „der kosmologische Zirkel"[14].

Dieses Modell sieht so aus, dass im Verhältnis der beiden Pole Ich und Welt dem Pol der Welt der Primat zugeschrieben wird. Die Grundbegriffe dieser Verschränkung lauten „Psyche" und „Kosmos". Primat der Welt bedeutet, dass die Seele als kosmische Kraft betrachtet wird; die Seele wird kosmologisiert. Das All wird als beseelt vorgestellt, und wenn die menschliche Seele die Welt denkt, so spiegelt sich im Inneren dieses Mikrokosmos der Makrokosmos draußen wider. Selbst winzig im Verhältnis zur Welt vermag aber die Seele den ganzen Kosmos in sich zu tragen. Dieses In-sich-Tragen des Kosmos, mit welchem die Seele in ihrer Grundverfassung übereinstimmt, bietet gerade die Möglichkeit, diesen zu erkennen. Im Geist des Menschen erlangt die Welt ihre Transparenz, denn der teleologisch-hierarchische Aufbau der Welt vollendet sich im Denken, im Bewusstsein. Der „kosmologische Zirkel" ist geschlossen: Einerseits bringt der Kosmos das Bewusstsein hervor – die Seele ist ja eine kosmische Kraft –, andererseits ist der Kosmos zugleich in fundamentaler Weise auf Erkanntwerden hin angelegt. Im kosmologischen Zirkel ist, so Kuhn, die Fremdheit von Bewusstsein und Welt im Prinzip überwunden und Sinnbegründung ermöglicht.

Dennoch glückt diese Lösung nicht. Aufgrund der kosmologischen Grundeinstellung der antiken Philosophie bleibt das Übergewicht des einen Pols, nämlich das der Welt, bestehen. Unter dem Vorrang von Welt gegenüber dem Bewusstsein erleidet der Anspruch des Ichs eine Unterbewertung, die sich an einer Eigentümlichkeit der griechischen Lehre deutlich verrät, nämlich an der „theoretischen Zerstückelung des Psychischen"[15].

Aristoteles beispielsweise zerteilt die Einheit der Seele dadurch, dass er nicht nur nach Erkenntnis-, Willens- und Gefühlsleben unterscheidet, sondern diese

[14] Ebd., 27–29.

[15] Ebd., 33.

Aspekte auch drei verschiedenen Abteilungen seiner Philosophie zuweist. Das Erkenntnisvermögen wird in seinen physikalischen Schriften, der Wille in der Ethik und das emotionale Leben in der Rhetorik behandelt, ohne dass der Ganzheit und dynamischen Einheit der Seele ausdrücklich Rechnung getragen wird. Eine ähnliche Beobachtung lässt sich auch bei Platon machen, dessen Bild vom Seelenwagen mit zwei Pferden samt Lenker eher die Teilung als die Einheit der Psyche hervorhebt. Diese Zergliederung der Psyche und die damit verbundene Überbetonung des Intellekts hat nachhaltige Auswirkungen auf die weitere Entwicklung der philosophischen Seelenleere gehabt, eine Tatsache, die nach Kuhn auch im Gegenzug dazu den Erfolg und emanzipatorischen Effekt des psychoanalytischen Libidobegriffs von Sigmund Freud verständlich macht.

2.3. Der egologische Zirkel

Das zweite traditionelle Modell der Ich-Welt-Beziehung nennt Kuhn: „der egologische Zirkel“[16]. Bleibt aufgrund der kosmologischen Grundrichtung in der Philosophie der Alten der menschlichen Psyche als dem Pol der Subjektivität die ihr gebührende Bewertung versagt, so ändert sich diese Situation in der Philosophie der Neuzeit von Grund auf. Man kann geradezu von einer Umkehrung der Blickrichtung sprechen. Die bis dahin herrschende „Ich-in-Welt“-Perspektive erfährt eine radikale Schwerpunktverlagerung zu einer „Welt-im-Ich“-Perspektive. Dieser Vorgang markiert den Überschritt auf den Boden der modernen Bewusstseinsphilosophie. Die Einsicht von der radikalen Standpunktbezogenheit aller Weltaussagen, sogar bis hin zur solipsistischen Konsequenz, drängt sich nun in den Vordergrund. Aufgrund dieser Blickveränderung ist Welt zunächst einmal „meine Welt“. Es eröffnet sich eine bis dahin nicht gekannte Möglichkeit, nämlich die Möglichkeit einer methodisch ergriffenen Verinnerlichung der Welt. Das Schwergewicht rückt auf den Ich-Pol; noch einmal ergibt sich ein zirkularer Sinnbegründungszusammenhang. Doch statt beim Welt-Pol zu beginnen, um dann wie bei den Alten via Ich-Pol zum Welt-Pol zurückzukehren und so den Kreislauf zu vollenden, setzt die Bewegung in der Moderne beim Subjekt-Pol an, um über den Welt-Pol wieder bei sich selbst anzukommen. Der Zirkel wird „egologisch“ von Art. Die Transzendentalphilosophie als „Projekt der Moderne“ prägt die Neuzeit bis in das 20. Jahrhundert hinein, aber sie ist insofern unglaubwürdig geworden, als sie ihren hohen Letztbegründungsanspruch nicht hat einlösen können. Das transzendentale Prinzip besagt, alles sei auf einen nicht mehr hinterfragbaren Ich-Ursprung zurückzu-

[16] Ebd., 35–37.

führen, regressiv vorgehend, vom Bedingten nach dem Bedingenden fragend. In diesem zurück schreitenden Fragen gelangt der transzendental Fragende schließlich zu sich selbst und „versteht sich als Ursprung der erfahrenden Wirklichkeit“[17].

Dann aber stellt sich eine weitere Frage, nämlich die Frage nach diesem Ich. Hier gabelt sich der Weg. Die eine Abzweigung besteht in der Behauptung eines vom konkreten Ich der Person verschiedenen Ich, eben einem transzendentalen Ich. Diesen Weg haben Descartes, Kant und Husserl beschritten. Für eine andere Möglichkeit entschied sich Heidegger. Seine Existentialanalyse will die ursprüngliche Existenzweise der Eigentlichkeit ans Licht bringen. Obwohl Heidegger diese Eigentlichkeit ausdrücklich in den alltäglichen Befindlichkeiten des konkreten Menschen aufsucht, will er keineswegs eine philosophische Anthropologie entwickeln. Er ist auch nicht an einer Betrachtungsweise *sub specie aeternis* interessiert. Den neuen Schlüssel reicht ihm schlussendlich das atheistische Denken Nietzsches. Im Lichte der nietzscheschen Philosophie vermag er, die Geschichte des Abendlandes als eine Geschichte zum Nihilismus hin und über den Nihilismus hinaus zu denken. In Heideggers neuer Perspektive erscheint Nietzsche, der Nihilist, als Vollender der okzidentalen Philosophie oder, was gleichbedeutend ist, als Beender der Metaphysik. Nietzsches philosophischer Hammer bereitete ihr das Ende, und sein Interpret Heidegger bekämpft sie nicht mehr, sondern konstatiert lediglich ihr Ableben. Heidegger erklärt, mit der Philosophie sei es definitiv zu Ende.

Das Ende der Philosophie will Heidegger ausdrücklich als Konstatierung und nicht als Tadel verstehen, denn wenn konkrete Geschichte im Boden der Seinsgeschichte verwurzelt ist, oder mit Heideggers Worten „Geschick“ ist, dann kann es auch keine verwerfende Bewertung vergangener Epochen geben, und auch Irrtum und Lüge haben ihren jeweiligen zeitbedingten Sinn.

3. Der Weg des Erkennens

3.1. Innen und Außen im Erkenntnisvorgang

Die Problematik der Transzendentalphilosophie zeigt, dass eine undifferenzierte Gegenüberstellung von Ich und Welt nicht durchzuhalten ist. Die Bezeichnung des Ichs als Nicht-Welt und der Welt als Nicht-Ich ist simplifizierend und trägt nicht dem Sachverhalt wechselseitiger Implikation von Ich und Welt Rechnung.

---

[17] Ebd., 191.

Welt ist nicht etwas, das man anfassen kann oder, das sonst wie durch sinnliche Wahrnehmung registriert wird. Welt ist etwas, das gedacht wird. Dabei kann die Welt einmal als Außenwelt gedacht werden. In dieser Hinsicht ist Welt die unter dem Prinzip der Ordnung vereinheitlichte Ganzheit der einzelnen Weltdinge, das Universum. In anderer Hinsicht ist Welt aber gleichzeitig Innenwelt, denn dadurch, dass ich die Welt denke, wird sie „Welt-für-mich", „meine Welt", d. h. die Welt ist in meinem Bewusstsein. Nun ist aber von Kuhn unter Nachzeichnung der Entwicklung der modernen Bewusstseinsphilosophie die Auffassung bestritten worden, dass Welt letztlich Erzeugnis einer konstruierenden Leistung des Bewusstseins sei; er will gerade die Bewusstseinsunabhängigkeit der Welt herausstellen. Mundane Gegenstände sind vorgegeben und haben ihr eigenes In-sich-Sein. Es scheint, als läge hier ein Widerspruch, zumindest ein Paradox vor. Denn wie lässt sich die Bewusstseinsabhängigkeit mit der Bewusstseinsunabhängigkeit der Welt vereinbaren? Kuhn hilft sich hier mit einer Unterscheidung zwischen Bewusst-sein und Bewusst-haben: „Bewusst-sein als Bezeichnung des potentiellen ontologischen Status und Bewusst-haben als einer Aktualisierung dieses Status".[18]

Der Widerspruch wird also dadurch behoben, dass das Abhängigkeitspostulat nur auf der Ebene des Bewussthabens Geltung hat, also dort, wo erst durch den gedanklichen Akt je „meine Welt" zum Vorschein kommt. „Meine Welt" ist standpunktabhängig, sie ergibt sich auf Grund einer „Weltanschauung", deshalb ist auch begrifflich zwischen „meiner Welt" und der „Welt schlechthin" zu unterscheiden. Auf der subjektiv-anthropologischen Ebene ist es für das Sein der wirklichen Dinge irrelevant, ob sie auch aktuell erkannt werden. In diesem Bereich widerfährt den Dingen ihr Erkanntwerden auf akzidentielle Weise. Anders auf dem ontologischen Niveau: hier geht es um das Erkannt-werden-können überhaupt und hier gehört die Erkennbarkeit der Welt zu ihrem Wesen. Wirklichkeit ist auf Erkanntwerden angelegt, genau wie – als Gegenstück dazu – Bewusstsein auf Wirklichkeitserkenntnis ausgerichtet ist: auf Wirklichkeit, die aber schon vor jeder Erkenntnisleistung existiert. Im Erkenntnisvorgang bewegen sich denkendes Ich und Wirklichkeit sozusagen aufeinander zu; die Sache zeigt sich im Erkennen, so wie sie ist. Daher ist die Erkenntnisbeziehung so fundamental für die Polarität von Ich und Welt.

[18] Ebd., 46.

3.2. Transzendenz als Modus der Möglichkeit

Trotzdem bleibt es rätselhaft, wie sich die beiden so grundverschiedenen Pole im Erkennen verschmelzen können. Die Überbrückung dieser radikalen Verschiedenheit hat die Bewusstseinsphilosophie immer wieder in Unruhe gebracht. Kuhn gebraucht zwei Bilder, um das Problem zu veranschaulichen[19]. Da ist einmal das Bild von der Metallgießerei. Auf der einen Seite ist das formlose, aber formbare, flüssige Metall, und auf der anderen Seite das Gefäß, welches dem aufgenommenen Metall seine Form aufprägt. Ein Bild für Kants Transzendentalismus: Mittels der reinen Verstandesbegriffe wird aus dem chaotischen Empfindungsgewimmel ein geformter, geordneter Gegenstand. Dieses paradigmatische Bild weist jedoch eine Unzulänglichkeit auf, indem es nämlich die innere Zusammengehörigkeit von Subjekt und Objekt, die wesentliche Zuordnung von Form und Stoff, nicht berücksichtigt und die Relation als bloß äußerliche auffasst. Besser wird der Sachverhalt durch das Bild der Schneiderkunst zum Ausdruck gebracht. In dieser Illustration wird die Polarität durch den Leib des Menschen einerseits und durch Schneider und Stoff anderseits repräsentiert. Entscheidend ist beim Kleidermachen, dass das Kleid seinem Träger auch passt, und zwar in dem doppelten Sinn von maßgerechter Verarbeitung und ästhetischer Harmonie. Inwieweit solches gelingt, hängt natürlich weitgehend von dem Können des Schneiders und der Qualität des verwendeten Materials ab, aber als Richtschnur für die Anfertigung dient der zu bekleidende Leib. In diesem Bild stehen das Kleid für die zustande gekommene Erkenntnis und der Leib für die diese Erkenntnis normierende Wirklichkeit.

Mit dem Hinweis auf die Sinn stiftende Polarität von Ich und Welt ist allerdings die anstehende Problematik mehr angedeutet als geklärt; die beiden Säulen bedürfen noch einer dritten, um tragfähig zu sein. Der dritte Faktor, der die Erkenntnis als Einigung von Denken und Weltsein verständlich macht, ist, so Kuhn, die Sphäre der Transzendenz. Unter „Transzendenz“ versteht Kuhn nicht eine Überwelt, Hinterwelt oder sonstige Weltverdopplung, gemeint ist vielmehr die Sphäre der Allgemeinheit, die Seinsart des Begriffs. „Unter Transzendenz verstehen wir ein Reich von *Essenzen* oder Wesenheiten, die sind, ohne zu existieren, die aber ihrem Sinn nach auf Existenz angelegt sind.“[20] „Das ‚transzendent' oder ‚allgemein' Seiende verhält sich zu dem weltlich-wirklichen Seienden wie das Dreieck der Mathematik zu dem Dreieck, das ich eben auf ein Blatt gezeichnet habe, wie der Hund, der Gegenstand einer Zoologie werden kann, zu

[19] Ebd., 50–51.

[20] Ebd., 51.

dem Jagdhund, der mir, während ich schreibe, zu Füßen liegt."[21] Ob ich mir dessen bewusst bin oder nicht, mein Wahrnehmen, Vorstellen, Denken setzt immer schon die Sphäre der Transzendenz voraus. Dass sie der Aufmerksamkeit so leicht entgeht, hat seinen Grund in der Selbstverständlichkeit, mit der ich in ihr lebe. „Ich bade […] in dem Äther der Transzendenz."[22]

Dieser dritte Faktor ermöglicht Erkenntnis, weil es in ihm zu einer Vereinigung der anderen beiden Faktoren von Bewusstsein und Weltsein kommt, ohne das diese ihre Dualität einbüßen. Kuhn weist gern auf den französischen Ausdruck „connaissance" hin: Erkennen ist etwas dem Vorgang um Zeugung und Geburt Analoges, und dieses im Erkenntnisakt gezeugte neue Wesen ist von einer anderen Seinsart als die ursprünglichen Partner; es hat die Seinsart der Wesenheit oder des Begriffs, ein geistiges Sein also. Kuhn lehnt sich in der Verwendung seiner Terminologie bewusst an die philosophische Tradition an, er spricht beispielsweise von „eidos" und „universalia", „Reich der Transzendenz", ohne sich etwa einem Begriffsrealismus zu verpflichten, der seiner Auffassung nach auf dem Missverständnis einer Weltverdopplung beruht. Das Reich der Transzendenz enthält die Möglichkeiten des Seins; die transzendentalen Regeln und Gesetze strukturieren die mundane Realität, die als geordnete erkennbar ist, denn nur vor dem Raster der eidetischen Formen kann das konkrete Ding, das „Dies da", in seinem Wesen identifiziert werden: Das zunächst nur schemenhaft auf uns zukommende Tier erkennen wir mit einem Schlag als Wolf. In diesem konkreten Einzelnen wird die Spezies erkannt. Kuhn benutzt für den Erkenntnisvollzug den platonischen Begriff des Aufstiegs, um diesen Akt als Transzendierung der Pole von Bewusstsein und Welt-sein zu beschreiben. Der Begriff „Aufstieg" assoziiert dabei stärker die Initiative des denkenden Ichs, das im Erkenntnisprozess zu den Wesenheiten hinübersteigt. Genauso gut kann Kuhn aber auch von Herabstieg sprechen, was dann die rezeptive Rolle des Denkens im Erkenntnisprozess unterstreichen würde: In einer Art „Aha-Erlebnis" fallen die Wesenheiten dem Erkennenden zu.

Bis jetzt gilt es, drei Einsichten festzuhalten. Da ist einmal die Ausgangsdifferenz von Innenwelt und Außenwelt. Zweitens sind Innen und Außen trotz ihrer Verschiedenheit in einem elementaren Sinne aufeinander bezogen, das Innen ist auf das Erkennen des Außen, das Außen ist auf Erkanntwerden durch das Innen angelegt: Sie stellen zwei sich gegenseitig fordernde Perspektiven dar. Drittens ist eine Sphäre anzunehmen, die nicht mit Hilfe der Innen-Außen-Polarität ge-

[21] Ebd., 203.

[22] Ebd., 56.

ortet werden kann, sondern die im Modus des Möglichseins ist, d. h. die Transzendenz. Diese ist nicht ein für sich abgetrennter Bereich, vielmehr durchzieht sie wie Sauerteig das Brot unsere ganze Erfahrung, von der einfachsten Geste bis zum wissenschaftlichen Forschen.

Kuhn kommt es darauf an, das eidetische Sein nicht reduktiv auf das psychische Sein zurückzuführen, wie denn auch der Cartesianismus die Versuchung enthält, den Gegenstand des Denkens als Produkt des Denkens zu erklären. Für seine These von der unabhängig seienden Sphäre der Universalität findet Kuhn zwei andere moderne Gewährsmänner. Er zitiert Gottlob Frege aus dessen „Logische Untersuchungen“: „Die Gedanken sind weder Dinge der Außenwelt noch Vorstellungen. Ein drittes Reich muss anerkannt werden. Was zu diesem gehört, stimmt mit den Vorstellungen darin überein, dass es nicht mit den Sinnen wahrgenommen werden kann, mit den Dingen aber darin, dass es keines Trägers bedarf zu dessen Bewusstseinsinhalten es gehört!“[23] Ähnlich spricht Karl Popper von einer sich grundsätzlich von „mind“ und „matter“ unterscheidenden dritten Welt geistiger Gebilde.[24]

3.3. Inkarnierte Transzendenz: Polaritäten der kosmologischen Strukturordnung

Die Frage nach den Sinn stiftenden Dimensionen der Wirklichkeit hatte uns von den fundamentalen Polaritäten Ich-Welt, Ich-Wir, Actio-Passio zum Reich der Wesenheiten geführt. Nun taucht die Frage auf, ob sich in der Transzendenzsphäre möglicherweise auch eine Polarität aufzeigen lässt. Wie schon gesagt, durchdringt die Transzendenz die gesamte Erfahrungswirklichkeit und ermöglicht auf diese Weise Verstehen und Verständigung: Sie stellt also keine Verdoppelung der Welt dar. Gleichwohl kann sie aber „von der wirklichen Welt wie ein Für-sich-seiendes abgelöst werden [...], ohne ihre Beziehbarkeit auf die wirkliche Welt einzubüßen“[25]. Die Mathematik führt uns diese Ablösung am eindeutigsten vor. Der Gegenstand der Mathematik ist dem Bereich der eidetischen Formen zuzurechnen, noetisch, und doch vermögen wir mit Hilfe der Mathematik sowohl den Strukturaufbau der Natur zu entziffern als auch über die Stationen Naturwissenschaft und Technik mit zunehmender Macht diese Natur unserem Gestaltungswillen zu unterwerfen. In der Tat lassen sich von hier aus zwei Erscheinungsformen der Transzendenz unterscheiden, wenn auch

[23] Gottlob Frege, *Kleine Schriften*, Hildesheim, 1967, 353–354.

[24] Karl Popper / J. C. Eccles, *The Self and its Brain*, Berlin/Heidelberg, 1977.

[25] Kuhn, *Weg*, 208.

nicht scheiden. Kuhn nennt sie die „inkarnierte“ und die „desinkarnierte“ Gestalt.[26] Unter dem Gesichtspunkt der inkarniert-kosmologischen Strukturordnung der Welt zeigt sich eine Fülle von Polaritäten (groß-klein, warm-kalt, hell-dunkel, Lust-Schmerz, Wachen-Schlaf etc.), welche sich in Klassen zusammenfassen lassen, die aber in erster Linie alle durch zwei Merkmale charakterisiert sind. So bezeichnen diese innerweltlichen Pole die jeweiligen Gegensätze auf einer kontinuierlich gleitenden Skala relativer Bestimmungen. Beispielsweise können sich die Werte einer Messreihe als gleichmäßiger Übergang etwa vom Pol „warm“ zum Pol „kalt“ eintragen lassen. Damit hängt zugleich das zweite Merkmal der Asymmetrie zusammen. Jede Bewegung auf dieser Linie lässt sich als Zunahme oder Abnahme der Entfernung von einem Pol verstehen, d. h. sie ist stets ein „mehr als ...“ oder „weniger als ...“; diese Beziehung wird daher „relativ-asymmetrisch“ genannt. Auch wenn die Gegensatzlehre in der heutigen Philosophie, wenn überhaupt, eine stiefmütterliche Behandlung erfährt, so erinnert Kuhn daran, dass das Aufmerksamwerden auf die den Kosmos durchziehenden Gegensätze am Anfang der Philosophie stand, und zwar besonders deutlich bei den sogenannten Ioniern.

3.4. Desinkarnierte Transzendenz: Ontologische Antithetik

3.4.1. Polarität und Antithetik

Polare Gegensätzlichkeit weist aber auch der andere Aspekt der Transzendenz auf, die sogenannte desinkarnierte Transzendenz. Die sich hier auftuende Gegensätzlichkeit ist aber nicht ontischer, sondern ontologischer Art, sodass sich die Bezeichnung „Antithetik“[27] anbietet. Im Lichte dieser fundamentalen Antithetik erscheinen die konstitutiv-symmetrischen Polaritäten von Ich und Welt und die relativ-asymmetrischen Polaritäten der mundanen Struktur nur als abgeleitete, als nachgeahmte. Es sind drei Gegensatzpaare, die den Raum des „radikal-asymmetrischen“ Dualismus beherrschen: Sein – Nichts, Wahrheit – Unwahrheit, Gut – Böse. Das Spezifische dieser Gegensätze ist die Vermittlungslosigkeit der Pole. Es fehlt die widerseitige Bedingung und Ergänzung; nichts von einem kontinuierlichen Übergang von der einen zur anderen Bestimmung. Der Dualismus ist radikal, aber, wie gesagt, nicht symmetrisch: Den Polen Sein, Wahrheit und Gut kommt absolute Priorität zu. Ihr Status ist von ihrem jeweiligen Gegensatz völlig unberührt. Dagegen stehen die negativen Pole Nichts,

[26] Ebd., 209.
[27] Ebd., 212.

Unwahrheit und Böses in grundsätzlicher Abhängigkeit des positiven Pols. Es besteht eine unumkehrbare Beziehung. Kuhn kommt es sehr darauf an, den Unterschied zwischen Polarität und Antithetik aufrechtzuerhalten, in dessen Verwischung er das Einfallstor der Ideologie erblickt. „Wo immer diese Differenz übersehen wird, schleicht sich eine Mundanisierung des Seins ein, gefolgt von einer Naturalisierung des Guten und einer Relativierung der Wahrheit."[28]

3.4.2. Sein und Nichts

Ist dieser Ansatz aber durchzuhalten? Wie steht es denn z. B. mit Hegels Satz von dem Werden als der Synthese von Sein und Nichts? Kuhn zufolge erhält die eminente Wirkung, die von diesem Satz ausging und ausgeht, ihren Elan aus der uns bewusst gewordenen Erfahrung der Zeitlichkeit der Welt; eine Erfahrung, der schon Kant in seiner Philosophie Rechnung trug. Konsequent angewandt, d. h. auch auf die Geschichte übertragen, hat aber erst Hegel diese Einsicht. Alles ist eingetaucht in den Strom des Werdens, die Struktur der Geschichte ist Veränderung. Aus diesem Grunde müsste man aber auch genauer formulieren: Werden ist die Vermittlung zwischen So-Sein und Anders-Sein, Etwas wird zu Anderem. Es geht hierbei immer noch um die innerweltliche Polarität von Werden und Vergehen, gleichsam um eine horizontale Erstreckung. Auf dieser Ebene ergibt sich sozusagen eine „Wolkenansicht des Werde-Seins: Form fließt über in Form"[29]. Jedoch, „die contingentia mundi gehört wesenhaft zur Existenz der Welt als Welt. Welt wird uns sichtbar nur gegen den Hintergrund möglichen Nichtseins von Welt – nur in der Begegnung mit dem Nichts"[30]. Erst die Betrachtung des „Seienden im Ganzen" lässt das kontradiktorische Enweder-Oder von Sein und Nichts aufscheinen. Kuhn verwendet den Ausdruck Seiendes-im-Ganzen, um sich von dem gängigen Seinsbegriff im Sinne einer formalisierten Totalität (Sein als der leerste aller Begriffe) abzusetzen und stattdessen die inhaltliche Fülle seines Seinsbegriffs zu betonen.

Mit dem Sprechen von Sein und Nichts ist allerdings zugleich die Grenze der Aussagbarkeit erreicht, „beide Begriffe sind im Grunde ein ineffabile"[31]. Es ist der Mangel der Existenzphilosophie, dass sie sich darüber hinwegsetzt und dem

[28] Ebd., 213.
[29] Kuhn, *Das Sein und das Gute*, 36.
[30] Ebd., 139.
[31] Kuhn, *Weg*, 216.

Nichts eine „gleichsam substantielle Wirklichkeit“[32] zugeschrieben hatte: Aber mehr als symbolische Ausdrucksweisen stehen uns an dieser Grenze nicht zur Verfügung. Gleichwohl muss die Grenzziehung zwischen ontischer Polarität und ontologischer Antithetik bei Strafe eines ideologisch verkürzten Welt- und Selbstverständnisses festgehalten werden.

3.4.3. Wahr und Unwahr

Mit dem nicht-formalisierten, die inhaltliche Fülle ausdrückenden Seinsbegriff hängen auch die Begriffe der Wahrheit und des Guten aufs Engste zusammen. Ausgehend von der griechischen Grundlage, wonach Wahrheit als *ta onta legein* begriffen ist, d. h. erstens: Der Ort der Wahrheit ist in der Vernunft, und zweitens: Wahrheit ist immer Wahrheit von etwas, kann Kuhn an Heideggers Übersetzung von *aletheia* als Unverborgenheit anknüpfen. Wahrheit ist dann, wenn sich die Sache als das zeigt, was sie ist. Dem Sein ist die Möglichkeit des Erkannt-Werdens mit eingestiftet, es ist geradezu darauf angelegt, oder mit anderen Worten: Wahrheit wird durch ein Verhältnis der Übereinstimmung hervorgebracht.

Der grundlegende Begriff der Übereinstimmung liefert auch die Basis für die verschiedenen Wahrheitstheorien. Kuhn erwähnt deren drei: die Adäquationstheorie, die Konsistenztheorie, die Konsenstheorie.[33] Die erste bezieht sich auf die Übereinstimmung zwischen Begriff und Gegenstand, die zweite auf die Übereinstimmung von Einzelbegriff und Gesamtbegriffsfeld, die dritte auf die Übereinstimmung der Begriffe im intersubjektiven Gebrauch. Jede dieser Theorien repräsentiert und verabsolutiert einen Teilaspekt. Durch den Exklusivitätsanspruch jeder einzelnen dieser Wahrheitstheorien wird aber der Wahrheitsbegriff zerstückelt, statt von Wahrheit im Singular ist daher auch besser von Wahrheiten im Plural zu sprechen. Um jedoch die Frage nach der Wahrheit zu beantworten, genügt es nicht, auf die Übereinstimmung mit diesem oder jenem Seienden zu verweisen; die Frage zielt vielmehr auf das allumfassende Sein, das Sein in seiner Sinnfülle, das Sein, welches Einheit und Zusammengehörigkeit alles Seienden ausdrückt.

---

[32] Helmut Kuhn, Begegnung mit dem Nichts. Ein Versuch über Existenzphilosophie, Tübingen, 1950, 11.

[33] Kuhn, Weg, 217.

Ist das Sich-Enthüllen dem Sein wesentlich, dann ist Wahrheit kein von außen her erst herangetragenes Ereignis, keine transzendentalphilosophische Aufgabe, keine Beziehungsherstellung zwischen Innerem und Äußerem. Was Wahrheit ist, kann dann nicht durch eine Wahrheitstheorie bestimmt werden, denn Wahrheit ist „das *Telos*, das sowohl dem Lebensprozess wie der Besinnung darauf als Norm aller Normen Sinn verleiht“[34]. Unter dem Aspekt der Normativität tritt Wahrheit als Anspruch an den Menschen auf. Dieser Anspruchscharakter spiegelt sich etwa in der potentiellen In-Dienst-Nahme der Wahrheitstheorien durch die Ideologien wider. Jede Ideologie hat sozusagen ihre ihr dienende Wahrheitstheorie. Die Konsenstheorie unserer Zeit scheint dabei, nach Kuhn, geradezu einer Nivellierung des Unterschiedes von Wahrheit und Ideologie in die Hände zu arbeiten. So offenbart sich noch in dieser ideologischen Verfügung der antithetische Zug der Polarität von Wahrheit und Unwahrheit.

3.4.4. Gut und Böse

Sein und Nichts, Wahrheit und Unwahrheit – diese Gegensätze sind kontradiktorisch und asymmetrisch. Kein gleitender Übergang führt von einer Position zur anderen. Und dieses gilt auch von dem dritten Paar Gut und Böse. Wie in Bezug auf Sein und Wahrheit fällt auch beim Begriff des Guten eine Zweigliederung auf. Zunächst eröffnet sich mit der Frage „Gut wofür?“ das weite Feld der Lebensbesorgung mit seinen vielfältigen Zwecken und Zielen. Jedem Interesse entspricht dabei auch ein besonderes Gutsein. Was in einer Hinsicht gut ist, kann in einer anderen Hinsicht schlecht sein. In diesem relationalen Sinne bedeutet „gut sein“ soviel wie nützlich sein. Analog der Zersplitterung des formalen Seinsbegriffs und des Wahrheitsbegriffs der Wahrheitstheorien erscheint der Bereich des relationalen Guten für sich betrachtet in einem tiefen Sinn zusammenhanglos, eines letztgültigen Maßstabs, von dem her die konkurrierenden Interessen ihre einordnende Bewertung erfahren, ermangelnd, und auch hier droht die Gefahr ideologischer Vereinnahmung. Erst wenn der Blick sich vom vielfältigen Guten zum An-sich-Guten wendet, wird jene Dimension erkennbar, wo Gut und Böse sich als ontologische Antithese darstellen. Das vollkommene Gute macht seinen kategorischen Anspruchscharakter geltend. Gutsein bedeutet dann nicht mehr, gut um dieses oder jenes Interesses willen, gut für diesen oder jenen Zweck, sondern dann gilt Gutsein um des Guten selbst willen. Gutsein schlechthin bezieht sich denn auch auf das Sein-im-Ganzen und ist somit der

[34] Ebd., 30.

philosophische Ausdruck jenes fundamentalen Sachverhaltes, der im biblischen Schöpfungsbericht mit den göttlichen Worten „Es werde“ und „Siehe, es war sehr gut“ (Gen 1) beschrieben wird. Im Lichte der göttlichen Bejahung des Schöpfungswerkes erscheint dann auch der Gegensatz von gut nicht als schlecht im Sinn von Ungeeignetsein, sondern als böse im Sinn der Negation des Seins. Das Böse ist Anti-Gutes.

Aufgrund dieses engen Zueinander des Guten und des Seins kann Kuhn auch den Satz von der Umkehrbarkeit des Seins und des Guten wieder aufgreifen: *ens et bonum convertuntur*. Im Ausdruck *convertuntur* will Kuhn ausdrücklich den Anklang an das Evangeliumswort von der *conversio* mithören, denn allen erkenntnistheoretischen Überlegungen zur Frage nach dem Guten voraus liegt eine existentielle Grundentscheidung für oder gegen das Gute. Mit der Unterscheidung von inkarnierter und desinkarnierter Transzendenz hat sich eine Überschreitung der Transzendenzsphäre angebahnt; Transzendenz im engeren Sinne ist „das Reich der idealen Möglichkeiten“, die den Grund von Wirklichkeit erschließen und die Allgemeinheit der Erkenntnis ermöglichen. Nochmals sei betont, dass die „dritte Welt“ der Transzendenz nicht realistisch aufzufassen ist, sondern der konkreten Wirklichkeit inhärent ist und in jeder Erfahrung schon immer vorausgesetzt ist. Dies berücksichtigend, kann Kuhn von einer der Wirklichkeit zugewandten Transzendenz sprechen. Eigentümlicherweise jedoch ist im Schoß der Transzendenz selbst die Tendenz vorhanden, die Transzendenz zu transzendieren, nämlich auf ein Sein, das über oder jenseits des Weltseins ist. Kuhn gebraucht dafür den Ausdruck der Super-Transzendenz.[35]

Dieses supertranszendente Sein übersteigt also sowohl das in der Zeit existente Sein als auch das zeitlose Sein der idealen Möglichkeiten und Formen; es ist vielmehr das Sein, in welchem auch die Unterscheidung von Existenz und Essenz hinfällig wird. Von dieser „potenzierten Transzendenz“ – so eine der zahlreichen Umschreibungen Kuhns – aus lässt sich die Welt als gesetzt, ja geschaffen verstehen. Die von Leibniz und dann von Schelling gestellte Frage: „Warum ist überhaupt etwas und nicht vielmehr nichts?“ kommt angesichts dieses supertranszendenten Seins zum Verstummen, „weil in ihr nach dem Grund dessen gefragt wird, was nur als unbegründeter Grund verständlich ist; oder weil, anders gesagt, die Frage in mundaner Weise nach Trans-Mundanem fragt. Sie ist, in Frageform gekleidet, die Leugnung der Unterscheidung von ontologischer Antithetik und ontischer Polarität“[36].

[35] Ebd., 215.

[36] Kuhn, *Das Sein und das Gute*, 141.

4. Der Weg zum Sein und die religiöse Verwurzelung des Denkens

4.1. „Unzeitgemäßheit" des Transzendenzgedankens

Das metaphysische Interesse Kuhns ist natürlich mit Händen zu greifen, und Begriffe wie „das Sein selbst" und „Transzendenz" erwecken rasch den Argwohn, hier ginge es lediglich um die Neuauflage längst abgelegter philosophisch-theologischer Positionen. Kuhn ist sich dessen bewusst und diskutiert auch drei typische Einwände gegen den Transzendenzgedanken (im Sinne von „Super-Transzendenz"), an deren Widerlegung der Hintergrund seines Denkens gut sichtbar wird.

Der erste Einwand lautet: Der Gedanke der Transzendenz ist unzeitgemäß. Dieses Argument ist für Kuhn nur ein Scheinhindernis, das auf dem „Irrtum der Historiolatrie"[37] beruhe und letztlich von der Geschichte selbst beiseite geschoben werden wird. Hinter dem Einwand steht ein Fortschrittsdenken, das meint, mit der von Francis Bacon initiierten Etablierung der Herrschaft des Menschen sei nun die Herrschaft Gottes selbst als Hypothese überflüssig geworden. In dieses Lager gehören auch all diejenigen, die in der Nachfolge Nietzsches jeder ihr Hämmerchen in die Hand nehmen und meinen, nun jene Hinterwelt der Transzendenz endgültig zu zerstören. Mit dem Stichwort von der Unzeitgemäßheit erinnert Kuhn aber auch an Hegel, für den Philosophie ausdrücklich „ihre Zeit in Gedanken erfasst" bedeutete. „Der Satz, der für manche Ohren harmlos klingen mag, zieht einen Trennungsstrich zwischen der philosophischen Tradition und der hegelschen Philosophie, mit dieser Trennung bereitet er den Weg zur Selbstaufhebung der Philosophie. Er behauptet die fundamentale Zeitlichkeit oder Zeitabhängigkeit der Philosophie: *veritas filia temporis.*"[38] Bezeichnet man die Bewegungsform der traditionellen Metaphysik als Vertikale, als inneren Aufstieg, so besteht Hegels Trennung von dieser Tradition darin, dass er den Aufstieg der Innerlichkeit gegen die Horizontale der Öffentlichkeit der Weltgeschichte auswechselt – nach vorn statt nach oben.

Die Konstruktion der von Hegel dargestellten Weltgeschichte orientiert sich an dem „Muster der Geistesgeschichte der menschlichen Person"[39]. Ist der weltge-

---

[37] Ebd., 80.

[38] Helmut Kuhn, *Veritas Filia Temporis. Über die Glaubwürdigkeit der Geschichtsphilosophie*, in: Hermann Krings (Hrsg.), Philosophisches Jahrbuch 84, Freiburg/München, 1977.

[39] Ebd., 29.

schichtliche Verlauf der Weg des zu sich selbst kommenden Weltgeistes, der Werdegang Gottes selbst, dann kommt der Philosophie als „ihre Zeit in Gedanken erfasst“ ein ungeheuer hoher Anspruch zu, denn dann ist sie es, die im Überschauen der Zeitalter den jeweils erreichten Stand der Entwicklung erfasst. Ihr kommt die Aufgabe zu, den Stand der Zeiger an der Geschichtszeituhr abzulesen. Aber dieser Anspruch ist unerfüllbar und damit unglaubwürdig geworden. Was folgte, war der Sturz in die Trivialität, d. h. in die Zeitgemäßheit: Philosophie wurde zum Sprachrohr eines „welthistorischen Opportunismus“[40]. „Sei zeitgemäß!“ lautet die abgewandelte Parole. Die in der Abenddämmerung ihren Flug beginnende Eule der Minerva, so Kuhn ironisch, ist heute ersetzt worden durch den allmorgendlich in den Tag hineinkrähenden Hahn.

4.2. Kontinuität und Diskontinuität

Ein anderer Einwand lautet: Der Begriff der Transzendenz selbst schließt ihre philosophische Erweisbarkeit aus.[41] Dieser Einwand weist hin auf das Problem des Übergangs oder Überstiegs der Region der Mundanität zur Sphäre des transmundanen Seins. Im Bereich der Weltwirklichkeit gilt das Prinzip der Kontinuität. Natur ist gekennzeichnet durch gestufte Ordnung von niedrigen zu höheren Organisationsformen, Weltwissen vereinheitlicht sich durch den Zusammenhang der rationalen Verkettung: Aber weder durch Extrapolation der Naturordnung noch durch das rationale Fortschreiten von Bedingtem zu Bedingendem lässt sich die Region unbedingten Seins erreichen. Der kontinuierliche Weg scheint zu Ende und das andere Ufer nur durch einen Sprung erreichbar. Die sich an dieser Steile eröffnende Kluft bezeichnet Kuhn gern mit dem Begriff „Hiatus“.

Mit dem Begriff des Sprunges drängt sich gleich der Vergleich mit der sich von Kierkegaard herleitenden Existenzphilosophie auf. Wenn der Hiatus nur mittels eines irrationalen Sprunges überwunden werden kann, lässt sich denn dann noch vernünftig über jene Trans-Mundanität sprechen? Oder ist jede rationale Mitteilung verunmöglicht? Den zu Recht der Existenzphilosophie gemachten Vorwurf des „Springens“ weist Kuhn für seine Denkweise zurück. Wohl impliziert der Begriff der Transzendenz ein Moment der Diskontinuität, aber was der Hiatus scheidet, ist sowohl Unterschiedenes als auch Verwandtes, sodass sich Kontinuität mit Diskontinuität verschränkt. Im Grunde ändert sich nämlich

[40] Ebd., 30.

[41] Kuhn, *Das Sein und das Gute*, 80.

nicht die Art der Denkbewegung, sondern nur das Medium, in welchem die Bewegung stattfindet.[42]

Kuhn gebraucht ein Bild: Ein bewegter Körper wechselt von einem Medium ins andere, etwa aus Wasser in Luft, ohne dass er dadurch aufhören würde, sich zu bewegen. Die Diskontinuität liegt dort, wo der Körper das Wasser verlässt und in die Luft aufsteigt. Ohne aufzuhören, Denken zu sein, tritt das Denken in eine neue Atmosphäre mit eigenen Kriterien und Denkformen ein. Beispielsweise schlägt die Polarität im Bereich der Welt um in die radikale Entgegensetzung der Antithese.

Mit dem Begriff der Diskontinuität setzt sich Kuhn einerseits von Hegel und anderseits von Kierkegaard ab. „Die Dialektik Hegels ist der Versuch, mittels einer Theorie der totalen Kontinuität die Transzendenz zu mediatisieren. Durch Kierkegaard wendet sich diese Dialektik gegen ihren eigenen Schöpfer und hebt als Prinzip der totalen Diskontinuität die Dialektik als Prinzip der kontinuierlichen Weltentfaltung auf."[43] Die Zusammenfügung von Kontinuität und Diskontinuität kann jedoch nur im Lebensvorgang der menschlichen Person geschehen, und so gesehen bilden die beiden zwei sich gegenseitig ergänzende Aspekte des einen Vorgangs, und diesen Vorgang sieht Kuhn durch den Begriff der Krise bezeichnet. Die Krise der Person berührt beide Positionen, sowohl die Kontinuität als auch die Diskontinuität, sowohl Hegels Epos als Kierkegaards verzweifeltes Drama.[44]

Das transzendente Sein kann nicht erkannt werden wie innerweltliches Sein, doch in der Krise der Person liegt die jedem Menschen zugängliche „Vergewisserung" der Transzendenz, und diese Krise offenbart sich im Gewissen. In der Stimme des anklagenden Gewissens, das sich keinem Opportunismus beugen will, meldet sich die Transzendenz im Namen des Guten, und der Begriff des absoluten Guten stellt die Beziehung zwischen dem Gewissen und dem Sein her. Die ontologische Antithese von Gut und Böse wird erfahrbar in der Unbedingtheit des Gewissens.

---

[42] Ebd., 81.

[43] Ebd., 82.

[44] Für seine Deutung des Krisenbegriffs im Sinne des kritischen Durchgangs beruft sich Kuhn sowohl auf Platons *periagoge* als auch auf das *metanoia* des Evangeliums.

Kuhn macht ein Gedankenexperiment[45]: Eine Welt ist vorzustellen, aus welcher das Gute eliminiert ist. In dieser Welt soll es gleichwohl „Normativität" geben, etwa in der Form eines biologischen „survival value" oder in der Form einer „moralischen Illusion" des Glaubens. Solche Zugeständnisse können in einer Welt ohne das Gute durchaus gemacht werden, denn sie können einen hohen pragmatischen Wert besitzen. Was sie allerdings nicht mehr haben, ist ihr Absolutheitsanspruch, denn der könnte ja nur aus einer transzendenten Verwurzelung stammen. Das Experiment gelingt: Es bleibt immer möglich, Gutes als einem verborgenen Interesse dienend zu interpretieren. Die Gefährlichkeit dieses Modells aber stellt sich heraus, wenn es zur Grundlage politischen und gesellschaftlichen Handelns gemacht wird, wenn nach ihm etwa der „neue Mensch", die „neue Gesellschaft" geschaffen werden soll. Dann ist das Menschsein in Gefahr.

In solchen Krisensituationen gewaltsamer Praxis erweist sich „das Gewissen als die Anzeige der Transzendenz"[46], als Orientierung auf ein Leben jenseits der innerweltlichen momentanen Situationen. In der Krise wird der in sich geschlossene Kreis einer selbstgenügsamen Immanenz aufgebrochen. Und darum ist es nicht statthaft, das philosophische Reden über Transzendenz a priori auszuschließen.

4.3. Ontologische Affirmation – ontologische Negation

Soll sich die Philosophie gegenüber dem transzendenten Sein ein Redeverbot auferlegen? Ist denn Transzendenzerfahrung nicht lediglich religiöse Erfahrung? Bekannt geworden ist Wittgensteins Diktum: „Wovon man nicht sprechen kann, darüber muss man schweigen."[47]

Dass der zeitgenössische Mensch nur unter Überwindung einer Hemmschwelle überhaupt den Begriff des transzendenten Seins gebraucht, hängt Kuhn zufolge mit einer eigentümlichen Fremdheit zusammen, mit der wir heute dem ganzen Bereich der Transzendenz gegenüberstehen. Dabei hängt diese Fremdheit nicht mit dem Wissen von der Unsichtbarkeit und Überweltlichkeit Gottes zusammen, ein Wissen, das die Zeiten vor uns auch besaßen und, das damals eher beflügelnd als entmutigend auf das Denken wirkte. Das tiefer liegende Hemm-

---

[45] Kuhn, Das Sein und das Gute, 84.

[46] Ebd., 87.

[47] Ludwig Wittgenstein, Tractatus logico-philosophicus, Frankfurt, 1975, Satz 7.

nis könnte man mit dem Ausdruck „Sinnkrise“ umschreiben. Der Zweifel an dem Sinn des Daseins von Mensch und Welt hat sich festgesetzt. Im Begriff „Sinn“ klingt die Beziehung zu Weg, Richtung und Ziel an, und diese scheinen nicht vorhanden zu sein. „Was wir Sinn nennen, wird eines Tages verschwinden“, drückte es Max Horkheimer einmal in einem Interview aus.[48] Wohl gehört Normativität zur Struktur der Welt – so hatte das Gedankenexperiment gezeigt –,aber der jede Nützlichkeitserwägung übersteigende Anspruch des An-sich-Guten wird geleugnet. Dann aber wird die Diskontinuität zum Abgrund. An der Tatsache des Gewissens jedoch war auch die Porosität einer nihilistischen Weltanschauung zutage getreten. Das Gute ist letztlich weder ein Begriff der Moralphilosophie noch der Anthropologie, sondern ein Begriff der Metaphysik, daher besteht ein enges Zueinander von Sein und Gut.

Jeder menschliche Erkenntnisakt, jedes menschliche Denken, das auf Wahrheit aus ist, beruht auf einer fundamentalen Vorwegentscheidung, auf einer grundlegenden Wahl, oder mit Kuhns Worten: auf einer „ontologischen Affirmation“[49]. Ontologische Affirmation ist mehr als nur die Konstatierung, dass das Sein ist, sondern es ist die Zustimmung, dass das Sein sein soll, dass das, was ist, auch einen Sinn hat. Das Sein wird als gut affirmiert. Das geht, wie gesagt, über eine urteilsmäßige Bejahung hinaus, insofern der Erkennende in der Ganzheit seiner Person dieses Grund-Ja zum Sein vollzieht. Die Bedeutung der ontologischen Affirmation ist uns erst durch das Aufkommen nihilistischer Weltinterpretationen, die diese ontologische Affirmation verweigern, zu Bewusstsein gekommen. Kuhn spricht daher auch von einer „ontologischen Negation“[50]. Die Gestalten dieser Negation sind vielfältig, sie reichen von der offenen Negation eines Nietzsche, dessen Überwindung des Nihilismus durch den Nihilismus in der Vision vom Übermenschen gipfelte, bis zu den verhüllten positivistischen Ausprägungen, welche Ontologie auf Axiologie reduzieren wollen, d. h. auf ein Sollen, dem kein ontologisches Sein mehr entspricht. Dort, wo die letzte Realität das Messergebnis ist, kann der Wert in der Tat allein auf einer Setzung beruhen. Im Werte-Setzen finden denn auch die mannigfachen ontologischen Negationsformen ihren gemeinsamen Nenner. Doch von der Dequalifizierung des Seinsbegriffs wird auch der Sinnbegriff in Mitleidenschaft gezogen.

---

[48] Max Horkheimer, *Was wir Sinn nennen, wird verschwinden*, in: Der Spiegel, 1–2/1970, 84.

[49] Kuhn, *Das Sein und das Gute*, 93.

[50] Ebd.

„Erkenntnis ist Erfassung des Seienden in seiner Wahrheit, d. i. als das, was es eigentlich ist, kraft des Vernunftvermögens.“[51] Die wahre Erkenntnis ergibt sich dort, wo die Verkettung der Grundbegriffe Erkenntnis, Wahrheit, Sein und Vernunft nicht zerrissen wird. Unter der Voraussetzung der ontologischen Affirmation bleibt dieser Zusammenhang unangetastet, in der ontologischen Negation wird er zerbrochen. Dabei stellt sich heraus, dass insbesondere das Band zwischen Sein und Vernunft eine Auflösung erfährt. Aus der ontologischen Einfassung herausgebrochen, gleitet der Gebrauch der Vernunft in den Irrationalismus ab. Irrationalismus, so wie Kuhn ihn versteht, ist nicht der Gegensatz zu Rationalismus, sondern ein Gebrauch der Vernunft, in welchem „der Vernunft zuviel oder zuwenig zugemutet“ wird, oder mit anderen Worten: eine „Überspannung und Abspannung der Vernunft“[52]. Den Prototyp eines überspannten Vernunftbegriffs findet Kuhn in Hegels „Sprachgewaltsamkeit“, durch die alle regionalen Grenzen aufgehoben, „alle Unterscheidungen ins Gleiten gebracht werden – in erster Linie die zwischen Gut und Böse“[53]. Beispiel abgespannter Vernunft ist das Denken eines John Dewey.[54] Kuhns Kritik richtet sich jedoch weitaus stärker gegen den ersten Typ des Irrationalismus, d. h. gegen eine sich selbstmächtig setzende Vernunft, gegen den Autonomieanspruch der Vernunft.

Im Grunde sieht Kuhn die modernen Irrationalismen irgendwie alle der kantischen Philosophie entsprungen. Die bei Kant noch als Residuum vorhandene Verbindung zwischen Sein und Vernunft – „im Ding-an-sich“ repräsentiert – erwies sich nicht als haltbar genug. Der deutsche Idealismus ging den Weg der konsequenten Eliminierung dieses Restbestandes. Am Ende dieses Weges stand die Deifizierung der Vernunft. Hegels Dialektik ist allesumgreifend: Jeder Versuch, über sie hinauszugehen, ist bereits schon in ihr dialektisch vermittelt; von Transzendenz mit ihren absoluten Antithesen Sein und Nichtsein, Gut und Böse kann nicht die Rede sein. Die Unterscheidung von ontischer Polarität und ontologischer Antithetik wird hinfällig. Die Totalität des Systems hat die Depotenzierung der menschlichen, individuellen Person zur Folge. Der konkrete Mensch aber ist gerade der Kreuzungspunkt der ontischen und der ontologischen Sphäre. Als ontisches welthaftes Wesen weiß sich der Mensch zugleich

[51] Ebd., 115.
[52] Ebd., 113.
[53] Ebd., 108.
[54] John Dewey (1859-1952) war ein amerikanischer Philosoph und Pädagoge. Er wird der philosophischen Richtung des Pragmatismus zugerechnet und vertrat eine instrumentalistische Auffassung des Denkens, d. h. Denken dient ihm lediglich der Lösungsfindung bei praktischen Problemen (Methode des *trial and error*).

über die Welt hinaus: weiß sich nicht nur als Seiendes unter Seienden, sondern auch als ursprünglich Handelnder, als „Akt- oder Aktionszentrum“[55].

So weist alle Wirklichkeitserfahrung einen Zug der Antizipation auf, des Vorgreifens auf weitere Erfahrung, stösst aber zugleich auf die Unmittelbarkeit von etwas Gegebenem, Unableitbarem. Dieses Gegebensein ist Zeichen der Kontingenz der Wirklichkeit, eine Wirklichkeit, die auch nicht sein könnte. Kuhn verwendet in diesem Zusammenhang den Begriff der Schöpfung, doch „der Versuch, dieses Hervorgehen zu verstehen als ableitbar aus dem Wesen Gottes, es von Gott her zu denken, setzt Gott als Schöpfer ab und inthronisiert die Spekulation [...] Das Gegebensein durch die Erfahrung verliert seine Bedeutung [...] Die Depotenzierung des Individuums als Folge der idealistischen Prämisse ergibt einen Vernunftbegriff, der außerstande ist, das Gegensatzpaar Sein-Nichtsein zu umfassen“[56]. Hegels Dialektik vermengt somit ontische Polarität und ontologische Antithetik. Gerade durch ihre Selbstermächtigung entmächtigt sich die Vernunft letztlich, sie kann aus dem Kreis der Dialektik nicht mehr heraustreten – sie verfehlt die Transzendenz.

Die gleiche Depotenzierung des Individuums, durch welche der Entscheidungscharakter des menschlichen Ichs nach woandershin verlegt wird, sei es in ein reines Ich, sei es in eine gesellschaftliche Struktur, verdunkelt auch den unausgleichbaren ontologischen Gegensatz von Gut und Böse. „Jenseits von Gut und Böse“ (Nietzsche) bleibt nach Heidegger „nur das Spiel: das Höchste und das Tiefste“[57]. Doch gerade in der Frage nach dem Guten, auch dem im ontischen Sinn Guten, leuchtet die Frage nach dem Sein und Nichtsein durch, denn, was gut ist, verlangt danach, verwirklicht zu werden. Es kann ins Sein kommen oder im Nichtsein bleiben: Jedes Tun oder Unterlassen trägt den Stempel einer Entscheidung. „Das Gute ist das Sein als ergriffen in einem Akt fundamentaler Affirmation – und nur so, durch eine Entscheidung, die vollkommene Spontaneität mit vollkommener Rezeptivität vereint, kann es ergriffen werden.“[58]

Mit dem Experiment der ontologischen Negation hat der Mensch der Moderne zugleich auch die Not, die Lebensnot, erfahren, dass er seine Stellung und seine Bestimmung in der Gesamtordnung des Seienden nicht mehr angeben kann (zu schweigen von den Opfern, welche die politischen Realisierungen „gesetzter

[55] Kuhn, Das Sein und das Gute, 138.
[56] Ebd., 140.
[57] Ebd., 147.
[58] Ebd., 148.

Werte“ gerade im 20. Jahrhundert gefordert haben). Ontologische Affirmation bzw. Negation besagt, dass die Wege, welche das menschliche Denken einschlägt, nicht auf einem rationalen Raisonnement gründen, sondern auf einer vorher schon stattgefundenen Scheidung, auf einer Ent-Scheidung. Kontinuität und Diskontinuität der Denk- und Lebensbewegung erscheinen von der Warte der Affirmation aus gesehen als zwei Aspekte eines Vorgangs, nämlich des Auf-dem-Wege-Seins des Menschen. Kontinuität ist der Ausdruck jener Grundbejahung, nach der Sein und Gutsein zusammengehören. Im Licht dieser positiven Grundentscheidung scheinen die polaren Strukturen auf, welche die Sinnhaftigkeit der Welt eröffnen.

Im Röntgenlicht des absolut Guten wird diese Wirklichkeit als vom einfachsten Strukturelement bis hin zur Komplexität des menschlichen Lebens als sinnvoll geordnete erkannt. Die Diskontinuität des Welterkennens drückt aus, dass die ontologische Affirmation den Charakter einer Vorleistung hat. Das Moment der Diskontinuität sorgt dafür, dass sich Metaphysik nicht zu absolutem Wissen versteigt, sondern menschliches Wissen bleibt. Kuhn bezeichnet den Voraussetzungsakt der Affirmation nicht als einmalig, sondern als Wachstumsprozess, als das Immer-gewisser-Werden eines anfänglich nur hypothetisch ausgesprochenen Ja.[59] Die Verstörung durch die ontologische Negation erzwingt eine Neubesinnung über den Sinn von Sein und diese führt zur Einsicht in die religiöse Verwurzelung metaphysischen Denkens.

5. Der Weg als Wahl

5.1. Die Frage nach dem Guten

Die Frage nach dem Guten gehört für Kuhn keineswegs der Vergangenheit an, sondern ist immer noch unsere Frage. Die Frage nach dem Guten hatte der abendländischen Metaphysik ihre systematische Kraft verliehen. Und nachdem diese systematische Einheit sich zersplittert in vom Menschen gesetzte Werte, ist die Besinnung auf das Gute umso nötiger. Erst, wo diese Besinnung einsetzt, kann nach Kuhn von Philosophie im Vollsinn des Wortes gesprochen werden. Den Ursprung solch Philosophierens entdeckt er in der „sokratischen Frage“. Sokrates’ Fragen nach dem Was-Sein entsprang der Beunruhigung angesichts der Möglichkeit, das Leben zu verfehlen. So fragt Sokrates „in der Richtung des um seine Wiederherstellung besorgten, nach dem Richtmaß seines Tuns ausbli-

[59] Ebd., 95.

ckenden Lebens"[60]. Im Gedanken der Seele fasst Sokrates „das im Menschen, was sich um sich selbst, sein eigenes Heil sorgt und aus dieser Sorge nach dem Guten fragt [...]"[61].

In der Perspektive der sokratischen Heilsbesorgnis tritt der Entscheidungscharakter des Lebens erkennbar hervor. Sokrates' nicht-wissendes Fragen hängt mit der Eigentümlichkeit seines Fragegegenstandes zusammen, dem Guten. Denn dieses Gute ist solcher Art, dass es nur in einem Lebensvollzug erkannt werden kann, der von der Sorge um das Heil motiviert ist. Wohl bleibt Sokrates ein Fragender, ein Nicht-Wissender, wenn auch ein wissender Nichtwissender, aber am Grund der sokratischen Fragebewegung liegt eine gelebte Affirmation. Eine Affirmation, die es möglich macht, das Leben als durch Sinn und Ordnung bestimmt zu denken. Erst diese grundlegende Affirmation gibt dem Wahlcharakter des Lebens seine Dringlichkeit, sein existentielles Gewicht, denn die Alternative lautet: recht leben oder verfehlt leben. Mehrfach zitiert Kuhn ein ursprünglich in einem anderem Zusammenhang stehendes Wort: „Die Welt ist nur um der Wahl und des Wählenden willen geschaffen worden."[62]

Die sokratische Frage findet, so Kuhn, ihre Antwort in Platons Ontologie.[63] Sokrates gelebte Affirmation erweitert sich, oder besser: vertieft sich zur ontologischen Affirmation. Erst Platon vollzieht den Übergang von der Frage nach dem Guten zur Lehre vom Sein. Dass es Sokrates um die Erkenntnis des Guten ging, kommt darin zum Ausdruck, dass er sich ausschließlich mit so genannten ethischen Begriffen beschäftigte. Platon weitet das Erkenntnisfeld auf alles Seiende aus. Aus Sokrates' „absoluter Unterscheidung"[64] vom Guten-an-sich und akzidentiellem Guten wird der platonische Dualismus von Noumena und Phainomena. Platon fragt nach der Erkenntnis gegenüber dem Sein und stellt so die Frage nach der Möglichkeit von Erkenntnis überhaupt. In Platons Philosophie sieht Kuhn die Einheit von Denken und Leben hergestellt. Platons Philosophie ist eine Seinslehre, welche die Unruhe der Sorge um das rechte Leben in sich aufgenommen und bewahrt hat. Daher unterscheidet sich Platons (und auch

[60] Helmut Kuhn, *Sokrates. Ein Versuch über den Ursprung der Metaphysik*, Berlin, 1934; München, 2. Aufl. 1959, 202.

[61] Ebd.

[62] Spruch des Rabbi Nachman in: Martin Buber, *Die Geschichten des Rabbi Nachman*, Gütersloh, 1999, 36; Helmut Kuhn, *Begegnung mit dem Sein. Meditationen zur Metaphysik des Gewissens*, Tübingen, 1954, 45.

[63] Kuhn, *Sokrates*, 198.

[64] Ebd., 89.

Kuhns) Seinsbegriff grundsätzlich von der von Christian Wolff, aber auch schon Duns Scotus inaugurierten Auffassung des Seins als dem leersten aller Begriffe. „Für Platon ist Sein mehr: Das Geordnet-sein des Seienden zum Kosmos, und die ontologischen Bedingungen sind immer zugleich Bedingungen der Trefflichkeit des Seins, die ein Mehr oder Weniger, also Grade des Seins zulassen."[65]

Die Verwurzelung der platonischen Seinslehre in der sokratischen Frage nach dem Guten kann als ontologische Affirmation bezeichnet werden, und damit ist gleichzeitig der Begriff des Sinns introduziert. „Die Frage nach dem Sein enthält immer schon die Frage nach dem Sinn von Sein. Unter ‚Sinn' möchten wir die Eigenschaft eines Zusammenhangs verstehen, die ihn befähigt, den Menschen mitzuumfassen – den ganzen Menschen, die Person mit der ihr innewohnenden und ihre Menschlichkeit konstituierenden Seinstendenz."[66]

Der Sache nach sind wir mit dem Begriff „Sinn" mitten in der platonischen Philosophie, dem Wort nach allerdings in der Moderne, denn in Wahrheit gehört der Terminus „Sinn" nicht zum Vokabular der philosophischen Tradition. Nietzsche war es, der in einer Epoche zerfallender metaphysischer Grundlagen den Begriff einführte. Im Sinnbegriff lebt somit das metaphysische Anliegen der Daseinsdeutung weiter. Mit Kuhns Frage nach dem Sinn von Sein ist angedeutet, dass das Sein nicht an sich sinnfrei ist und ihm sein Sinn erst nachträglich aus einer wie immer zustande gekommenen Wertewelt, gleichsam von außen her, beigelegt wird; es geht vielmehr darum, den Sinn im Sein selbst aufzusuchen. Es ist nahe liegend, dies so aufzufassen, als sei das Sein durchgängig ontologisch bestimmt, wobei dem Menschen als einem Seienden unter Seienden lediglich sein Platz in dieser durchgegliederten Ganzheit zuzuweisen wäre; dann wäre das Gute gleichsam am Sein ablesbar, oder schlimmer, aus dem Sein reduzierbar. Dies ist die dogmatische Versuchung, und ihr nachzugeben bedeutet zugleich die Auslöschung der Dynamik der Frage nach Sinn von Sein. Kuhn zeigt, dass bereits Platon dieser dogmatischen Versuchung wirksam begegnet ist, nämlich in der Lehre von der Seinsüberlegenheit des Guten: Das Gute jenseits des Seins ist keiner ontologischen Theorie zugänglich und fassbar.[67] Die Form, die Platon seiner Philosophie gab, ist daher nicht der Vortrag einer Lehre,

---

[65] Ebd., 207.

[66] Kuhn, *Das Sein und das Gute*, 209.

[67] Kuhn, *Sokrates*, 214–215.

sondern die „dramatische Gestaltung eines zur Lehre aufwachsenden Geschehens“[68] in Form des Dialogs.

Die bleibende Entdeckung des Sokrates, dass die Frage nach dem Guten sich aus dem in Frage stehenden Leben heraus aufdrängt und auch nur in einem um sein Heil besorgtes Leben beantwortet werden kann – dieser in Platons Denken lebendig erhaltene Impuls ist auch für Kuhn die entscheidende Einsicht, zu der er den Weg wieder freilegen möchte.

5.2. Die Wahl des Guten

5.2.1. Das Gute als *Telos*

Kuhn sieht in dem Begriff „Sinn“ eine Bedeutungsverwandtschaft mit dem Wort „Methode“, welches mit dem griechischen Wort für „Weg“ (*hodos)* zusammenhängt. „Den Sinn finden“ heißt soviel wie, „den Weg gehen“, und dieser Weg ist sowohl Erkenntnisweg als auch Lebensweg. Die Redeweise vom „den Weg gehen“ ruft noch einmal die Vorstellung des Wählens auf. Der Mensch wählt die Richtung, in welche er gehen will, „denn das Seins-Ziel geschieht nicht bloß an ihm, sondern durch ihn – es ist ihm als seine Tat aufgegeben. Diese seine Freiheit ermächtigt ihn, die ontologische Ordnung des Guten für seine Person zu vernehmen, ja sie in ihr Gegenteil zu verkehren“.[69] Nicht nur Verfehlung des Weges ist möglich, sondern auch willentliche Verkehrung. Dieser Sachverhalt sprengt den rein kosmologischen Aspekt des Guten; unter diesem Aspekt erscheint das Gute als Sinnhaftigkeit des als geordnet erkannten Gefüges der Welt – das Gute ist dann gleichsam der Fluchtpunkt auf den alles Seiende teleologisch bezogen ist. Dieser Aspekt wird durch die anthropologische Komponente, in welcher sich der Mensch als ein freies, nicht nur innerweltlich bestimmtes Wesen darstellt, eben als Wählender, überstiegen. Erst auf diesem Niveau offenbart sich der Anspruchscharakter des Guten, vor allem dann, wenn dieser Anspruch verneint wird, d. h. wo das Böse gewählt wird. Hier begegnen wir wieder der Polarität als Antithese. Die Sicht auf diese Antithese muss dabei ständig gegen zwei Bedrohungen gesichert werden. Da ist einerseits der metaphysische Irrtum der Verharmlosung des Bösen – so bei

[68] Ebd., 199.

[69] Helmut Kuhn, *Das Gute*, in: H. Krings / H. M. Baumgartner / C. Wild (Hrsg.), Handbuch philosophischer Grundbegriffe Bd. 3, München, 1973, 670.

Pelagius, aber auch in Hegels Philosophie –, andererseits die Verabsolutierung des Bösen – etwa in den Formen des gnostischen Dualismus.

Die erste Position tendiert dahin, eine Gleichung Sein und Gut aufzustellen und damit das Gute mit dem weltlich Seienden, d. h. mit dem faktisch Seienden zu identifizieren; auf diese Weise degeneriert das Böse zum „sogenannten Bösen" (Konrad Lorenz). Die gegenteilige Variante, welche das Böse als gleichursprünglich mit dem Guten behauptet, macht die Welt zum Schlachtfeld im nie endenden Kampf kosmischer Mächte. Beide Einseitigkeiten verkennen den Charakter der Lebenswahl; die erste, weil sie wohl eine „Wahl im Leben", aber keine „Wahl des Lebens" kennt[70]; die zweite, weil die Wahl letztlich auf eine irrationale Entscheidung hinausläuft. In beiden Fällen wird im Grunde auch die Sinnhaftigkeit der Wirklichkeit geleugnet.

5.2.2. Aristoteles' Vorzugswahl

Mit dem Begriff der Wahl tritt das Problem des Ursprungs der menschlichen Handlung ins Blickfeld. Was bedeutet es, wenn vom Menschen gesagt wird, er sei der „Anfangsgrund seiner Handlungen"[71]? In diesem Zusammenhang setzt Kuhn sich kritisch mit der aristotelischen Prohairesislehre auseinander.[72] Bereits der Anfangssatz der Nikomachischen Ethik beginnt mit einer Allaussage: „Jede Kunst und jede Lehre, desgleichen jede Handlung und jeder Entschluss scheint ein Gut zu erstreben, weshalb man das Gute treffend als dasjenige bezeichnet hat, wonach alles strebt."[73] Kuhn erläutert, dass Handlung (*praxis*) und Entschluss (*prohairesis*) nicht einfach aufzählend nebeneinander stehen, sondern dass die *Prohairesis* der Praxis als ihrem Ursprung vorausgeht. „Die Wahl, das innere Ja und Nein veräußert sich in Handlung."[74] Weiterfragend, was denn der Wahl selbst vorausgeht, was der wählenden Entscheidung somit die Richtung gibt, stößt Kuhn auf Aristoteles' Begriff der „Erwägung" (*boulesis*).

[70] Kuhn, *Weg*, 369.

[71] Kuhn, *Das Sein und das Gute*, 275.

[72] Ebd., 275–294.

[73] Aristoteles, *Nikomachische Ethik*, I,1; 1094a1; in: Eugen Rolfes, Philosophische Bibliothek Bd. 5, Leipzig, 1911.

[74] Kuhn, *Das Sein und das Gute*, 277.

Bei näherem Zusehen zeigt sich, dass Aristoteles den Kompetenzbereich der „Erwägung" erheblich einschränkt. Was nämlich darin verglichen und gegeneinander abgewogen wird, sind nicht Ziele, sondern lediglich die Mittel zur Erreichung eines vorgegebenen Zieles, daher übersetzt Kuhn den Begriff der *Prohairesis* mit „Vorzugswahl". Aus der Trennung von Ziel und Mittel folgt gewissermaßen eine Rationalisierung der Wahl, ein praktischer Syllogismus, der aber nicht mit einem wissenschaftlichen Kalkül gleichzusetzen ist, denn die Ethik des Aristoteles orientiert sich sehr stark an der praktischen Lebenserfahrung, und erst aufgrund ausreichender Lebenserfahrung gewinnt der Mensch in der *Prohairesis* die Ausrichtung auf das Gute. Nun stellt sich die Frage, inwiefern das Gute ein vorgegebenes Ziel darstellt und wie das Gute als Ziel erkennbar ist.

Gemäß dem Prinzip der Nikomachischen Ethik ist das Streben des Menschen auf das Gute gerichtet; das aber bedeutet, dass im konkreten Fall durchaus verschiedene Gute zur Verwirklichung anstehen, das, was nämlich dem je einzelnen Menschen als Ziel gilt. Die Schwierigkeit, die hier durch die Unterscheidung von Gutem-an-sich und dem jeweils als gut Erscheinenden angedeutet ist, versucht Aristoteles in dem Begriff der *hexis* anzugehen. Der sittlich Handelnde soll eine innere Haltung, einen Habitus, entwickeln, der ihn befähigt, das wahrhaft Gute zu erkennen – dies ist die Haltung der *arete*, d. h. der „Tugend".

Kuhn zeigt nun, dass die *Prohairesis* als Vorzugswahl, auf der Trennung von Mittel und Ziel basierend, überfordert ist, wenn sie das jeweils menschlich Gute auf das unbedingt Gute hin vermitteln soll. Diese Trennung Mittel – Ziel lässt sich für eine begrenzte und damit exakte Zieldefinition wohl sinnvollerweise aufrechterhalten, aber nicht, wenn ein umfassendes *Telos* zur Diskussion steht, wie etwa „das gute Leben". Je umfassender das *Telos*, umso mehr verschmilzt das Mittel mit dem Ziel, und die Unterscheidung wird unbrauchbar. Der an sich nicht anfechtbare Zirkel der *Hexis*, wonach die tugendhafte Praxis zur wachsenden Erkenntnis des Guten und die zunehmende Erkenntnis des Guten zu einer immer tugendhafteren Praxis führt, lässt letzten Endes die Frage nach dem Ursprung der richtigen Wahl offen. Nach Kuhns Diagnose liegt der Grund dafür in der „humanistischen"[75] Konzeption des Aristoteles, wonach unter der Leitung des *Nous*, als dem Herrschenden im Menschen, im Inneren dieses Menschen eine vernünftige Herrschaftsordnung entsteht – Wählen ist von diesem Menschenideal her gesehen etwas Unproblematisches, keineswegs der Urakt der

[75] Ebd., 292.

Freiheit aus dem Zentrum der Person heraus. Für Aristoteles kommt es vor allem darauf an, die vernünftige Mitte zu treffen.

5.2.3. Die Notstandswahl

Eine diametral entgegen gesetzte Sicht tritt uns in einem anderen Modell, dem Krisenmodell entgegen. Kuhn spricht von der „Notstandswahl". „Das Charakteristische bei dieser Notstandswahl ist, dass die Norm erst im Drang der Wahl sichtbar wird: Wie ein Blitz schlägt der Gedanke ein, dass es im Dasein um das Dasein geht."[76] Im Augenblick äußerster Gefährdung erwächst dem Menschen die rettende Kraft der Selbsterhaltung. Jäh bricht die Hülle vernünftiger Besonnenheit auf und offenbart die Tiefe menschlicher Initiativkraft. Trotz dieser Einsicht, welche uns das Krisenmodell vermittelt, darf es nicht seinerseits verabsolutiert werden. Der hohe Preis dafür wäre nämlich der Verlust des Gebots und der vernünftigen Norm. „Not kennt kein Gebot", sagt das Sprichwort.

Eine Variante dieses Krisenmodells sieht Kuhn im „schöpferischen" oder „existentialistischen" Wahlbegriff. Für diesen ist die Vorstellung des sich aus eigener Freiheit selbst bestimmenden Individuums charakteristisch. Der sich selbst schaffende oder entwerfende Mensch steht prinzipiell vor einer unbegrenzten Anzahl von Möglichkeiten. Frei wie er selbst, ist auch seine Wahl nicht vorbestimmt. Der Mensch wählt, wer er sein will. „Wahl ist Selbstwahl"[77]. Nicht der *Nous*, sondern der Wille ist das Bestimmende, er setzt das *Telos*. Gegenüber der Vorzugswahl lenkt die schöpferische Wahl den Blick auf den ursprünglichen Totaleinsatz der ganzen Person. Zugleich leidet sie aber an der fundamentalen Schwäche, dass die existentielle Entscheidung sich vernünftig nicht mehr rechtfertigen und beurteilen lässt: Der eine Entscheidungsakt ist im Grunde so gut wie ein anderer.

5.2.4. Das Leben als Notstand

Sowohl das Modell der Vorzugswahl als auch das der Notstandswahl sind Einseitigkeiten, aber eben Einseitigkeiten, die beide je eine durchaus richtige Einsicht betreffen. Diese richtigen Erkenntnisse, einerseits das Vernünftig-

---

[76] Ebd., 293.

[77] Kuhn, *Begegnung mit dem Sein*, 43.

Normative, andererseits das Existentiell-Engagierte der Wahl, will Kuhn durch Vertiefung des Begriffs der Vorzugswahl festhalten. Diese soll dahingehend umgeformt werden, dass die Mittel-Ziel-Erwägung des täglichen Lebens sich so weit erheben, dass das Ganze des menschlichen Lebens ins Blickfeld rückt, und unter dem Aspekt der Ganzheit kann dann das Leben in seiner Gefährdung gesehen werden. Die Möglichkeit, das Leben als Ganzes zu verfehlen, lässt dieses als einen „Notstand" erkennen. Die Sorge um das Ganze des Lebens, um das Heil der Seele, motiviert die Bewegungsrichtung der Wahl.

6. Weg und Ordnung

6.1. Die menschliche Person

Unter dem *Telos* des Guten präzisiert sich die Seinsfrage zur Frage nach dem Sinn von Sein. Diese Frage entfaltet sich einmal so, dass „dem Sein als Sein (nicht aber dem Seienden als einem solchen) der Charakter der Selbstrechtfertigung innewohnt", d. h. das Kriterium für die Realität des Seins besteht darin, „dass wir Wirkliches wirklich antreffen"[78], die Begegnung mit dem Sein legitimiert das Sein des Seins. Der Sinn von Sein wird nicht als von außen kommende Bestimmung aufgelegt, sondern enthüllt sich der ontologischen Affirmation; gleichsam ein Akt der hypothetischen Vorwegnahme auf das Wesen der Gutheit des Seins, nicht schon die Erfassung dieses Wesens. Diese prinzipielle Bejahung ist so etwas wie eine Antwort auf das göttliche „Es war sehr gut", durch den sich der Erkennende in Übereinstimmung mit dem Sein zu bringen sucht. Dieser Weg einer sich stets mehr verfestigenden ontologischen Bejahung ist der Sinn von Sein, auf diesem Weg erschließt sich die Verschiedenheit und der Zusammenhang der Wirklichkeit.

Ein weiteres Moment liegt darin, dass der Ausdruck „Sinn von Sein" auch das personale Sein der menschlichen Existenz einschließt. Dieses besondere Seiende, das nicht einfach wie andere Dinge ist, zeichnet sich durch eine Beziehung zu sich selbst aus. Es ist ein Seiendes, das sich selbst will, allerdings in einem Selbstwollen, das über den allem Lebendigen innewohnenden Selbsterhaltungstrieb hinausgeht, ein Seiendes, das in einem ontologischen Sinn sein *will*. Die im Selbstbewusstsein des Menschen zum Ausdruck kommende Sonderstellung eröffnet einen Zugang zur Erkenntnis der Sinnhaftigkeit des Seins. Auf der Ebene der Welterkenntnis wird dies durch die schon erwähnte enge Verschränkung von erkennendem Subjekt (Ich-in-Welt) und auf Erkennung angelegte

[78] Ebd., 3.

Realität (Welt-im-Ich) ermöglicht. Diese ontische Polarität übersteigend, ist die menschliche Existenz befähigt, zum Verstehen der ontologischen Antithetik durchzudringen. Erst der menschlichen Person, als dem Wesen mit Entscheidungskompetenz, erschließt sich die über das rein Moralische hinausgehende Bedeutung des Guten als zum Sein selbst gehörend. Dem Wesen, das die ontologische Zustimmung auch in eine Verneinung des Seins kehren kann, wird die Bedeutung des Guten in seinem fundamentalen Gegensatz zum Bösen klar.

Wenn sich die Sinnhaftigkeit und Sinnfülle des Seins als Einheit und Verschiedenheit eines geordneten Zusammenhangs darstellt, dann muss nicht nur die menschliche Person sinnvoll dieser Ordnung einfügbar sein, sondern die Seinsordnung selbst im Leben dieser Person einen Ausdruck finden: im positiven Sinn als Bestätigung, im negativen Sinne als Verfehlung der Ordnung. Von daher widmet Kuhn dem Gewissen als dem Organ, welches mahnend oder anklagend Ordnungsverletzungen registriert, immer wieder seine Aufmerksamkeit. Dieses Zueinander von Seins-Sinn und Seins-Ordnung bestimmt Kuhn geradezu in einer „Metaphysik des Gewissens“.

Die Aussage, die Person habe ihren Platz innerhalb der Gesamtordnung, muss dahingehend präzisiert werden, dass sie diesen Ort nicht hat, sondern dass sie dieser Ort ist.[79] Dies ist eine andere Ausdrucksweise für die Einzigartigkeit der Person. Sie ist mehr als Individuum. Jedes Weltding ist Individuum; erkenntnismäßig bestimmt sich aber sein Ort dadurch, dass es Repräsentant einer Art ist. Eine Definition eines Individuums geschieht durch das Erkennen von es bestimmenden allgemeinen Merkmalen. Das Wesen der Person ist aber solcherart nicht zu erfassen, wenngleich auch von ihr allgemeine Klassenbegriffe ausgesagt werden können. Wesentlich verstanden werden kann die Person nur, wenn sie als Einzigartiges-Konkretes betrachtet wird. Wird die Person auf den Status eines Elements ihrer Klasse reduziert, bleibt sie unbegriffen. Hinweise auf die Unmöglichkeit, die Person durch Klassenbegriffe zu definieren, sieht Kuhn in den vergeblichen Versuchen mittels der theologischen Theorien der Präexistenz, Kreatianismus oder Traduzianismus, das Verhältnis von Einzelseele und genetischer Geschlechterfolge zu beschreiben. Dies deutet darauf hin, dass das Einzigartig-Eigene der Seele, und damit der menschlichen Person, nur adäquat verstanden werden kann, wenn es im Licht des Allgemeinsten, nämlich im Licht der Gesamtordnung betrachtet wird. „Es besteht also ein analogisches Verhältnis zwischen dem Mikrokosmos Person und dem Makrokosmos Ge-

[79] Ebd., 217–219.

samtordnung, insofern als auch die letztere, der Grund der sich ihr entfaltenden Allgemeinheit, zugleich ein Einzigartig-Besonderes ist."[80]

6.2. Person und Gewissen

Bestätigung oder Verfehlung der Seinsordnung sind also durch den doppelten Sachverhalt des analogischen Verhältnisses und der unvertretbaren Einzigkeit der Person bedingt, ja erst ermöglicht. Dieser Doppelheit korrespondiert eine Doppelsinnigkeit im Gewissen, nämlich die von anklagendem und lenkendem Gewissen.[81] Als anklagendes Gewissen tritt es der Person gleichsam als selbständige Macht gegenüber. Durch den Schuldbezug warnt es vorblickend auf zukünftiges Tun und klagt es an im Rückblick auf vergangenes Geschehen. Diese Selbständigkeit des Gewissens ist zugleich sein transzendenzbegründetes Prinzip. Unter einem anderen Gesichtspunkt erscheint das Gewissen allerdings als mit dem Personkern verschmolzen; Eigenschaften des Gewissens sind Eigenschaften und Charakteristika der Person, und mit der Veränderung der Person ändert sich auch das Gewissen; aus einem stumpfen Gewissen kann beispielsweise ein zartes Gewissen werden etc. Diese Doppelsinnigkeit von Freiheit und Abhängigkeit kommt in dem Satz: „Ich bin schuldig" zum Ausdruck, durch den der Schuldspruch des Gewissens als eigener übernommen wird. Diese Doppelsinnigkeit ist die Entsprechung der oben erwähnten Doppelheit von Mikrokosmos und Makrokosmos.

Die Allgemeinheit der Gesamtordnung tritt in der Grundsätzlichkeit der Forderung des Gewissens auf, etwa im „Du sollst nicht töten", und zugleich ist doch diese Forderung an diese eine unvertretbare Person allein gerichtet. So wie die Kompassnadel bei einer Kursabweichung ausschlägt, so meldet sich das Gewissen beim Abweichen von der Ordnung. Die Aufgabe des Gewissens ist es also, wieder in die Ordnung hineinzuführen, und zwar in eine ganz bestimmte Ordnung. Man könnte sie vielleicht in Anspielung auf Pascal die „Ordnung des Herzens" nennen; jedenfalls ist eine Ordnung gemeint, in welcher sich die „Liebeskraft des Herzens"[82] bis zum Äußersten zu entfalten vermag.

[80] Ebd., 131.
[81] Ebd., 15–16.
[82] Ebd., 52.

6.3. Der Gewissensvorgang

Den durch Ordnungsverletzung ausgelösten Gewissensbildungsprozess zeichnet Kuhn als triadische Struktur, als Dreitakt von Leiden, Tun und Leiden (*passio-actio-passio*).[83] Auf der ersten Stufe des Prozesses steht die Person in der Selbstsicherheit eines von sich entworfenen Bildes, dem Bild des „für ihn Guten“. Die Mahnung des Gewissens, die eine vergangene Tat oder ein Versäumnis in Erinnerung ruft, bringt dieses Image ins Wanken. Das Gewissen lässt ich nicht zum Schweigen bringen – die Person muss die „Gewissensbisse“ erleiden. Auf der zweiten Stufe beginnt die Aktion, dem desintegrierenden Wirken des Gewissens zu begegnen. Das kann durch ein Angehen gegen das Gewissen etwa in Form einer rationalisierenden Rechtfertigung geschehen, oder durch eine Zustimmung, die den Spruch des Gewissens übernimmt und in die Reue führt. Reue bedeutet Auflösung der ursprünglichen „Selbstaffirmation“ und ist zunächst auf Selbstzerstörung gerichtet. Dies ist der Punkt der Entscheidung. In der freien rückhaltlosen Aneignung des Gewissens trifft die Person eine Wahl, die eine „Bekehrung“ einleitet, und in dieser Bekehrung entgleitet ihr wiederum – auf der dritten Stufe – die Initiative des Handelns: Gleichsam wie von außen her wird die Selbstdestruktion der Reue in die Wiederherstellung der Person in Neuheit umgewandelt.

In die mittlere Phase gehört, wie gesagt, jene Entschlossenheit und Wahl, die weder „Vorzugswahl“ noch „schöpferische Wahl“ ist, sondern durch die sich die menschliche Person letztlich der transzendenten Macht des Guten ausliefert. Sie gibt sich selbst in der Zustimmung zum Spruch des Gewissens preis, um in dieser Selbstpreisgabe sich zu empfangen. Wiederum leuchtet in dieser Zuwendung zu einem obersten *Telos* die ontologische Affirmation auf, die aus der Tiefe der Persönlichkeit die Bejahung des Seins bestimmt.

6.4. Das Mit-Sein des Anderen

Es stellt aber eine Vereinfachung dar, im Gewissensprozess allein die Innerlichkeit des Einzelnen zu berücksichtigen. Der Einzelne lebt in der Gemeinschaft, eingespannt in der Sinn konstituierenden Polarität von Ich und Wir, darum ist das auf der ersten Stufe des Gewissensprozesses angesprochene Leitbild auch nicht aus freier Schöpfung, im Entwurf hervorgegangen, sondern ist „im Hinblicken auf das, was wir selbst nicht sind – im Blick nicht auf Anderes, son-

[83] Ebd., 35–53.

dern den Anderen“[84] entstanden. Die Formung eines Selbstbildes von sich setzt den Anderen voraus, der Andere ist die Bedingung meiner Selbsterkenntnis. Diese Einsicht anwendend erscheint die Selbstbehauptung der Person als der Niederschlag jener Bejahung, die ihr vom Anderen her widerfährt.

Die Kehrseite dieser aufbauenden Kraft eines Vorbild-Leitbildes besteht zugleich im Anspruchs- bzw. Richtspruchcharakter dieses Bildes. Hierin gründet sich die Möglichkeit des krisenauslösenden Gewissensrufes. Daher hat die Beziehung zum Anderen nicht nur Bedeutung für die erste Phase, sondern auch für die zweite und dritte Phase des Gewissensprozesses. Kuhn analysiert die zwischenmenschliche Grunderfahrung der Leitbildformung, die in der Wirklichkeit in unzähligfach abgewandelter Form auftritt, einmal anhand des Beispiels der vertrauenden Bewunderung des Kindes den Erwachsenen gegenüber, die im Grunde eine lebenslang das menschliche Dasein begleitende Erfahrung ist, und zweitens anhand der Erfahrung der leidenschaftlichen Liebe. In beiden Fällen gilt, dass Ideal und Person des Anderen auseinanderklaffen. In der kindlichen Idealbildung wird der Andere zur Basis der eigenen Selbstentdeckung, und in der Leidenschaft bildet der Andere die Inkarnation meines Ideals. Es bleibt immer noch Begegnung am Anderen und nicht Begegnung mit dem Anderen.[85] Ist aber eine Erfahrung möglich, die den Anderen nicht nur als Gegenstand einer Betrachtung hat, sondern die vielmehr aus dem echten Begegnen der Person hervorgeht? Die Richtung, die ins Innere des Personzentrums hineinführt, um den Weg zum Mitmenschen zu finden, d. h. zum Sein des Anderen, hatte sich bereits in den Begriffen der Ordnung und der Liebe abgezeichnet. Personsein bedeutet ja soviel wie einzig-einzigartig sein, und der „Ort“ der Person in der Gesamtordnung ist daher nicht einfach „da“, sondern ist jene Person selbst.

Um die Begegnung mit dem Anderen zu vollziehen, muss dessen Idealisierung überwunden werden. Die Idealisierung wird dadurch überwunden, dass der Andere erkannt wird als einer, der wie ich auf dem Wege ist – auf dem Weg zur Bewahrung des Lebens oder zur Verfehlung des Lebens. Sehe ich den Anderen als einen, der wie ich seinem Leitbild sich anzunähern versucht und sich auch wieder entfernt, sehe ich den Anderen in seinem Notstand oder, anders gesagt, als einen Weggefährten, dann erscheint der Andere primär als Person und nur sekundär als Betrachtungsgegenstand. Die Idealisierung des Anderen ist überwunden, und eine „Achsendrehung“[86] hat stattgefunden. Diese Achsendrehung

[84] Ebd., 134.
[85] Ebd., 145.
[86] Ebd., 149.

ermöglicht, wie gesagt, die Sicht auf den Anderen, der nicht nur triumphiert, sondern auch in ständiger Gefährdung ist.

In der Erfahrung der Weggefährtenschaft eröffnet sich endlich der Faktor der Selbstbetroffenheit: Ich sehe mich mit den Augen des Anderen. Unter dem Blick des Anderen, dem vertrauend-ermutigenden oder dem kritisch-besorgten Blick, vermag ich, meinen Weg zu gehen. „In dieser Gemeinschaft der Gegenseitigkeit ist das Selbst nicht aufgeopfert, sondern transzendiert: In dem Anderen, seiner existentiellen Mitte, hat sich ein Stück meines Selbst angesiedelt.“[87] Der begreifenden Erkenntnis ist das Wissen um das *Telos* des Anderen, um das Gute für den Anderen, verschlossen; soll das Dunkel wenigstens ein Stück weit aufgeklärt werden, ist nur die Liebe dazu in der Lage. „Wir nennen diesen Existenzmodus, das Dasein in der Liebe zum Anderen, göttlich, weil sie das menschlich-existentielle Gegenstück zu einer dem Menschen vorenthaltenen Sicht (der göttlichen Sicht, die das Herz sieht) ist.“[88] Die verstehende Kraft der Liebe erweist sich auch auf negative Weise darin, dass ein gescheitertes Lieben und gescheitertes Miteinander-Leben ins Dunkel des Nichtverstehens stürzt.

Mit dem Mitsein des Menschen hat Kuhn die „organisierte Mitte“[89] der ontologischen Affirmation gefunden. Über den Mitmenschen erschließt oder verschließt sich uns das Sein als Ordnung, und unsere Einstellung und unser Umgang mit den Dingen wird entscheidend von unserem Grundverhältnis des Mitseins mit dem Anderem geprägt. Bejahung des Seins resultiert aus der Bejahung des Mitmenschen, so lehrt die Besinnung auf die Ich-Du-Dimension des Gewissens.

Unter der Voraussetzung der ontologischen Negation, so Kuhn, verliert das Sein seinen Sinncharakter. Dann ergibt sich entweder die Vorstellung einer sinnleeren bzw. sinnneutralen Realität (Kuhn denkt z. B. an N. Hartmann, aber auch an J. P. Sartre) oder die Bestreitung des Seins-an-sich durch Reduktion auf die Welt konstituierende Leistung eines transzendentalen Ur-Ich. Aus der Mitte der sozialen Dimension heraus aber wird die nihilistische Entwicklung der Wirklichkeit überwunden, denn „die Welt ist primär sozialer Raum, bevölkerte Welt, sekundär geometrischer geordneter Dingraum“[90].

[87] Ebd., 150.
[88] Ebd., 152.
[89] Ebd., 159.
[90] Ebd., 161.

In der „Achsendrehung“, durch welche der Andere als einer, der auf dem Weg ist, in seinem Licht und seinem Schatten als Person erkennbar ist, werde ich mir selbst meiner Annäherung oder Entfernung von meinem *Telos* bewusst. Am Anderen enthüllen sich mir meine eigenen Möglichkeiten und Gefahren: Ein Sachverhalt, den Kuhn in Abwandlung von Gen 3,5 umreißt: „Der Mensch ist dem Menschen wie Gott.“[91] „Wie Gott“ – das bedeutet: Höhe der Freisetzung eigener Kräfte und zugleich der Abgrund der Verführung und Verfehlung.

6.5. Das Gewissen als Organ der Transzendenz

Das Gewissen ist Zeugnis und Organ der Transzendenz und zugleich verschmolzen mit dem Medium des Mitseins zwischenmenschlichen Lebens. Diesen Doppelaspekt herauszustellen und festzuhalten, ist Kuhns metaphysische Besinnung bemüht. In dieser Zweiheit wird der nicht-relativierbare, eines von jenseits des Seins kommenden Anspruchs, der Forderungscharakter des Guten, betont und gleichzeitig die absolute Forderung mit Inhalt gefüllt, indem sie dem Menschen auf seine konkrete Verantwortung für seinen konkreten Nächsten verweist.

Die Berufung auf die Transzendenz des Gewissens schützt den Einzelnen gegenüber dem Zugriff totalitärer menschlicher Ansprüche und Systeme. Der Einzelne wird dadurch in die Lage versetzt, dem Unrecht und dem Bösen zu widerstehen, auch wenn dieses unter der Legitimation der Macht, auch der Meinungsmacht, auftritt. Ein Prototyp des Handelns aus Gewissensgründen wird von Kuhn in der Person des englischen Kanzlers Thomas More vorgestellt, „den man recht eigentlich als den Heiligen des Gewissens bezeichnen darf“[92]. Trotz seiner prinzipiellen Loyalität Heinrich VIII. gegenüber musste More einem königlichen Gesetz den Eid verweigern. Keine pragmatischen Überlegungen vermochten ihn dazu zu bewegen, die Stimme des Gewissens zu missachten. Keine Weltautorität, allein das Gewissen war Kriterium der Entscheidung. Nicht im Bewusstsein grenzenloser Freiheit, sondern in Sorge um das Heil der Seele, d. h. im Hinblick auf das transzendent Gute, traf Thomas More seine Wahl.

Eine Pervertierung des Organs des Gewissens stellt es dar, die Unbedingtheit des Gewissensanspruches als Beweis für die Autonomie und Autarkie des Ge-

[91] Ebd., 170.

[92] Ebd., 19.

wissens zu nehmen. Ob es die Idee einer moralischen Genialität à la Rousseau oder Kants und Fichtes Begriff eines unfehlbaren Gewissens bis hin zu Hegels Gewissen als absolute Negation alles Bestimmten ist, derart formalisiert hört das Gewissen auf, noch wirkliches Gewissen zu sein. Das Prinzip kommt dann vermittlungslos neben den konkreten Inhalt zu stehen. Die Aussage von dem unüberbrückbaren Gegenüber von Gewissensanspruch und Gewissensinhalt ist nur die Kehrseite des Sachverhalts, dass ein formalisierter Gewissensbegriff letztendlich mit jedem Inhalt gefüllt werden kann. Ersatzvermittlungen füllen das Vakuum. Hegels Dialektik ist ein herausragendes Beispiel solchen Ersatzes. Das umfassende System kennt nicht mehr die Diskontinuität von Immanenz und Transzendenz. Die Folge ist, dass die Kriterien für das, was gut ist, der Geschichte zu entnehmen sind, „und Gewissen haben soll heißen: in Harmonie mit der Geschichte leben wollen“[93]. Praktisch bedeutet das, dass die das Gewissen des Einzelnen leitenden Kriterien die Gesetze des Staates sind. Die Rolle des teleologischen Guten spielt die Geschichte als Selbstbewusstwerdungsprozess des göttlichen Geistes. In diesem Sich-in-Übereinstimmung-Bringen, nicht mit der transzendenten Ordnung, sondern mit der politisch-historischen Ordnung, erkennt Kuhn, der politische Philosoph, die Selbstaufhebung des echten Gewissens. Die Ordnung des Geschehens kennt schließlich nur einen Maßstab: den Erfolg.

6.6. Ordnung und Freiheit: *ordo caritatis*

Das Gewissen ist Indiz einer transzendenten Ordnung, indem es den Bruch, die Verletzung dieser Ordnung anzeigt. Das Gewissen bezieht sich also immer auf eine Ordnung, die bereits durch uns verletzt worden ist. Der Spruch des Gewissens ist Schuldspruch, auch beim warnenden Gewissen. In diesem Fall nämlich eilt das Gewissen gleichsam voraus und beurteilt die Tat so, als ob sie bereits geschehen wäre. Der Ordnungsbegriff, der zunächst ein formaler ist, wird mit inhaltlicher Substanz gefüllt, indem nach dem gefragt wird, was denn zueinander geordnet ist. Die Ordnungsbeziehung des Gewissens ist die des personalen Mitseins. Zu sagen, das Gewissen zeige eine Ordnungsverletzung auf, ist noch zu abstrakt. Konkret bedeutet Ordnungsverletzung „ein Leben gestört, ein Vertrauen enttäuscht, ein Gefühl verletzt, einen Appell überhört zu haben“[94]. Ordnung als Beziehungsgefüge von Personen geht über den Einzelnen hinaus und bezeichnet den Grund des Daseins der Person. Ist dieser Grund nun womöglich

[93] Ebd., 192.
[94] Ebd., 171.

selbst personaler Art? Eine Art Über-Person? Der Begriff der Ordnung bedarf der Aufklärung.

Der Ordnungsbegriff ist kontrovers. Der moderne Mensch sieht Ordnung nicht als etwas Gegebenes und Hinzunehmendes, sondern als „ein Unternehmen, an dem der Mensch – als Individuum, als Volk, als Menschheit – beteiligt ist“. Es gehört zur menschlichen Freiheit, Ordnungen zu schaffen, aber ebenso, Ordnungen zu verändern oder umzustürzen. Gegenüber der Ordnung kann der Mensch eine affirmierende oder eine negierende, rebellierende Einstellung haben. Die Welt kann ihm bergende Gesamtordnung sein, oder fremd, nicht auf ihn angelegt, gegenüberstehen. In den kritischen bis nihilistischen Deutungen des Verhältnisses Mensch-Ordnung (Naturweltordnung und Geschichtsweltordnung reduzieren sich mehr und mehr auf eine Grundhaltung) konstatiert Kuhn die Konsequenz der „theoretischen Selbstaufhebung“ des Menschen. Der Mensch, der in vermeintlicher Freiheit Welten entwirft, ist in Wirklichkeit selbst Opfer der Geschichte, sie diktiert seinen Weltentwurf. Zynischerweise passt die theoretische Selbstaufhebung „auf unheimliche Weise in eine Situation, in der die Mittel zur faktischen Selbstaufhebung bereitliegen. Allzu gut erfüllt diese Philosophie die hegelsche Vorschrift, wonach Philosophie sein soll ‚ihre Zeit, in Gedanken erfasst‘“[95]. Kuhn votiert für die metaphysische Deutung, wonach „Ordnung für den Menschen heißt: sich einordnen“[96]. Unterwegs zu seiner ihm bestimmten und zugleich in seiner Person beschlossenen „Ortschaft“ riskiert der Mensch die Verfehlung seiner Einordnung. Dieser mehr denn je bezweifelten Sicht, liegt die Grundannahme einer sinnvollen Gesamtordnung zugrunde, die sich einem transzendenten Grund verdankt.

Wie wir sehen, findet im Gewissensprozess Selbstentdeckung, Selbstwerdung durch die Begegnung mit dem Anderen statt; die höchste Form dieser Begegnung ist die Liebe in der Einheit von Sich-verschenken und Sich-finden. Aber, wenn die Ich-Du-Beziehung eine tragfähige Grundlage der Metaphysik abgeben soll, dann muss sie notwendigerweise in eine theozentrische Perspektive eingebettet sein. Kuhn fragt ganz direkt: „Ist es möglich, Menschen menschlich und doch mit voller Hingabe zu lieben, wenn es keinen Gott gibt?“[97]

Da ist auf der einen Seite die Liebe, die ihrem Wesen nach auf Vollkommenheit und tiefste Erfüllung angelegt ist – auf der anderen Seite der unvollkommene

[95] Kuhn, Das Sein und das Gute, 187.
[96] Ebd., 183.
[97] Kuhn, Begegnung mit dem Sein, 172.

Gegenstand der Liebe, der Mensch. Muss nicht diese Inkongruenz den Menschen zerbrechen – den enttäuschten Liebenden und den überforderten Geliebten? Weist nicht die Liebe über den Menschen letztlich hinaus? Die Gefahr des Zerbruchs durch Vergottung des Menschen wird gebannt, wenn die menschliche Liebe in die Liebe Gottes zum Menschen eingebettet ist.

Harald Seubert

Der Antichrist – Überlegungen zu einem Typus eschatologischen Denkens

Zugleich ein Versuch über Weltgeschichte und Heilsgeschichte

1. Zueignung

Es ist von fundamentaler Bedeutung, zwischen innerweltlicher Utopie und dem christlichen Eschaton unterscheiden zu können. Die Verwechslung zwischen beidem ist ein wesentliches Moment des totalitären Zeitalters mit seinen Ideologien. Theologische Unterscheidung der Geister weiß, innerweltliche Heilsversprechungen und das Heil der Welt voneinander zu trennen. Darin ist der Jubilar ein Meister. Mit seinem umfassenden historischen Wissen, mit Unterscheidungskunst und Mut hat er dies in seinem bisherigen Wirken und Leben immer wieder unter Beweis gestellt.

Gott ist Herr der Geschichte. Und: „Es wird regiert", mit den letzten überlieferten Worten von Karl Barth. Christliche Theologie der Geschichte hat dies festzuhalten, unter den Verkleidungen der Zeit. Für deren Erkenntnis gibt es keinen letzten Schlüssel, wie ihn innerweltliche Geschichtstheorien zwischen Comte, Marx und den Theoretikern der liberalen One World zu finden suchten. Christlicher Glaube geht nicht einfach mit den Zeiten. Er steht unter dem eschatologischen Vorbehalt von Gnade und Gericht.

Dies veranlasst mich, Armin Sierszyn in Verbundenheit und großer Sympathie diesen Beitrag zu widmen.

Ausgehend vom Zeugnis der Heiligen Schrift, doch in einem ideengeschichtlichen und nicht primär biblisch theologischen Interesse,[1] wird im ersten Teil (2.)

[1] Vgl. exegetisch: Gerhard Maier, *Er wird kommen. Was die Bibel über die Wiederkunft Jesu sagt*, Wuppertal, 2001; ders., *Die Johannesoffenbarung und die Kirche*, WUNT 25, Tübingen, 1981. Siehe auch: Geert W. Lorein, *The Antichrist Theme in the Intertestamental Period*, Journal for the Study of the Pseudepigrapha Supplement Series 44, London/New York, 2003.

gefragt, mit welchen methodischen und hermeneutischen Mitteln dem Zeugnis vom Antichrist, bzw. dem Antichristlichen nachgegangen werden kann. Im folgenden Teil (3.) werden in einem weiten Bogenschlag Konstellationen des Antichrist-Topos von der frühmittelalterlichen Geschichtstheologie über die Konfrontationen in reformatorischer Zeit aufgenommen und beurteilt. Dabei erweist es sich als besonders augenfällig, dass in der Moderne, im 19. und 20. Jahrhundert die Frage nach dem Antichrist neue Aktualität gewinnt. Sie erweist sich als Kehrseite der Aufklärung. Besondere Antipoden sind in diesem Spektrum Nietzsche und Dostojewski. – Im abschließenden Teil (4.) wird in systematischer und zeitdiagnostischer Weise das Resümee gezogen: Leben wir heute schon im Weltalter des ‚Antichrist' oder im Zeitalter der ‚vollendeten Sündhaftigkeit', wie Fichte einmal meinte und was bedeutet dies für die Zukunft?

2. Grundzüge und Methode

1. Es war der große katholische Theologe Henri de Lubac, der in seinem 1944 erschienenen Buch ‚Le drame de l'humanisme athée' in tiefschürfender Auseinandersetzung mit Nietzsche, Feuerbach, Comte und im Rückgriff auf Dostojewski eine geistige Lage diagnostizierte, die heute mehr denn je aktuell und akut ist. Er fasst diese Lage, wie im Titel ausgedrückt, als einen „Humanismus ohne Gott" auf. Und er identifizierte sie mit dem Nihilismus. Die europäische, und vor allem die christliche Welt, befinde sich in einer „Art unermesslicher Abdrift: unter dem Einfluss eines beträchtlichen Teils ihrer denkenden Elite verleugnet die abendländische Menschheit ihre christlichen Ursprünge und wendet sich von Gott ab".[2] Entscheidend ist, dass sich die Tendenzen dieses Atheismus als produktiv, zukünftig, emanzipatorisch und den Fortschritt fördernd geben. Lubac spricht von einer Tragödie und hält fest: „Die Erde, die ohne Gott aus einem Chaos höchstens ein Kerker werden könnte, ist in Wirklichkeit das Feld der Bewährung für das Ewige in uns. So ist der Glaube an Gott, den nichts dem Menschen aus dem Herzen reißen wird, die einzige Flamme, die unsere Hoffnung nährt, menschlich und göttlich".[3]

[2] Henri de Lubac, *Tragödie eines Humanismus ohne Gott* [Titel der ersten deutschen Übersetzung von ‚Le drame de l'humanisme athée', die spätere deutsche Übersetzung trägt den Titel ‚Über Gott hinaus. Tragödie des atheistischen Humanismus], Einsiedeln, 1984, 15.

[3] Ebd., 16. Vgl. dazu auch Henri de Lubac, *Die göttliche Offenbarung*, Einsiedeln, 2001.

Es ist bemerkenswert, dass moderne Theologie, evangelische vor allem, aber doch auch katholische, in der Moderne eine äußerste Zurückhaltung dem Antichrist-Thema gegenüber übt. Karl Rahner hat sich mit der Aussage beschieden, man wisse darüber nicht allzu viel zu sagen. Josef Pieper hat zu Recht widersprochen. Aus den einschlägigen mittelalterlichen Erwähnungen gewinnt er einige Strukturmerkmale des Antichrist und seiner Epoche: Eine äußerste Zusammenballung der Energien des Bösen in der Endzeit, die Verfolgung der Christen und der Kampf gegen sie und gegen alles wahrhaft Gute, wie es bei Thomas von Aquin heißt, charakterisiere dieses Zeitalter.[4] Dem Antichrist komme eine hohe „potentia saecularis" zu. Es war derselbe Josef Pieper, der als einer der wichtigen katholischen Denker der Nachkriegszeit darauf hingewiesen hat, dass man den Antichrist im Letzten (proleptisch) als immer schon in Christus überwunden begreifen müsse, wobei man aber mit einem katastrophischen Ende der innerweltlichen Zeit zu rechnen hat. Der spanische Diplomat und Philosoph Juan Donoso Cortés (1809-53) kann uns auch in dieser Frage belehren: Die katastrophischen, die unsicheren Zeiten sind die gewissesten, sagt er, weil man in ihnen eigentlich erfährt, wie es um diese Welt bestellt ist.[5]

Pieper hat auch darauf hingewiesen, dass die globale One World geradezu die Voraussetzung des Aufmarsches des Antichrist ist.

Eines muss man von vorneherein festhalten: wie der Antichrist immer gedacht und vorgestellt worden ist, bedient er sich der Weltgeschichte. Deshalb ist er zu Recht auch als Emissär des Fürsten dieser Welt, der diabolischen, nicht nur dämonischen Verführung der Civitas terrena, verstanden worden. Die große Ahnenreihe der Gewaltherrscher, die sich als Verfolger Christi betätigt haben, sind „quasi figura", eine Art von Vorgestalten des Antichrist. Er wird in negativer Vollkommenheit einlösen, was sie nur fragmentiert waren: die Weltherrschaft. Dabei kennzeichnet *nicht das Chaos*, der Kontrast verschiedener Mächte und Gewalten, die gegeneinander stehen und sich gegenseitig zerfleischen, das Ende der Zeit, *sondern eine Weltordnung* der nihilistischen Einheit. Wesentlich ist dabei das Ideal, dass es äußere Kriege nicht mehr geben soll, was einen letzten Krieg zur Beendigung aller Kriege und die Utopie innerweltlichen ewigen Friedens einschließt. Der Baseler Historiker Jacob Burckhardt sprach in seinen späten Briefen von einer künftigen allumfassenden Autorität, die noch niemand

---

[4] Josef Pieper, *Über das Ende der Zeit. Eine geschichtsphilosophische Betrachtung*, in: ders. (Hrsg.), Kulturphilosophische Schriften, Werke Band 6, hg. von B. Wald, Hamburg, 1999, 286ff.

[5] Juan Donoso Cortés, *Diktatur. Drei Reden*, Wien/Leipzig, 1996, 31ff.

kenne, für die aber der alles nivellierende Radikalismus die Vorarbeit schon übernommen habe.[6] Damit ist angedeutet, dass sich im Zeichen des Antichrist eine Imperial-Struktur ergeben kann, in der die Gegenüberstellung von Staat und Kirche nicht mehr existiert, sondern der uneingeschränkten Gewaltmacht der Civitas terrena die verbliebene Ekklesia nurmehr als eine „ecclesia martyrum" gegenübersteht.[7]

Ethelbert Stauffer schrieb in seinem Kommentar zur Johannes-Apokalypse, als evangelische Theologen sich der Frage des Antichrist noch stellten: Die „Ich-Proklamationen" des Antichrist würden „die Geschichte der menschlichen Selbstapotheose ihren dämonischen Gipfelpunkt" erreichen lassen.[8] Im Blick auf das große Tier als Allegorie für den Antichrist in der Johanneischen Apokalypse (Offb 13,1f.) legt sich die Deutung nahe, die die totalitären Züchtungs- und Rassenvisionen der Moderne in ihrer Enthumanisierung mit der Antichrist-Figur in Verbindung bringen. Damit verbindet sich bei christlichen Autoren der angesichts des „Zeitalters der Extreme" nicht ganz abwegige Verdacht, dass die Würde des Menschen in einer Welt, die sich von Gott abtrennt, kaum realisierbar sein dürfte. C. S. Lewis sprach zutreffend von der *Abolition of man*.[9]

Der von Nietzsche vorausgedachte vermeintliche Übermensch,[10] diese Tendenz, immanent, mit dem Menschen über den Menschen hinauszugehen, hat vielmehr

---

[6] Jacob Burckhardt, *Briefe an seinen Freund F. von Preen 1864–1893*, Stuttgart/Berlin, 1922, 224 (Brief vom 16. Juni 1888).

[7] Aurelius Augustinus, *De civitate Dei*, vor allem die Bücher XI bis XIV; dazu: Ulrich Duchrow, *Christenheit und Weltverantwortung. Traditionsgeschichte und systematische Struktur der Zweireichelehre*, Stuttgart, 2. Aufl. 1983, sowie ders., *Ergebnisse und offene Fragen zur ‚Civitas'-Lehre Augustins*, in: C. Andresen (Hrsg.), Zum Augustin-Gespräch der Gegenwart Band 2, Darmstadt, 1981, 205ff.

[8] Ethelbert Stauffer, *Theologie des Neuen Testaments*, Stuttgart, 3. Aufl. 1947, 192ff.; ders., *Christus und die Cäsaren. Historische Skizzen*, Hamburg, 1./2. Aufl. 1948; 3. durchges. u. erw. Aufl. 1952; 6. erw. Aufl. 1964; 7. erw. Aufl. München/Hamburg 1966.

[9] Clive Staples Lewis, *The Abolition of Man. Reflections on education with special reference to the teaching of English in the upper forms of schools*, Oxford, 1943 u.ö.

[10] Vgl. Friedrich Nietzsche, *Also sprach Zarathustra*, KSA 4, 20ff. Die genaue Erfassung des Sinns der ‚Übermenschen'-Rede ist längst ein nicht endender Topos der Nietzsche-Philologie. Die Gewaltsamkeiten der Faschisten und Nationalsozialisten erschöpfen ihn nicht, und Nietzsche meinte gewiss auch, dass der Mensch sich selbst transzen-

dort, wo er realisiert wurde, umgekehrt die Gottebenbildlichkeit des Menschen geschändet. In der Folge führt sie zu einer weitgehenden Vertierung, etwa durch die Reduktion auf das Rassesubjekt oder den Menschen als Faktor seiner gesellschaftlichen Klasse. Und dies schreibt sich heute in den schrankenlosen Selbstverbesserungsphantasien des Menschen fort: man denke an das Medical Enhancement, aber auch an die Gefahren derzeitiger Präimplantationsdiagnostik.

2. Seit den mittelalterlichen Topologien ist klar, dass der Antichrist, der auch als Gottmensch vorgestellt wurde, mit allem Glanz dieser Welt begegnet. Hier ist die biblische Grundlegung von besonderem Gewicht: Seine Manifestation erreicht in Offenbarung 13,3 einen Höhepunkt, der als Inversion und Perversion des Kreuzestodes Jesu Christi gedeutet wurde. Das große Tier, „wie zum Tode geschlachtet – und seine Todeswunde war geheilt". Der Opfertod ist nur scheinbar, doketistisch, und erregt doch alle Fantasien. Denn nach diesem scheinbaren Tod wird der Antichrist mehr als zuvor angebetet und verherrlicht werden.

In der mittelalterlichen Traditionsbildung wurde der Antichrist als Jude gesehen, eng mit dem Schicksal des Judentums verflochten. Thomas von Aquin bemerkt: „Darum werden die Juden ihn zuerst aufnehmen und den Tempel in Jerusalem wieder aufbauen, und so wird sich das Wort des Propheten Daniel erfüllen: ‚Es wird sein im Tempel Greuel und Götzenbild'".[11]

Die totale Lügenhaftigkeit zeichnet ihn aus, also das Moment des „diabolos", der die Ordnungen und Regularien durcheinanderwirft. Die Lüge ist geradezu sein Wesen, und dadurch vermag das Böse, sich den Anschein höchster Vollkommenheit zu geben.

Wladimir Solowjew hat, worauf wir noch zu sprechen kommen werden, eben dies in seiner meisterlichen *Kurzen Erzählung vom Antichrist* ans Licht gebracht: Er hüllt sich in den Anschein von Askese und Heiligkeit, von Uneigennützigkeit und Hilfsbereitschaft. Er ist der „große Spiritualist, Asket und Men-

---

dieren solle und könne. Indes sind auch die Akzente der Gewaltsamkeit nicht zu übersehen.

[11] Thomas von Aquin, *In 2. Thess.*, 2,1 n. 40: „dicens se Deum et hominem." Vgl. Heinrich Schlier, *Vom Antichrist. Theologische Aufsätze zum 50. Geburtstag von Karl Barth*, München, 1936, hier 115.

schenfreund".[12] Das Internationale Recht gewinnt durch ihn Sanktionsmöglichkeiten, die ihm bisher gefehlt haben. Dass er Friedensnobelpreisträger sein kann, würde in dieser Linie liegen. Entscheidend ist aber, dass er zur stärksten Weltmacht der Geschichte wird, indem er vorgibt, Macht überhaupt und damit die Geschichte in der Richtung auf eine innerweltliche Heilserwartung zu transzendieren.

Der Antichrist tut Wunder. Sie sind vor allem sozialer Art und binden die Menschen an ihn. Doch er ist nicht „mit Christus", sondern mit dem Menschlichen-Allzumenschlichen, der von der Gerechtigkeit vor Gott und den Menschen abgekoppelten sozialen Frage und der Reduktion auf Bedürfnisbefriedigung. Mit seinem Zeichen, dem Mal, werden alle signiert. Noch Kant hat in seiner symbolischen Lesart eine tiefe Wahrheit erkannt, wenn er bemerkt: „Furcht und Eigennutz" seien durch den Antichrist zu symbolischer Darstellung gebracht.[13] Kurz: Nicht zuletzt ist es sein großer irdischer Erfolg, der den Antichrist unverkennbar von dem unterscheidet, auf den hinzuweisen er suggeriert. E. Stauffer: „So vereinigt sich in den Tagen des Antichristus alles, was Welt heißt, wider die Ekklesia".

3. Pieper hat in seiner wichtigen Schrift *Über das Ende der Zeit* auch an Goethes Aussage erinnert, dass das Thema der Weltgeschichte der Kampf um Glaube und Unglaube sei. Dies bedeutet in der Zuspitzung nichts anderes als den Kampf um Christus. Schon deshalb ist die Lehre vom Antichrist nicht marginal.

Noch eines ist hier ganz wesentlich: Der Christ wird aufgrund seines Glaubens die natürliche Weltwirklichkeit *bejahen,* sehr im Unterschied zum Gnostiker, und damit auch zu der Schöpfungsfeindlichkeit, die dem Antichrist zugesprochen wird. Die christliche Kirche, diese ecclesia martyrum, darf also keineswegs auf sakral Überweltliches begrenzt sein, sie wird zugleich den schöpfungshaften Menschen gegen den umfassenden antichristlichen Angriff in seiner natürlichen Würde zu verteidigen haben. Der wahren Kirche am Ende der Zeiten ist verheißen, dass sie die letzte Instanz ist, die dies unternimmt.

4. Gewiss rührt man mit der Frage des Antichrist an ein Mysterium. Es bleibt dem endlichen Verständnis versagt, Heilsgeschichte in der Weltgeschichte unmittelbar identifizieren zu können.

---

[12] Wladimir Solowjew, *Kurze Erzählung vom Antichrist*, in: L. Müller (Hrsg.), Übermensch und Antichrist. Über das Ende der Weltgeschichte, Freiburg, 1958, 106.

[13] Immanuel Kant, *Vom Ende aller Dinge*, AA VIII, 329.

Zum Verständnis eines Mysteriums kann christliche Theologie und Philosophie nur beitragen, wenn sie sich auf Offenbarung der Heiligen Schrift öffnet. Hier eben erschließt sich das Feld der notwendigen Komplementarität von Fides und Ratio (Enzyklika Johannes Paul II. 1998), die die Moderne durch Säkularisierung und Verendlichung der Vernunft weitgehend preisgegeben hat. Sie schnitt, so sagt es Hegel sehr prägnant, den Lichtfaden ab, der sie mit Gott verband, und sie vergottete die Endlichkeit. [14]

Das Seiende in seinem Sein und im Ganzen ist Thema der Ersten Philosophie als Metaphysik. Die heilsgeschichtliche Offenbarung aber gibt uns die Antwort auf die Frage: „was ist geschehen und was wird geschehen?"

Das Ende der Zeiten ist nach christlichem Verständnis in der Heilsgeschichte schon beschlossen. Wenn unsere Erkenntnis auf Grund, Einheit, Ganzes geht, kann sie nicht umhin, nach den letzten Dingen zu fragen.

Auch dazu hat J. Pieper am Ende seiner einschlägigen Vorlesungen sehr Bemerkenswertes gesagt: „Die Heilsgeschichte ist die Grundform, welche sich, in der verhüllten Offenbarkeit des Mysteriums [so im Original. HS.], als ein Inbild aller Geschichte, verwirklicht hat in jenem die Schöpfung vollendendenden ‚Heilsgeschehen schlechthin', dessen innergeschichtlich sichtbare Gestalt auf Golgatha ein schmählicher Untergang gewesen ist. Und es ist die geheimnishafte, zugleich freilich höchst reale Teilhabe an dieser Grundform des Geschichtlichen, wodurch im Untergang auch des Wahrheitszeugen die eigentliche Rettung und Heilwerdung gerade geschieht".[15] Zu diesem Philosophiebegriff, der gerade keine Verengung, sondern eine Weitung auf eine Vernunft bedeutet, kann man auch auf Edith Stein Bezug nehmen: „Ich halte eine Metaphysik, die auf objektive Wahrheit Anspruch machen, nicht bloß willkürliche Konstruktion des Philosophen sein will, ohne Einbeziehung der offenbarten Wahrheit für unmöglich". „Ich habe aber noch eine andere Idee von Metaphysik: als Erfassung der ganzen Realität unter Einbeziehung der offenbarten Wahrheit, also auf Philosophie *und* Theologie begründet".[16]

---

[14] So Hegel, *Phänomenologie des Geistes. Vorrede*, Philosophische Bibliothek Band 114, Hamburg, 6. Aufl. 1952, 14. Dazu auch detailliert: Günter Rohrmoser, *Glaube und Vernunft am Ausgang der Moderne. Hegel und die Philosophie des Christentums. Aus dem Nachlass herausgegeben und eingeleitet von Harald Seubert*, St. Ottilien, 2009, 19ff.

[15] Pieper, *Über das Ende der Zeit*, 371f.

[16] Hier zit. nach Hanna-Barbara Gerl-Falkovitz, *Unerbittliches Licht. Edith Stein – Phi-*

3. Der Antichrist: Modelle und Konstellationen

Wir wenden uns einigen exemplarischen Momenten der Geschichte des Antichrist zu; es ist keineswegs nur eine mittelalterliche, sondern auch eine moderne Geschichte.

1. Wer es unternimmt, an das Thema des Antichrist zu rühren, steht in einer großen, übermächtigen Tradition.

In den neutestamentlichen Zeugnissen, die hier nur ansatzweise zitiert werden können ohne dass die Exegese möglich wäre, deren es bedürfte, firmiert das Epitheton vom „Antichristlichen" zunächst als Bezeichnung für die Irrlehre und Apostaten des Christentums: in Parallele zu den falschen Gesalbten, falschen Propheten, falschen Lehrern. Aber die Zuspitzung ist deutlich. Sie zielt auf *eine Person* am Ende der Zeiten: Antichrist ist derjenige, der sich an der Würde Christi selbst vergreift und sie für sich beansprucht. So ist der antichristliche Geist (2 Thess 2,2) vom Geist Gottes zu unterscheiden. Zentral ist sein Bild in der Johanneischen Apokalypse: Er firmiert als Inbegriff der Zeichen der Endzeit, als Gegenspieler Christi selbst. Antichrist ist aber ganz eindeutig ein Personen- und Eigenname. In der Patristik wird das verdeutlicht. Cyrill von Jerusalem: „Die Juden verwerfen den, der erschienen ist: sie warten auf den, der zu ihrem Unglück kommen wird. Den wahren Christus weisen sie zurück, den Betrug aber nehmen sie, die Betrogenen, auf." [17] Diese Apostasie wird man, insofern darin die Heilswirksamkeit Christi ignoriert werden soll, in enger Nachbarschaft zu der Sünde wider den Heiligen Geist sehen müssen.[18]

Der Antichrist, das große Tier, ist derjenige, der Gott nicht Gott sein lässt, sondern seine Stelle usurpiert.

In Mk 3,28f. spricht die synoptische Apokalypse vom Antichrist als dem „lügnerischen Menschen der Gesetzesfeindschaft", dem Sohn des Verderbens.

Im Zentrum des Johanneischen Überlieferungskreises begegnet die Aussage, dass der ewige LOGOS sich wahrhaft (und nicht zum Schein: Doketismus)

losophie, Mystik, Leben, Mainz, 1991, 93.

[17] Vgl. dazu: Hans Preuß, *Der Antichrist*, Leipzig, 2. Aufl. 1909; Cyrill von Jerusalem, *XII. Katechese an die Täuflinge*, 2, BKV 41, 1922, no 2.

[18] Mt 12,31f.

inkarniert hat. Diese Inkarnation wird im antichristlichen Geist und erst recht der Person des Antichrist geleugnet und zugleich imitiert. 1 Joh 2,18–22: „Meine Kinder, es ist die letzte Stunde. Ihr habt gehört, dass der Antichrist kommt, und jetzt sind viele Antichristen gekommen. Daran erkennen wir, dass es die letzte Stunde ist"; und dann: Scheidung der Geister 1 Joh 4,1–3. „Jeder Geist, der bekennt, Jesus Christus sei im Fleisch gekommen, ist aus Gott". Die Leugnung dieser wahrhaften Menschwerdung ist dagegen antichristlich.

Den Höhepunkt findet die biblische Bezeugung in der Offenbarung des Johannes, 13: im Drachen und dem Tier mit den sieben Köpfen, in dem wir die Figuratio der siebenhügeligen Stadt Rom erkennen können. Bekanntlich werden Stücke aus dem Buch Daniel figurativ aufgenommen, dies und die Christenverfolgung unter Domitian schöpfen aber die Bedeutung der Vision nicht aus.[19] Beansprucht doch das große Tier umfassender und endzeitlicher Weltherrscher zu sein.

Das Imperium Romanum ist mit ihm identifiziert worden, ebenso wie die Hure Babylon. Das große Tier ist indessen eine diabolische Konstellation mehrerer Tiere. Dies durchzieht die Johannesapokalypse: Der Satan, als das erste Tier und sodann, den Heiligen Geist pervertierend, das zweite Tier die falsche Prophetie, der Widergeist, bilden den Antichrist aus.

Berühmt wurde die Passage 2. Thess. 2,3–12: „Ihr wißt auch, was ihn jetzt noch zurückhält, damit er erst zur festgesetzten Zeit offenbart wird. Denn die geheime Macht der Gesetzwidrigkeit ist schon am Werk [...]. Jesus, der Herr, wird ihn durch den Hauch seines Mundes töten und durch seine Ankunft und Erscheinung vernichten. Der Gesetzwidrige aber wird, wenn er kommt, die Kraft des Satans haben. Er wird mit großer Macht auftreten und trügerische Zeichen und Wunder tun. Er wird alle, die verloren gehen, betrügen und zur Ungerechtigkeit verführen [...]".

Spekulationen darüber, wer der Katechon sei, der den Antichrist aufhält, hat schon der Heilige Augustinus untersagt: „Denn wissen müssen wir nur dies, dass kein Zweifel besteht, dass Christus nicht vorher komme die Lebenden und die Toten zu richten, als bis der Antichrist gekommen ist, um die in der Seele Toten zu verführen".[20]

---

[19] Vgl. dazu Alois Dempf, *Sacrum Imperium*, München/Berlin, 1929, 200ff. und 303ff. Ferner Preuß, *Die Vorstellungen vom Antichrist*, 18ff.

[20] Aurelius Augustinus, *De civitate Dei*, XX, 19.

Damit nimmt er aus der Endzeitrede Jesu (Mk 13) die Aussage der „Irreführung“ des Abfalls der Greuel am Ende der Zeit auf.

2. Die altkirchliche Lehre denkt den Antichrist, gestützt auf diese Zeugnisse, und dies ist von höchster Bedeutung, nicht als abstraktes Prinzip, sondern als Person, deren letztliches Kommen noch aussteht. In den theologischen Kontroversen der Reformationszeit kommt es freilich auch zu Kollektivzuschreibungen. So ist die Rede von dem Förderer des antichristlichen Geistes, der wiederum von zahlreichen Einzelmenschen getragen wird. Die patristische Lehre (Irenäus, Hippolyt) ist sich darin ganz einig, dass die Kraft und Macht des Antichrist vom Satan entliehen ist. Augustinus betont, auch mit Verweis auf das Buch Daniel, insbesondere die Heftigkeit der Attacken, die der Antichrist gegen die Kirche richten wird.

Die doketistische Verfälschung der Verwundung und Inthronisierung ist auch früh in den Fokus getreten. Entscheidend ist dabei: Er war, ist aber nicht und wird kommen. Im Antichrist ist also Präsenz ausgelöscht: er ist in Verheißung und Erwartung, wobei die heilsgeschichtliche Gegenwart ausgelöscht wird. Gerhoch von Reichersberg (1093/94–1169) sieht den Antichrist deshalb nicht so sehr als Person, sondern als eine Art Prinzip der Kirchengeschichte an: „nicht in einer, sondern in vielen Gestalten konkretisiert [...]“. An diesem Prinzip hat jeder Teil, „der Christo Filio Dei contrarius“ ist.[21] In diesem Sinn verbindet sich mit dem Antichrist immer die Erwartung, dass er inmitten der Kirche auftreten würde.

Gerhoch und andere legen nahe, dass man seine Präfigurationen in der Geschichte anerkennen muss, was die Zuspitzung auf das eschatologisch endzeitliche Geschehen keineswegs ausschließt.

Er schenkt Leben, lässt Feuer vom Himmel fallen, hat nicht Gabe der Weisheit, wohl aber der Überredung. Die entscheidende Frage ist, wer denn dann die Kraft zur Scheidung der Geister hat. Sie kommt aus der Macht Christi selbst: letztendlicher Sieg Christi, als Zerstörung der Gegenmacht.

Die christliche Apokalyptik seit Mitte des 2. Jahrhunderts schreibt von hier her dem Antichrist einen festen Ort in der Heilsgeschichte zu. Während Christus in der Mitte der Zeit kommt, kommt der Antichrist an ihrem Ende. So verorten ihn

[21] Zit. nach Joseph Ratzinger, *Eschatologie – Tod und Ewiges Leben,* Kleine katholische Dogmatik (Hrsg. Johann Auer und Joseph Ratzinger), Regensburg, 1977, 164f.

Irenäus von Lyon oder Hippolyt von Rom. Die Analogien werden durch allegorische Interpretation des Alten Testamentes deutlich gemacht: Löwe-König-Lamm – Grundbestimmungen Christi werden durch den Antichrist imitiert und pervertiert.

In Übernahme der Regeln des Tyconius zeigt Augustinus, dass die Kirche selbst auf ihrer Peregrinatio: „permixta ecclesia" ist. Augustinus hat die Heraufkunft des Antichrist und das Kommen des Gerichtes als essentielle Bestandstücke, gar als Bestandstücke heilsgeschichtlichen Glaubens begriffen. Johannes Damascenus: Man muss wissen, dass der Antichrist kommen muss.

Und im Katechismus der Katholischen Kirche heißt es noch heute: „Die Verfolgung, die ihre (der Kirche) Pilgerschaft auf Erden begleitet, wird das ‚Mysterium der Bosheit' enthüllen: Ein religiöser Lügenwahn bringt den Menschen um den Preis ihres Abfalls von der Wahrheit eine Scheinlösung ihrer Probleme. Der schlimmste religiöse Betrug ist der des Antichrist, das heißt des falschen Messianismus".[22]

Adso von Montier legte 950 sein Kompendium: *De ortu et tempore Antichristi* vor, in dem er ihm eine regelrechte Legende zuschrieb: er komme in Babylon zur Welt, von Jerusalem aus setze er die Verfolgung und Tötung der Christen ins Werk. Er werde missionieren, die Stätten der irdischen Wirkung Christi werde er aber auslöschen. Er selbst wird durch Christus selbst oder durch den Erzengel Michael am Ölberg getötet werden. Dann seien es nur mehr 40 Tage zum Endgericht.

Christliche Geschichtstheologie im Hohen Mittelalter ist aufs engste mit dem Mysterium des Antichrist verbunden. Dies zeigt sich exemplarisch in dem berühmten *Ludus de Antichristo,* dem Spiel von der Weltherrschaft des Antichrist, in der Epoche Friedrich II des Staufers, „stupor mundi". Der um 1160 verfasste Ludus ist bemerkenswert: Im ersten Teil steht der christliche Weltkaiser im Zentrum, der das Reich erneuert und die Könige von Frankreich, Griechenland und Jerusalem zu Lehnsmännern macht.[23] Im Tempel in Jerusalem legt er in der Stunde seines höchsten Triumphs Krone und Szepter nieder, er entäußert sich also in einer imitatio Christi seiner Gewalt. „Nimm, was ich dir gebe, Herr aller

[22] *Katechismus der katholischen Kirche*, München u. a. 1993, 207.

[23] *Ludus de Antichristo. Das Spiel vom Antichrist. Lat.-dt. Übersetzung und Nachwort von R. Engelsing*, Stuttgart, 2000; Vgl. dazu K. Aichele, *Das Antichristdrama des Mittelalters, der Reformation und der Gegenreformation*, Den Haag, 1974.

Herren, im Herzen / will ich den Besitz des Reichs Dir zulieb' verschmerzen. / Du allein kannst Kaiser sein, und durch dich regieren / Könige ihr Königreich. Du mußt alle führen".[24] Dieser Rückzug des gerechten Kaisers, der der eigentliche Katechont wäre, führt den Antichrist hervor: er ist Nachäffer des Weltkaisers. Nur die Propheten Enoch und Elia kennen sein wahres Gesicht. Sie werden deshalb getötet. Der „Synagoge" antworten sie: „Weder Wunder noch Wort stillte ihre Fragen, / und sie haben ihn zuletzt an das Kreuz geschlagen".

Mit dem Tod der Propheten wird deutlich, dass der Antichrist nur den Schein, nicht die Wirklichkeit von Friede und Sicherheit, PAX ET SECURITAS, errichtete. Nur der wiederkehrende Christus kann am Ende die Welt erretten. Dies ist die große Lehre des Spiels: Der Antichrist wird am Ende, nachdem er sein Regiment aufgerichtet hat, mit einem Donnerschlag niedergestreckt und die Völkerschaften bekehren sich zum christlichen Glauben.

3. Im Prag des mittleren 14. Jahrhunderts haben Johann Militsch von Kresmier und sein Schüler Janow den Papst selbst mit dem Antichrist identifizieren wollen.

Diese Linie reicht über John Wycliffe bis zu Jan Hus, im Sinn einer renovatio der Kirche, vor allem ihres Rückganges zu den urchristlichen Idealen. Es ist, wie Alois Dempf in seinem magistralen Werk *Sacrum imperium* gezeigt hat, die Krise des Mittelalters gewesen, die nicht nur die Vision vom „Dritten Reich", sondern vor dem Hintergrund des Weltkaisertums Friedrichs II. auch den Antichrist-Gedanken ins Zentrum rückte.

Auch Luther sah sich selbst in der letzten Epoche der Zeit, in der die Kirche in höherem Maße denn je bedroht sei, überwältigt zu werden und in sich selbst „antichristianus" zu werden.

Die Kirchenjuristen und die Kurie, zunächst nicht der Papst, waren für Luther zunächst Erscheinungsformen des Antichrist.[25]

[24] *Ludus de Antichristo,* V. 147–150. Hierzu Wilhelm Kamlah, *Utopie, Eschatologie, Geschichtsteleologie. Kritische Untersuchungen zum Ursprung und zum Futurischen Denken der Neuzeit*, Mannheim, 1969.

[25] Vgl. dazu mit weiteren Belegen Hans Schwarz, *Die christliche Hoffnung. Grundkurs Eschatologie*, Göttingen, 2002, 70ff. Vgl ferner mit weiteren Einzelbelegen: Gottfried Seebass, *Antichrist IV*, in: Theologische Realenzyklopädie Bd. 3, 28ff.

Dabei hat Luther den Antichristbegriff gebraucht, indem er das „antì“ als ein An-die-Stelle-Christi-sich-Setzen verstand. Eine ins Antichristliche verkehrte Kirche stehe gegen christliche Freiheit und Evangelium. Diese Apostasie und nicht die Anweisung verschiedener Päpste als Antichrist ist entscheidend. Das Papsttum selbst hat Luther erst später mit dem Antichrist identifizieren wollen. Die Kirche wird damit gegen die Unmittelbarkeit Christi gesetzt. Mysterium salutis ist in dieser Sicht in einen weltlichen Ordnungszusammenhang pervertiert worden. Damit verbindet sich im apokalyptischen Bewußtsein des 16. Jahrhunderts die Vorstellung der Türken als des Antichrist oder zumindest als eine seiner Kohorten. Melanchthon spricht von den beiden Fronten, dem weltlichen und dem geistlichen Antichrist. Durch die Bildprogramme der Reformation dringt dies tief in die allgemeine Öffentlichkeit.

Als eigener Strang kommt auch die Neigung und Tendenz auf, die verbleibende Zeit nach Antritt des Antichrist zu berechnen: Osiander, Flacius Illyricus und andere haben dazu beigetragen. Die Revelatio Antichristi gehört auch in dieser reformatorischen Tradition zu den „propria signa diei novissimi“.

Entschärfung war, auch aus politischen Ursachen, unumgänglich: den Kaiser als Antichrist zu verstehen, dies berührte das *crimen laesae majestatis*, und die Confessio Augustana lässt keine Antichristdeutung erkennen.

Die Kirchenspaltung führt also, wie die Reformationsgeschichte überdeutlich zeigt, zu einem kontroversen Gebrauch des Antichrist-Namens, der damit seine Trennschärfe verliert. Dabei wurde der Name auch kontroverstheologisch gegen die Calvinisten gewandt. Doch die verschiedenen Masken sollen nicht irritieren: In der Traditionsgeschichte wird bis hier her deutlich, dass von Vorgestalten und Figurierungen des Antichrist gesprochen werden kann, ohne die Einzigkeit seines letztlichen Auftretens damit abzuleugnen. Der lutherische Erlanger Theologe Paul Althaus trifft in christlicher Sicht den springenden Punkt: „Aber die Kirche soll vor allem an ihre eigene ständige Möglichkeit, antichristlich zu werden, denken [....].“ Und Althaus fährt fort: „Die Erkenntnis des Antichristen hat immer Todesernst; alles andere Reden vom Antichristen ist müßiges und verantwortungsloses Spiel, mag es sich noch so fromm und bibeltreu geben“.[26]

4. Die Aufklärungsepoche setzt die große Zäsur. Der Antichrist wird zu einer „Vorstellung“ oder einer symbolisch verdichteten Rede über „das Böse“ degeneriert. Groethuysen hat im einzelnen gezeigt, welche frömmigkeitsgeschichtli-

[26] Paul Althaus, *Die letzten Dinge. Lehrbuch der Eschatologie*, Gütersloh, 1949, 285.

chen und theologischen Implikationen die „leere Hölle" mit sich brachte.[27] Dieser symbolisierend entwirklichende Ansatz blieb, zumal in der neuprotestantischen Tradition, bestimmend. Wilhelm Bousset erklärte den Antichrist zu einem religionsgeschichtlich neutralisierten Begriff. Es sei ein Mythos, den es zu entmythologisieren gelte.[28] Paul Schütz, Altlutheraner, sah das anders und tiefer: „Teufelsleugnung und Gottesleugnung sind nur die unvermeidlichen Enden desselben Stockes", und im Blick auf die innerweltliche Wendung: es sei gerade die wesentliche Leistung des Antichrist, das Böse zu leugnen: den Menschen als von Natur her gut zu begreifen.[29] Joseph Ratzinger hat in seiner *Eschatologie* an einer Deutung des Antichrist festgehalten, die sich dieser aufklärerischen Aushöhlung entzieht. Und er verbindet mit dem Antichrist-Topos die unabdingbare Unterscheidung zwischen Welt- und Heilsgeschichte: „Das Heil der Welt beruht darauf, dass die Welt als Welt transzendiert wird. Der auferstandene Christus aber ist die lebendige Gewißheit, dass diese Transzendierung, ohne die die Welt absurd bleibt, nicht ins Leere stößt und dass daher Geschichte positiv gelebt werden kann und unser begrenztes, armseliges rationales Wirken sinnvoll ist. Der ‚Antichrist' ist von da her die unbedingte Schließung der Geschichte in ihrer eigenen Logik als Antithese zu dem, auf dessen geöffnete Seite nach Offb. 1,7 am Ende jedes Auge blicken wird."[30] Hier verläuft die Grenzlinie zwischen Utopie und Eschatologie, die in den extremen Ideologien der Moderne nur allzu leicht verwechselt werden.

Wir erinnern noch einmal daran, dass der Antichrist der innerweltlichen Geschichte angehört und sie beherrscht; weshalb auch die Geschichte der Totalitarismen, aber eben auch einer sich globalisierenden Welt der gänzlichen Kontingenz in einer Interpretatio Christiana Züge erkennen lassen können, die dem Antichrist zugeschrieben wurden. Dies unterstreicht, dass es eine christliche Geschichtsphilosophie letztlich nicht geben kann.

In ihrem Hauptstrom bleibt die Neuzeit dem Aufklärungstopos verhaftet.

---

[27] Bernhard Groethuysen, *Die Entstehung der bürgerlichen Welt- und Lebensanschauung in Frankreich. 2 Bände*, Halle/Saale, 1927, insbes. Band I, 65ff.

[28] Wilhelm Bossuet, *Der Antichrist in der Überlieferung des Judentums, des neuen Testaments und der alten Kirche*, Göttingen, 1895, 7ff., 92 ff. und passim.

[29] Paul Schütz, *Der Anti-Christus. Eine Studie über die widergöttliche Macht und die deutsche Sendung,* Berlin 1933.

[30] Joseph Ratzinger, *Eschatologie – Tod und Ewiges Leben*, nunmehr in: Auferstehung und ewiges Leben. Beiträge zur Eschatologie und zur Theologie der Hoffnung, Gesammelte Schriften 10, Freiburg, 2012, 216.

Charakteristisch für die symbolische Auflösung ist Kants Rede in der *Religion innerhalb der Grenzen der bloßen Vernunft*: gegen den statutarischen, gesetzlich rituellen Gebrauch der Religionen zielt er auf einen künftigen, reinen Religionsglauben. Kant spricht davon, dass die „Erscheinung des Antichrist, der Chiliasm, die Ankündigung der Nahheit des Weltendes [...] vor der Vernunft ihre gute symbolische Bedeutung annehmen könnten".[31] Zwar ist bei Kant Religion ein Appendix der Moral. Doch er sieht, dass die Realität des radikal Bösen den Schritt von der Moral zur Religion unumgänglich mache.

Russische Denker wie Solowjew sollten hingegen die Verabsolutierung der Moralität gerade als Sache und Impuls des Antichrist erkennen. Der Antichrist wird damit in sein Gegenteil verkehrt und entschärft, wenn er mit der Herrschaft der Unmoral gleichgesetzt wird. Als seine eigentliche Tücke erweist sich gerade, dass er im Namen der vollkommensten Moral auftritt!

Im deutschen Idealismus treten Scheidungen der Geister ein: Die Selbsterlösungskonzeptionen der Aufklärung sind im blutigen Lichtkegel der Französischen Revolution selbst fragwürdig geworden. Hegel spricht von der illusionären Meinung der neueren Zeit, dass der Mensch von Natur gut sei.[32]

Schelling geht ungleich tiefer in seiner Bestimmung des Bösen, das eben keineswegs darin aufgeht, bloße „Privatio boni" zu sein. Es ist vielmehr gegengöttlicher Wille, ein Wille, der den Willen des Menschen ergreift, um in ihm Wirklichkeit zu erlangen.

Er spricht in seiner späten grandiosen positiven Philosophie zwar nicht explizit vom Antichrist, wohl aber entwirft er eine „Satanologie".[33] Nur durch Christus wird am Ende der Zeit das Böse niedergerungen werden. Schelling hat das Böse als intelligible Macht begriffen, es ist der Aufstand, die Inversion des endlichen Lichtes der Vernunft gegen seinen Grund. Ein Wille des Negativen, der zur Schöpfung gehört, sie aber zu zerstören droht. „Die am meisten dialektische

---

[31] Immanuel Kant, *Akademie-Ausgabe Band VI*, 136.

[32] Vgl. hierzu des näheren Rohrmoser, *Glaube und Vernunft am Ausgang der Moderne*, 123ff. u.ö.

[33] Friedrich Wilhelm Joseph Schelling, *Philosophie der Offenbarung*, in: Schellings Werke. Nach der Originalausgabe in neuer Anordnung herausgegeben von M. Schröter. VI. Hauptband, München, 1927, hier Nachdruck 1979, 602ff. Siehe dazu auch grundsätzlich: Peter Koslowski, *Philosophie der Offenbarung. Antiker Gnostizismus, Franz von Baader, Schelling*, Paderborn u. a., 2001.

Natur“: eine Macht, die nur durch Christus aufgehoben werden kann. Deshalb betont Schelling, dass das Böse nicht verächtlich sei, es ist aber auch durch keine menschliche Instanz, sondern nur durch den richtenden und rettenden Herrn Jesus Christus zu beenden.[34]

5. In der Dichtung Dostojewskis hat die Gestalt des Antichrist aus dem Geist der russischen Orthodoxie und in deutlicher Wendung gegen die lateinische Kirche ihre große dichterische Gestaltung gefunden.

Nicht der offene Atheismus, sondern Rom ist für ihn der gefährlichste Feind, der Antichrist, da es den Anspruch erhebt, die Gebote Christi zu erfüllen, in Wahrheit aber die weltliche Macht und Herrschaft in der Folge des weströmischen Imperium Romanum verkörpert. Diese Geschichtsdeutung Dostojewskis muss für die lateinische, katholische Christenheit ein Skandalon bleiben.

Nicht die Befreiung durch Christus zu seinem Bild, sondern soziale Wunder: Brotvermehrungen und auf sie gestützte Macht machen den Antichrist aus. Die Idee des Sozialismus und jene des machtvollen Papsttums verbinden sich für Dostojewski miteinander: eine Verbindung, die realgeschichtlich nie eingetreten ist.

Dostojewski fand den Nihilismus als materialistisches und anarchistisches Zeitgeistphänomen vor, in der Auffassung, der Mensch sei nichts weiter als passiver Reflex äußerer Verhältnisse. Er sah darin eine markante Gottesleugnung. Auch Dostojewski widersetzt sich dem Irrtum, der Mensch sei von Natur aus gut, nur die Umstände tendierten zum Bösen. Das Böse und das Leiden sind untrennbar von der menschlichen Geschichte.

Damit sieht Dostojewski den atomisierenden Individualismus und den Kollektivismus nur als die beiden Seiten einer Medaille. „Die Besessenen“, Dostojewskis *Böse Geister*, sind fixiert von jener antichristlichen letzten innerweltlichen Versprechung, der Werchowenskijs Ausspruch gilt, im Namen der höheren „Idee“ der Menschenbeglückung sei alles erlaubt. Dostojewski zeigt in der Abgründigkeit seiner Charaktere ein Motiv immer wieder: Die Idee einer von Gott abgewandten absoluten Freiheit droht ständig, in offenen Despotismus überzugehen. Dann aber geht das Bild des Menschen selbst verloren. In der antichristlichen Utopie kann es keine Liebe geben, sondern letztlich nur Ver-

[34] Vgl. ebd., 702ff.

nichtung, Selbstzerstörung. Liebe richtet sich auf die Person, und sie gründet in der Gottebenbildlichkeit.

Deshalb die Aussage: Wenn Gott nicht existierte, nicht die Unsterblichkeit der Seele, dann wäre alles erlaubt.[35]

Dostojewski hat im Geflecht seiner Romanfiguren eine Tiefenanalyse der bestimmenden Strömungen seiner Zeit gegeben. Obwohl er Marx nicht gelesen hat, sieht er die bestimmende Struktur des Sozialismus in dessen offenem oder verstecktem Atheismus, der Rückziehung der Eschatologie in die Immanenz. Er erkennt zudem, dass dieser Sozialismus auf demselben Boden steht wie die Geldherrschaft und später der entfesselte Kapitalismus. Das Leid, damit aber auch die innere Freiheit des Menschen, durch das Leid hindurch zu sich, als dem Bilde Gottes zu kommen, will der Sozialismus programmatisch auflösen. Er kennt nur das Gattungs-Bedürfnissubjekt. „Mache sie satt, dann kannst du Tugend von ihnen verlangen", so sagt dieser von Dostojewski idealtypisch profilierte Sozialist. Mit Brecht: „Erst kommt das Fressen, dann kommt die Moral". Sie rechnen es sich „und den ihrigen als Verdienst zu, dass sie die Freiheit endlich überwunden haben – und zwar, um die Menschen glücklich zu machen", wie es in der Erzählung vom Großinquisitor heißt.[36]

Der antichristliche Zug zeigt sich daran, dass es um nichts anderes als um zwangsweise Welt- und Menschenbeglückung und um Weltharmonie geht. Iwan Karamasow plant eine große Abrechnung: Er lehnt Gott ab, und darüber hinaus seine Welt, während der Atheismus gemeinhin nur zu einer Gottesablehnung kommt, und damit die Welt und den Typos des neuen Menschen vergottet. Dostojewski zeigt damit aber, dass der Atheismus, wenn er nur konsequent sein will, radikal verneinen muss. Ist es aber nicht gerade diese Verneinung, aus der am Ende die Wendung zu Christus, zum Urbild, kommt? Dostojewski denkt nicht die Kirche als katechontische Kraft. Wohl aber dies, dass sich das Reich Gottes in ihr aufschließt. Das große epochale Gespräch der Brüder Aljoscha und Iwan, das um die eine zentrale Frage kreist: „Was glaubst du?" zieht die Konsequenzen. Die Konsequenz des radikalen Nihilismus kann nur sein, sich zu töten,

[35] Vgl. dazu die höchst instruktive Sammlung: Boris Groys / Michael Hagemeister, unter Mitarbeit von A. von der Heiden (Hrsg.), *Die Neue Menschheit. Biopolitische Utopien in Russland zu Beginn des 20. Jahrhunderts*, Frankfurt/Main, 2005.

[36] Fjodor Dostojewski, *Die Brüder Karamasow*, Frankfurt/Main, 2010, 5. Buch, Kap. 5. Die vorausgegangenen Zitationen sind ohne weitere Spezifizierung aus diesem Abschnitt genommen.

aber bis dahin will er noch einmal Europa bereisen als den Friedhof der großen Toten.

Der Großinquisitor steht in der großartigen Legende dem wiederkehrenden Jesus Christus gegenüber. Die Wahrheit schweigt, die antichristliche Instanz ist umso beredter. Sie protestiert im Namen des Menschen gegen Gott. Doch es wird deutlich, dass Gottlosigkeit letztlich auch den Glauben an den Menschen auslöschen muss: seine höhere bessere Möglichkeit. So schleudert er Christus entgegen: „Du hast darum so gehandelt, als liebtest du die Menschen nicht". Dieser Anschein kann entstehen, eben weil Christus sich entäußert, aus Freiheit der Menschen geliebt werden will, die sein Bild durch das Leid hindurch realisieren, die ihn „jenseits aller Gestalt" erkennen. „Du bist nicht vom Kreuze gestiegen, weil Du den Menschen nicht durch ein Wunder knechten wolltest (mehr als Gott suchen sie ein Wunder) [...] Du hast die Menschen aber auch darin zu hoch eingeschätzt, denn sie sind wahrlich nichts anderes als Sklaven, wenn auch zu Empörern geboren". „Freiheit und so viel irdisches Brot, dass jeder satt wird, zugleich sind nicht denkbar, denn sie werden es niemals, niemals untereinander verteilen können [...]. Du hast ihnen himmlisches Brot versprochen, aber kann dieses Brot in den Augen dieses schwachen, ewig lasterhaften und ewig undankbaren Menschengeschlechts sich mit dem irdischen vergleichen?"

Dostojewski antizipiert damit die Massengesellschaft, das Bild des Menschen als Ameisenhaufen, Die drei Versuchungen, die Jesus Christus abgelehnt hat: Brot – Wunder – das irdische Reich: der Großinquisitor übernimmt sie in seiner kalten, letztlich Menschen verachtenden Technokratie und feiert innerweltliche Triumphe. So kann er sich Christus entgegensetzen:

> „Du würdest alles erfüllt haben, wonach der Mensch auf Erden strebt: Du hättest ihnen gezeigt, vor wem sie sich beugen, wem sie ihr Gewissen übergeben und auf welche Weise sie sich endlich zu einem einzigen einstimmigen Ameisenhaufen vereinigen können, denn das Streben nach weltumfassender Einung ist die dritte und letzte Qual des Menschen".

Dostojewski steht in Übereinstimmung mit einer großen reformatorischen Tradition: Es ist nach Luthers Heidelberger Disputation die *Theologia crucis*, die die Wahrheit spricht und es ist die Theologie eines innerweltlichen Glanzes, die sie umlügt und umfälscht.[37] Eben dies ist das Mysterium Christi, dass mit den Augen der Welt seine Herrlichkeit nicht zu sehen ist.[38] Was aber Dostojewski in unglaublicher Dichte und Tiefe über den Antichrist lehren kann, ist dies: dass er nicht das alte, unmittelbar als solches erkennbare Böse ist. Er tritt im gleisnerischen Licht des Guten, von Fortschritt und Moral, auf, und dieses Bild nimmt verschiedene Färbungen an. Je undeutlicher das spezifisch Christliche ist, in einer Adaption an die Geister der Welt, umso mehr greift diese Täuschung um sich. Dostojewski lässt es seine Romanfigur Kirillow sagen: Christus wird von dieser Welt ans Kreuz geschlagen. Dies durchzieht die Charakterzüge und Reden seiner Personen: „Es wird ein neuer Mensch kommen. Wer Schmerz und Angst besiegt, der wird selber Gott sein. Jener Gott aber wird nicht mehr sein". Oder Schigaljow: Die Menschheit sei in zwei ungleiche Teile zu teilen, ein Zehntel erhalte die Freiheit der Person, neun Zehntel verwandeln sich in eine Art Herde, bestimmt durch „absolute[n] Gehorsam".[39]

Dabei verweist Dostojewski nicht auf die sichtbare Kirche sondern den unsichtbaren Christus in den letzten Tiefen in uns. Obgleich man Überlegungen zur sichtbaren Kirche vermissen mag, ist doch zuzugestehen, dass kaum irgendwo sonst die Anatomie des Antichrist so klar gezeichnet wird.

Dieses Dostojewskische Erbe entfaltet sich in Solowjews *Kurzer Erzählung vom Antichrist*. Dass der Antichrist-Gedanke in der russischen Orthodoxie lebendig blieb, ist nicht weiter verwunderlich, da sie den Weg der westlichen Säkularisierung und Adaption nicht gegangen ist. Die fundamentale Ausgangsfrage: „Ist das Böse nur eine natürliche Unzulänglichkeit, eine Unvollkommenheit, die von selbst verschwindet, je stärker das Gute wächst? Oder ist es eine tatsächliche Kraft, die durch ihre Lockungen unsere Welt beherrscht, so dass

---

[37] Martin Luther, *Heidelberger Disputatio (1518),* in: Die Anfänge, Luther Deutsch Band 1, Stuttgart, 1969, 379ff. Dazu die hervorragende Aneignung durch M. Riedel, *Reformation und deutscher Idealismus. Martin Heidegger zwischen Luther und Melanchthon*, in: Harald Seubert (Hrsg.), Heideggers Zwiegespräch mit dem deutschen Idealismus, Collegium Hermeneuticum Bd. 7, Köln/Weimar/Wien, 2003, 15ff., siehe ferner: Ulrich Asendorf, *Luther neu gelesen. Modernität und ökumenische Aktualität in seiner letzten Vorlesung*, Neuendettelsau, 2005.

[38] Berdjajew, *Die Weltanschauung Dostojewskis*, 179. Dazu auch Reinhard Lauth, *Was sagt uns Dostojewskij heute?*, München, 1990.

[39] Ebd., 531.

man in einer anderen Seinsordnung einen Schutzpunkt besitzen muss, um den Kampf gegen diese Kraft mit Erfolg zu bestehen?“[40]

Am Anfang von Solowjews Erzählung steht die Einsicht, die soziale Frage sei im Zustand einer „Gleichheit des allgemeinen Sattseins“ aufgelöst. Die politischen Probleme seien zufriedenstellend unter Kontrolle gebracht in der „Einheit der Menschheit“. Doch die Frage bleibt: wie wird die religiöse Frage gelöst werden können? Ernst Bloch hat, so berichtete Günter Rohrmoser immer wieder, gesagt, auch eine gelungene soziale Revolution würde ohne die Religion in Saturiertheit und Langeweile sich selbst vernichten.[41]

Zur Lösung des religiösen Problems wird ein Konzil nach Jerusalem einberufen: Von dem legendenumwobenen Weltenherrscher, dem Kaiser und Übermenschen, der in seiner Jugend ein Werk über Bibelkritik vorlegte und Ehrendoktor der Tübinger theologischen Fakultät ist.

Er zielt auf „Einheit aller Kulte“, zugleich ihre Musealisierung. Der Tod Gottes soll dogmatisch festgeschrieben werden. Auf dieses Ziel hin unterbreitet er allen Konfessionen ein spezifisches Angebot: den Katholiken dies, dass der Papst mit sämtlichen Rechten und Privilegien eingesetzt bleiben soll. Die Orthodoxen erhalten ein Weltmuseum für christliche Archäologie in Konstantinopel, die Protestanten ein „Weltinstitut für freie Erforschung der heiligen Schrift“ mit 1,5 Millionen Mark: als Solowjew das niederschrieb, eine tatsächlich unvorstellbare Summe, die durch EU-Förderungen von „Gender“-Studien natürlich längst in den Schatten gestellt ist. Die verbliebenen Katechonten sind die mit sprechenden Namen versehenen, in ihren eigenen Bekenntnissen und Kirchen isolierten Vertreter der drei Konfessionen: Papst Petrus II., Staretz Johannes und der Theologieprofessor Ernst Pauli. Sie stimmen nicht zu, halten am Christusbekenntnis fest. Viele von ihnen werden getötet, ihre Anhänger vertrieben. In der Tat: am Christusbekenntnis scheiden sich die Geister. „Was ohne Christus möglich ist, das ist genau gesagt, nicht mehr christlich“ (Kazoh Kitamori) – in diesem christozentrischen Blick stimmen sie überein: Eine Ökumene der Bekenntnisse und letztlich des Martyriums.

Solowjew befreit sich damit von der anti-westlichen Polemik Dostojewskis: einige würden treu bleiben, seien es Katholiken, Protestanten oder Orthodoxe.

---

[40] Solowjew, *Kurze Erzählung*, 5ff.

[41] So Rohrmoser in brieflichen und mündlichen Mitteilungen an den Verfasser Sommer 2006.

Neben Solowjew ist auch der Roman ‚The Lord of the World' von Robert Hugh Benson zu erwähnen. Der Roman ist erstmals 1908 erschienen, er kreist um die Figura Antichristi Julian Felsenburgh, der die neue humanistische Universalreligion einführt, von „universaler Brüderlichkeit" redet und den Freihandel einführt.

6. Man tut gut daran, zur Ergänzung der Stimmen aus der Dichtung auf den Beitrag von John Henry Newman zu blicken, anglikanischer Geistlicher, der sich die Frage nach der Legitimität der eigenen Kirche stellt und von dort her zur römisch-katholischen Kirche zurückkommt. Newman hat in vier Adventspredigten des Jahres 1853 sich im Zusammenhang dieser fundamentalen Selbstbefragung eingehend mit dem Antichrist auseinandergesetzt, nach der Lehre der Väter ihn dargestellt. Theodor Haecker hat dieses Zeugnis im Dritten Reich übersetzt und publiziert, auch als Signum eines Widerstandskerns, der nicht preisgegeben werden darf.[42]

Entscheidend ist dabei: Newman sieht einen anomischen Liberalismus der entfesselten Freiheiten, die Auflösung aller Rechtlichkeit und Gesetzlichkeit als entscheidendes Merkmal aller antichristlichen Manifestationen. „Liberalismus in der Religion ist die Lehre, dass es keine bestimmte religiöse Wahrheit gebe, dass vielmehr ein Glaubensbekenntnis so gut sei wie ein anderes; diese Lehre gewinnt täglich an Gehalt und an Kraft. Sie verträgt sich nicht mit der Anerkennung *einer* Religion als der wahren. Sie lehrt, alle seien zu dulden. Denn alle sind Meinungssache."[43] Nur das „Fachwerk" der abendländischen Tradition halte die Entfesselung des Antichrist noch auf.

Weiterhin erkennt Newman: Das Dogma als Rückbindung an die Wahrheit sei die eigentliche Gegenkraft gegenüber diesem Relativismus.

Kardinal Biffi hat in den Fastenexerzitien vor Papst Benedikt XVI. in der Passionszeit 2007 an diese Linie angeknüpft und festgehalten: Der Antichrist wandle mitten unter uns. In einiger Nähe zu Newman konstatiert er, die antichristliche Bewegung in der Kirche mache aus dem Christentum eine Ideologie, Vorletz-

---

[42] John Henry Newman, *Der Antichrist. Nach der Lehre der Väter*, München, 1951. Über die Verortung des Werkes in der Glaubens- und Konversionsgeschichte Newmans kann hier näheres nicht ausgeführt werden. Vgl. dazu Johannes Schwanke, *John Henry Newmans Konversion. Sein Weg zur katholischen Kirche aus protestantischer Perspektive*, Berlin, 2011.

[43] Ebd.

tes, Relatives werde zum Letzten erhoben. Der Antichrist werde sich als Pazifist, Ökumeniker, Ökologe, Weltfriedensfreund erweisen, dabei aber das Reich Christi leugnen.[44]

Newman sieht die Haltung eines umfassenden Liberalismus und Relativismus als das entscheidende Anzeichen für die bevorstehende Antichristherrschaft. Dabei begreift er das Zeitalter des Antichrist als Weltalter umfassender Apostasien. Das Auftreten des Antichrist „wird begleitet von einem Aufhören der Spendung der Sakramente, des täglichen Opfers, und von einer öffentlichen und blasphemischen Errichtung des Unglaubens in den heiligsten Winkeln der Kirche". Deshalb legt Newman seiner Ausarbeitung einen Brief des Geistlichen Samuel Horsley bei, Ende des 18. Jahrhunderts verfasst, mit der Aussage: „Die Kirche Gottes auf Erden wird der Zahl ihrer Anhänger nach stark reduziert werden [...]. Die Namenschristen werden alle abfallen". Bemerkenswert auch: „Die vorgegebene Toleranz wird weit hinausgehen über eine gerechte Toleranz [...]. Die Regierungen werden gegenüber allem Gleichgültigkeit vorgeben". Und summierend: „Von der Toleranz der verruchtesten Häresien werden sie weiterschreiten zur Toleranz des Mohammedanismus, des Atheismus und schließlich zu einer positiven Verfolgung der Wahrheit des Christentums."[45]

7. Zu sprechen ist in diesem Zusammenhang auch von dem oben bereits erwähnten großen spanischen Diplomaten und Denker Juan Donoso Cortés: er beerbt die großen Gegner der Französischen Revolution wie Joseph de Maistre. De Maistre hatte als Gegenrevolutionär diagnostiziert, dass die französische Revolution „satanique de son essence" sei. Doch er war davon ausgegangen, dass ihre Frucht gerade nicht aufgehen werde, jedenfalls letztlich nicht, und dass „alle ihre Anstrengungen zu nichts anderem als zur Erhöhung des Christentums und der Monarchie führen werden".[46] Diese Hoffnung, dass die Heilsordnung die Geschichtsordnung noch einmal bestimmen würde, teilt Donoso nicht mehr.

Alle Versuche einer Etablierung von Ordnung setzt er als gescheitert voraus. In diesem Sinn bemerkte de Tocqueville, was übrigens Hegel am Ende seines Le-

[44] Vgl. www.kath.net (abgerufen am 1. März 2007). Eine Edition dieser Furore machenden Fastenpredigten liegt leider weder in deutscher noch in italienischer Sprache vor.

[45] Newman, *Antichrist nach der Lehre der Väter*, 92–95.

[46] Zit. nach Günter Maschke, *Endzeit, Zeitenende. Zum Spätwerk von Juan Donoso Cortés*. In: Donoso Cortés, *Diktatur*, XIV.

bens ganz genauso sah: „Die Französische Revolution kehrt immer wieder und bleibt immer dieselbe“. Und zugleich: „Die Französische Revolution beginnt von neuem und sie bleibt immer dieselbe“ Jacob Burckhardt hat dieses Zitat aufgenommen und so kommentiert: „Seitdem die Politik auf innere Gärungen der Völker gegründet ist, hat alle Sicherheit ein Ende“. [47]

Der Kataklysmus des sich von Gott losreißenden Menschen würde, so betont Donoso Cortés immer wieder, Ströme von Blut fordern, die am Ende im Namen der universalen Humanität vergossen würden. Er hat das Bewußtsein in einer Endzeit zu leben, die durchgängig aus Irrtum besteht. Der Antichrist wird demgemäß von ihm vorgestellt als „Plebejer satanischer Größe“,[48] Mensch der Sünde.

Donoso war Berater des spanischen Königshauses, umsichtiger Diplomat und zugleich Geschichtstheologe. Zwischen beiden Positionierungen galt es, eine ungeheure Spannung auszuhalten. So notierte er sich als seinen Leitfaden: „Meine Methode, um auf klare Weise die Dinge zu beurteilen, ist sehr einfach: ich erhebe die Augen zu Gott und in Ihm sehe ich, was ich vergeblich in den Ereignissen suche, betrachte ich diese in sich selbst. Diese Methode ist unfehlbar und sie ist aller Welt zugänglich“.[49]

Er geht vom Dogma der Erbsünde aus. Die Verderbtheit der menschlichen Natur werde auf den Zivilisationswegen der Moderne indes geleugnet. Folge sei die „Barbarisierung Europas und seine Entvölkerung. Die Erde, über die die philosophische Zivilisation hinwegschritt, wird verflucht sein: es wird die Erde des Verderbens und des Blutvergießens sein. Dann wird kommen, was kommen muss“. [50]

Schlimmste Erwartungen weckt im Blick des Reaktionärs Donoso Cortés die *eine* Welt, das Niederreißen von Grenzen, wo Grenzen doch den Menschen vor seinesgleichen schützen. Moderne Technik eröffne bisher ungeahnte Möglichkeiten der Machination, fehlende Sittlichkeit.

---

[47] Jacob Burckhardt, *Briefe an seinen Freund F. von Preen 1864–1893*, Stuttgart/Berlin 1922, 117.

[48] Donoso Cortés, *Diktatur*, 310.

[49] Brief an Graf Raczynski, zit. nach Maschke, *Endzeit*, XVII.

[50] Maschke, *Endzeit*, 350.

Er unterscheidet zwei Zivilisationen, die rationalistische (filosofismo) und die katholische. Erstere ist Sachwalterin jenes antichristlichen Rationalismus. Daher sieht Donoso „La gran conienda", die letztendliche Entscheidungsschlacht zwischen beiden Horizonten. Die säkulare, von Donoso Cortés in seiner Terminologie als „philosophisch" benannte Zivilisation legt die Annahme des Gutseins des Menschen zugrunde. Daher ist sie unvermischt böse; die katholische Tradition begreift den Menschen als böse, deshalb ist sie unvermischt gut. Zwischen beiden besteht indes „ein unauslotbarer Abgrund". Donoso hatte in seiner *Rede über die Diktatur* noch appellierend zum Kampf in diesem Widerstreit aufgerufen. Er sieht aber binnen weniger Jahre, dass er von vorneherein zum Scheitern verurteilt ist. Dies ist das „Gesetz der Geschichte": „Der natürliche Triumph des Bösen über das Gute und der übernatürliche Triumph Gottes über das Böse mittels einer direkten und souveränen Aktion".[51]

Die Politik ist, so Donoso, nur scheinbar der bestimmende Vordergrund des Weltgeschehens. In Wahrheit ist Religion die große treibende Kraft. Religion hat den Primat vor der Politik. Was Donoso Cortés als charakteristisch an seinem Weltalter erkennt, ist die vollständige Korrumpiertheit der Wahrheit – unter Liberalismus und „Soziologismus". Antichristlich ist zumal der Abfall von den drei großen Bejahungen, die überhaupt erst Ordnung begründen können. „Es existiert ein Gott, und dieser Gott ist überall. [Er] herrscht im Himmel und auf der Erde. [Er] regiert absolut die göttlichen und die menschlichen Dinge."[52]

Die einzige Möglichkeit, die Katastrophe aufzuhalten, darin äußert sich Donoso sehr eindeutig, besteht nicht darin, „Freiheiten zu bewilligen, man vermeidet sie, wenn alle, soweit unsere Kräfte reichen, eine heilsame religiöse Reaktion hervorrufen".[53] Es bedürfe vor allem des Wiederansteigens des religiösen Thermometers, also der Neugewinnung christlichen Glaubens, um den Bürgerkrieg zu befrieden.

Er erkennt, dass sich die Gesellschaft längst an die Stelle Gottes gesetzt hat. Dies ist geradezu programmatisch wenig später bei Durkheim besiegelt worden, wenn er die Soziologie als atheistische Auffassung vom Ganzen der Welt auszeichnet.[54]

---

[51] Brief an Montalembert, zit. nach Maschke, *Endzeit*, XXIV.

[52] Rede über Europa, zit. nach ebd., XXVII.

[53] Rede über die Diktatur, zit. nach ebd., XXXIII.

[54] Vgl. dazu Émile Durkheim, *Les Formes élémentaires de la vie religieuse*, Paris, 1960 u.ö.; siehe auch Gottfried Küenzlen, *Religion – Eine Funktion der Gesellschaft?*, in:

Die Entscheidungsschlacht ist deshalb im Sinne von Donoso Cortés im Letzten und Ersten der Urteilsspruch Gottes über die Welt, eine Welt, die ihn subjektivieren und sich unterstellen möchte.

Treffend und zustimmend kommentierte der Herausgeber Günter Maschke: „Die Opfer der humanitaristischen Ideologie, die zu Donosos Zeiten noch die Ethik vor die Ökonomie setzte, danach aus der Ökonomie die Regeln der Ethik destillieren wollte und endlich die Ethik über Bord warf und durch die Phrase ersetzte – sie müssen noch gezählt werden. Unzählige Male schon sprudelte das Blut aus den harten Felsen“.[55]

8. Man kann nicht umhin, im Zusammenhang der Reflexion über den Antichrist auch von Nietzsche zu sprechen, der sich in seiner letzten abgeschlossenen Schrift selbst als Antichrist bezeichnete, als Verflucher und als das Dynamit, das das Christentum in die Luft sprengen kann.[56] So wendete Nietzsche eine Schopenhauersche Formulierung ins Positive und wollte sich dadurch selbst charakterisiert sehen. Schopenhauer hatte gesagt: „Daß die Welt bloß eine physische, keine moralische Bedeutung habe, ist der größte, der verderblichste, der fundamentale Irrthum, die eigentliche Perversität der Gesittung und ist wohl im Grunde auch das, was der Glaube als den Antichrist personificirt hat.“[57]

Genau das vertritt aber nun Nietzsche.

---

ders., Die Wiederkehr der Religion. Lage und Schicksal in der säkularen Moderne, München, 2003, 153ff. Wie berechtigt die Rede von einer ‚Wiederkehr‘ der Religion ist, die ja eine weitgehende Säkularisierung voraussetzen würde, soll hier nicht weiter erörtert werden. Ich dokumentiere allerdings meine deutliche Skepsis. Vgl. die große geistesgeschichtliche Deutung von Charles Taylor, *Ein säkulares Zeitalter*, Frankfurt/Main/Berlin, 2009. Siehe auch meinen Aufsatz: Harald Seubert, *Die Lebensmacht der Religion und die säkulare Vernunft. Religionsphilosophie am Beginn des 21. Jahrhunderts. Eine Skizze*, in: Jochen Bohn / Thomas Bohrmann (Hrsg.), Religion als Lebensmacht. Eine Festgabe für Gottfried Küenzlen, Leipzig, 2010, 211ff.

[55] So Maschke, *Endzeit,* XLIII.

[56] Vgl. zur Auslotung des Verhältnisses zwischen Nietzsche und dem Christentum noch immer: Eugen Biser, *Nietzsche – Gottsucher oder Antichrist*, Salzburg, 1982. Ebenso wichtig Günter Rohrmoser, *Nietzsche als Diagnostiker der Gegenwart*, München, 2000, insbesondere 379ff. und 411ff.

[57] Arthur Schopenhauer, *Parerga und Paralipomena II*, § 69. S. 97.

Wer sich selbst, so wie Nietzsche, als Antichrist begreift – und es ausspricht, der gehört nicht nur in die Geschichte des Christentums, und stellt sich nicht nur in sie – schreit er nicht geradezu nach Erlösung? So scheint es zu sein, zumal wenn man sich erinnert, dass die Signatur des Antichrist die Lüge und die Verstellung ist: Er sagt gerade nicht aus, wer er ist.

Nietzsches verzweifelte Suche nach einem nicht auf Moral reduzierten Gott jenseits der Verkürzungen, die im Christentum selbst zu dessen Auflösung beigetragen haben, ist die bleibende Frage, die sein Denken durchzieht.[58]

Der Antichrist ist aber zunächst selbst eine Rache- und Gegenschrift, mit der These, das Christentum habe die Kulturleistung des höheren Menschen in der antiken Welt zunichte gemacht, eine Hinterwelt erschaffen, einen Platonismus für das Volk. Nietzsche als Antichrist macht das Christentum verächtlich, wohingegen der klassische Antichrist es zu imitieren sucht.

Seine Sicht auf das, was essentiell an der „Christlichkeit" ist, ist nun das eigentlich frappierende – eine innerweltliche Liebespraktik, das Reich Gottes, das schon im Hier und Jetzt angebrochen sein müsste, die Unschuld des Werdens. Das „Evangelium war doch gerade das Dasein, das Erfülltsein, die Wirklichkeit dieses Reiches gewesen", „das verheißene Glück auf Erden".[59] Und er hat bemerkt: Es gab nur einen Christen und der starb am Kreuz.

Die Ambivalenz tritt deutlich hervor, wenn man Nietzsches Antichrist-Frage im Zusammenhang mit seinem Gedankentopos vom Tod Gottes betrachtet. „Gott ist tot": Getötet von den letzten Menschen, dem hässlichsten Menschen, der seinen Anblick nicht erträgt, vor allem aber dies nicht erträgt, sich von der Allmacht angeblickt zu wissen. Die letzten Menschen wissen in ihrer Erbärmlichkeit nicht, was sie getan haben. Deshalb der Aufschrei des „letzten Menschen", der Gott sucht. Die Welt von ihrer Mitte losgekettet, frierend durch das sinn- und sichtlose All jagend.[60]

---

[58] Dazu wiederum Rohrmoser a.a.O. und in sehr viel differenzierterem Bezug auf die Forschungs- und Quellenlage das magistrale Buch von Edith Düsing, *Nietzsches Denkweg. Theologie – Darwinismus – Nihilismus*, München, 2006.

[59] Friedrich Nietzsche, KSA 6, 214 und 215.

[60] So Nietzsches Evokation des ‚letzten Menschen' und der Tötung Gottes KSA 4, 14ff. und pass. Siehe auch die berühmte Nummer 125 KSA 3, 480ff.

Nietzsche hat gelegentlich auch notiert: Wenn es einen Gott gäbe, wie könnte ich es dann ertragen, nicht Gott zu sein? Unter dem Stichwort „Weiterentwicklung der Menschheit“ notierte sich Nietzsche gelegentlich ein Baudelaire-Zitat, in dem von einem drohenden Phantom der Ordnung die Rede ist, das auf Gewalt aufgebaut sei. Eng verbunden ist dies mit der Verheißung einer „Weltzivilisation des materiellen Lebensgenusses“, aber auf der Basis fortgeschrittener Dehumanisierung und unter dem Monopol einer totalen Macht.

9. „Es ist bemerkenswert, dass in der Zeit um 1914 die Bestreitung und die bloß symbolisierende Deutung des Antichrist aufgebrochen wird. Romano Guardini diagnostizierte im Blick auf die Kämpfe und ideologischen Irritationen der unmittelbaren Nachkriegszeit: „Es ist eine apokalyptische Zeit. Der Geist weht wieder“.[61] Die Umbruchjahre nach dem Ersten Weltkrieg erhalten auf diese Weise eine geradezu eschatologisch heilsgeschichtliche Lesart.

In der Linie von Donoso war letztlich Carl Schmitt ein später, eminenter, aber zugleich höchst fraglicher Denker des Antichrist. Immer müsse der Ort des Katechonten besetzt gewesen sein, der den Antichrist aufgehalten habe, so hat Carl Schmitt gelehrt. Andernfalls wäre das Verderben im Endgeschehen der Welt schon längst ausgebrochen, wobei man als Besetzungen unter anderem das Heilige Römische Reich, das Ius Publicum Europaeum, auch für Schmitt die Hegelsche Staats- und Rechtsphilosophie, und, in Einschränkungen bis heute gültig, den Heiligen Stuhl in Rom begreifen muss.[62]

Schmitt konnte eben hier ansetzen. Seit seiner Schrift *Der Katholizismus als politische Form* (1923) hat er auf die sichtbare Kirche als *potestas indirecta* und einzige, alleinige Legitimierungsinstanz hingewiesen.

Die Bezugnahme auf weltliche Herrschaft droht aber die Kirche in ihrer Reinheit zu korrumpieren. Mit zwei möglichen Folgen: einerseits dem Aufmarsch des Antichrist, den man, wie auch Schmitt betont, innerhalb der Mauern der Kirche selbst erwarten muss; andrerseits der Abspaltung in immer weitergehende Sekten, das Schicksal des Protestantismus!

---

[61] Vgl. dazu Romano Guardini, *‚Ich fühle, daß Großes im Kommen ist'. Romano Guardinis Briefe an Josef Weiger 1908–1962, herausgegeben von Hanna-Barbara Gerl-Falkovitz*, Mainz, 2008.

[62] Vgl. Carl Schmitt, *Der Nomos der Erde im Völkerrecht des Ius Publicum Europaeum*, Berlin, 1988, 28f. und 55. Es ist freilich evident, dass Schmitts Augenmerk mehr dem Motiv des Katechonten als jenem des Antichrist selbst gilt.

In seinem *Nomos der Erde*, dem machtvollen Spätwerk, geschrieben in der durch das Gespräch mit einer jungen Elite geweiteten Isolierung nach seinem schwer erträglichen Sündenfall, der ihn für kurze Zeit zum Kronjuristen Hitlers gemacht hatte, diagnostiziert Schmitt den Zerfall aller Staatlichkeit und verbindet die Heraufkunft des Antichrist gerade durch innerweltliche Erlösungsdemagogien: Nicht nur des totalitären Zeitalters, sondern auch der vermeintlich demokratischen One World-Phantasien.[63] Daraus zieht Schmitt auch die Konsequenz, dass Hitler eine Täuschung war, Spiel und Vorspiel nur dieses Aufmarsches.

Schmitt hat unterschiedliche lokale und auch universale katechontische Instanzen namhaft gemacht. Doch: im Letzten sieht er in Rom, der Respublica Christiana die katechontische Kraft. Hinzu kommt die „geschichtliche Idee von Europa", letztlich die übernationale Idee des Reiches.

Sehr interessant und wichtig, weil sie einen unbedachten Standardeinwand aufnimmt, ist eine Eintragung von Schmitt am 4. Juli 1949 in sein *Glossarium*: „Was heißt denn das: die Juridifizierung, die Institutionalisierung des Christentums in der römischen Kirche? Es heißt doch nur: Verwirklichung: denn was ist Recht? Die Antwort Hegels lautet: Recht ist Geist sich wirklich machend. Natur ist, was sie ist."[64] Die Sichtbarkeit ist von der unsichtbaren Kirche nicht zu lösen, so wie Newman die Sichtbarkeit der Wahrheit an die Sakramente gebunden sehen wollte.

Dennoch – und hier eben beginnt das Fraglich-Fragwürdige, kann man den Eindruck nicht vermeiden, dass Schmitt eher die politische Form der Kirche im Sinn hat, als den lebendigen Herrn Jesus Christus, und in ihm die Überwindung des Bösen. Bei ihm begegnet, wie in Teilen der französischen Rechten, die ihrerseits diabolische Form eines katholischen Atheismus (Charles Maurras).

---

[63] Vgl. dazu neben dem Nomos-Buch die Sammlung, die das späte Denken von Carl Schmitt im völkerrechtlichen Sinne dokumentiert: Carl Schmitt, *Staat, Großraum, Nomos. Arbeiten aus den Jahren 1916-1969. Herausgegeben von G. Maschke*, Berlin, 1995. Siehe auch die Gleichgewichtstopik in dem Essay: Carl Schmitt, *Land und Meer. Eine weltgeschichtliche Betrachtung*, Köln-Lövenich, 1981.

[64] Carl Schmitt, *Glossarium. Aufzeichnungen der Jahre 1947–1951, herausgegeben von E. Freiherr von Medem*, Berlin, 1991, 252f. Dem Abdruck nach ist dies ein Brief oder zumindest Briefentwurf an Hans Paeschke.

Schmitt sieht aber andererseits auch, und eben dies zeigt tiefe innere Verbindungen mit Dostojewski, dass das leidende, hungernde, ohnmächtige Volk Katechon sei. „[D]iejenigen die nicht regieren: das ist Volk". Man mag darin die Demophilie des großen Dostojewski wiedererkennen. Schmitt fährt fort: „alles andere ist Masse und Objekt der Planung. Wunderbare Kraft der nicht-oppositionellen Negation" (Eintrag vom 25. 9. 1949).[65]

Schmitt hielt immer an der personalisierten Form fest: ho katechon, nicht: to katechon... – Sehr prägnant bemerkt Schmitt in seinen Lektüren des 2. Thessalonicher-Briefs „‚Reich' bedeutet hier die geschichtliche Macht, die das Erscheinen des Antichrist und das Ende des gegenwärtigen Äon *aufzuhalten* vermag, eine Kraft *qui tenet*" (2 Thess 2)." In seinem *Glossarium*, diesem Selbstgespräch, das er in den Tagebuchaufzeichnungen aus den Jahren 1947–1951 führt, hat Schmitt diese Einsicht sogar als Confessio abgelegt: „Ich glaube an den Katechon; er ist für mich die einzige Möglichkeit, als Christ Geschichte zu verstehen und sinnvoll zu finden [...] Die Theologen von heute wissen es nicht mehr und wollen es im Grunde auch nicht wissen. Ich wollte eigentlich von ihnen wissen: wer ist heute der Katechon? Man kann doch nicht Churchill oder John Foster Dulles dafür halten [...]. Man muss für jede Epoche der letzten 1948 Jahre den Katechon nennen können. Der Platz war niemals unbesetzt [...]. Es gibt zeitweise, vorübergehende, splitterhafte fragmentarische Inhaber dieser Aufgabe. Ich bin sicher, dass wir uns sogar über viele konkrete Namen bis auf den heutigen Tag verständigen können, sobald nur einmal der Begriff klar genug ist. Donoso Cortés ist theologisch daran gescheitert, dass ihm dieser Begriff unbekannt geblieben ist."[66] Sein Unbehagen formulierte er, als Papst Paul VI. vor der UNO sprach. Dies sei das Ende der Kirche als *una ecclesia* und als katechontische Gegenkraft gegen den aufkommenden Antichrist. Zugleich registrierte er eine „Tyrannei der Werte", die der entfesselten Öffentlichkeit entsprechen wollte.

Karl Löwith hat in seinem noch immer lesenswerten Buch *Weltgeschichte und Heilsgeschehen* auf eine innerweltlich säkularisierte Heilserwartung hingewiesen. Er schließt mit der Aussage, es sei kein Zufall, „daß der Antagonismus der beiden feindlichen Lager, der Bourgeoisie und des Proletariats, dem Glauben an einen Endkampf zwischen Christus und Antichrist in der letzten Geschichtsepoche entspricht und daß die Aufgabe des Proletariats der welthistorischen Missi-

[65] Schmitt, *Glossarium*, 272.

[66] Ebd., 63.

on des auserwählten Volkes analog ist".[67] Dass sich in der Selbsterlösungsvision des Marxismus eine antichristliche Struktur abbildet, wird man nicht bestreiten können. Doch Löwiths Diktum bleibt selbst allzu sehr in dem Antagonismus verhaftet, wohingegen die christliche Erlösung sich nicht als weiterer Antagonismus zu dem des Antichrist stellt, sondern in der Einheit ihrer Wahrheit die Antagonismen hinter sich lassen möchte: „Ich bin das A und das O, der Anfang und das Ende. Siehe, ich komme bald!" (Offb 21,6.22.20). Christlicher Glaube ist in der Einheit der Wahrheit die Macht, die in ihrer Eindeutigkeit den dem Antichrist immer zugewiesenen Antagonismus begründet zu widersprechen vermag.

4. Wie die *vestigia aeternitatis* in der Zeit zu lesen sind: Resümierende Bemerkungen

Gewiss, heilsgeschichtliche und auch unheilsgeschichtliche Linien lassen sich in der Zeit nur mit äußerster Behutsamkeit lesen.

Dies bedeutet auch eine Verpflichtung, die Solschenizyn in dem Imperativ: „Lüge nicht!" auf eine minimale Formel gebracht hat. Dafür gälte es, zuallererst die Dimension der Wahrheit wiederzugewinnen und aus einem allumfassenden Relativismus sich zu lösen, in dem in der Tat wirklich ist, was behauptet werden kann (so der namhafte Journalist und Publizist Konrad Adam).[68]

Daher geht es auch darum, wie es Günter Rohrmoser vorschwebte, der Moderne selbst zu zeigen, dass sie auf dem relativistischen Fundament sich selbst zerstören muss, dass es darum gehe, die Grundlagen des Glaubens wiederzugewinnen.[69]

Man sollte dabei zweierlei festhalten: Die große Frage, die heute ansteht und die sich mit den sichtbar werdenden Zeichen des Aufmarsches des Antichrist verbindet, ist nicht politisch zu bewältigen. Sie liegt auf einer geistigen, ge-

---

[67] K. Löwith, *Weltgeschehen und Heilsgeschichte. Zur Kritik an der Geschichtsphilosophie*, Stuttgart, 1983.

[68] Konrad Adam, *Staat machen*, Berlin, 1999.

[69] Günter Rohrmoser, *Kulturrevolution in Deutschland. Philosophische Interpretationen der geistigen Situation unserer Zeit. Herausgegeben von Harald Seubert*, München/Gräfelfing, 2008, vor allem 209ff., sowie weiter ausgeführt ders., *Glaube und Vernunft am Ausgang der Moderne*.

schichtstheologischen Ebene. Und: man muss, wenn man das „Geheimnis der Bosheit“ (Solowjew) freilegen und fassen will, mit immer massiveren Einreden, mit Invektiven rechnen. Die Moderne hat längst gezeigt – bis hin zu der Wahrnehmung von dezidiert säkularen Intellektuellen wie Jürgen Habermas –, dass sie aus und an sich nur sich selbst untergraben kann.[70]

Romano Guardini sprach schon 1950 vom *Ende der Neuzeit*. „Die kommende Zeit wird in diesen Dingen eine furchtbare, aber heilende Klarheit schaffen“, so hat er bemerkt. „Kein Christ kann sich freuen, wenn die radikale Unchristlichkeit hervortritt [...] Aber es ist gut, dass jene Unredlichkeit enthüllt werde. [...] Dann wird sich zeigen, wie das in Wirklichkeit aussieht, wenn der Mensch sich von der Offenbarung gelöst hat und die Nutznießungen aufhören“. Und etwas später: „Wo die kommende Zeit sich gegen das Christentum stellt, wird sie damit ernst machen. Sie wird die säkularisierten Christlichkeiten für Sentimentalitäten erklären und die Luft wird klarer werden. Voll Feindschaft und Gefahr, aber sauber und offen“. Und Guardini schließt: „Wird also hier von einer Nähe des Endes gesprochen, dann ist das nicht zeithaft, sondern wesensmäßig gemeint: dass unsere Existenz in die Nähe der absoluten Entscheidung und ihrer Konsequenzen gelangt; der höchsten Möglichkeiten wie der äußersten Gefahren“.[71]

Zu dieser Scheidung können die christliche Einsicht und das geschichtsphilosophische Wissen führen, dass die Weltgeschichte im Antichrist katastrophisch zu ihrem immanenten Ende kommen mag, dass aber die Heilsgeschichte in Christus ihr Ziel und ihren Grund hat.

---

[70] Jürgen Habermas, *Glaube und Wissen. Rede zum Friedenspreis des deutschen Buchhandels Oktober 2001*, Sonderdruck, Frankfurt/Main, 2001.

[71] Romano Guardini, *Das Ende der Neuzeit*, Mainz, 1984, 88f., 92 und 94.

Herbert Klement

Das deuteronomische Königsgesetz und die Struktur des Psalters

Die Lektüre von vor allem zwei Arbeiten hat diesen Aufsatz angestoßen.[1] Als Dokument einer freiheitlichen demokratischen Gesellschaft preist Joshua A. Berman in seinem Buch *Created Equal – How the Bible Broke with Ancient Political Thought*[2] den Pentateuch und darin insbesondere das Deuteronomium. Berman lebt in Jerusalem, er lehrt unter anderem an der Bar-Ilan-University und schreibt aus jüdischer Perspektive. Im Deuteronomium sieht er ein politisches Leitungsmodell für das alttestamentliche Gottesvolk beschrieben, das ohne die Funktion einer Einzelgestalt als zentraler Führungsperson auskommt. Dieses Ideal kann variiert werden. Für den Fall, dass das Volk einen König nach dem Modell der umliegenden Völker installiert, wird dieses Amt als möglich beschrieben, jedoch ohne zentralistische Machtbefugnis ausgestattet. Seine Leitungsfunktion kann wahrgenommen werden, allerdings nur in einer Weise, die es von dem Konsens der Stämme abhängig macht. Gerade im Vergleich mit anderen antiken politischen Programmen weist es erstaunlich demokratische Grundstrukturen auf.

Mit diesen Anregungen zum deuteronomischen Königsgesetz erwies sich die Lektüre der Dissertation von Jamie A. Grant, *The King as Exemplar. The Function of Deuteronomy's Law in the Shaping of the Book of Psalms*[3] als überaus anregend. Die Arbeit, entstanden an der Universität von Gloucestershire in Cheltenham in England bei Gordon McConville, wurde 2004 veröffentlicht. Grant lehrt als Lecturer in Biblical Studies am Highland Theological College in Schottland.

---

[1] Als Referat gehalten in Genf beim Doktorandenkolloqium 2012 des *Seminaire Libre de Théologie à Geneve* unter der Verantwortung der STH Basel. Der Aspekt der freiheitlichen politischen Ordnung hat dazu beigetragen, ihn für diese Festschrift dem langjährigen Prorektor der STH zu seinem 70. Geburtstag zu widmen.

[2] Joshua A. Berman, *Created Equal. How the Bible Broke with Ancient Political Thought*, Oxford 2008.

[3] Jamie A. Grant, *The King as Exemplar. The Function of Deuteronomy's Kingship Law in the Shaping of the Book of Psalms*, Atlanta 2004.

Beide Arbeiten stimulierten weiterführende Überlegungen, die hier zur Diskussion gestellt werden. Zunächst soll der Blick ausgehend von Bermans Überlegungen auf das deuteronomische Königsgesetz gerichtet werden, danach die Rolle der Königspsalmen in Verbindung mit Torapsalmen im Anschluss an Grant aufgegriffen werden und dies mit der Struktur des Psalters, wie sie in der neueren Forschung diskutiert wird, in Verbindung gebracht werden.

1. Zum deuteronomischen Königsgesetz

1.1. Zur Theologie des Deuteronomiums – Torameditation

Um die Rolle des Königsgesetzes innerhalb des Deuteronomiums zu erfassen, das manchmal als etwas merkwürdig eigenständig oder sogar überflüssig erscheint, soll zunächst an zwei Aspekte der Theologie dieses Buches erinnert werden. Zunächst geht es um die Rolle der schriftlichen Tora und dann um das Konzept einer bruderschaftlich und egalitär ausgerichteten Volksgemeinschaft.

Das Deuteronomium ist ohne Zweifel ein besonderes Buch. Es hat innerhalb des Kanons seine zentrale Stellung an der Schnittstelle zwischen dem Pentateuch und den nachfolgenden Geschichtsbüchern. Es ist geschrieben als abschließende Zusammenfassung des Ertrags des sinaitischen Bundes und bildet den Abschluss der Mose-Ära. Und gleichzeitig ist es als theologische Grundlegung und Prolegomena für die Darstellung der Geschichte Israels in den nachfolgenden Büchern interpretiert worden,[4] als theologischer Ausgangspunkt und Programmschrift für die Darstellung der weiteren Entwicklung Israels. Das Deuteronomium hat offensichtlich eine entscheidende Rolle gespielt in der josianischen Reform und dem theologischen Verständnis des Endes der Monarchie in Israel.[5] Insbesondere Hosea und Jeremia greifen seine Themen auf.[6] Und in

---

[4] Vgl. J. Gordon McConville, *Grace in the End. A Study in Deuteronomic Theology*, Grand Rapids, Mich., 1993.

[5] Vgl. Mart-Jan Paul, *Der archimedische Punkt der Pentateuchkritik – zur josianischen Datierung des Deuteronomiums*, JETh 20, 2006, 115–134; zur Rolle des Deuteronomiums bei der religionsgeschichtlichen Umschreibung der Geschichte Israels im Anschluss an die traditionelle Pentateuchkritik vgl. auch Samuel Külling, *Zur Datierung der „Genesis-P-Stücke", namentlich des Kapitels Genesis XVII*, Riehen, 2. Aufl. 1984.

[6] Vgl. Carsten Vang, *The so-called 'Ur-Deuteronomium' – Some Reflectionson Its Content, Size and Age,* SEE-J Hiphil 6 [http://www.see-j.net/hiphil], 2009 (abgerufen am 10.02.2010).

der nachexilischen Zeit steht die Tora-Orientierung der Esra-Reformen in Kontinuität mit der im Deuteronomium angelegten Grundorientierung.[7]

Siegfried Herrmann war nicht der einzige, der mit dem Gedanken sympathisierte, das Deuteronomium als Mitte des ganzen AT anzusehen. Auch wenn solche Qualifizierungen ihre Problematik haben, ist kaum strittig, dass dem Buch eine zentrale theologische Rolle für alttestamentliche Theologie zukommt.

Neutestamentlich wird die Frage nach dem wichtigsten Gebot der gesamten Heiligen Schriften mit einem Text aus dem Deuteronomium beantwortet, dem *Sch^{e}ma* aus Dtn 6,4–5 (Lk 10,27). Diese Verse sind nicht nur in neutestamentlicher Zeit als Zentraltext zur Beschreibung der Gottesbeziehung Israels verstanden und von Jesus bestätigt worden, sie gelten als solche im Judentum bis heute.

> Höre, Israel: Jhwh ist unser Gott, Jhwh allein!
> Du sollst Jhwh, deinen Gott lieben von ganzem Herzen, von ganzer Seele, von aller deiner Kraft (Dtn 6,4–5).

שְׁמַע יִשְׂרָאֵל יְהוָה אֱלֹהֵינוּ יְהוָה׀ אֶחָד׃

וְאָהַבְתָּ אֵת יְהוָה אֱלֹהֶיךָ בְּכָל־לְבָבְךָ וּבְכָל־נַפְשְׁךָ וּבְכָל־מְאֹדֶךָ׃

Die drei anthropologischen Aspekte לֵבָב–*Herz* (Personmitte, Denken, Wollen, Entscheiden), נֶפֶשׁ – *Seele* (Lebensenergie, Lebenswille, Vitalität) und מְאֹד – *Kraft* (Können, Kunstfertigkeit, Vermögen) bilden eine Einheit. Dieses Wort soll von jedem Israeliten meditiert werden, vom Morgen bis zum Abend (Dtn 6,6–9)[8]:

> 6 Und diese Worte, die ich dir heute gebiete, sollen in deinem Herzen sein.
> 7 Und du sollst sie deinen Kindern einschärfen, und du sollst davon reden, wenn du in deinem Hause *sitzt*
> und wenn du auf dem Weg *gehst*,

[7] Vgl. Thomas Bänziger, *„Jauchzen und Weinen" – Ambivalente Restauration in Jehud. Eine Untersuchung von theologischen Konzepten der Wiederherstellung in Esra-Nehemia*, Diss. Theol., Seminaire Libre de Théologie à Genève, 2013.

[8] Bibelstellen werden in der Regel nach der Elberfelder Bibel zitiert, das Tetragramm des Gottesnamens wird als Jhwh wiedergegeben.

wenn du dich *hinlegst* und wenn du *aufstehst.*
8 Und du sollst sie als Zeichen auf deine Hand binden, und sie sollen als Merkzeichen zwischen deinen Augen sein,
9 und du sollst sie auf die Pfosten deines Hauses und an deine Tore schreiben.

Bereits an dieser Stelle sei darauf verwiesen, dass die Verben, die die Weisen der Liebe zu Gott in Vers 7 beschreiben:

„wenn du in deinem Hause *sitzt*" (יָשַׁב),
„wenn du auf dem Weg *gehst*" (הָלַךְ),
„wenn du dich *hinlegst*"(שָׁכַב) und „wenn du *aufstehst*" (קוּם)

ähnlich wieder begegnen im ersten Satz des Psalters[9] als Einleitung von Ps 1:

„Glücklich der Mann, der nicht *folgt* (הָלַךְ) dem Rat der Gottlosen,
den Weg der Sünder nicht betritt (עמד)
und nicht im Kreis der Spötter sitzt (יָשַׁב)."

Das Sch^{e}ma macht deutlich, dass das Bundesverhältnis des Volkes mit Gott nicht als formaler Gesetzesgehorsam begriffen ist. Der Bund und die Beziehung zu Jhwh sind als Herzensangelegenheit beschrieben. Auch wenn „Liebe" im Zusammenhang mit politischen Bundesverträgen eher formal als verlässliche Loyalität ohne notwendige affektive Elemente verstanden sein kann, so ist bei dem Bund Gottes mit Israel mit der Betonung von Herz, Seele, Kraft doch an

---

[9] Zum Verhältnis von Ps 1 zu Dtn 6,4–7 vgl. ausführlicher Beat Weber, *Werkbuch Psalmen III. Theologie und Spiritualität des Psalters und seiner Psalmen,* Stuttgart, 2010, insbesondere 29–38, und ders., *Psalm 1 als Tor zur Tora JHWHs*, SJOT 21, 2007, 179–200: „Ein besonderer Stellenwert kommt dabei Dtn 6,4–9 (v. a. V. 7) zu—ein Text, der wie kaum ein anderer im Frühjudentum bekannt war und damit als Verstehenshintergrund von Ps 1,1–2 entsprechend wiedererkannt werden konnte. Affinitäten ergeben sich ferner zu Dtn 17,14–20 und Dtn 33,29, die noch verstärkt werden, wenn die Verklammerung (Makarismus-Inclusio) des weisheitlichen Ps 1 mit dem königlichen Ps 2 mitbedacht wird. Mit Ps 1(–2) als bewusst gesetzter ‚Bucheröffnung' wird nicht nur eine Lesesteuerung in den Psalter hinein (Innenraum), sondern zugleich eine Anbindung an bereits vorliegende autoritative Schriftgestalten bezweckt (Aussenraum). Insofern kann in kanontheologischer Perspektive hinsichtlich Ps 1 vom ‚Tor zur Tora JHWHs' gesprochen werden, da er nicht nur die Fünfbücher Davids (Psalter) einleitet, sondern diese zugleich an die Fünfbücher Moses (Pentateuch) zurückbindet." (S. 179)

eine umfassende Vertrauensbeziehung auch in den emotionalen Tiefendimensionen der Beziehung zu denken. Gottesbeziehung ist hier als Antwort auf die Gnade der Befreiung aus Knechtschaft und Gottes Erwählung Israels in einer Haltung des Vertrauens und der Liebe beschrieben, die sich im Bundesgehorsam von ganzem Herzen ausdrückt.

Nicht nur das Volk als Kollektiv, sondern der einzelne Israelit ist so angesprochen. Jeder soll sich Abschriften dieses Torawortes fertigen und an den Händen, der Stirn und an dem Tor des Hauses anbringen. Durch diese Kopien soll die Grundausrichtung der Tora als Liebe zu Jhwh tagaus–tagein gegenwärtig bleiben. Das Wort soll jedem Einzelnen schriftlich vorliegen, damit man sich täglich und dauerhaft damit befassen kann.

Im Deuteronomium ist ferner kaum die Rede von der Stiftshütte und ihren Ordnungen oder von Opfergesetzen (31,14f oder Bundeslade 31,25f). Dabei ist das Buch durchaus nicht antikultisch. Opfer, Priester, Leviten und Heiligtum sind vielmehr als gegeben vorausgesetzt. Sie werden jedoch nicht beschrieben. Die rhetorische Konzentration des Buches richtet sich auf das Befolgen der Tora Jhwhs. Die Zusammenstellung der Einzelgesetze kann auch verstanden werden als eine Entfaltung des Dekalogs.[10]

Nach Dtn 27,8 soll das Wort der Tora auf den Gedenksteinen im Rahmen einer Bundeserneuerung im Land am Berg Ebal bei Sichem aufgeschrieben werden.[11] Und gemäß Dtn 31,9-13.24-26 ist das ganze Buch der Tora zudem alle sieben Jahre anlässlich des Laubhüttenfestes öffentlich zu verlesen, jeweils im Sabbatjahr.[12] Es wird ausdrücklich festgehalten, dass jeder in Israel von dem Gesetz Kenntnis erhalten sollte, nicht nur die Stammes- und Familienvorstände:

> [12]Versammle das Volk, die Männer, Frauen und Kinder und den Fremdling, der in deinen Städten lebt, damit sie es hören und lernen und

[10] Vgl. u. a. Georg Braulik, *Die deuteronomischen Gesetze und der Dekalog. Studien zum Aufbau von Deuteronomium 12 – 26,* Stuttgarter Bibelstudien 145, Stuttgart 1991.

[11] Zur Diskussion des Inhalts vgl. Paul A. Barker, *The Theology of Deuteronomy* 27, TynB 49, 1998, 277–303; ders., *The Triumph of Grace in Deuteronomy. Faithless Israel, Faithful Yahweh in Deuteronomy,* Paternoster Biblical Monographs, Milton Keynes, 2004 (überarbeitete Ph.D. Thesis, University of Bristol, 1995).

[12] Zum Umfang dieser Tora vgl. Daniel E. Block, *Recovering the Voice of Moses. The Genesis of Deuteronomy*, JETS 44/3, 2002, 385-408; Pierre Sonnet, *The Book Within the Book. Writing in Deuteronomy,* Leiden, 1997.

Jhwh, euren Gott, fürchten und alle Worte dieses Gesetzes halten und tun

13 und dass ihre Kinder, die es nicht kennen, es auch hören und lernen, Jhwh, euren Gott, zu fürchten alle Tage, die ihr in dem Lande lebt, in das ihr zieht über den Jordan, um es einzunehmen.

Die Meditation und die Befolgung der Tora sind essentiell für das Leben der Nachkommen Abrahams als Bundesvolk Jhwhs. „Himmel und Erde" werden zu Zeugen, dass dieses Wort der Tora als Wort des Lebens und Segens vorgelegt ist, damit es nicht zum Wort des Todes und Fluches wird (Dtn 30,19; 32,1).

1.2. Zur Theologie des Deuteronomiums – Einheit und Institutionen

Für Gerhard v. Rad war die Botschaft des Deuteronomiums die Einheit des Gottesvolkes: ein Gott, ein Land, ein Volk.

(a) Jhwh soll in Israel allein angebetet werden (Dtn 4,19–20; 6,4–5; 32,39; 33,26 u. a.). Er regiert auch die anderen Völker und teilt ihnen allen ihr Land zu (32,8; 4,19), aber Israel ist Jhwhs Volk – sein Erbteil unter den Völkern (Dtn 32,8–9). Deshalb soll Israel Jhwh allein dienen. Dies drückt sich auch aus in dem für alle Israeliten gemeinsamen Heiligtum an „dem Ort, den Jhwh erwählen wird" (Dtn 12,4–7).

(b) Das im Deuteronomium verheißenen Land ist dasselbe, das bereits den Vätern zugesagt und zugeschworen war (Dtn 1,8 u. ö.; 34,4). Israel wird es nun erhalten, dieses gute Land. Es ist Ort der Segenserfahrung und der Erfüllung von Verheißung.[13]

7 Denn Jhwh, dein Gott, bringt dich in ein gutes Land, ein Land von Wasserbächen, Quellen und Gewässern, die in der Ebene und im Gebirge entspringen;
8 ein Land des Weizens und der Gerste, der Weinstöcke, Feigenbäume und Granatbäume; ein Land mit ölreichen Olivenbäumen und Honig;
9 ein Land, in dem du nicht in Armut dein Brot essen wirst, in dem es dir an nichts fehlen wird; ein Land, dessen Steine Eisen sind und aus dessen Bergen du Kupfer hauen wirst. (Dtn 8,7–9)

[13] Vgl. u. a. Gordon McConville, *Law and Theology in Deuteronomy*, JSOT 33, Sheffield 1984.

Und gleichzeitig ist es in den Blick genommen als das Land der Versuchung, der Ort des Gott-Vergessens.

> 11 Hüte dich, dass du Jhwh, deinen Gott, nicht vergisst, indem du seine Gebote und seine Rechtsbestimmungen und seine Ordnungen, die ich dir heute gebe, nicht hältst! -
> 12 dass nicht, wenn du isst und satt wirst und schöne Häuser baust und bewohnst
> 13 und deine Rinder und deine Schafe sich vermehren und dein Silber und Gold sich mehren und alles, was du hast, sich mehrt,
> 14 dass dann nicht dein Herz sich erhebt und du Jhwh, deinen Gott, vergisst, der dich aus dem Land Ägypten, aus dem Sklavenhaus, herausführte [...]
> 17 und du dann nicht in deinem Herzen sagst: Meine Kraft und die Stärke meiner Hand hat mir dieses Vermögen verschafft!

(c) Das Volk Israel ist nach dem Deuteronomium „ein einig Volk von Brüdern". Es erscheint in den Einzelgeboten nicht primär nach 12 Stämmen gegliedert, sondern jeder einzelne Israelit steht bruderschaftlich in einer gleichrangigen Gemeinschaft mit allen Mitisraeliten. Gegenüber dieser Betonung der Bruderschaft aller verschwindet die hierarchische Ebene der Organisation des Volkes nach Stämmen und Familien zwar nicht vollständig, sie tritt aber rhetorisch deutlich zurück. Eine Stammesrivalität wird nirgends sichtbar. Auch der Konflikt zwischen den Rahel- und Lea-Stämmen, der hintergründig bis in die Spaltung des späteren Nord- und Südreichs wirkt, taucht nirgends auf. Im Mosesegen der Stämme Dtn 33 ist Juda nicht zur Führung hervorgehoben (anders Gen 49,10), vielmehr wird Josef als Erstgeborener bezeichnet (33,17) mit beiden Stämmen Ephraim und Manasse (Simeon fehlt). Israel im Deuteronomium ist angesprochen als „ein einig Volk von Brüdern."

Die so Angesprochenen haben alle eine gemeinsame Identität als Volk ehemaliger Zwangsarbeiter in Ägypten (Dtn 5,6). Diese Identität als ehemalige Sklaven wird in der Dekalog-Fassung des Deuteronomiums gegenüber der Fassung in Exodus 20 besonders hervorgehoben bei der Begründung des Arbeits- und Sabbatgebotes. Während es in Exodus die Schöpfungswoche ist, die das Modell für die Arbeitswoche bildet – ein Aspekt von Gottesebenbildlichkeit –, ist der Ruhetag im Deuteronomium vor allem Gedenktag der Erlösung von der Zwangsarbeit in Ägypten (Dtn 5,15). Sie alle gehören zu dem Volk, das Jhwh vom Frondienst befreit hat und mit denen er einen Bund geschlossen hat. Sie haben alle die gleiche Erfahrung gemacht und die Begegnung mit Jhwh überlebt (Dtn

4,32–36). Sie stehen jetzt zusammen und sollen das Land der Verheißung einnehmen.

Eine gesellschaftliche Abstufung einzelner Familien besteht nicht. Niemand ist privilegiert. Das Zusammenleben in dem Land soll vielmehr so organisiert sein, dass es im Bundesvolk Jhwhs künftig keine Verproletarisierung mehr gibt.[14] Jeder Haushalt erhält als Lehen von Jhwh Landbesitz als Wirtschaftsbasis. Es soll niemand verarmen (Dtn 15,4; 15,11–12). Keine Familie hat ein Privileg gegenüber anderen Familien. Ansätze zu einer sozial oder durch Abstammung begründeten Klassengesellschaft sind zurückgewiesen. Zwar sind Priester und Leviten in ihren Funktionen unterschieden, aber sie leben „als Brüder unter ihren Brüdern“ (Dtn 18,2). Diese Gruppen haben eine spezielle nur ihnen übertragene Aufgabe, jedoch sind sie von den anderen Israeliten nicht standesmäßig abgehoben, sondern ihnen gemeinschaftlich in der Identität verbunden als jetzt in Freiheit und Würde lebende ehemalige Zwangsarbeiter.

Die Befolgung der Tora ist für dieses Volk und jeden einzelnen im Volk konstitutiv. Programmatisch vor den beiden Gesetzesblöcken Dtn 5–11 und Dtn 12–26 ist die Bedeutung der Tora so beschrieben:

> 5 Siehe, ich habe euch Ordnungen und Rechtsbestimmungen gelehrt, so wie Jhwh, mein Gott, mir geboten hat, damit ihr danach handelt mitten in dem Land, in das ihr kommt, um es in Besitz zu nehmen.
> 6 So bewahrt und tut sie! Denn das ist eure Weisheit und eure Einsicht in den Augen der Völker, die all diese Ordnungen hören. Und sie werden sagen: Ein wahrhaft weises und verständiges Volk ist diese große Nation!
> 7 Denn wo gibt es eine große Nation, die Götter hätte, die ihr *so* nahe wären wie Jhwh, unser Gott, in allem, *worin* wir zu ihm rufen?
> 8 Und wo gibt es eine große Nation, die *so* gerechte Ordnungen und Rechtsbestimmungen hätte wie dieses ganze Gesetz, das ich euch heute vorlege? (Dtn 4,5–8)

Zu diesen Ordnungen und Geboten, die die umliegenden Völker zum Staunen bringen, gehören auch diejenigen, die das soziale und politische Zusammenleben institutionell ordnen. Solche Institutionen sind:

---

[14] Vgl. Christopher J. H. Wright, *Old Testament Ethics for the People of God*. Downers Grove, IL, 2004, vor allem 146–180.

- Richter (16,18–20; 17,8–13; 19,14–21)
- Asylstätte (19,1–13)
- gemeinsames Heiligtum mit Personal: Leviten, Priester (12; 18,1–8)
- Propheten (13,1–19; 18,9–22)
- gegebenenfalls auch ein König (17,14–20)

Joshua Berman[15] hat darauf hingewiesen, was denn die Träger der Institutionen zu ihrer Position berechtigt und was sie qualifizieren soll. Wer Priester sein darf, ist geregelt durch Abstammung. Damit sind Pflichten und Rechte verbunden. Als „Privileg" besitzen sie alleine unter den Stämmen kein eigenes Stammesterritorium, sondern sie leben wie Gäste inmitten „ihrer Brüder".

Wer Richter sein darf, soll nach dem Deuteronomium von den jeweiligen Angehörigen der Orte selber ausgemacht werden. Es gibt keine Kaste, die besonders für ein Richteramt privilegiert wäre. Normalerweise gehörten dazu die Ältesten, aber wer wurde Ältester? Die Zusammensetzung des Richterkreises entscheidet das Volk selber auf einem von ihnen anerkannten und akzeptierten Weg.

Die Möglichkeit, als Prophet berufen zu werden, bestand grundsätzlich für jeden Israeliten. Jhwh konnte jeden als seinen Boten beauftragen. Wenn jemand jedoch als solcher auftrat, dann hatte wiederum auch jeder Angehörige des Volkes das Recht und sogar die Pflicht, seine prophetische Legitimation zu prüfen. Damit ist die theologische Kompetenz, über Häresie und Orthodoxie bzw. Orthopraxis zu entscheiden, jedem einzelnen Israeliten zugestanden. Auch hier ist keine Kaste privilegiert. Darum ist es nötig, dass jeder Israelit seine Tora kennt. Dieses Wissen um die Tora Jhwhs war die einzige Voraussetzung, die den Israeliten befähigte, Falschpropheten erkennen und beurteilen können.[16]

---

[15] Wie Anm. 2, S. 10: "While Deuteronomy seeks to cast Israel as a community without caste distinctions founded on economical or political terms, the priests and Levites do maintain a distinct status, the parameters and meaning of which I discuss. Finally, I claim that Deuteronomy's egalitarian program for the regime is reflected in its rejection of the institutions and language of tribal patriarchy that are very evident in the other pentateuchal texts in favor of collective, national identity".

[16] Vgl. Manfred Dreytza, *Prophet gegen Prophet. Zu Dtn 18 und anderen Texten*, in: Herbert H. Klement, Theologische Wahrheit und die Postmoderne. Berichtsband der 11. AfeT-Studienkonferenz 1999, Wuppertal, 188–207.

Diese Ordnungen spiegeln ein sehr demokratisches Verständnis von politischer und theologischer Verantwortung. Sie ist wie auch das Eigentum in der vorgestellten Gesellschaft breit gestreut. Die Mitglieder der Gemeinschaft haben gleiche Rechte in Verantwortung für das Gemeinwohl.

1.3. Zur Theologie des Deuteronomiums – Das Königsgesetz

Zu den Institutionen, die im Deuteronomium angesprochen werden, gehört auch die Monarchie. Sie ist nicht angeordnet, sondern lediglich optional besprochen. König in Israel ist im Stämmesegen des Mose Jhwh selbst. Mit den royalen Funktionen des obersten Heerführers (Ex 15,3.18–19) und des Gesetzgebers (Dtn 33,2) wird Jhwh als „König Jeshuruns" gepriesen (Dtn 33,5).[17] Er ist Vater seines Volkes (Dtn 32,6; Ex 4,22–23), der es königlich großzügig mit allem versorgt, was es braucht und ihm Sicherheit inmitten seiner Feinde gewährt (Num 23,21–23).[18]

Das Königsgesetz in Dtn 17,14–20 ist keineswegs eingeführt als notwendige und hilfreiche, gute Ordnung in Israel. Die Monarchie ist nicht angeordnet und sie gehört nicht zum gesellschaftlichen Ideal, das im Deuteronomium sichtbar wird. Es ist kein Gebot, sondern eher eine Zulassung. Das Land, in das Israel zieht, ist nicht nur als Ort der Verheißungserfüllung verstanden, sondern auch als Ort der Versuchung (Dtn 8,10ff). Genau mit einer solchen Gefährdung setzt das Königsgesetz ein: „Wenn du im Land bist, und sagst, ich will einen König haben wie alle Völker, dann [...]". Mit dieser Einleitung ist das Königtum zugelassen, aber kaum als wünschenswert für Israel angesehen. Es war Israels Berufung, anders als die Völker zu sein (Dtn 7,6–8). Durch ihre unvergleichliche und gerechte Gesellschaftsordnung sollte den anderen Völkern Gotteserkenntnis vermittelt werden (Dtn 4,6–8).[19] Die für die Einführung der Monarchie in Israel

---

[17] J. Gordon McConville, *Deuteronomy,* AOTC 5, Leicester 2002. 469 zu Dtn 33,5–6: "There is a progression of thought between v. 3 and vv. 4–5. Yaweh, as supreme in heaven and on earth, now distinguishes Israel in the presence of the divine council by giving them the law, and by assuming the status of 'king' in Jeshurun. His kingship by right in heaven is echoed by a kingship chosen on earth, and corresponds to the constitution of the people by the assembling of its leaders."

[18] Vgl. Christopher Wright, *Deuteronomy*, Peabody, Mass., 1996, 310.

[19] Ausführlich entfaltet in: Siegbert Riecker, *Segen für die Völker. Gottes Mission im Alten Testament,* in: Herbert H. Klement / Julius Steinberg (Hrsg.), Freude an Gottes Weisung. Themenbuch zur Theologie des Alten Testaments, Riehen/Basel 2012, 259–

vorausgesetzte Motivation, so sein zu wollen wie die anderen Völker, qualifiziert den Wunsch nach einem König im Kontext des Deuteronomiums nicht positiv.[20] Dem Anliegen wird allerdings positiv entsprochen, jedoch verbunden mit einer Reihe von gewichtigen Rahmenkonditionen.

In diesem Deuteronomium steht nun das Königsgesetz 17,14–20:

[14] Wenn du in das Land kommst, das Jhwh, dein Gott, dir gibt, und es in Besitz genommen hast und darin wohnst und sagst: «Ich will einen König über mich setzen, wie alle Nationen, die rings um mich her sind!»,	Monarchie ist negative Kondition, nicht Gebot.	[14] כִּֽי־תָבֹ֣א אֶל־הָאָ֗רֶץ אֲשֶׁר֙ יְהוָ֣ה אֱלֹהֶ֔יךָ נֹתֵ֣ן לָ֔ךְ וִירִשְׁתָּ֖הּ וְיָשַׁ֣בְתָּה בָּ֑הּ וְאָמַרְתָּ֗ אָשִׂ֤ימָה עָלַי֙ מֶ֔לֶךְ כְּכָל־הַגּוֹיִ֖ם אֲשֶׁ֥ר סְבִיבֹתָֽי׃
[15] dann sollst du nur den König über dich setzen, den Jhwh, dein Gott, erwählen wird. Aus der Mitte deiner Brüder sollst du einen König über dich setzen. Du sollst nicht einen Ausländer über dich setzen, der nicht dein Bruder ist.	Jhwh bestimmt, wer! Ohne Adelsprivileg, jeder im Volk Israel wäre potentiell Kandidat (demokratisch).	[15] שׂ֣וֹם תָּשִׂ֤ים עָלֶ֙יךָ֙ מֶ֔לֶךְ אֲשֶׁ֥ר יִבְחַ֛ר יְהוָ֥ה אֱלֹהֶ֖יךָ בּ֑וֹ מִקֶּ֣רֶב אַחֶ֗יךָ תָּשִׂ֤ים עָלֶ֙יךָ֙ מֶ֔לֶךְ לֹ֣א תוּכַ֗ל לָתֵ֤ת עָלֶ֙יךָ֙ אִ֣ישׁ נָכְרִ֔י אֲשֶׁ֥ר לֹא־ אָחִ֖יךָ הֽוּא׃
[16] Nur soll er sich nicht viele Pferde anschaffen,	Ohne militärische Macht.	[16] רַק֮ לֹא־יַרְבֶּה־לּ֣וֹ סוּסִים֒

277; ders., *Ein Priestervolk für alle Völker. Der Segensauftrag Israels für alle Nationen in der Tora und den Vorderen Propheten,* Stuttgarter Biblische Beiträge (SBB) 59, Stuttgart, 2007.

[20] Vgl. Herbert H. Klement, *Monarchiekritik und Herrscherverheißung. Alttestamentlich-theologische Aspekte zur Rolle des Königs in Israel*, in: ders. / Julius Steinberg, wie Anm. 16, 279–309.

und *er* soll das Volk nicht nach Ägypten zurückführen, um sich noch mehr Pferde anzuschaffen, denn Jhwh hat euch gesagt: Ihr sollt nie wieder auf diesem Weg zurückkehren.		וְלֹֽא־יָשִׁ֤יב אֶת־הָעָם֙ מִצְרַ֔יְמָה לְמַ֖עַן הַרְבּ֣וֹת ס֑וּס וַֽיהוָה֙ אָמַ֣ר לָכֶ֔ם לֹ֣א תֹסִפ֗וּן לָשׁ֛וּב בַּדֶּ֥רֶךְ הַזֶּ֖ה עֽוֹד׃
17 Und er soll sich nicht viele Frauen anschaffen, damit sein Herz sich nicht *von Gott* abwendet.	Ohne „Auslandsvertretungen“ bei Hof.	וְלֹ֤א יַרְבֶּה־לּוֹ֙ נָשִׁ֔ים וְלֹ֥א יָס֖וּר לְבָב֑וֹ
Auch Silber und Gold soll er sich nicht übermäßig anschaffen.	Ohne ökonomische Macht/Einflussnahmemöglichkeit.	וְכֶ֣סֶף וְזָהָ֔ב לֹ֥א יַרְבֶּה־לּ֖וֹ מְאֹֽד׃
18 Und es soll geschehen, wenn er auf dem Thron seines Königreiches sitzt, dann soll er sich eine Abschrift dieses Gesetzes in ein Buch schreiben, aus *dem Buch, das* den Priestern, den Leviten, vor*liegt*. 19 Und sie soll bei ihm sein, und er soll alle Tage seines Lebens darin lesen, damit er Jhwh, seinen Gott, fürchten lernt, um alle Worte dieses Gesetzes und diese Ordnungen zu bewahren, sie zu tun, 20 damit sein Herz sich	Positiv: Torameditation: - Beziehung zu JHWH	18 וְהָיָ֣ה כְשִׁבְתּ֔וֹ עַ֖ל כִּסֵּ֣א מַמְלַכְתּ֑וֹ וְכָ֨תַב ל֜וֹ אֶת־ מִשְׁנֵ֨ה הַתּוֹרָ֤ה הַזֹּאת֙ עַל־ סֵ֔פֶר מִלִּפְנֵ֖י הַכֹּהֲנִ֥ים הַלְוִיִּֽם׃ 19 וְהָיְתָ֣ה עִמּ֔וֹ וְקָ֥רָא ב֖וֹ כָּל־יְמֵ֣י חַיָּ֑יו לְמַ֣עַן יִלְמַ֗ד לְיִרְאָה֙ אֶת־יְהוָ֣ה אֱלֹהָ֔יו לִ֠שְׁמֹר אֶת־כָּל־דִּבְרֵ֞י

nicht über seine Brüder erhebt und er von dem Gebot weder zur Rechten noch zur Linken abweicht, damit er die Tage in seiner Königsherrschaft verlängert, er und seine Söhne, in der Mitte Israels.	- Beziehung zu Brüdern Zusage langen Lebens.	הַתּוֹרָה הַזֹּאת וְאֶת־ הַחֻקִּים הָאֵלֶּה לַעֲשֹׂתָם׃ 20 לְבִלְתִּי רוּם־לְבָבוֹ מֵאֶחָיו וּלְבִלְתִּי סוּר מִן־ הַמִּצְוָה יָמִין וּשְׂמֹאול לְמַעַן יַאֲרִיךְ יָמִים עַל־ מַמְלַכְתּוֹ הוּא וּבָנָיו בְּקֶרֶב יִשְׂרָאֵל׃ ס

Für diesen allenfalls zugelassenen König sollen nun bestimmten Qualifikationen gelten, die aufmerken lassen. Auf einige Punkte sei hingewiesen.

1. *Jhwh bestimmt* selber, wer dann der König sein soll. Es steht also nicht den Israeliten zu, sich irgendjemanden zum König auszurufen ohne Befragung Jhwhs. Wie Jhwh ihn bestimmt, ist hier nicht festgelegt oder beschrieben. Es geschieht so, wie bisher in Israel, etwa durch Propheten oder durch den Hohenpriester mittels Urim und Tummin. Auf alle Fälle hat Jhwh das Entscheidungsrecht. In den Berichten über die ersten Könige geht nach dem Königswunsch des Volkes 1 Sam 8,5 jeweils die Initiative für die zu salbende Person von Jhwh aus: Saul (1 Sam 9,15–17); David (1 Sam 16,1.12–13; vgl. 1 Kön 2,28; 11,31; 2 Kön 9,1–3).

2. Es soll *einer aus den Brüdern* sein. Im Stämmesegen Jakobs (Gen 49,10) war noch von Juda die Rede, von dem das Zepter und der Herrscherstab nicht weichen werden bis der Schilo komme, dem die Völker gehorsam sind. Im Deuteronomium ist kein Stamm bevorzugt und keine Familie im Blick, die ausersehen wäre. Die einzige Kondition, dass es „einer aus den Brüdern ist“, lässt potentiell jeden Israeliten für das Königsamt in Betracht kommen. Das Gesellschaftsideal des Deuteronomiums ist egalitär. Es gibt weder eine herrschende Schicht noch die Spur eines Adelsprivilegs. Jeder Israelit hat die gleichen Möglichkeiten, sogar die, zum König berufen zu werden.

3. Es soll *kein Ausländer* sein. Später war David diesbezüglich nicht unverdächtig. Es gab offenbar Beziehungen nach Moab, die Eltern finden dort Exil auf der Flucht vor Saul (1 Sa 22,3; Rut 1,1). Außerdem hatte David als Offizier in Philisterdiensten Erfolg gehabt, bevor die Ältesten ihn zum König erkoren. Um jeden eventuellen diesbezüglichen Verdacht zu zerstreuen, wird 2 Sam 5,1 bei der Erhebung Davids zum König als erstes betont festgestellt, dass er und die Ältesten von demselben „Gebein und Fleisch" sind.

4. Dass der König nicht viele Pferde haben soll, beschränkt ihn in der Aufstellung einer Armee, denn die wichtigsten Kräfte einer Streitmacht waren ihm nicht zugestanden. Pferde und Streitwagen entsprechen der Rolle von Luftwaffe und Panzern in heutigen Armeen. Ohne diese war das Heer eines solchen Königs militärisch nicht ausgestattet, Kriege zu führen, zumindest keine Angriffskriege. Und die Außenpolitik war so auszurichten, dass auch Verteidigungskriege möglichst vermieden wurden. Im Falle der Verteidigung waren die im Ganzen des Volkes vorhandenen Kräfte zu bündeln, ein effektives stehendes Heer in Bereitschaft war nicht vorgesehen. Für seine Verteidigung war Israel damit auch abhängig von Jhwh als dem „Kriegsmann" (Ex 15,3).

5. Dass er nicht viele Frauen anschaffen soll, wird damit begründet, dass „sein Herz sich nicht abwenden soll". Ein großer Harem, wie er zum Prestige zeitgenössischer Könige gehörte, sollte es für den israelitischen König nicht geben. Monogamie ist durchweg im AT das Ideal, nur die monogame Ehe ist bei den Propheten als Metapher für die Gottesbeziehung denkbar. Wenn Bigamie in den Gesetzen auch nicht explizit untersagt ist, so ist sie in den narrativen Zusammenhängen durch das damit verbundene Leiden der Beteiligten auch nicht positiv gewertet. Polygamie gehört generell nicht zur Option für einen Israeliten, und davon ist auch der König nicht ausgenommen. Damit ist insbesondere auch eine Heiratspolitik, bei der internationale Bündnisse durch Verschwägerung der Herrscherfamilien abgestützt werden, dem israelitischen König nicht zugestanden.

Exkurs: Wie aktuell dies für Israel war, zeigt ein Blick in die Gepflogenheiten der Königszeit. Die Familienangehörigen fremder Herrscherhäuser waren gleichzeitig Botschafterinnen ihrer Familien und Königreiche. Sie garantierten außenpolitische Verlässlichkeit und Stabilität und waren ein wichtiger Faktor internationaler Bündnispolitik. In Israel war das bei Saul noch kein Thema. Aber schon David heiratet noch in Hebron die ausländische Prinzessin Maacha, eine Tochter Talmais, des Königs von Geschur (Grenzgebiet zu Aram, heute Golan). Deren Sohn Absalom nutzt das Vergehen seines älteren Bruders Amnon zur familiären Rache und tötet ihn. Als Nachrückender in der Thronfolge beansprucht er die Herrschaft und führt den Staatsstreich gegen David an. – Salomo pflegte nach 1 Kön 11,1–8 eine ausgedehnte Außen- und Heiratspolitik. Im Königbuch als besonders verwerflich markiert ist seine Verschwägerung mit dem Pharao Ägyptens (1 Kön 3,1; 11,1; vgl. Dtn 17,16). Salomos Politik als „Schwiegersohn des Pharao“ führte denn auch zunehmend zur Versklavung des eigenen Volkes (1 Kön 12,3–11). Ein Problem der politischen Heiraten war, dass die soziale Legitimation und das Prestige von Herrscherfamilien in der Umwelt Israels oft mit einer priesterlichen Rolle im Staatskult verbunden waren. Die Prinzessinnen waren in der Regel zugleich als Priesterinnen ihren Göttern verpflichtet. In Salomos Haus sind verschiedene Länder und Völker vertreten: Neben der Tochter Pharaos Prinzessinen aus Moab, Ammon, Edom, Sidon (letztere wahrscheinlich eine Tochter Hirams von Tyrus, dem König der Sidonier, nach Eusebius, *Praep. Evang.* IX, 34), und eine hethitische Prinzessin.

Die einzige Frau Salomos, deren Name bekannt ist, war Naama (1 Kön 14,21), eine ammonitische Prinzessin und die Mutter des Thronfolgers Rehabeam [LXX 1 Kön 12,24a: Tocher Hanons, Sohn des Nahasch, der zur Zeit Davids den Thron bestieg]. Für sie gab es in Jerusalem nach 1 Kön 11,5 einen Tempel für „Milkom, das Scheusal/das Monster der Ammoniter“. Rehabeams Erstfrau war Maacha, eine Tochter Absaloms benannt nach seiner Mutter, der Prinzessin aus Geshur. Rehabeams Maacha verehrte nach 1 Kön 15,13 die Muttergottheit Aschera und errichtet für sie ein Kultbild in Jerusalem. Sie empfand sich als Königin auf dem Davidthron demnach nicht als Israelitin. Ihr Kultbild wurde von ihrem Sohn Asa zerstört (1 Kön 15,10.13).[21]

Im Nordreich begründete Omris Außenpolitik den wirtschaftlichen Erfolg. Er verheiratete seinen Thronfolger Ahab mit der tyrischen Prinzessin Isebel. In seiner neu gegründeten Hauptstadt Samaria stand neben einem Baalstempel auch ein Aschera-Heiligtum. In der Eliageschichte sind als zugehöriges Tempelpersonal annähernd 950 Personen auf der königlichen Gehaltsliste genannt. Die Bündnispolitik zwischen Ahab von Samaria und Josaphat von Jerusalem führt dazu, dass die Prinzessin Atalya, Tochter Ahabs und Isebels, den Jerusalemer Thronfolger Joram heiratet. Nach dessen Tod herrscht Atalya mit ihrem

[21] Ausführlicher in: Abraham Malamat, *Aspects of Foreign Policies of David and Salomon*, in: ders., The History of Biblical Israel. Major problems and Minor Issues, Leiden, 2004 [= 2001], 208–233 [erstveröffentlich: JNES 22, 1963, 1–17]; ders., *Naamah, the Ammonite Princess, King Solomons Wife*, in: ebd., 234–239. [erstveröffentlich: RB 106, 1999/1, 35–41.

Sohn Ahasja. Als der durch Jehu in Jesreel ermordet wird, rottet sie die ganze davidische Familie aus und regiert selber sieben Jahre auf dem Thron Davids.

6. Außerdem soll es ein König sein, der nicht reich an Gold und Silber ist. Dem so beschriebenen König soll damit keine persönliche wirtschaftliche Macht zur Verfügung stehen. Um den Reichtum des Herrschers auszubauen, wäre die Steuer- und Abgabenlast der Bevölkerung aufzubürden. Das wird durch so eine Bedingung vermieden. Israel soll nicht wieder „zurück nach Ägypten". Ohne große Mittel an Gold und Silber kann er sich mit seinem privaten Vermögen allein niemanden „kaufen". Der König besitzt keine finanzielle Macht, sich das Volk ökonomisch abhängig zu machen, auch nicht für kostspielige Kriege. Der König soll innerhalb des von ihm regierten Volkes ökonomisch nicht dominant hervorragen.

In diesem Königsgesetz fällt zudem als bemerkenswert auf, dass positive Aufgaben und Pflichten wie etwa die oberste Gerichtsbarkeit oder der militärische Oberbefehl gar nicht formuliert sind, auch nicht Fragen der Wirtschafts- oder Außenpolitik. Es gibt in diesem Königsgesetz keine Beschreibung seiner Rechte oder Privilegien, wie etwa Steuern oder Abgaben zu erheben. Fragt man, ob ein solcher König überhaupt in der Lage war zu regieren, so muss man dies positiv bestimmen. Er konnte jedoch kein Despot sein. Vielmehr war er für alle seine Maßnahmen auf die Zustimmung der Mehrheit des Volkes angewiesen und er musste deren Unterstützung erhalten. Die Herrschaft eines solchen Königs ist möglich: seine Aufgabe ist es, für die gemeinschaftlichen Anliegen jeweils im Volk einen breiten oder umfassenden Konsens zu erreichen.

Als positives und letztes Kriterium wird dem König auferlegt, sich eine eigene Torarolle zu beschaffen. Diese ist von ihm täglich zu meditieren. Die darin enthaltenen Werte und ethischen Grundlagen sollen sein politisches Handeln leiten. Auf diese Weise soll er seinen Respekt Gott gegenüber zum Ausdruck bringen, dem Gesetzgeber und Bundespatron, der auch mit einem irdischen Monarchen der eigentliche König in seinem Bundesvolk bleibt. Die Torameditation soll dem israelitischen König zur Gottesfurcht anleiten und ihm gleichzeitig zeigen, welche Haltung er gegenüber seinen Mitisraeliten einnehmen soll. Er ist als König nicht standesmäßig abgehoben, sondern er bleibt auch als König einer unter seinen Brüdern in enger Gemeinschaft vor Gott, dem Bundespatron des ganzen Volkes.
Die Kenntnis der Tora und ihre Befolgung sind im Deuteronomium von allen Israeliten erwartet, nicht nur von dem König. Aber ein König in Israel muss ihre ethischen Werte unbedingt verinnerlicht haben, mehr als andere. Dazu steht ihm die eigene Abschrift exklusiv zur Verfügung. Hörten die israelitischen Familien

die ganze Tora jeweils alle sieben Jahre mündlich, so ist es der König, der sie jeden Tag vor Augen haben und sie meditieren soll. Für ihn ist die Anforderung der Bundestreue innerhalb des Jhwh-Bundes zentral. Seine Rolle als Leiter des Volkes ist von großer Reichweite. Dies gilt für sein Abweichen aus dem Jhwh-Bund wie auch gleichzeitig für seine Vorbildfunktion innerhalb des Volkes. In der Befolgung der Tora nimmt er die Rolle eines beispielhaften Israeliten ein.

2. Zur Struktur des Psalters

2.1. Psalterlektüre und „Toraredaktion“

In der jüngeren Auslegung der Psalmen sind unter dem Einfluss formgeschichtlicher Katalogisierung einige der Psalmen als Torapsalmen eingeordnet worden, so vor allem Ps 1, Ps 19 und Ps 119. Wie in Dtn 4 verbindet sich in ihnen Tora und Weisheit. Als weisheitliche Psalmen haben sie es lange schwer gehabt. Die Abwertung des Alten Testaments in der alten liberalen Theologie präludiert durch Marcion von Schleiermacher bis Harnack war auch damit begründet, dass die Weisheit unter dem Vorzeichen des Tun-Ergehen-Zusammenhanges als unevangelisch-gesetzlich, teilweise als „unterchristlich“ galt und eher negativ konnotiert war.[22] Die dialektische Theologie mit ihrer Konzentration auf der Christologie konnte der Weisheit und den weisheitlichen Torapsalmen auch keine große theologische Bedeutung zuerkennen. Noch für Gerhard v. Rad war die Weisheit kein Teil seiner AT-Theologie. Er schrieb dazu eine eigene Monographie, die er aber nicht als Band III seiner Theologie des Alten Testaments zuordnete, sondern die außerhalb seines Theologieentwurfes angesiedelt war.[23] In diesen Denktraditionen passten die Weisheits- und Torapsalmen nicht in die zentralen theologischen Diskurse.

Diese Situation hat sich seit den siebziger Jahren mit der Einbeziehung kanonischer und synchroner Fragestellungen in die Exegese grundlegend verändert. Redaktionsgeschichtliche Ansätze hatten bereits versucht, die Rolle der

[22] Zur Abwertung des AT in christlicher Theologie: Erich Zenger, *Das Erste Testament. Die jüdische Bibel und die Christen*, Düsseldorf, 1998 [= ^{5}1995; ^{1}1991]; ders., *Ein Gott der Rache? Feindpsalmen verstehen*, Freiburg 1998.

[23] Vgl. Gerhard von Rad / Bernd Janowski [Hrsg.], *Weisheit in Israel. Mit zwei Anhängen neu herausgegeben von Bernd Janowski. Anhang 1: Hermann Timm, "Das weite Herz". Religiöses Philosophieren in Israel. Zu Gerhard von Rads Weisheits-Buch .Anhang 2: Bernd Janowski, Weiterführende Literatur zur alttestamentlichen Weisheit*, Neukirchen-Vluyn, 2012.

Torapsalmen neu zu bewerten. Für die Genese des Psalters war man hypothetisch von der Entstehung von Einzelsammlungen ausgegangen, die dann etwa im Rahmen von postulierten Redaktionen phasenweise zusammengestellt und erweitert wurden. So fand die Idee einer messianischen Redaktion mit Ps 2 als Einleitung und Ps 89 als abschließenden Rahmen Anhänger.[24] Diese Sammlung dachte man sich dann in einem Stadium redaktionell erweitert und durch Ps 1 und Ps 119 gerahmt.[25] Letztere als Tora-Redaktion beschriebene Entstehungsphase des Psalters erfuhr dann unter anderem durch die Halleluja- und Toda-Psalmen Ergänzungen bis zu dem heutigen Psalter.[26] Solche immer noch generisch ausgerichteten Versuche zum Verständnis des Psalters sind und bleiben notorisch spekulativ und hypothetisch.

Die Psalterlektüre erlebte einen neuen Schub mit kanonisch ausgerichteten Fragestellungen, die die in der masoretischen Überlieferung[27] vorliegende Sammlung als einheitlich gegebenen Text in den Blick nahmen.[28] Dabei wanderte der

---

[24] Vgl. u. a. Christoph Rösel, *Die messianische Redaktion des Psalters. Studien zu Entstehung und Theologie der Sammlung Psalm 2–89**, Stuttgart, 1999.

[25] Claus Westermann, *Zur Sammlung des Psalters* (1962), in: ders., Lob und Klage in den Psalmen, Göttingen, 2011 (E-book), 197–198: „Im Psalter, wie er uns heute vorliegt, ist eine kleine, einmal selbstständige Sammlung mit Sicherheit zu erkennen, die der *ma'alot*-Psalmen (=Wallfahrtspsalmen?) 120–134. Vor dieser Sammlung steht der im Psalter einzigartige Ps. 119 (ihm entspricht einzig Ps 19B), ein Lob des Gesetzes. Beides zusammen legt nahe, daß Ps. 119 einmal eine Sammlung abschloß. Nun hat Ps 119 nicht der Form, aber der Sache nach eine entfernte Entsprechung in Ps 1; es ist ein indirektes Lob des Gesetzes, sofern der glücklich gepriesen wird, der in seinem Leben Gottes Gesetz bejaht und sein Leben danach einrichtet. Beide Psalmen gehören der frommen Weisheit und der Gesetzesfrömmigkeit an; beide sind keine Psalmen im eigentlichen Sinn mehr. Man kann dann annehmen, daß Ps. 1 und 119 einen Rahmen darstellen, der ein bestimmtes Stadium des Entstehungsprozesses unseres Psalters bezeichnet; es gab demnach einmal einen Psalter, der mit Ps. 1 begann und mit 119 endete. Dieser Rahmen wiederum bezeugt ein wichtiges Stadium auf dem Traditionsweg unseres Psalters, in dem der Psalter als Sammlung nicht mehr primär kultische Funktion hatte, sondern sich auf dem Weg gesetzesfrommer Überlieferung bewegte. Die Psalmen sind Gotteswort geworden, das gelesen, studiert, meditiert wird."

[26] Vgl. Klaus Seybold, *Die Psalmen. Eine Einführung*, Stuttgart, 2. Aufl. 1991.

[27] Oder in anderen tatsächlich vorliegenden Sammlungen.

[28] Vgl. Herbert H. Klement, *Modern Literary-Critical Research and the Historicity of the Old Testament*, in: V. Philips Long (Hrsg.), Israel's Past in Present Research. Essays on Ancient Israelite Historiography, Sources for Biblical and Theological Study VII,

Fokus von der Frage nach dem „Sitz im Leben“ oder dem „Sitz im Kult“[29] von Einzelpsalmen hin zu der Frage nach dem „Sitz im Buch“, der Rolle des Einzeltextes im Kontext des Aufbaus des Psalters und als Teiltext eines größeren Gefüges. Ein Durchbruch dieser Fragestellung war erzielt mit der Arbeit von Gerald Wilson, *The Editing of the Hebrew Psalter*, 1985.[30] Ein Ertrag dieser Arbeit war die Überzeugung, dass das Psalmbuch in nachexilischer Zeit nicht als zufällige Sammlung entstanden ist, sondern Zeichen aktiver Herausgeberschaft trägt. Dazu gehört u. a. die Gliederung des Psalters in fünf Bücher, die durch Doxologien markiert sind. Nach Wilson stellen diese sinnvolle Einheiten dar, die aufeinander aufbauen und das theologische Argument voranbringen. Auch die Rahmung des Buches durch die doppelte thematische Einleitung mit Ps 1–2 und den doxologischen Abschluss mit Ps 146–150 zeigt Herausgebertätigkeit. Im Wissen um die Gefahr von Zirkelschlüssen argumentiert Wilson vorsichtig, dass die Anordnung der Psalmen als Ergebnis von bewussten editorischen Aktivitäten angesehen sein kann. Die mit der Anordnung verbundene Aussageintention kann zudem erhoben werden, und zwar durch eine sorgfältige und umfassende Analyse der linguistischen, thematischen, literarischen und theologischen Verknüpfungen und Beziehungen von Einzelpsalmen und Psalmengruppen.[31]

Die Suche nach den die Psalterstruktur leitenden Themen beflügelt die Forschung seither. In Deutschland haben sich Klaus Seyboldt und Erich Zenger seit den neunziger Jahren intensiv an der Diskussion beteiligt.[32] Die Psalterfor-

---

Winona Lake 1999, 439–459; ders., *Zur Verbindlichkeit kanonischer Texte. Der sensus literalis und hypothetische Sinnschichten ‚über' bzw. ‚unter' dem Text in seiner kanonischen Gestalt*, in: Helge Stadelmann (Hrsg.), Den Sinn von Texten verstehen. Eine Auseinandersetzung mit neuzeitlichen hermeneutischen Ansätzen, Berichtsband der 14. AfeT-Studienkonferenz 2005 in Bad Blankenburg. Gießen 2006, 87–106; Armin Sierszyn, *Christologische Hermeneutik. Eine Studie über Historisch-kritische, Kanonische und Biblische Theologie mit besonderer Berücksichtigung der philosophischen Hermeneutik von Hans-Georg Gadamer,* Studien zu Theologie und Bibel 3, Wien/Zürich, 2010.

[29] So vor allem in den Arbeiten von Sigmund Mowinckel und Hans-Joachim Kraus. Vgl. u. a. Uwe Rechberger, *Von der Klage zum Lob. Studien zum Stimmungsumschwung in den Psalmen*, WUANT 133, Neukirchen-Vluyn, 2012.

[30] Gerald H. Wilson, *The Editing of the Hebrew Psalter,* SBL-DS 76, Chico, Ca., 1985.

[31] Gerald H. Wilson, *Understanding the Purposeful Arrangement of Psalms. Pitfalls and Promise*, in: J. Clintin McCann (Hrsg.), The Shape and Shaping of the Psalter, JSOT 159, Sheffield, 1993.

[32] Klaus Seybold / Erich Zenger, *Neue Wege der Psalmenforschung,* Freiburg, 1994

schung ist seither vielseitig und verheißungsvoll und längst noch nicht ermüdet.[33]

2.2. Kanonische Psalterlektüre – Jamie Grant

In die Diskussion um eine kanonische Psalterlektüre klinkt sich die Arbeit von Jamie A. Grant ein. Gerald Wilson hatte als die vielen Einzelpsalmen verbindendes großes Thema auf die Königsthematik hingewiesen, die vor allem an den Nahtstellen im Aufbau des Psalters prominent vorkommt: Ps 2; 72; 89.[34] Von anderen wurde auf die Rolle von Ps 1 als theologischer Einleitung hingewiesen und damit die Bedeutung des Tora-Themas für die Psalmenlektüre hervorgehoben.[35] Für Brevard S. Childs hat Ps 1 "assumed a highly significant function as a preface to the psalms which are to be read, studied and meditated upon. The Torah of God which is the living word of God is meditated through its written form as sacred scripture. With the written word Israel is challenged to meditate day and night in seeking the will of God. Indeed, as a heading to the whole Psalter the blessing now includes the faithful meditation on the sacred writings which follow."[36]

Wie bereits gesehen greift Psalm 1 mit den drei Verben *sitzen – stehen – gehen* thematisch Aspekte des Sch^{e}ma von Dtn 6 auf. Beat Weber[37] hat zudem darauf

[33] Eine Zwischenbestandsaufnahme bietet der Tagungsband des Colloquium Biblicum Lovaniense 2008: Erich Zenger (Hrsg.), *The Composition of the Book of Psalms*, Leuven 2010; darin u. a.: ders., *Psalmenexegese und Psalterexegese. Eine Forschungsskizze*, 17–65; Bernd Janowski, *Ein Tempel aus Worten. Zur theologischen Architektur des Psalters*, 279–306; Hendrik J. Koorevaar, *The Book of Psalms as a Structured Theological Story with the Aid of Subscripts and Superscripts*, 579–592.

[34] Gerald H. Wilson, *The Use of Royal Psalms at the ‚Seams' of the Hebrew Psalter*, VT 34/3, 1984, 337–352; ders., *King, Messiah, and the Reign of God. Revisiting the Royal Psalms and the Shape of the Psalter*, in: Peter Flint / Patrick D. Miller (Hrsg.), The Book of Psalms. Composition and Reception, Leiden, 2005.

[35] J. Clinton McCann, *A Theological Introduction to the Book of Psalms. The Psalms as Torah*, Nashville, 1993.

[36] So Brevard S. Childs, *Introduction to the Old Testament as Scripture*, London 1979, 513.

[37] Beat Weber, *Psalm 1 als Tor zur Tora JHWHs. Wie Ps 1 (und Ps 2) den Psalter an den Pentateuch anschliesst*, Scandinavian Journal of the Old Testament 21, 2007, 179–200: „Affinitäten ergeben sich ferner zu Dtn 17,14–20 und Dtn 33,29, die noch verstärkt

hingewiesen, dass die Seligpreisungen, die Psalm 1 und Psalm 2 rahmen, ihre Parallele haben in der Seligpreisung am Ende des Mosesegens Dtn 33,29:

> „*Glücklich bist du, Israel*! Wer ist wie du, ein Volk, gerettet durch Jhwh, der der Schild deiner Hilfe und der das Schwert deiner Hoheit ist? Schmeicheln werden dir deine Feinde, du aber, du wirst einherschreiten über ihre Höhen.“

Die Seligpreisung in Ps 1

> „*Glücklich der Mann*, der nicht folgt dem Rat der Gottlosen, den Weg der Sünder nicht betritt und nicht im Kreis der Spötter sitzt, sondern seine Lust hat am Gesetz Jhwhs und über sein Gesetz sinnt Tag und Nacht!“ (Ps 1,1–2)

zitiert sowohl den Auftrag zur Meditation der Tora in Dtn 6 als auch den Stil der Seligpreisung von Dtn 33,29. Und die Seligpreisung am Schluss von Ps 2,12

> „Küsst den Sohn, dass er nicht zürne und ihr umkommt auf dem Weg; denn leicht entbrennt sein Zorn. *Glücklich alle*, die sich bei ihm bergen!“

schließt den Psalm, der mit dem Hinweis auf die Feinde Jhwhs und seines Gesalbten begonnen hat und sie zur Unterwerfung auffordert.

Dass mit der einleitenden Torathematik auch ein Anstoß gegeben ist, die Abfolge der fünf Bücher des Psalters in Parallele zum Pentateuch zu lesen, ist schon lange beobachtet worden. Der Psalmenmidrasch (MTeh 1,2) drückt es so aus: “Mose segnete Isrel mit: אשריך und David segnete die Israeliten mit אשרי."[38] Die nachfolgenden fünf Bücher der Psalmen sind somit in Parallele als Tora zu lesen.

---

werden, wenn die Verklammerung (Makarismus-Inclusio) des weisheitlichen Ps 1 mit dem königlichen Ps 2 mitbedacht wird.“ (179)

[38] Zit a.a.O. bei Beat Weber, 2007; vgl. Therese Hansberger, *Mose segnete Israel mit אשריך und David segnete die Israeliten mit אשרי. (MTeh 1,2). Psalm 1 und der Psalter im rabbinischen Midrash zu den Psalmen (MTeh 1)*, BZ 46, 2002, 25–47.

Mit diesen Beobachtungen ist die Botschaft von Ps 1 längst nicht mehr als theologisch nebensächlich einzuschätzen. Der weisheitliche Torapsalm rückt in eine signifikante und prägende Stellung für das Verständnis des ganzen Buches. Und mit dem Torapsalm Psalm 1 rücken auch die Psalmen 19 und 119 in den Fokus des Interesses.

Gerald Wilson hatte das Psalmbuch wie ein fünfteiliges Drama gelesen, das seine Krise im mittleren Akt enthält. Buch I und II sind von Davidspsalmen bestimmt, sie enden mit dem Psalm Salomos (Ps 72, Regentenspiegel). Buch III ist von der Krise der Dynastie bestimmt. Es endet mit Ps 89 als einer großen Klage darüber, dass es keinen Nachfolger Davids mehr auf dem Thron gibt. Die theologische Antwort im Aufbau des Psalters sieht Wilson in Buch IV mit den Jhwh-Königspsalmen (Ps 93; 95–99). Im Rückgriff auf die Mose-Ära, die das Buch rahmt (Ps 90–92; 105–106) wird die Treue Jhwhs zu seinem Volk gerühmt (Ps 100).

Im Rahmen dieser Diskussion argumentiert nun Jamie A Grant, dass die beiden Einleitungspsalmen nicht zwei unterschiedliche Themen darstellen, die nur durch wenige Stichworte und die Inklusio des Makarismus äußerlich und formal miteinander verbunden sind, sondern auf dem Hintergrund von Dtn 17 direkt aufeinander bezogen sind. Wie das Königsgesetz fordert Ps 1 auf zur täglichen Torameditation. Im Deuteronomium sollten die „Normal"-Israeliten das Gesetz alle sieben Jahre einmal vorgelesen bekommen, es also kennen. Lediglich der König wird aufgefordert es zu seiner täglichen Lektüre werden zu lassen. Wenn der Ps 1 wie gesehen das Deuteronomium im Hintergrund hat, dann steht seine Stoßrichtung in direkter Parallele zu Dtn 17 und ist damit vorrangig auf den König bezogen, auch wenn dieser als „idealer Israelit" zum Prototyp jedes gottesfürchtigen Israeliten wird.

Der Königspsalm Ps 2 feiert den König, der auf dem Zion „ausgegossen" ist (d. h. gesalbt ist), als Sohn Jhwhs.[39] Als Einzelpsalm lässt er sich als Ausdruck der Königstheologie oder -ideologie in historischer Zeit verstehen. Das „ich" des direkt zugesprochenen Dekrets Jhwhs (אָמַ֫ר אֵלַ֫י) kann nur vom davidischen König ausgesagt sein, die neutestamentliche Zuschreibung des Psalms zu David ist hier mit begründet. So gibt der Psalm als Einzeltext Zeugnis von israelitischer Königstheologie in historischer monarchischer Zeit. In der Zusammenstellung des Psalters in seiner masoretischen Form, die nachexilisch anzusetzen

[39] Zur Einheitlichkeit des Psalms vgl. Carsten Vang, *Ps 2,11–12 – A New Look at an Old Crux Interpretum*, Scandinavian Journal of the Old Testament 9/2, 1995, 163–184.

ist, erfährt dieser Text eine messianische Bedeutung. Ein Monarch auf dem Thron ist nicht mehr vorhanden. Wenn das Königsthema nach Gerald Wilson zu den dominanten Aussagen des ganzen Buches gehört, dann ist es mit einer Erwartung der künftigen Erneuerung des Davidshauses verknüpft. Der Sitz dieses Einzelpsalms im Buch lädt zu dieser messianischen Leserichtung ein.

Liest man mit der Mehrheit der neueren Psalterforschung Ps 1 und 2 als Einleitung in das ganze Buch, dann kommt nach Jamie Grant bereits in dem Torathema die Rolle des Königs zum Tragen. Auch Beat Weber[40] hatte unabhängig von Grant Ps 1 in Zusammenhang mit Dtn 17 gelesen und zusätzlich auf die nachexilischen Ausführungen in 1 Chr 22,12–13 hingewiesen, in denen David Salomo als Nachfolger beauftragt einschließlich des Hinweises, dass zum gesegneten Regieren das Torastudium gehört:

> 12 Auch dir wird Jhwh Einsicht und Verstand geben, und er wird dich über Israel setzen, daß du *die Tora Jhwhs, deines Gottes* (אֶת־תּוֹרַת יְהוָה אֱלֹהֶיךָ), beachtest.
> 13 Dann wird es dir gelingen, wenn du darauf achtest, die *Ordnungen* (חֻקִּים) und die *Rechtsbestimmungen* (מִשְׁפָּטִים) zu befolgen, die Jhwh *dem Mose für Israel geboten* hat. Sei stark und mutig, fürchte dich nicht und sei nicht niedergeschlagen!

Die Parallele dieser Aufforderung mit Jos 1,7–9 ist nach Beat Weber deutlich. Wie Josua als Nachfolger des Mose, so wird auch der König in 1 Chr 22 ermutigt, im Vertrauen auf Jhwh seinen Aufgaben nachzukommen.

In diesem Kontext ist die Lektüre von Ps 1 in Verbindung mit Ps 2 als zusammenzulesender Einleitungstext bereits unter dem Vorzeichen der messianischen Königserwartung zu sehen. Für die Herausgeber des Psalters war damit die Toraverpflichtung vorrangige Voraussetzung für eine Wiederaufnahme einer davidischen Königslinie.

2.3. Torapsalmen und Königspsalmen – Psalm 19 und drittes Psalmbuch

Nachdem sich die Lektüre von Ps 1 und 2 auf dem Hintergrund von Dtn 17 als tragfähig und weiterführend erwiesen hat, untersucht Jamie Grant auch die beiden anderen Torapsalmen 19 und 119. Für Ps 19, der den Beter – David – in der

[40] Wie Anm. 9

mittleren Strophe die Tora preisen lässt, beobachtet er, dass dieser Psalm von Königspsalmen umgeben ist. Der vorausgehende Psalm 18 enthält das große Dankgebet Davids, das ebenfalls in 2 Sam 22 steht, hier als zusammenfassendes Abschlussgebet am Ende der Davidsgeschichten des Samuelbuches.[41] Es wird Jhwhs Hilfe aus Todesbedrohung und seine Unterstützung gegen alle äußeren und innenpolitischen Feinde gepriesen und für die Dynastieverheißung an das Davidshaus gedankt. Es endet:

> 50 Darum will ich dich preisen unter den Völkern, Jhwh, und will spielen deinem Namen,
> 51 der seinem König große Rettungen schenkt und Gnade erweist seinem Gesalbten, David und seinen Nachkommen ewig.

Auf diesen hoffnungsvollen Ausblick auf die Zukunft der Davidsdynastie folgt mit Ps 19 als Davidspsalm die Fokussierung auf die Tora. Während die erste Strophe (V. 1–7) die kosmischen Ordnungen der Gestirne rühmt, preist die zweite Strophe (V. 8–11) den unermesslichen Wert und die Vollkommenheit der Ordnungen der Tora Jhwhs. Die dritte Strophe (V. 12–15) drückt den Wunsch aus, dass die innere Ordnung des menschlichen Herzens ebenso von der Tora geprägt sein möge, dass für Verfehlungen Vergebung erfahren wird und Jhwh seinen Knecht bewahrt.

Nach neuerer Psalterforschung bildet Ps 19 die Mitte der Gruppe Ps 15–24.[42] Danach lagern sich die Psalmen thematisch jeweils ringförmig umeinander. In solchen Strukturen vollzieht sich die Lektüre der Einheit auf mehreren Ebenen, zunächst als lectio continua wie gewohnt in der linearen Abfolge, dann aber

---

[41] Vgl. Herbert H. Klement, *II Samuel 21–24. Context, Structure and Meaning in the Samuel Conclusion,* Frankfurt a. M. 2000.

[42] Vgl. Patrick D.Miller, Kingship, *Torah Obedience, and Prayer. The Theology of Psalms 15–24*, in: Klaus Seybold / Erich Zenger (Hrsg.), Neue Wege der Psalmenforschung, Freiburg i. B. 1994, 127–142; Frank-Lothar Hossfeld / Erich Zenger, *„Wer darf hinaufziehen zum Berg JHWHs?“ Zur Redaktionsgeschichte und Theologie der Psalmengruppe 15–24*, in: Georg Braulik (Hrsg.), Biblische Theologie und gesellschaftlicher Wandel. Für Norbert Lohfink SJ, Freiburg/Basel/Wien 1993, 166–182; William P. Brown, *'Here comes the Sun'. The Metaphorical Theology of Psalms 15–24*, in: Erich Zenger (Hrsg.), The Composition of the Book of Psalms, Leuven 2010, 259–277; Philip Sumpter, *The Substance of Psalm 24. An Attempt to read Scripture after Brevard S. Childs,* Diss. Theol, University of Cheltenham, 2012.

auch vom Zentrum zur Peripherie und drittens in der Parallelstellung innerhalb der einzelnen Ringe:

15	16	17	18	**19**	20/21	22	23	24
A	B	C	D	**E**	D‘	C‘	B‘	A‘

Die thematische Zentralstellung gibt dem Psalm 19 für den Aufbau ein zusätzliches Gewicht. Dies wird noch dadurch verstärkt, wenn man diese Gruppe als mittlere der fünf Gruppen des ersten Psalmbuchs erkennt, das ab Ps 3 ausschließlich David in der Überschrift nennt (Ps 1–2 [Einleitung] / Ps 3–14 [Mitte Ps 8] / **15–24 [Mitte Ps 19]** / 25–34 [Mitte Ps 29] / 35–41 [Mitte Ps 38]). Als Zentrum der mittleren Gruppe wird Ps 19 so zum Zentrum des ersten Buches.[43]

In dieser Struktur von Ps 15–24 ist nun der königliche Dankpsalm Ps 18 durch Fürbitten für den König mit Ps 20 und 21 im ersten Ring parallel gestellt. Der Torapsalm 19 ist so durch Königspsalmen gerahmt. Auch in diesen Gebeten finden sich Anklänge an das Königsthema in Dtn 17:

> 7 Jetzt habe ich erkannt, dass Jhwh seinem Gesalbten hilft; aus seinen heiligen Himmeln wird er ihn erhören durch Heilstaten seiner Rechten.
> 8 Diese denken an Wagen und jene an Rosse, wir aber denken an den Namen Jhwhs, unseres Gottes.
> 9 Jene krümmen sich und fallen, wir aber stehen und bleiben aufrecht. (Ps 20,7–9)

Und Psalm 21:

> 2 Jhwh, über deine Kraft freut sich der König, und wie sehr frohlockt er über deine Hilfe!
> 3 Den Wunsch seines Herzens hast du ihm gewährt, und das Verlangen seiner Lippen nicht verweigert.//
> 4 Denn mit Segnungen an Gutem kamst du ihm entgegen; auf sein Haupt setztest du eine Krone von Gold.
> 5 Leben erbat er von dir, du hast es ihm gegeben: Länge der Tage immer und ewig.

---

43 So mit Hendrik J. Koorevaar, wie Anm. 31, 589–590.

6 Groß ist seine Herrlichkeit durch deine Hilfe; Majestät und Pracht legtest du auf ihn.
7 Denn zu Segnungen setzt du ihn für immer; du erfreust ihn mit Freude vor deinem Angesicht.
8 Denn auf Jhwh vertraut der König, und durch des Höchsten Gnade wird er nicht wanken.

Die für den Toragehorsam in Aussicht gestellten Segnungen sind hier für den König beansprucht. Der König verlässt sich nicht auf militärische Macht und die Möglichkeiten des Reichtums, vielmehr verlässt er sich auf die Möglichkeiten Jhwhs zu helfen. Wie Jhwh als Helfer im Kampf mit dem Bogen David in Ps 18 beisteht (V. 35), so weiß auch Ps 21 von Jhwhs Bogen, der zur Hilfe des Königs gegen dessen Feinde zum Einsatz kommt (V. 13).

Jamie Grant sieht auch hier in dieser Rahmung des Torapsalms 19 durch Königspsalmen wie in Ps 1 und 2 eine intentionale Zusammenstellung.

Schon Gerald Wilson hatte darauf hingewiesen, dass die Psalmen an den Rändern der Einheiten, also Bucheinleitung und -ende jeweils mit Sorgfalt platziert und für die theologische Ausrichtung signifikant sind. Sind die bisherigen Beobachtungen zutreffend, dann wäre auch der Rahmen des dritten Psalmbuches (Ps 73–89) in die Überlegungen einzubeziehen. Dieses Buch, das nach Wilson eine theologische Krise beschreibt, greift mit Ps 73 und Ps 89 dieselben Themen auf wie Ps 1 und Ps 2 – jedoch mit einer geradezu gegenteiligen Aussagenrichtung. Man kann sie als Dekonstruktion verstehen, Ps 73 von Ps 1 und Ps 89 von Ps 2. Während Ps 1 den Torastudenten als gesegnet und gegen alle Stürme gefeit und erfolgreich rühmt und den Gottlosen als zum Scheitern „wie Spreu im Wind" abschreibt, weiß Ps 73, dass es dem Gottlosen offensichtlich sehr gut geht und das im Gegensatz zu dem, der sich an die Tora Jhwhs hält, jedoch geplagt und notvoll seine Tage fristet: „Siehe, dies sind Gottlose, und immer sorglos, erwerben sie sich Vermögen" (V. 12). Das führt zu zweifelndem Fragen und Nachdenken über die Gültigkeit der in Ps 1 gepriesenen Lebensweise. Und während in Ps 2 Jhwh im Himmel über die Feinde Israels und seines Königs lacht und sie zur Unterwerfung unter den Herrscher vom Zion auffordert, ist die Situation in Ps 89 umgekehrt. David hat immer noch die Dynastieverheißung (V. 20–38) einschließlich eines väterlichen Verhältnisses zu Gott und eines ewigen Bundes, jedoch gibt es keinen König mehr auf dem Davidsthron und es sind die Feinde, die über den König vom Zion das Gelächter anheben:

51 Gedenke, Herr, der Schmach deiner Knechte. In meiner Brust trage ich all die vielen Völker *mit ihrem Hohn*,

52 womit deine Feinde gehöhnt haben, Jhwh, womit sie gehöhnt haben die Fußspuren deines Gesalbten!

Ist der Psalter zuversichtlich mit der Erwartung einer bleibenden und künftigen messianischen Erneuerung der Davidsdynastie gestartet, so werden hier Fragen und Klagen laut, die sich an Jhwh wenden, doch Abhilfe zu schaffen. Die Themen Toragehorsam und Königtum rahmen auch dieses Buch.

2.4. Torapsalmen und Königspsalmen – Psalm 119 und das fünfte Psalmbuch

Das Buch V enthält 14 Psalmen Davids und einen von Salomo, drei am Anfang, sieben vor dem Schlusshalleluja und vier plus dem Salomopsalm in den fünfzehn מַעֲלָהPsalmen (Ps 120–134).[44] Die Diskussion um die Bedeutung dieser Bezeichnung ist nicht abgeschlossen. Der Einfachheit halber sollen sie Wallfahrtspsalmen genannt werden, auch wenn diese Übersetzung nur bedingt zutreffend sein wird.[45]
Den Aufbau des Buches V nach der masoretischen Anordnung kann im Anschluss an Hendrik Koorevaar[46] folgendermaßen gegliedert werden:

Buch V	*Sieg über die Krise: Rückkehr zu Jhwh und ins Land*	
Ps 107–150	107 Dank (הדו) 108–110 David	

[44] Fünfzehn ist gleichzeitig der gematrische Zahlenwert der Kurzform des Jhwh.Namens: יָהּ.

[45] Erich Zenger, *Exkurs: Die Komposition des sog. Wallfahrtspsalters Ps 120–134*, in: Frank-Lothar Hossfeld / Erich Zenger, Psalmen 10–150, HThKAT, Freiburg i. B. 2008, 391–407; vgl. Martin Wittenberg, *Die Wallfahrtspsalmen. ...vor Gott in Zion zu erscheinen*, Fürth 1983; Loren D. Crow, *The Songs of Ascents (Psalms 120–134). Their Place in Israelite History and Religion*, SBL Diss. Series 148, Atlanta, 1996.

[46] Hendrik J. Koorevaar, wie Anm. 31, 579–592 [Tafel 6: 589–590]; ähnlich Julius Steinberg, *Die Ketuvim – ihr Aufbau und ihre Botschaft*, BBB 152, Hamburg 2006, 259.

	111–117	Lob (הללו)	
	118	Dank (הודו)	
	119	Tora	Mitte a: **119** Mitte b: **127**
	120–134	Wallfahrtslieger (Mitte 127: Solomon)	
	135	Lob (הללו)	
	136	Dank (הודו)	
	137	Frage und Rache	
	138–145	David	Abschluss: 149–150
	146–150	Lob (הללו)	

Im Zentrum dieses fünften Psalmbuches stehen zwei große Blöcke größeren Umfangs, der Psalm 119 mit 22 alphabetisch aufgebauten Strophen zu je 8 Versen und die Gruppe der 15 Wallfahrtspsalmen. Letztere ist durch die nur hier innerhalb des Psalters zu findende Bezeichnung מַעֲלָה in der Überschrift deutlich als eigenständige Teilgruppe markiert und abgegrenzt. Dies berechtigt, die Gruppe als Ganzes neben Ps 119 zu interpretieren.

An Umfang überragt der große Torapsalm 119 alle anderen Psalmen, er ist der massivste Block im ganzen Psalter. Wie Ps 1 beginnt er mit einer Seligpreisung. Die Tora als Lebensraum wird entfaltet.[47] Jamie Grant hatte als parallelen Königspsalm auf Ps 118 verwiesen. Auch wenn dort das Königsthema nicht explizit genannt ist, so lässt sich das darin betende „ich“ als königliches begreifen. Ist dem so, dann wäre auch hier das Torathema von Ps 119 direkt mit dem Königsthema verknüpft. Ps 118 und Ps 119 gehören zusammen wie Ps 1 und 2, wenn auch in thematisch umgekehrter Reihenfolge.

---

[47] Vgl. Tina Arnold, *Die Einladung zu einem ‚Glücklichen Leben‘. Tora als Lebensraum nach Ps 119,1–3*, in: Erich Zenger (Hrsg.), The Composition of the Book of Psalms, Bibliotheca Ephemeridum Theologicarum Lovaniensium 238, Leuven 2010, 401–412.

Liest man wie in der Strukturierung vorgeschlagen den Psalm 119 in Parallele zu der Gruppe der Wallfahrtspsalmen, so ergeben sich hier noch deutlichere Aspekte der Königserwartung. Die Gruppe der fünfzehn Psalmen lässt sich unterschiedlich gliedern. Eine Mehrheit von Exegeten spricht sich für eine Gliederung nach drei Fünfergruppen aus: Ps 120–124 / Ps 125–129 / Ps 130–134.[48] In der ersten und letzten Gruppe finden sich je zwei Davidspsalmen, in der mittleren Gruppe steht zentral der Salomopsalm. Nach Erich Zenger[49] bilden die erste und die dritte Gruppe „jeweils einen Spannungsbogen von der Klage (Ps 120 bzw. Ps 130) zum Lobpreis bzw. zur Beraka (Ps 124 bzw. 134)." Im Zentrum dieser drei Teilgruppen stehen mit Ps 122 und 132 zwei für unser Thema bedeutende Texte. Die Wallfahrt nach Jerusalem in Ps 122 erfolgt, weil „dort die Throne des Hauses Davids stehen, die Throne zum Gericht" (Gericht ist Evangelium für alle Entrechteten). Damit ist eine der zentralen Aufgaben der Monarchie angesprochen. Und der Ps 132 ist mit 18 Versen mit Abstand der längste innerhalb der recht kurzen übrigen Wallfahrtspsalmen. Er reflektiert direkt die Dynastieverheißung an das Davidshaus in Zusammenhang mit der Rückführung der Bundeslade und der „Mühen" Davids um die Wohnstadt für Jhwh in Zion. Der Psalm meditiert die Verheißung für einen starken Nachkommen Davids und erwartet die Erneuerung der Dynastie auf dem Zion.[50] Die Erwartung einer Fortsetzung der davidischen Dynastie und der Rolle Zions ist damit explizit an zentraler Position im Aufbau der Teilgruppe ausgesprochen.

Im Zentrum steht der Salomopsalm 127, in dem vom Bau des Hauses und der Stadt die Rede ist. Dieser ist durch den Namen „Salomo" in der Überschrift mit der Dynastieverheißung und dem Tempelbau verbunden (2 Sam 7,11b–13; 1 Kön 5,19; 6,11–13) und dadurch zumindest offen für eine Interpretation des Hauses als des Tempels und der Stadt als Zion. Das Thema Hausbau stand im Zentrum der Nathansverheißung: Nicht du baust mir ein Haus (Tempel), sondern ich baue dir ein Haus (Dynastie). Das wird hier aufgegriffen, wohl auch in der doppelten Bedeutung von Haus als Tempel und Dynastie: „Wenn Jhwh nicht das Haus baut (die Dynastie), dann arbeiten umsonst die daran bauen. Die Erwartung von Nachkommenschaft (Ps 127,3ff) unter der Überschrift „Salomo" vergegenwärtigt in nachexilischer Zeit ebenfalls die Dynastieverheißung. Dieser Psalm im Zentrum der Wallfahrtslieder endet mit einer Seligpreisung dessen, der Nachkommen hat. Sie wird stichwortmäßig am Anfang des nachfolgenden

[48] Steinberg, *Ketuvim*, 262–264.

[49] Zenger, *Exkurs Wallfahrtspsalmen*, 403.

[50] Ps 132,17: Dort will ich das Horn Davids wachsen lassen, habe ich eine Leuchte zugerichtet meinem Gesalbten.

Psalm 128 mit einer Seligpreisung dessen, der auf Jhwhs Wegen geht, wieder aufgegriffen und fortgesetzt:

> „Glücklich der Mann, der seinen Köcher mit ihnen (Nachkommen) gefüllt hat! Sie werden nicht beschämt werden, wenn sie mit Feinden reden im Tor." (Ps 127,5)

> „Glücklich ein jeder, der Jhwh fürchtet, der wandelt auf seinen Wegen!" (Ps 128,1)

Das Paar der Seligpreisungen verknüpft unter dem Stichwort Salomo die Nachkommenserwartung mit dem Toragehorsam. Dies ist auf dem Hintergrund des nachexilischen Salomobildes, das die Heiratspolitik des Davidsnachfolgers als Ursache für die monarchische Abfallsgeschichte festhält, besonders auffällig.[51] Liest man diese Psalmen in Blick auf eine Fortsetzung des Königshauses, dann kann er nur einer sein, den Jhwh selbst bestimmt. Und anders als Salomo wird er in den Wegen der Tora wandeln und so nachhaltig gesegnet sein.

Die Doppelung der Seligpreisung Ps 127,5 und Ps 128 erinnert sowohl an die beiden Makarismen in Ps 119,1–3:

> [1] Glücklich sind, die im Weg untadelig sind, die im Gesetz Jhwhs wandeln.
> [2] Glücklich sind, die seine Zeugnisse bewahren, die ihn von ganzem Herzen suchen,
> [3] die auch kein Unrecht tun, die auf seinen Wegen wandeln!

als auch an die Inklusio der Makarismen in der Rahmung von Ps 1 und 2. Diese weisen wiederum – wie gesehen – eine Nähe zu der Seligpreisung am Ende des Mosesegens in Dtn 33,29 auf.

In den drei zentralen Texten der Gruppe der Wallfahrtspsalmen ist damit das Thema des davidischen Königs aufgegriffen und – als nachexilische Textzusammenstellung – so mit einer messianischen Erwartung verbunden. Damit

[51] Vgl. die Erwähnung Salomos in Neh 13,26 als Beispiel für Toraverachtung und Gerichtsursache: Hat sich ihretwegen nicht *schon* Salomo, der König von Israel, versündigt? Und einen König wie ihn hat es unter den vielen Nationen nicht gegeben. Und er war geliebt von seinem Gott, und *so* hatte Gott ihn zum König über ganz Israel gesetzt; doch auch ihn haben die ausländischen Frauen zur Sünde verleitet.

lässt sich auch diese Königserwartung im Psalmbuch V, die Erwartung einer Zukunft für die davidische Dynastie (Ps 132) im Anschluss an den Bußpsalm 130 und in Kombination mit dem vorausgehenden großen Torapsalm 119 als von dem Königsideal von Dtn 17 her bestimmt interpretieren.

3. Zusammenfassung

Im deuteronomischen Königsgesetz wird ein König vorgesehen, der als exemplarischer Israelit ohne die üblichen militärischen, wirtschaftlichen und diplomatischen Instrumente regieren soll. Seine wichtigste Aufgabe ist es, die Tora täglich zu meditieren.

Im Psalter nennen von 150 Psalmen nach dem MT 73 David und 2 Salomo in der Überschrift, damit ist jeder zweite Psalm als Gebet des davidischen Königs beschrieben. Der Psalter ist als Buch zusammengestellt in einer Zeit als es schon lange keinen irdischen König mehr auf dem Davidsthron gab. Trotzdem präsentiert er die Königsverheißung durch Nathan und die Treuezusagen Jhwhs an das Haus David als zentrales Thema. In diesem „königlichen Meditationsbuch" ist die Notwendigkeit und die Segensverheißung des Toragehorsams an markanten Stellen aufgegriffen, in der Einleitung des ganzen Buches und in den strukturellen Zentren von Buch I und V. Damit stehen diese Themen inhaltlich in Parallele zu dem Königsgesetz des Deuteronomiums. Es kann vermutet werden, dass dies von denen, die dieses Psalmbuch so zusammengestellt haben, mit beabsichtigt war.

Jacob Thiessen

Die Rezeption neutestamentlicher Schriften im 1. Clemensbrief und in den Ignatiusbriefen

Allgemeine Einführung

Ein Vergleich der zwei Autoren Clemens Romanus und Ignatius, dessen Schriften relativ zeitnah zueinander datiert werden, ist nicht nur für die Historische Theologie, sondern gerade auch für die neutestamentliche Forschung aus verschiedenen Gründen interessant und relevant. Einerseits ist der Vergleich, wie und wie oft neutestamentliche Schriften und die kirchliche Tradition rezipiert werden, aufschlussreich. Andererseits ist ebenso spannend, welcher Wandel in Bezug auf kirchliche Lehrinhalte oder die kirchliche Praxis bereits zu beobachten sind. Diesbezüglich wäre z. B. die Haltung zu Eucharistie und Taufe und damit verbunden das Verständnis vom Episkopat zu erwähnen.

Auf die theologischen Aspekte kann im Folgenden allerdings nur am Rand eingegangen werden. Zentral geht es darum zu untersuchen, ob und welche neutestamentliche Schriften rezipiert werden. Dabei ist zu beachten, dass es sich nicht um „Schreibtischarbeiten" handelt in dem Sinn, dass die Schriften im modernen Sinn zitiert und verarbeitet wurden. Vor allem in der Situation des Ignatius ist davon auszugehen, dass er zumindest zum größten Teil auf das Gedächtnis angewiesen war. Zudem haben die Lehrinhalte der Apostel, sei es, dass sie durch die Briefe oder durch mündliche Überlieferung bekannt waren, das Denken der Autoren zweifelsohne auch da wesentlich mitgeprägt, wo nicht ausdrückliche Anlehnungen zu erkennen sind.

Der 1. Clemensbrief

Einführung

Clemens Romanus war gemäß Irenäus nach Linus, „an den Paulus sich in seinen Briefen an Timotheus erinnert" (vgl. 2 Tim 4,12), und Anakletus der dritte

„Bischof" in Rom.[1] Er habe die „glückseligen Apostel" noch gesehen und mit ihnen verkehrt und gebe das Echo der Verkündigung der Apostel und ihre Tradition weiter.[2] Dabei erwähnt Irenäus auch den Brief des Clemens an die Korinther (= 1 Clem), wobei nach Irenäus die Gemeinde von Rom für die Abfassung zuständig ist.[3]

Der 1. Clemensbrief, den Clemens offenbar im Namen der Gemeinde von Rom an die Gemeinde von Korinth schrieb, wurde nach weithin anerkannter Datierung gegen Ende des ersten Jahrhunderts (ca. 96 n. Chr.) geschrieben.[4] Andere datieren noch wesentlich früher.[5] Nach Lindemann wird eine „Datierung des 1 Clem am ehesten durch die Analyse der vorausgesetzten Kirchenstruktur ermöglicht; für eine nicht zu späte Ansetzung (jedenfalls noch vor 100) spricht, dass 1 Clem ähnlich wie die Pastoralbriefe ἐπισκοποι[6] zwar kennt, aber noch kein Monepiskopat [...]".[7] Ich meine, dass der Vergleich im Verständnis des Episkopats zwischen dem 1. Clemensbrief (vgl. 1 Clem 42,4–5; 44,1.4–5; 47,6;

[1] Irenäus, *Adv. haer.* 3,3.1.

[2] Ebd.

[3] Eusebius identifiziert ihn mit dem Klemens, den Paulus in seinem Brief an die Philipper (Phil 4,3) erwähnt (Eusebius, *Hist. Eccl.* 3,15,1 und 3,16,1).

[4] Vgl. dazu u. a. Andreas Lindemann, *Der Erste Clemensbrief*, in: Wilhelm Pratscher (Hrsg.), Die Apostolischen Väter. Eine Einleitung, UTB 3272, Göttingen, 2009, 59–82, dort 78.; Joseph A. Fischer (Hrsg.), *Die Apostolischen Väter. Griechisch und Deutsch. Eingeleitet, herausgegeben, übertragen und erläutert von J. A. Fischer*, München, 6. Aufl. 1981, 19.

[5] Vgl. z. B. Kurt Erlemann, *Die Datierung des ersten Klemensbriefes. Anfragen an eine Communis Opinio*, in: NTS 44, 1998, 591–607; Douglas Powell, *Clemens von Rom*, in: TRE 8, 1981, 113–120, dort 117–118). Vgl. ebd., 117: „Die früheren Kommentatoren identifizieren die Ereignisse von Kap. 5f mit der Verfolgung unter Nero [...], der einzigen bekannten Situation, die der ‚großen Menge' [...] von 6,1 Rechnung trägt [...], und datieren deshalb den Brief auf das Ende von dessen Regierungszeit [...] Die Einstellung des 1 Clem zu den weltlichen Herrschern würde am ehesten in die Regierungszeit Vespasians passen."

[6] Der Begriff ἐπίσκοπος wird im Folgenden in der Regel mit „Bischof" wiedergegeben, auch wenn diese Wiedergabe zumindest für das Neue Testament und den 1. Clemensbrief missverständlich bzw. nicht passend ist.

[7] Lindemann, *Clemensbrief*, 78.

54,2; 55,4; 57,1) und den Briefen des Ignatius[8] tatsächlich für eine wesentlich frühere Abfassung des 1. Clemensbriefs sprechen könnte.[9]

Anlass des Briefes gab offensichtlich ein Streit bzw. eine Spaltung in der Gemeinde von Korinth, den „einige unbesonnene und freche Personen entfacht" hatten (1 Clem 1,1; vgl. auch 1 Clem 46,9) – nach 1 Clem 47,6 verursachten sogar nur „eine oder zwei Personen" diese Auflehnung gegen die Gemeindeleitung, und nach 1 Clem 3,3 sind es die Jungen, die sich gegen die Alten bzw. die Ältesten erhoben hatten. Sie hatten sich nach den Ausführungen im 1. Clemensbrief gegen bewährte Älteste aufgelehnt und sie ohne Grund abgesetzt (vgl. 1 Clem 44,6; 47,6).

In diesem Zusammenhang interessiert auch die Schrifthaltung des Clemens. Was die Heilige Schrift sagt, sagt nach ihm der Heilige Geist, wobei er „am meisten der Aussprüche des Herrn Jesu" gedenken will und dabei Aussagen aus den Evangelien zitiert (1 Clem 13,1–2; vgl. auch z. B. 1 Clem 16,2–3). Nach Clemens empfingen die Apostel „für uns" das Evangelium vom Herrn Jesus Christus, und „Jesus, der Christus, wurde von Gott gesandt. Der Christus [kommt] also von Gott, und die Apostel [kommen] von dem Christus, sodass beides gutgeordnet aus dem Willen Gottes geschah" (1 Clem 42,1–2). Die Apostel dienen dem Clemens als Vorbild (vgl. 1 Clem 5,3–5), und er verweist

[8] Vgl. dazu auch Jochen Wagner, Die Anfänge des Amtes in der Kirche. Presbyter und Episkopen in der frühchristlichen Literatur, TANZ 53, Tübingen, 2011, 250–251 (Hervorhebung im Original): „Der Monepiskopat existiert zur Zeit der Ignatianen schon oder ist dabei, sich zu etablieren. Ignatius stärkt und fördert diese Struktur, hat sie jedoch nicht erfunden."

[9] Während Ignatius den Begriff mit zwei Ausnahmen (Eph 3,2; Phld 10,2) immer im Singular verwendet (insgesamt 57-mal) und den leitenden „Bischof" in der Gemeinde ausdrücklich von den „Ältesten" unterscheidet und ihn den Ältesten vorordnet, spricht Clemens mit einer Ausnahme von den „Bischöfen" (bzw. „Aufsehern") in der Mehrzahl. Bei dieser einen Ausnahme wird Gott als „Schöpfer und Aufseher jedes Geistes" bezeichnet (1 Clem 59,3). Die „Bischöfe" sind bei ihm offenbar noch mit den Ältesten identisch (vgl. z. B. 1 Clem 44,1.4f.). Nach Wagner stellen die Pastoralbriefe sogar „eine weitere Entwicklungsstufe gegenüber dem 1 Clem" dar, während die Apostelgeschichte dieselbe Stufe wie der 1. Clemensbrief darstelle. Darum hält er „die 70er Jahre als Abfassungszeit für den 1 Clem durchaus für möglich" (Wagner, Anfänge, 229–230). Richtig scheint mir, dass die Schreiben zeitlich relativ eng beieinander liegen müssen, wobei allerdings der 1. Clemensbrief offensichtlich die Pastoralbriefe voraussetzt, was weiter unten dazulegen sein wird.

in Bezug auf den 1. Korintherbrief auf den Brief des „seligen Paulus“ (1 Clem 47,1), den er auch als „bezeugten Apostel“ und „bewährten Mann“ bezeichnet (vgl. 1 Clem 47,4).

Da die Apostel bereits gewusst hätten, dass es Streit um das Episkopat geben würde, hätten sie angewiesen, dass nach ihrem Tod andere bewährte Männer ihren Dienst übernehmen sollten (1 Clem 44,1–2). Deshalb sei es nicht richtig, dass diese abgesetzt würden (1 Clem 44,3).

Clemens verweist auf die Heiligen Schriften, die er auch als „das heilige Wort“ bezeichnet (vgl. 1 Clem 13,3; 56,3). Die Autoren der Heiligen Schrift bezeichnet er als „Diener der Gnade Gottes“, die „durch den Heiligen Geist über Buße geredet haben“ (1 Clem 8,1).

Nach Powell machen die „oft recht umfangreichen alttestamentlichen Zitate [...] ein Viertel des Briefes aus“.[10] Für Clemens hat die apostolische Tradition, die er über Jesus Christus auf Gott zurückführt, offenbar eine zweifache Autorität, nämlich durch ihre Schriften und durch die Einsetzung von leitenden Personen in der Gemeinde. Allerdings betont Clemens auch, dass das, was „von uns geschrieben worden ist“, durch den Heiligen Geist geschrieben wurde (1 Clem 63,2).

Gemäß Joseph Fischer verwendete Clemens in seinem Brief an die Korinther sicher „1 Kor, Hebr, Röm, allem Anschein nach auch 1 Petr, vielleicht auch Jak und von den Evangelien Mt; nicht ausgeschlossen erscheinen auch Reminiszenzen aus Lk und Apg“.[11] Die Annahme einer Benützung sonstiger neutestamentlicher Schriften lege sich „stellenweise gleichfalls nahe“, lasse sich jedoch „durchaus nicht beweisen“.[12] Für Andreas Lindemann steht auf Grund von 1 Clem 47,1 „außer Zweifel“, dass „man in Rom den paulinischen Ersten Korintherbrief kennt“.[13] Die Darstellung der Rechtfertigungslehre in 1 Clem 32,4–33,1 sei ohne den Einfluss des Römerbriefs kaum vorstellbar.[14] „Dagegen lässt sich die Kenntnis weiterer Briefe des Corpus Paulinum nicht wirklich zeigen.“[15] Auch die Verwendung sonstiger neutestamentlicher Schriften lasse sich nicht

[10] Powell, *Clemens*, 113.

[11] Fischer, *Die Apostolischen Väter*, 8.

[12] Ebd.

[13] Lindemann, *Clemensbrief*, 70.

[14] Ebd.

[15] Ebd.

belegen, „ausgenommen möglicherweise der Hebräerbrief“.[16] Powell geht davon aus, dass in 1 Clem 8,3; 23,3 und 46,2 auch Apokryphen und Pseudepigraphen mit „ähnlichen Formeln“ eingeführt werden.[17] Es scheint sich an diesen Stellen jedoch eher um eine Paraphrasierung verschiedener biblischer Aussagen zu handeln.[18] Gemäß Hagner hat Clemens möglicherweise sogar das ganze Corpus Paulinum gekannt.[19]

Im Folgenden soll untersucht und dargelegt werden, wie der 1. Clemensbrief Inhalte und Sprache neutestamentlicher Schriften aufgreift und verwendet.

Die synoptischen Evangelien und die Apostelgeschichte

Eine mögliche Anlehnung an Mt 12,41 findet sich in 1 Clem 7,7, wonach „Jona den Niniviten Buße verkündigte. Und diejenige, die Buße taten in Bezug auf ihre Sünden, wurden, indem sie im Gebet um Hilfe riefen, gesühnt und empfingen Errettung, obwohl sie Fremde Gottes waren“.[20] Deutlicher scheint die Anlehnung in 1 Clem 24,4–5 zu sein (vgl. Mt 13,3-9), wo Clemens schreibt:

> „Nehmen wir die Früchte. Wie und auf welche Weise geschieht die Aussaat? Der Säende ging hinaus (ἐξῆλθεν ὁ σπείρων), und er warf jedes der Samen auf die Erde. Einige fielen auf die trockene Erde und lösen sich nackt auf. Aus der Auflösung lässt sie dann die Größe der Fürsorge des Herrn auferstehen, und aus dem einen wachsen viele und bringen Frucht.“

[16] Ebd., 71. Vgl. ebd., 72: „Möglich ist, dass der Autor des 1 Clem nicht den ganzen Hebr, sondern nur Hebr 1 unmittelbar gekannt bzw. benutzt hat.“

[17] Powell, *Clemens*, 113.

[18] Zu 1 Clem 23,3 vgl. unten die Ausführungen zum Jakobusbrief. In 1 Clem 8,3 handelt es sich offenbar u. a. um eine Anlehnung an Jes 1,18, und in 1 Clem 46,2 handelt die Aussage, die mit „es steht geschrieben“ eingeleitet wird, wohl ebenfalls von einer Paraphrasierung biblischer Aussagen, zumal gleich anschließend offenbar Ps 17,26f.LXX „zitiert“ wird mit der Einführung „Und wiederum an anderer Stelle sagt [die Schrift]“.

[19] Vgl. Donald A. Hagner, *The Use of the Old and New Testament in Clement of Rome*, NT Suppl. 34, Leiden, 1973, 237.

[20] Vgl. auch 1 Clem 7,6 mit 2 Petr 2,5.

1 Clem 46,7–8 scheint in Anlehnung an Mt 18,6f. und Mt 26,24 formuliert worden zu sein (vgl. auch Mt 26,24; Mk 14,21).[21] Demnach sagte „unser Herr Jesus“ (1 Clem 46,7) u. a., dass es für einen Menschen, „der einem meiner Auserwählten Ärgernis gibt“, besser wäre, wenn er nicht geboren wäre. Und in 1 Clem 13,2 schreibt Clemens:

> „Denn er [der Herr Jesus; vgl. 1. Clem 13,1] sagt so: ‚Erbarmt euch, und ihr werdet Barmherzigkeit empfangen, vergebt, damit man euch vergibt; wie ihr tut, so wird euch getan werden; wie ihr gebt, so wird euch gegeben werden; wie ihr richtet, so werdet ihr gerichtet werden; wie ihr freundlich seid, so wird man mit euch freundlich sein; mit dem Maß, mit dem ihr messt, mit dem wird man euch messen.‘“

Damit lehnt er sich augenscheinlich an verschiedene Aussagen der Bergpredigt an (vgl. Mt 5,7; 6,14; 7,1–2.12).

Es gibt im 1. Clemensbrief zudem auch Anklänge an die Apostelgeschichte, die nicht alle gleich deutlich sind.[22] Der Satz „fröhlicher gebend als empfangend/nehmend“ in 1 Clem 2,1 ist möglicherweise in Anlehnung an Apg 20,35 formuliert worden. Das Zitat in 1 Clem 4,10 („ [...] Wer hat dich zum Richter oder Rächer über uns gesetzt? Willst du mich etwa umbringen, wie du gestern den Ägypter umgebracht hast?“) könnte sowohl auf Apg 7,28f. als auch auf Ex 2,14 zurückgehen (in Ex 2,14 und Apg 7,27 erscheint anstelle von „Richter oder Rächer“ die Bezeichnung „Herrscher und Rächer“), während der Satz „indem sie das Kommen des Christus verkündigten“ in 1 Clem 17,1 höchstwahrscheinlich in Anlehnung an Apg 7,52 formuliert worden ist, zumal an der Stelle wie in Apg 7,52 das neutestamentliche Hapaxlegomenon ἔλευσις („Kommen“)[23] verwendet wird.[24]

---

[21] Dafür spricht u. a. das „wehe dem Menschen“, das bei Clemens und Mt 18 erscheint, die Verwendung des Verbs „ertränken“ bei Clemens und in Mt 18 sowie der Satz „es wäre ihm gut, wenn er nicht geboren wäre“ bei Clemens, der wörtlich in Mt 26,24 erscheint.

[22] Vgl. dazu auch Jacob Thiessen, *Die Stephanusrede Apg 7,2-53 untersucht und ausgelegt aufgrund des alttestamentlichen und jüdischen Hintergrundes*, Nürnberg, 1999, 132, Anm. 332 und 207–208.

[23] Im Kodex D erscheint das *Nomen actionis* zudem als Textvariante in Lk 21,7.

[24] Vgl. dazu auch Polykarp, *Phil* 6,3; Irenäus, *Adv. haer.* 1,10,1; vgl. auch Thiessen, *Stephanusrede*, 207f.

Das Zitat in 1 Clem 18,1, wonach Gott König David als „Mann nach meinem Herzen“ bezeichnet, scheint primär ein Zitat aus Apg 13,22 zu sein (vgl. auch 1 Kön 14,8), da nur an dieser Stelle in der Bibel in dem Zusammenhang der Ausdruck „nach meinem Herzen“ erscheint, während der Ausdruck „mit ewigem Öl“ in Jes 54,8 erscheint, jedoch in einem anderen Zusammenhang, während Gott nach Ps 89,21 (LXX: 88,21) sagt, dass er David mit seinem heiligen Öl gesalbt hat. Die Aussage in 1 Clem 59,2, wo in Bezug auf Jesus Christus der Ausdruck „durch seinen geliebten Knecht“ erscheint, „durch den er uns berufen hat von der Finsternis zum Licht“, geht wohl auf Apg 3,13 („seinen Knecht Jesus“) und Apg 26,18 („ [...] sich von der Finsternis zum Licht zu bekehren“) zurück.

Die johanneischen Schriften

In 1 Clem 49,1 lesen wir: „Wer die Liebe in Christus hat, soll die Verordnungen des Christus tun [...]“[25] Das scheint eine Anlehnung an verschiedene Aussagen im Johannesevangelium (vgl. Joh 14,15.21; 15,10) und/oder in den Johannesbriefen (vgl. 1 Joh 5,2f.; 2 Joh 6) zu sein. Der Ausdruck „Liebe haben“ erinnert in diesem Kontext vor allem an Joh 13,35, und der Bezug zwischen der Liebe und dem Tun der Verordnungen Christi könnte u. a. in Anlehnung an Joh 14,15 oder 1 Joh 5,3 bzw. 2 Joh 6 formuliert worden sein. Wahrscheinlich lehnt Clemens sich (primär) an das Johannesevangelium an. Eine mögliche Anlehnung an 1 Joh 3,18, wohl verbunden mit Jak 2,24, findet sich ihn 1 Clem 30,3, indem Clemens schreibt: „ [...] indem wir gerecht werden durch Werke und nicht durch Worte“.

Die Paulusbriefe und der Hebräerbrief

Clemens Romanus kennt offensichtlich den neutestamentlichen Römerbrief. Wenn er in 1 Clem 35,6 schreibt: „ [...] denn die solches tun, sind Hasser Gottes; nicht aber allein diejenigen, die solches tun, sondern auch diejenigen, die an ihnen Wohlgefallen haben“, so handelt es sich wohl um eine Anlehnung an Röm 1,32. Die Anmerkung in 1 Clem 30,6a, dass „unser Lob in Gott [begründet sein sollte] und nicht aus uns [komme]“, könnte in Anlehnung an Röm 2,29 und/oder 1 Kor 4,5 formuliert worden sein. Die Aussage in 1 Clem 32,2, dass „unser Herr Jesus dem Fleisch nach“ von Jakob abstammt, lehnt sich wohl an Röm 9,5 an. Nach 1 Clem 33,4 werden „wir nicht aus uns selbst noch durch [...]

[25] Vgl. auch 1 Clem 13,3: „ [...] in diesem Gebot und diesen Verordnungen [...]“.

Werke [...] gerechtfertigt, sondern durch den Glauben". Damit rezipiert Clemens offensichtlich die Rechtfertigungslehre des Römerbriefs (vgl. Röm 3,20ff.).[26]

Mit Bezug auf den 1. Korintherbrief verweist Clemens deutlich auf „den Brief des glückseligen Apostels Paulus" (1 Clem 47,1) mit der Bemerkung, dass Paulus „wahrhaftig im Geist euch Weisung sandte in Bezug auf seine eigene Person sowie des Kephas und Apollo, weil ihr damals Parteien (Begünstigungen) bildetet" (1 Clem 47,3; vgl. 1 Kor 1,10–12). Auch sonst lehnt Clemens sich an das paulinische Schreiben an.[27] So setzt offenbar bereits der Eingangssegenswunsch im 1. Clemensbrief 1 Kor 1,1f. voraus.[28] Nach 1 Clem 24,1 hat „der Herr" (ὁ δεσπότης) „den Herrn (τὸν κύριον) Jesus Christus" zur „Erstlingsfrucht" der zukünftigen Auferstehung gemacht, indem er ihn aus den Toten auferweckte. Dabei kann es sich nur um eine Anlehnung an 1 Kor 15,20–23 handeln, da Jesus Christus nur an diesen Stellen im Neuen Testament als „Erstlingsfrucht" bezeichnet wird, und das im Zusammenhang mit der Totenauferstehung der Gläubigen. Bei 1 Clem 34,8 handelt es sich offensichtlich um ein „Zitat" aus 1 Kor 2,9, wobei vielleicht aus dem Gedächtnis zitiert wurde, da die Verheißung „denen, die auf ihn harren", gilt, und nicht wie bei Paulus „denen, die ihn lieben". Das mag aber auch eine bewusste Anpassung sein, um auf diese Weise auf die Notwendigkeit der Bewährung der Korinther hinzuweisen.[29] In 1 Clem 37,4–5, wo auf die gegenseitige Abhängigkeit der Glieder des Leibes hingewiesen wird, scheint Clemens sich vor allem an Aussagen in 1 Kor 12,20–25 zu stützen.[30] Aber auch der Hinweis in 1 Clem 38,2, dass der Starke (ἰσχυρός) für den Schwachen (ἀσθενὴς) sorgen und der Schwache den Starken respektieren soll, lehnt sich wahrscheinlich an den 1. Korintherbrief an (vgl. 1 Kor 8,7ff.;

[26] Vgl. dazu auch Lindemann, *Clemensbrief*, 70.

[27] Vgl. z. B. 1 Clem 5,5 mit 1 Kor 3,3 und 9,24; 1 Clem 37,5 mit 1 Kor 12,14ff..; 1 Clem 9,5 mit 1 Kor 13,4–7 und 12,25.

[28] So z. B. die Betonung, dass die Empfänger „Geheiligte im Willen Gottes durch unseren Herrn Jesus Christus" seien.

[29] Vgl. z. B. auch 1 Clem 35,3f.: „Was also sind die Dinge, die den Ausharrenden bereitet wurden? [...]" In 1 Clem 35,3–4, ein paar Verse nach 1 Clem 34,8, erscheint das Verb „ausharren" zweimal im Zusammenhang mit den Verheißungen.

[30] So ist z. B. in 1 Clem 37,4 von der „Zusammenmischung" (σύγκρασις) die Rede, während Paulus in 1 Kor 12,24 das Verb συγκεράννυμι „zusammenmischen" verwendet. In 1 Clem 37,5 heißt es u. a.: „Aber die geringsten Glieder unseres Leibes sind notwendig und brauchbar dem ganzen Leib" (vgl. dazu 1 Kor 12,22–23). Vgl. auch 1 Clem 46,6.

10,22), während der Ausdruck „den Mangel ausfüllen", der in 1 Clem 38,2 erscheint, von Paulus in 1 Kor 16,17 und Phil 2,30 verwendet wird. In 1 Clem 49,5 heißt es u. a.: „[...] [die] Liebe erträgt alles, sie ist in allem langmütig". Dabei handelt es sich möglicherweise um eine Anlehnung an 1 Kor 13,5.

Der 1. Clemensbrief lehnt sich wahrscheinlich auch an den Galaterbrief an, und zwar in 1 Clem 5,2ff., wo die Apostel Petrus und Paulus als „Säulen" beschrieben werden (vgl. Gal 2,9). Eine Anlehnung an den Epheserbrief finden wir in 1 Clem 46,6, wo es heißt: „Oder haben wir nicht *einen* Gott und *einen* Christus und *einen* Geist der Gnade, der auf uns ausgegossen wurde, und *eine* Berufung in Christus?" (vgl. Eph 4,4–6). Und der Satz [...] ὅτι μέλη ἐσμὲν ἀλλήλων („[...] dass wir einander Glieder sind") in 1 Clem 46,7 scheint ein wörtliches Zitat aus Eph 5,30 ([...] ὅτι ἐσμὲν ἀλλήλων μέλη) zu sein – allerdings in einer anderen Reihenfolge. Bei dem Gebrauch des Ausdrucks „die Augen unseres Herzens" in 1 Clem 36,2 und 59,2 scheint es sich um eine Anlehnung an Eph 1,18 zu handeln, zumal in 1 Clem 36,2 diese durch Jesus Christus geöffnet werden und „der Herr" den Gläubigen auch „von der unsterblichen Erkenntnis wollte kosten lassen".

Eine mögliche Anlehnung an Phil 1,27 findet sich in 1 Clem 21,1, wo Clemens u. a. schreibt: „[...] wenn wir nicht, indem wir als Bürger seiner würdig wandeln, das Gute und Wohlgefällige in Eintracht vor ihm tun". Dabei fällt auf, dass an beiden Stellen das Verb πολιτεύομαι („als Bürger leben/wandeln"), das im Neuen Testament sonst nur in Apg 23,1 erscheint[31], in Verbindung mit dem Adverb ἀξίως („würdig") verwendet wird. Und obwohl in 1 Clem 47,1ff. vom „Brief des seligen Apostel Paulus" die Rede ist, den er „euch" (d. h. den Korinthern) geschrieben hat, so scheint der Ausdruck „am Anfang des Evangeliums" in 1 Clem 47,2 doch in Anlehnung an Phil 4,15 formuliert worden zu sein (vgl. auch Mk 1,1: „Anfang des Evangeliums"). Auch den Kolosserbrief scheint Clemens vorauszusetzen. In 1 Clem 49,2 spricht Clemens vom „Band der Liebe Gottes" (vgl. auch 1 Clem 50,1), und kurz darauf wird in 1 Clem 49,5 betont, dass die Auserwählten Gottes durch die Liebe zur Vollendung gelangen, während die Liebe in 1 Clem 53,5 als „unübertreffliche Vollkommenheit" angesprochen wird. Das erinnert an Kol 3,14, wonach die Liebe „das Band der Vollkommenheit" ist.

[31] Vgl. dazu auch 1 Clem 3,4; 6,1; 44,6; 51,2; 54,4. Vgl. auch Polykarp, *Phil* 5,2: „ [...] wenn wir als Bürger seiner würdig wandeln [...]".

Außerdem setzt der 1. Clemensbrief offenbar auch die Pastoralbriefe voraus.[32] So finden seine Anweisungen in Bezug auf das Verhältnis der Frau zum Mann deutliche Anklänge an verschiedene Stellen im 1. Timotheusbrief und im Titusbrief, wie z.B. der Gebrauch der Begriffe σεμνός („ehrbar“) bzw. σεμνῶς („ehrbar“; vgl. 1 Tim 3,11), ὑποταγή („Unterordnung“; vgl. 1 Tim 2,11) und οἰκουργέω („sich um den Haushalt kümmern“; vgl. Tit 2,5) in 1 Clem 1,3 zeigen. Dagegen ist die Beschreibung in Bezug auf das Verhalten der Frau in 1 Clem 21,7, wo u. a. betont wird, dass sie „die Milde ihrer Zunge durch Schweigen offenbar machen“ soll, sprachlich weniger deutlich von den Pastoralbriefen „abhängig“.[33] Weiter betont Clemens im Einklang mit den Pastoralbriefen das „Vorbereitet-Sein zu guten Werken“[34], und in 1 Clem 61,2 ist wie in 1 Tim 1,17 vom „Gott der Zeitalter/Ewigkeit“ die Rede. Während nach 1 Tim 1,17 „Ehre und Herrlichkeit“ Gott gehören, gibt Gott diese nach 1 Clem 61,2 den Menschen. Zudem lehnt sich der Ausdruck „der allein Mächtige“ in 1 Clem 61,3 möglicherweise an 1 Tim 6,15 („der glückselige und allein Mächtige“) an. Die Rede von den „Bischöfen“ in der Mehrzahl und die offensichtliche Identifikation derselben mit den „Ältesten“ in der Gemeinde scheint sich an die Ausführungen der Pastoralbriefe diesbezüglich anzulehnen.[35] In 1 Clem 50,3 ist von denen die Rede, die „bei der Heimsuchung der Königsherrschaft des Christus offenbar werden“. Das erinnert einerseits an 2 Tim 4,1, wo von „seiner Erscheinung und seiner Königsherrschaft“ gesprochen wird, während der Ausdruck „Königsherrschaft des Christus“ in Eph 5,5 erscheint. Der Ausdruck λαὸν περιούσιον („erworbenes Volk“), das Gott durch Jesus Christus

[32] Vgl. dazu auch u. a. Carsten Looks, *Das Anvertraute bewahren. Die Rezeption der Pastoralbriefe im 2. Jahrhundert,* Münchener Theologische Beiträge, München, 1999, 78–123. Nach Looks handelt es sich bei der Rezeption der Pastoralbriefe im 1. Clemensbrief meist „um durchscheinende Kenntnisse von Aussagen und Inhalten der Pastoralbriefe“, nicht um „Zitate“. Er folgert: „Wenn man nun dieser begründeten Auffassung ist, daß Clemens die Pastoralbriefe (und zwar alle drei!) gekannt und in seinem Schreiben an die Korinther benutzt hat, dann bedeutet dies andererseits, daß die Pastoralbriefe nicht erst kurz davor entstanden sein können“ (ebd., 122).

[33] Vgl. neben 1 Tim 2,9–11 auch 1 Kor 14,34; 1 Petr 3,1–4.

[34] Vgl. 1 Clem 2,7 („ [...] bereit zu jedem guten Werk“) mit 2 Tim 2,21 und Tit 3,1. Vgl. aber auch 1 Clem 33,1 („ [...] jedes gute Werk zu erfüllen [...]“) und 1 Clem 34,4 („ [...] und nicht nachlässig zu sein in jedem guten Werk [...]“).

[35] Vgl. 1 Clem 42,4f.; 44,1.4f.; 47,6 mit 1 Tim 3,2 und Tit 1,5.7 (vgl. auch Apg 20,17f.28).

[35] Vgl. 1 Clem 42,4f.; 44,1.4f.; 47,6 mit 1 Tim 3,2 und Tit 1,5.7 (vgl. auch Apg 20,17f.28).

erwählt hat und zu dem sich auch der Verfasser zählt, der in 1 Clem 64,1 erscheint, ist möglicherweise aus Tit 2,14 übernommen worden (vgl. auch 1 Petr 2,9).

Was die inhaltliche Verwandtschaft des 1. Clemensbriefs mit dem Hebräerbrief betrifft, so geht Udo Schnelle von einer Gemeindetradition aus, die von beiden übernommen worden sei.[36] Nach Rainer Kampling liegt dagegen zumindest „bei 1 Clem 36,2-6 [...] eine direkte Bezugnahme vor. 1 Clem folgt dem Hebräerbrief zur Entfaltung einer eigenen schriftgemäßen Christologie und greift damit das Anliegen von Hebr 1 direkt wieder auf. Er rezipiert aktualisierend den Text, ohne ihn als Zitat einzuführen".[37] Offensichtlich handelt es sich aber schon bei 1 Clem 36,1 um eine Anlehnung an den Hebräerbrief, indem Jesus Christus als „Hohepriester unserer Darbringungen/Opfer" und als „Beschützer und Helfer unserer Schwachheiten" bezeichnet wird (vgl. z. B. Hebr 2,17f.; 4,14–16; 8,3ff.; 9,25f.). Weitere Hinweise, dass Jesus Christus „der Abglanz seiner Majestät" ist (vgl. Hebr 1,3), dass er „erhabener als die Engel" ist, und dass er einen „vorzüglicheren Namen" als die Engel geerbt hat (vgl. Hebr 1,3), das Zitat in 1 Clem 36,3, das wörtlich im Einklang mit Hebr 1,7 steht, und die weiteren Zitate in 1 Clem 36,4–5, die ebenfalls in Hebr 1 erscheinen (vgl. Hebr 1,5.13), zeigen m. E. deutlich, dass es sich in 1 Clem 36,1–5 um verschiedene Anlehnungen an Hebr 1 handelt.

Zudem gibt es bei Clemens offensichtlich noch weitere Anlehnungen an den Hebräerbrief. So könnte bereits der Gebrauch des Ausdrucks μετανοίας τόπον („Ort/Gelegenheit der Buße/Umkehr") in 1 Clem 7,5 in Anlehnung an Hebr 12,17 formuliert worden sein, zumal der Ausdruck, der im Neuen Testament nur an dieser Stelle erscheint, im gleichen Sinn verwendet wird.[38] Weiter finden wir z. B. in 1 Clem 17,1 („[…] welche in Ziegenfellen und Schafpelzen wandelten, indem sie das Kommen des Christus verkündigten […]") eine deutliche Anlehnung an Hebr 11,37.[39] Und in 1 Clem 36,1[40] lehnt sich der Verfasser of-

---

[36] Udo Schnelle, *Einleitung in das Neue Testament*, Göttingen, 6. Aufl. 2007, 407.

[37] Rainer Kampling, *Sich dem Rätsel nähern. Fragen zu den Einleitungsfragen des Hebräerbriefs*, in: ders., (Hrsg.), Ausharren in der Verheißung. Studien zum Hebräerbrief, Stuttgarter Bibelstudien 204, Stuttgart, 2005, 11–34, dort 17; vgl. auch Lindemann, *Clemensbrief*, 71.

[38] Der Ausdruck erscheint allerdings auch in Sap 12,10, sodass es rein theoretisch möglich ist, dass Clemens ihn von dort übernommen hat.

[39] Vgl. dazu Thiessen, *Stephanusrede*, 208, Anm. 278.

fensichtlich an verschiedene Aussagen des Hebräerbriefs an (vgl. z. B. Hebr 4,15–16; 10,20).[41] Nach 1 Clem 43,1 „hat auch der glückselige treue Diener im ganzen Haus, Mose, alles, was ihm verordnet wurde, in den Heiligen Büchern mitgeteilt".[42] Bei der Bezeichnung des Mose als „treuer Diener in seinem ganzen Haus" handelt es sich wohl um eine Anlehnung an Hebr 3,5 (vgl. auch Num 12,7) – wie sich bereits die vorangehenden Kapitel im Clemensbrief an den Hebräerbrief anlehnen[43].

Zudem scheint es im 1. Clemensbrief noch weitere Anlehnung an den Hebräerbrief zu geben.[44] Der Ausdruck „es sagt nämlich irgendwo (die Schrift etc.)", der fünfmal bei Clemens erscheint (1 Clem 15,2; 21,2; 26,2; 28,2; 42,5), erinnert an Hebr 2,6 und 4,4 und lehnt sich möglicherweise an diese Stellen an. Auch der Gebrauch des Begriffs „Hoherpriester" im 1. Clemensbrief (1 Clem 36,1; 40,5; 41,2; 61,3; 64,1) mit Bezug auf Jesus Christus zeigt die zentrale Bedeutung des Hebräerbriefs für Clemens Romanus. Nach 1 Clem 46,6 haben die Christen „einen einzigen Geist der Gnade" empfangen, „der über uns ausge-

---

[40] „Diesen Weg, Geliebte, in dem wir unser Heil Jesus Christus gefunden haben, den Hohenpriester unserer Darbringungen, den Beschützer und Helfer unserer Schwachheit." Vgl. auch 1 Clem 61,3; 64,1.

[41] Die Rede vom „Weg" scheint in Anlehnung an Hebr 10,20 (vgl. auch Hebr 9,8), die Verwendung des Verbs εὑρίσκω („finden") in Anlehnung an Hebr 4,16 und/oder Hebr 9,12) formuliert zu sein. Vgl. auch 1 Clem 36,2–5 mit Hebr 1,3–5; 1 Clem 36,3 mit Hebr 1,7; 1 Clem 36,4 mit Hebr 1,5; 1 Clem 36,5 mit Hebr 1,13.

[42] Vgl. auch 1 Clem 17,5: „Mose wurde treu in seinem ganzen Haus genannt [...]"

[43] Vgl. z. B. 1 Clem 40,2 („[...] unablässig sowohl die Darbringungen/Opfer als auch die priesterlichen Dienste zu erfüllen [...]) u. a. mit Hebr 8,6; 9,21 (die Verwendung des Nomens λειτουργία „priesterlicher Dienst"); Hebr 9,6 (die Verwendung von ἐπιτελέω „vollbringen" im Zusammenhang mit dem Opferdienst) sowie den Gebrauch des Nomens προσφορά „Darbringungen/Opfer" im Hebräerbrief (Hebr 10,5.8.10.14.18; das Nomen erscheint sonst im gesamten Neuen Testament nur in Apg 21,26; 24,17; Röm 15,16 und Eph 5,2).

[44] Vgl. z. B. auch 1 Clem 1,3 mit Hebr 13,7.7.24; 1 Clem 9,3 mit Hebr 11,5; 1 Clem 9,4 mit Hebr 11,7; 1 Clem 10,1–7 mit Hebr 11,8–12.17–19; 1 Clem 10,7 mit Hebr 11,7; 1 Clem 12,1–7 mit Hebr 11,31; 1 Clem 27,1 mit Hebr 10,23 und 11,11; 1 Clem 27,2 mit Hebr 6,18; 1 Clem 41,1–3 mit Hebr 6,4ff.; 9,9.14; 10,2.22; 13,18; 1 Clem 56,3f. mit Hebr 12,6. Vgl. auch u. a. Martin Hengel / Anna Maria Schwemer, *Jesus und das Judentum*, Geschichte des frühen Christentums 1, Tübingen, 2007, 204; Martin Karrer, *Der Brief an die Hebräer. Kapitel 1,1–5,10,* ÖTK 20/1, Gütersloh, 2002, 33–35; Hans-Friedrich Weiß, *Der Brief an die Hebräer,* KEK 13, Göttingen, 1991, 114–116.

gossen ist“. Das erinnert an Hebr 10,29. Es scheint aber, dass Clemens den Ausdruck eher aus Sach 12,10 übernommen hat, da in Sach 12,10 ebenfalls vom „Ausgießen“ die Rede ist.

Die Katholischen Briefe

Martin Hengel geht von Anlehnungen im 1. Clemensbrief an den Jakobusbrief aus, und nach David A. DeSilva wurde der Jakobusbrief „most probably“ vom 1. Clemensbrief benutzt[45]. Offensichtlich gibt es einige Anlehnungen, da die vielen sprachlichen und inhaltlichen Verwandtschaften kaum zufällig sein können, wie im Folgenden dargelegt wird.

Die Aufforderung in 1 Clem 8,4, zugunsten des Waisen zu richten und der Witwe Recht zu verschaffen, erinnert an Jak 1,17. In 1 Clem 10,1 wird Abraham „Freund (Gottes)“ genannt, was eine Anlehnung an Jak 2,23 zu sein scheint.[46] Die Aussage in 1 Clem 23,2–3: „Lasst uns nicht schwankend sein, [...] elend sind die Schwankenden“ lehnt sich (sprachlich) offenbar an verschiedene Texte im Jakobusbrief an (vgl. Jak 1,8; 4,9; 5,1). Diese Aussage ist nach Clemens „der Schrift“ entnommen, wobei Powell davon ausgeht, dass Clemens sich an dieser Stelle an Apokryphen oder Pseudepigraphen anlehnt, ohne eine Quelle anzugeben.[47] Es ist aber viel wahrscheinlicher, dass Clemens verschiedene Stellen aus dem Jakobusbrief mit 2 Petr 3,3f. verbindet. Das Zitat in 1 Clem 30,2, dass Gott „den Hochmütigen widersteht, aber den Demütigen Gnade gibt“, könnte Jak 4,6 entnommen sein (vgl. auch 1 Petr 5,5; Spr 3,34).[48] Eine deutliche Anlehnung an Jak 1,23 scheint es in 1 Clem 36,2 zu geben, wo es heißt: „Der Weise zeige seine Weisheit nicht mit Worten, sondern mit seinen guten Werken [...]“, und 1 Clem 49,5 lehnt sich wahrscheinlich an Jak 5,20 an,

---

[45] David A. DeSilva, *An Introduction to the New Testament Context, Methods & Ministry Formation*, Downers Grove, Ill./Leicester, 2004, 816; vgl. dazu auch Luke Timothy Johnson, *The Letter of James*, The Anchor Yale Bible Commentaries, Garden City, 1995, 72–80; ders., *Brother of Jesu, Friend of God. Studies in the Letter of James*, Grand Rapids/Cambridge, 2004, 45–60, bes. 52–56.

[46] Es kann sich kaum um eine Anlehnung an Anmerkung: Jes 41,8 oder 2 Chr 20,7 handeln, weil dort auch in der LXX jeweils lediglich davon die Rede ist, dass Gott Abraham „liebte“. Vgl. auch 1 Clem 17,2.

[47] Powell, *Clemens*, 113.

[48] 1 Clem 30,3 könnte auch in Anlehnung z. B. an Jak 2,24 formuliert worden sein (vgl. auch 1 Joh 3,18).

indem Clemens schreibt: „Wozu [sind] […] Spaltungen und Krieg […] unter euch?“ Die Aussage in 1 Clem 49,5, dass „die Liebe eine Menge von Sünden“ zudeckt, scheint eher ein Zitat aus 1 Petr 4,8 als aus Jak 5,20 zu sein. Eine mögliche Anlehnung an Jak 1,13 finden wir in 1 Clem 36,2, wonach „wir“ durch Jesus Christus „durch einen Spiegel in sein fleckenloses und transzendentes Aussehen“ schauen.

Möglicherweise lehnt sich der 1. Clemensbrief auch an die Petrusbriefe an. Neben den Anmerkungen in Bezug auf den Jakobusbrief sei darauf hingewiesen, dass der Kontext von 1 Clem 30,2 (vgl. dazu 1 Petr 5,5; Jak 4,6; Spr 3,34) für eine Anlehnung an den 1. Petrusbrief spricht. So erscheint z. B. in 1 Clem 30,1.3 der Begriff καταλαλιά („Verleumdung, üble Nachrede“), der im Neuen Testament außer in 1 Petr 2,1 nur noch in 2 Kor 12,20 gebraucht wird. Auch die Betonung der Heiligung in 1 Clem 30,1 mit der Begründung, dass „wir ein Teil des Heiligen“ seien, ist möglicherweise eine Anlehnung an den 1. Petrusbrief (vgl. 1 Petr 1,15f.).[49] Auffallend ist auch z. B., dass der Begriff ἀγαθοποιΐα („Gutestun“) im 1. Clemensbrief viermal vorkommt (1 Clem 2,2.7; 33,1; 34,2), im Neuen Testament aber nur in 1 Petr 4,19 erscheint, während die Wörter ἀγαθοποιός („Täter des Guten“) und ἀγαθοποιέω („Gutes tun“) zudem zusammen fünfmal im 1. Petrusbrief gebraucht werden (1 Petr 2,14.15.20; 3,6.17), sonst im Neuen Testament aber nur noch in Lk 6,9.33.35 und 3 Joh 11 vorkommen.

Nach 1 Clem 7,6 verkündigte Noah Buße/Umkehr, „und die ihm gehorchten, wurden gerettet“. Wahrscheinlich lehnt sich diese Stelle an den 2 Petr 2,5 („Noah, Verkündiger der Gerechtigkeit“) an, wobei auch eine Anlehnung an 1 Petr 3,20 möglich ist. Da aber im Gegensatz zu 1 Petr 3,20 Noahs „Verkündigung“ betont wird, scheint sich der Verfasser doch eher an 2 Petr 2,5 anzulehnen. Nach 1 Clem 9,4 verkündigte Noah der Welt „Wiedergeburt“ (παλιγγενεσία). Dabei erscheint in diesem Zusammenhang wie in 1 Petr 3,20 das Kompositum διασῴζω („hindurchretten“).[50] Es ist dementsprechend davon

[49] Der Gebrauch des Nomen αὐθάδεια („Rücksichtslosigkeit, Selbstgefälligkeit“) in 1 Clem 30,8 könnte in Anlehnung an den Gebrauch des Adjektivs αὐθάδης („rücksichtslos, selbstgefällig“) in 2 Petr 2,10 formuliert worden sein (während das Nomen im Neuen Testament nicht vorkommt, erscheint das Adjektiv sonst nur noch in Tit 1,7).

[50] 1 Clem 9,4: „[…] und der Herr rette durch ihn die lebenden Wesen hindurch, die einmütig in die Arche gegangen waren“; 1 Petr 3,20: „[…] die Langmut Gottes in den Tagen Noahs, der die Arche fertig stellte, in die hinein wenige, das heißt acht Seelen gerettet wurden durch das Wasser“.

auszugehen, dass Clemens sich an beide Stellen in den zwei Petrusbriefen anlehnt. In 1 Clem 33,1 werden zwei Verben (ἀργέω „unwirksam sein“ und σπεύδω „beschleunigen“[51]) verwendet, die in den neutestamentlichen Briefen jeweils nur im 2. Petrusbrief vorkommen (vgl. 2 Petr 3,3.13), und das im Zusammenhang mit dem Nomen ἀγαθοποιΐα („Gutestun“), das im Neuen Testament nur in 1 Petr 4,19 erscheint. Ob es sich um eine (bewusste) Anlehnung handelt, ist trotzdem nicht eindeutig. In 1 Clem 22,2ff. wird m. E. dagegen nicht 1 Petr 3,10ff., sondern Ps 33,13ff.^{LXX} zitiert, zumal der Wortlaut mit dem der LXX zum größten Teil übereinstimmt gegen den Petrustext (vor allem die Imperativformen – 2. Person Singular versus 3. Person Singular) und Clemens den LXX-Text auch ausführlicher zitiert als der Petrusbrief. Die Aussage in 1 Clem 23,3b, wonach einige sagen, dass sie alt geworden seien und dass trotzdem von dem, was bereits ihre Väter gehört hätten, nichts eingetroffen sei, erinnert an 2 Petr 3,4 und ist möglicherweise in Anlehnung an diese Stelle geschrieben worden. In 1 Clem 35,5 werden die Leser aufgefordert, dem „Weg der Wahrheit“ zu folgen, wobei zu beachten ist, dass die Wendung „Weg der Wahrheit“ im Neuen Testament nur in 2 Petr 2,2 erscheint. Anschließend gebraucht Clemens Begriffe, die im Neuen Testament in verschiedenen „Lasterkatalogen“ erscheinen, darunter auch 1 Petr 2,1 (vgl. auch Röm 1,29–31; 2 Kor 12,20; Phil 2,3). Eine mögliche Anlehnung an 1 Joh 3,18 (eventuell verbunden mit Jak 2,24) findet sich in 1 Clem 30,3 („[...] indem wir gerecht werden durch Werke und nicht durch Worte“).

Die Ignatiusbriefe

Einführung

Ignatius, mit Beinamen Θεοφόρος („Gottesträger“), war Bischof in Antiochia in Syrien, bevor er in Rom als Märtyrer starb (vgl. z. B. Eph 21,2; Sm 11,1).[52] Gemäß Eusebius war Ignatius in Antiochia „der zweite Nachfolger des Petrus im Episkopat“[53]. Nach Angaben der Chronik des Eusebius war er vom ersten

[51] Während das erste Verb im Neuen Testament nur einmal erscheint, wird das zweite außerhalb vom 2. Petrusbrief nur im lukanischen Doppelwerk verwendet (vgl. Lk 2,16; 19,5.6; Apg 20,16; 22,18).

[52] Vgl. auch Eusebius, *Hist. Eccl.* 3,36,2–3. Er bezeichnet sich selbst auch als „Bischof von Syrien“ (Ignatius, Röm 2,2; vgl. auch ebd. 9,1, wo er von der „Kirche von Syrien“ spricht, die nun Gott an seiner Stelle zum Hirten hat).

[53] Eusebius, *Hist. Eccl.* 3,36,2.

Jahr des Vespasian (69–79 n. Chr.) bis zum zehnten Jahr von Trajan (98–117 n. Chr.) in Antiochia Bischof, d. h. von 69/70 n. Chr. bis 107/8 n. Chr. Bischof in Antiochia.[54] In seiner „Kirchengeschichte“ erwähnt Eusebius Ignatius im zeitlichen Zusammenhang mit Papias von Hierapolis und Polykarp von Smyrna, wobei er erwähnt, dass selbst Polykarp, der offenbar der Jüngste von ihnen war, noch ein Jünger der Apostel gewesen sei.[55] Dabei verweist er auch auf den Märtyrertod des Ignatius.[56] Der Zusammenhang deutet an, dass er diesen in die Zeit Trajans (98–117 n. Chr.) datiert.[57] Ignatius ist demnach wohl ca. 110 n. Chr. den Märtyrertod gestorben.[58] Von diesem Märtyrertod berichtet bereits Polykarp[59], Bischof in Symrna, an den Ignatius vor seinem Tod einen Brief geschrieben hatte. Polykarp bezeugt in einem Brief an die Philipper eine Sammlung von Ignatiusbriefen.[60]

Die sieben Briefe des Ignatius, die als echt anerkannt werden[61], wurden auf der Reise von Antiochia nach Rom, die Ignatius durch Kleinasien führte, geschrieben.[62] Die vier ersten Briefe an die Epheser (Eph), Magnesier (Magn), Trallianer (Trall) und Römer (Röm) schrieb er in Smyrna (vgl. IgnEph 21,1; Magn 15,1; Trall 1,1; 12,1; Röm 10,1), die Briefe an die Philadelphier (Phld), Smyrnäer (Sm) und an Polykarp (Pol) in Troas (vgl. Phld 11,2; Sm 12,1; Pol 8,1), wo er die Nachricht erhielt, dass die Verfolgung der Christen in Antiochia zu Ende sei (vgl. Phld 10,1; 11,1; Sm 11,1–2; 13,1; Pol 7,1). Die Briefe des Ignatius wurden somit wohl ca. 108/9 n. Chr. abgefasst. Sie behandeln zwei Hauptthemen: Mahnung zur Eintracht in den Gemeinden und Warnung vor häretischen Lehren, die durch Wanderprediger propagiert wurden.[63]

Ob Ignatius noch einem der Apostel persönlich begegnet ist, ist nicht bekannt. Er achtet die Apostel und weiß sich ihrer Lehre verpflichtet (IgnEph 12,2;

---

[54] Vgl. dazu Fischer, *Die Apostolischen Väter*, 115; Helmut Löhr, *Die Briefe des Ignatius von Antiochia*, in: Pratscher, Die Apostolischen Väter, 104–129, dort 108.

[55] Eusebius, Hist. Eccl. 3,36,1f.

[56] Ebd. 3,36,3.

[57] Vgl. auch Löhr, *Briefe des Ignatius*, 108.

[58] Hieronymus bemerkt, dass Ignatius im 11. Jahr des Trajan den Märtyrertod erlitten hat (Hieronymus, *vir. inl.* 16), das wäre somit ca. 109 n. Chr.

[59] Vgl. Polykarp, *Phil* 9,1–2.

[60] Vgl. ebd. 13,1–2.

[61] Vgl. dazu Fischer, *Die Apostolischen Väter*, 111–113.

[62] Vgl. dazu Ignatius, *Röm* 5,1

[63] Vgl. Fischer, *Die Apostolischen Väter*, 119.

Magn 13,1; Phld 5,1; Trall 3,3; 7,1; IgnRöm 4,3). Ignatius identifiziert das „Evangelium“ mit dem „Fleisch Jesu“ und setzt das Evangelium offenbar auf die gleiche Stufe wie die Apostel (vgl. Phld 5,1). Und er betont, dass derjenige, der Jesu Wort in Wahrheit erworben habe, auch Jesu Stimme hören könne (IgnEph 15,2).

> „Aber auch die Propheten lasst uns lieben, weil sie in Bezug auf das Evangelium verkündigt haben und sie auf ihn hofften und ihn erwarteten, durch den sie auch im Glauben gerettet wurden, in Einheit mit Jesus Christus seiend, liebens- und bewundernswürdige Heilige, die von Jesus Christus gezeugt und zum Evangelium der gemeinsamen Hoffnung gezählt werden“ (Phld 5,2; vgl. auch ebd. 9,1–2).

Die Gläubigen in Rom fordert Ignatius auf, seinen Tod durch den „Fraß der Bestien“ nicht zu verhindern (Röm 4,1ff.). Dabei betont er, dass er ihnen „nicht wie Petrus und Paulus“ Befehle gebe. „Jene sind Apostel, ich ein Verurteilter“ (IgnRöm 4,3; vgl. auch Trall 3,3). Die Magnesier fordert er auf, „in den Dogmen des Herrn und der Apostel festzustehen“ (Magn 13,1). Die Christen in Ephesus sind nach Ignatius „Miteingeweihte des Paulus, des Geheiligten, Bezeugten, Glückseligwürdigen“ (Eph 12,2). Ohne die Apostel wird nach ihm „Kirche nicht genannt“ (Trall 3,1).

Der Bischof ist für Ignatius in der Gemeinde an Gottes Stelle, und die Ältesten sind anstelle der „Ratsversammlung der Apostel“ eingesetzt (IgnEph 6,1; vgl. auch Trall 3,1). Ohne den Bischof sollte die Gemeinde nichts unternehmen, wie auch Jesus ohne den Vater nichts getan habe (IgnEph 7,1; vgl. auch Sm 8,1f.). Die Christen in Smyrna fordert Ignatius auf: „Alle folgt dem Bischof, wie Jesus dem Vater [folgte], und den Ältesten wie den Aposteln“ (Sm 8,1a). Wo der Bischof ist, da soll die Gemeinde sein, und wo Jesus Christus ist, da ist die Gesamtkirche, und ohne den Bischof soll die Gemeinde weder taufen noch das Liebesmahl halten (Sm 8,2a).

Im Folgenden geht es vor allem um die Verwendung neutestamentlicher Schriften in den Ignatiusbriefen. Nach Joseph Fischer verwendete Ignatius das Matthäusevangelium, Markus habe „wohl keine Rolle“ gespielt, die Verwendung von Lukas sei „nicht sicher festzustellen“, und die Apostelgeschichte sei „vielleicht an einigen Stellen verwertet“ worden.[64] Theologie, „wie sie uns bei Jo-

[64] Fischer, *Die Apostolischen Väter*, 122.

hannes begegnet", habe Ignatius gekannt, aber darauf lasse sich nicht schließen, dass er die neutestamentlichen Schriften des Johannes benutzt habe.[65]

> „Der paulinische Einfluß zeigt sich in der Form von Zitaten, Anspielungen, verwandten Vorstellungen und in den Übernahmen rein terminologischer Art. Am deutlichsten tritt die Benutzung von Eph und 1 Kor hervor; die Verwertung der paulinischen Eph legte sich im ignatianischen E von selbst nahe. Aber auch Röm, Gal, wahrscheinlich Kol, 1 Thess, 1 Tim, Tit, vielleicht auch Philem und andere wurden beigezogen."[66]

Ob Ignatius auch die Katholischen Briefe verwendet habe, sei fraglich. Fischer geht dabei davon aus, dass Ignatius die Texte aus dem Gedächtnis zitierte.[67]

Für Helmut Löhr erscheint die Verwendung des 1. Korintherbriefes durch Ignatius „sehr wahrscheinlich", ebenso auch die Bekanntschaft mit dem Epheserbrief.[68] „Unsicherer bleibt der Bezug auf Röm [...], Gal [...], Kol [...], Phil [...], vielleicht auch auf 1 Thess, Phlm, 1 Tim und Tit."[69] Und während für ihn „ein Vergleich zwischen IgnSm 1,1 und Mt 3,15 für die Bekanntschaft mit dem ersten Evangelium" spreche, sei eine „Benutzung von Mk oder Lk/Apg [...] kaum nachweisbar"[70]. Auch verschiedene „Bezüge der Ignatianen auf das vierte Evangelium" könnten nach Löhr vorliegen, doch sei „in diesem Zusammenhang an die altkirchliche Tradition von der Bekanntschaft des Ignatius mit dem Apostel Johannes" zu erinnern.[71]

Die synoptischen Evangelien und die Apostelgeschichte

Jesus ist nach Ignatius „wirklich aus einer Jungfrau geboren, von Johannes getauft, damit er jede Gerechtigkeit erfülle" (Sm 1,1). Bei dieser Aussage handelt es sich augenscheinlich um eine Anlehnung an Mt 3,15. Ignatius verwendet zudem in seinen Briefen viermal das Verb μαθητεύω („zu Jüngern machen";

---

[65] Ebd.
[66] Ebd.
[67] Ebd., 122f.
[68] Löhr, *Briefe des Ignatius*, 115.
[69] Ebd.
[70] Ebd.
[71] Ebd.

Eph. 3,1; 10,1; Röm 3,1; 5,1), das im Neuen Testament hauptsächlich im Matthäusevangelium gebraucht wird (vgl. Mt 13,52; 27,57; 28,19; sonst noch in Apg 14,21). Dabei lehnt er sich wahrscheinlich an den Missionsbefehlt Jesu in Mt 28,18–20 an, worauf auch die Tatsache hindeutet, dass Ignatius dabei in Röm 5,1 in Verbindung mit dem Verb wie in Mt 28,20 das Verb ἐντέλλω („verordnen“) verwendet. Er lehnt sich zudem (möglicherweise) auch an Mt 12,33[72], 3,15[73], 10,16[74], 15,13[75], 23,8[76], 23,27[77] und 26,7[78] an. Mit der Aussage „wer es fasst, der fasse es“ (Sm 6,1), scheint Ignatius sich an Mt 19,12 anzulehnen, wonach Jesus sagt: „Wer imstande ist, es zu erfassen, der erfasse es“.

Ignatius lehnt sich zudem mir größter Wahrscheinlichkeit auch an das Lukasevangelium an, indem er schreibt: „Und als er zu denen um Petrus kam, sagt er ihnen: ‚Nehmt, berührt mich und seht, dass ich nicht ein leibloser Dämon bin’ [...]“ (Sm 3,2; vgl. Lk 24,39). Und er weist im gleichen Zusammenhang darauf hin, dass Jesus nach seiner Auferstehung mit den Jüngern „als Fleischlicher aß und trank, obwohl er geistlich mit dem Vater eins war“ (Sm 3,3; vgl. Lk 24,41–43). Der Ausdruck „an seinen eigenen Ort zu gelangen“ in Mag 5,1 scheint sich an Apg 1,25 anzulehnen.

Die johanneischen Schriften

Ignatius erwähnt, dass Jesus Christus „uns verherrlicht hat“ (IgnEph 2,2). Das könnte eine Anknüpfung an Joh 17,10 sein, wobei Jesus allerdings sagt, dass er sich „ihn ihnen“ verherrlicht hat (vgl. aber auch Joh 17,22). Zudem lehnt Ignatius sich mit dem Ausdruck „das Brot Gottes“ (IgnEph 5,2) möglicherweise an Joh 6,33 an, da dieser Ausdruck im Neuen Testament nur an dieser Stelle

[72] Vgl. Eph. 14,2: „ [...] sichtbar [wird] der Baum an seiner Frucht [...]“

[73] Vgl. Sm 1,1: „ [...] indem er von Johannes getauft wurde, damit jede Gerechtigkeit durch ihn erfüllt werde“.

[74] Vgl. Pol 2,2: „Sei besonnen wie die Schlange in allem und immer ohne Falsch wie die Taufe [...]“.

[75] Vgl. Trall 11,1: „ [...] diese sind nicht eine Pflanzung des Vaters“ und Phil 3,1: „ [...] deshalb sind sie nicht eine Pflanzung des Vaters [...]“. Vgl. auch IgnEph 10,3: „ [...] damit nicht jemand als des Teufels Gewächs unter euch erfunden werde [...]“

[76] Vgl. IgnEph 15,1: „Einer [ist] also Lehrer“.

[77] Vgl. Phld 6,1: „ [...] diese sind für mich Grabsäulen und Totengräber [...]“

[78] Vgl. IgnEph 17,1: „Deshalb nahm der Herr Salböl auf sein Haupt [...]“ Vgl. auch Mk 14,3.

erscheint. Ignatius betont weiter, dass nur „einer Arzt ist, fleischlich und geistlich, geboren und ungeboren, im Fleisch gewordener Gott[79], im Tod wahres Leben, und aus Maria und aus Gott, zuerst leidend und dann ohne Leiden, Jesus Christus, unser Herr“ (IgnEph 7,2). Damit lehnt er sich höchstwahrscheinlich u. a. an Joh 1,1.14.18 an.

Wenn Ignatius zweimal erwähnt, dass Jesus Christus „aus dem Samen Davids“ ist (IgnEph 18,2; IgnRöm 7,3), so kann es sich um eine Anlehnung an Joh 7,42 oder an Röm 1,3 und 2 Tim 2,8 handeln. Für eine Anlehnung an das Johannesevangelium spricht, dass Ignatius in diesem Zusammenhang Jesus als „Brot Gottes“ bezeichnet, welches „das Fleisch Jesu Christi“ sei (Röm 7,3; vgl. dazu Joh 6,33.51), wobei er auch erwähnt, dass in Jesus „lebendiges und redendes Wasser“ sei, das innerlich zu ihm sage: „Auf zum Vater!“ (Röm 7,2; vgl. Joh 4,10–11; 7,38). Ignatius scheint auch Joh 3,8 zu „zitieren“, indem er bemerkt, dass der Geist wisse, „woher er kommt und wohin er geht“ (Phld 7,1). Wenn er Jesus als „Tür zum Vater“ bezeichnet (Phld 9,1), so erinnert das an Joh 10,7.9. Andererseits spricht Ignatius in diesem Zusammenhang auch vom „Geschlecht Davids“ (IgnEph 20,2; Trall 9,1; Sm 1,1), ein Ausdruck, der im Neuen Testament nur in Offb 22,16 erscheint. Wenn Ignatius dabei betont, dass Jesus „dem Fleisch nach Geschlecht Davids“ (IgnEph 20,2; Sm 1,1) und „nach Gottes Willen und Kraft Sohn“ (Sm 1,1) sei, so scheint er sich damit deutlich an Röm 1,3f. anzulehnen. Demnach lehnt Ignatius sich offenbar an verschiedene neutestamentliche Stellen an.

Zudem gibt es bei Ignatius weitere, zum Teil deutliche Anlehnungen an das Johannesevangelium. So sei Jesus z.B. „vor aller Zeit beim Vater“ gewesen und „am Ende erschienen“ (Magn 6,1; vgl. auch Magn 7,2; vgl. Joh 1,1f.), er habe nichts „ohne den Vater[80] getan, mit dem er ein ist“ (Magn 7,1; vgl. z. B. Joh 8,28; 10,30.37; 14,10.31; 17,11.21), er ist „von einem Vater ausgegangen und war bei dem Einen und kehrte [zu ihm] zurück“ (Magn 7,2; vgl. Joh 16,28), und er wird als „sein aus dem Schweigen hervorgegangenes Wort“ bezeichnet (vgl. Joh 1,1), „der in allem dem wohlgefällig war, der ihn sandte“ (Magn 8,2; vgl. z. B. Joh 8,29). Es handelt sich kaum um zufällige Ähnlichkeiten.

Auch die Rede vom „Hirten“, von den „Schafen“ und von den „Wölfen“ (im Zusammenhang mit „schlechten Lehren“; Phld 2,1–2) scheint in Anlehnung an Joh 10,11f. gemacht worden zu sein. Die Anmerkung des Ignatius, dass Jesus

[79] Nach anderer Textvariante: „unter Menschen Gott“.

[80] Vgl. dazu auch Mt 10,29, wo der Ausdruck „ohne euren Vater“ erscheint.

Christus „wahrhaftig für uns Leben“ bedeute (Sm 4,1), erinnert an Joh 17,3. Weiter fragt Ignatius, was es ihm nütze, wenn eine Person ihn zwar lobe, aber gleichzeitig „meinen Herrn“ lästere, indem sie nicht bekenne, dass er „Fleisch trägt“ (μὴ ὁμολογῶν ἀυτὸν σαρκοφόρον; Sm 5,2), was möglicherweise in Anlehnung an 2 Joh 7 (und/oder an 1 Joh 4,2) geschrieben wurde, wo von demjenigen die Rede ist, der „nicht bekennt, dass Jesus Christus im Fleisch kommt (gekommen ist)“.

Die Paulusbriefe und der Hebräerbrief

Ignatius spricht in Bezug auf Jesus Christus vom „Geschlecht Davids“ (IgnEph 20,2; Trall 9,1; Sm 1,1), ein Ausdruck, der im Neuen Testament nur in Offb 22,16 erscheint. Wenn Ignatius dabei aber betont, dass Jesus „dem Fleisch nach Geschlecht Davids“ (IgnEph 20,2; Sm 1,1) und „nach Gottes Willen und Kraft Sohn“ (Sm 1,1) sei, so scheint er sich damit deutlich an Röm 1,3f. anzulehnen.

Ignatius lehnt sich auch an den 1. Korintherbrief an. So erscheint in den Briefen des Ignatius sechsmal die Wendung „der Herrscher/Fürst dieses Zeitalters“ (IgnEph 17,1; 19,1; Magn 1,3; Trall 4,2; Röm 7,1; Phld 6,2), der möglicherweise aus 1 Kor 2,6.8 übernommen wurde, wo allerdings die Pluralform gebraucht wird (vgl. auch Joh 12,31; 14,30; 16,11; Eph 2,2). Eine Anlehnung an 1 Kor 2,6.8 wird jedoch dadurch bekräftigt, dass Ignatius in diesem Zusammenhang wie Paulus in 1 Kor 2,7 vom „Geheimnis“ spricht und aufzählt, was den „Fürsten dieses Zeitalters“ in Bezug auf den Jesus verborgen geblieben sei (IgnEph 19,1). Wenn Ignatius schreibt, dass das Kreuz für die Ungläubigen ein „Ärgernis“ sei, „uns aber Rettung und ewiges Leben“, und dann anschließend hinzufügt: „Wo [ist] ein Weiser? Wo [ist] ein Disputierer? Wo [ist] das Rühmen derer, die ‚Verständige‘ genannt werden?“ (IgnEph 18,1), so setzt das deutlich 1 Kor 1,18-20 voraus. Zu beachten ist dabei auch, dass Ignatius in diesem Zusammenhang das Wort περίψημα („Abschaum, Unrat“) gebraucht, das im Neuen Testament nur in 1 Kor 4,13 erscheint. Ebenso deutlich scheint die Anlehnung an 1 Kor 5,7f. zu sein, wenn Ignatius die Leser auffordert, den „schlechten Sauerteig, der alt und bitter geworden ist“, zu beseitigen und sich „neuem Sauerteig, das ist Jesus Christus“, zuzuwenden (Magn 10,2).

Wenn Ignatius schreibt, dass „einige“ sagen, Jesus habe zum Schein gelitten, und dabei seinen eigenen Wunsch nach dem Kampf mit Bestien als Argument dagegen stellt (Trall 10; vgl. auch Sm 2,1; 4,2), so ist das wahrscheinlich in Anlehnung an Aussagen in 1 Kor 15 formuliert worden, wie u. a. der Gebrauch der Komposita θηριομαχέω („mit wilden Tieren kämpfen“; Trall 10; vgl. 1 Kor

15,32) und καταψεύδομαι („lügen gegen [den Herrn]“) (vgl. 1 Kor 15,15) bekräftigt wird (vgl. z. B. 1 Kor 15,12.15.17.32). Die Selbstbezeichnung des Ignatius als „Letzter“ und als „Fehlgeburt“ (Röm 9,2) und die Bemerkung, dass er nicht würdig sei, „einer von ihnen genannt zu werden“, scheinen in Anlehnung an 1 Kor 15,8f. gemacht zu sein. Die einleitende Bemerkung in seinem Brief an die Gemeinde von Smyrna, dass die Gemeinde „ohne Mangel an jeder Gnadengabe“ sei, lässt vermuten, dass Ignatius sich an dieser Stelle an 1 Kor 1,7 anlehnt. Während Paulus allerdings den Korinthern schreibt, dass sie in Jesus Christus reich geworden seien „im Wort und in jeder Erkenntnis“ (1 Kor 1,5), schreibt Ignatius der Gemeinde in Smyrna, dass sie „von Glaube und Liebe erfüllt ist“ (vgl. auch z. B. Kol 1,4). Und wenn Ignatius zweimal betont, dass die Leser sich nicht in die Irre leiten lassen sollen, und dabei ergänzt, dass gewisse Arten von Menschen das Reich Gottes nicht erben werden (IgnEph 16,1; Phld 3,3), so lehnt er sich damit wohl an 1 Kor 9f. an (vgl. auch 1 Kor 15,50; Eph 5,5 und Gal 5,21 mit Gal 6,7).

Ignatius scheint auch Gal 2,14 vorauszusetzen, wenn er schreibt: „Es ist unangebracht, von Jesus Christus zu reden und jüdisch zu leben. Denn das Christentum ist nicht zum Glauben an das Judentum gekommen, sondern das Judentum an das Christentum […]“ (Magn 10,3).[81] Zu beachten ist, dass das Verb „jüdisch leben/sein“ sonst weder im Neuen Testament noch in der LXX erscheint (auch bei Philo nicht).[82] Wenn Ignatius den Christen in Rom schreibt, dass er nicht möchte, dass sie Menschen gefallen, sondern dass sie Gott gefallen (Röm 2,1), so lehnt er sich damit wohl an Gal 1,10 an (vgl. aber auch 1 Thess 2,4). Weiter betont Ignatius, dass der Bischof den Dienst „nicht von sich aus und nicht durch Menschen“ erlangt habe (Phld 1,1), womit er sich möglicherweise an Gal 1,1.12 anlehnt, während der Gebrauch des Wortes κενοδοξία („leere[n] Ruhm/Ehre“) im gleichen Zusammenhang an Gal 5,26 erinnert (vgl. auch Phil 2,3).

In seinem Brief an die Epheser erwähnt Ignatius Paulus, dessen „Miteingeweihte“ die Christen von Ephesus seien und „der in jedem Brief euer gedenkt in Christus Jesus“ (IgnEph 12,2). In diesem Brief lehnt er sich augenscheinlich immer wieder an den paulinischen Epheserbrief an. So ist schon das Präskript seines Briefes an die Epheser gefüllt mit Anspielungen an den paulinischen

[81] Zum Begriff „Judentum“ bei Ignatius vgl. auch Magn 8,1; Phld 6,1.

[82] Das Verb erscheint jedoch zweimal bei Josephus (Bell 2,454.463; zum Adverb „jüdisch“ vgl. auch Josephus, Bell 6,17).

Epheserbrief.[83] Die anschließende Betonung, dass die Empfänger „Nachahmer Gottes sein“ sollen (Eph 1,1), die von Ignatius an verschiedenen Stellen in ähnlicher Weise wiederholt wird (vgl. IgnEph 10,3; Trall 1,2; Röm 6,3; Phld 7,2), knüpft wohl an Eph 5,1[84] an. Wenn Ignatius den Gläubigen in Ephesus schreibt, dass sie „Steine des Tempels“ seien, „vorher zubereitet für den Bau Gottes, des Vaters“, so lehnt er sich damit höchstwahrscheinlich an Eph 2 an (vgl. Eph 2,10.19–22).[85] Die Rede vom „Haushaltsplan in Bezug auf den neuen Menschen Jesus Christus“ (IgnEph 20,1) ist wohl ebenfalls in Anlehnung an den Epheserbrief formuliert worden (vgl. Eph 3,2.9; 4,24). Den Ausdruck „Kindes [des] Lichts“ (Phld 2,1) hat Ignatius möglicherweise aus Eph 5,8 übernommen, worauf auch die Ergänzung des Genitivs „der Wahrheit“ spricht, da dieser Begriff auch im Kontext von Eph 5,8 (in Eph 5,9) erscheint. Und wenn Ignatius die „Brüder“ auffordert, „die Lebensgefährtinnen zu lieben, wie der Herr die Gemeinde [liebt]“, so erinnert das an Eph 5,25. Mit den Ausführungen zur christlichen „Waffenrüstung“ in seinem Brief an Polykarp (Pol 6,2) scheint Ignatius an Eph 6,11–17 vorauszusetzen, wobei Ignatius allerdings nur einzelne Begriffe des Epheserbriefs „übernimmt“ (so z. B. die Begriffe „Helm“ und „Gesamtrüstung“).[86]

Ignatius scheint auch den Philipperbrief vorauszusetzen. Nach Ignatius sollen die Gläubigen in Jesus Christus „erfunden werden“ (Trall 2,2;13,3; vgl. auch Magn 9,1), womit er sich möglicherweise an Phil 3,9 anlehnt. Wenn Ignatius von dem „Erbarmen“ spricht, das die Gläubigen in Jesus Christus haben (Phld 10,1), so erinnert das an Phil 1,8, wo Paulus von dem „Erbarmen Jesu Christi“

[83] Folgende Ausdrücke im Präskript des ignatianischen Epheserbriefes lehnen sich (möglicherweise) an den paulinischen Epheserbrief an: die Anrede als „Gerechnete“ (vgl. Eph 1,3), der Ausdruck „die Fülle Gottes, des Vaters“ (vgl. Eph 3,19), die Erwähnung, dass die Epheser „vorher herausgesondert sind vor den Zeitaltern immerdar zur bleibenden Herrlichkeit […]“ (vgl. z. B. Eph 1,5.6a.11.14b; 3,9.11) und dass sie „Auserwählte […] durch den Willen des Vaters und Jesu Christi, unseres Gottes“ sind (vgl. Eph 1,4–5).

[84] Der Ausdruck „Nachahmer Gottes“ erscheint nur an dieser Stelle im Neuen Testament.

[85] Die doppelte Erwähnung des „Vaters“ in diesem Zusammenhang könnte sich an Eph 2,19 anlehnen, wo vom „Zugang zum Vater“ die Rede ist. Die Anlehnung an Eph 2 wird auch dadurch bekräftigt, dass Ignatius in diesem Zusammenhang wie in Eph 2,10 das seltene Kompositum „vorher bereiten“ verwendet.

[86] Mögliche Anlehnung an den paulinischen Epheserbrief bei Ignatius gibt es z. B. auch in IgnEph 15,3 (vgl. mit Eph 2,21f. und 3,15) sowie in IgnEph 16,1 (vgl. mit Eph 5,5).

spricht.[87] Und wenn Ignatius schreibt, dass die Kreuzigung Jesu „von den Himmlischen und Irdischen und Unterirdischen“ gesehen wurde, so lehnt er sich damit wohl an Phil 2,10b an, zumal an dieser Stelle die gleichen Begriffe in gleicher Reihenfolge erscheinen. Der Satz „Vollkommene seiend, sinnt auch das Vollkommene“ (Sm 11,3) scheint sich an Phil 3,15a anzulehnen.

Ignatius lehnt sich zudem auch wahrscheinlich an den Kolosserbrief an. So erinnert der Ausdruck „fest im Glauben“ (IgnEph 10,2) an Kol 1,23 („im Glauben verwurzelt und fest“). Ignatius spricht vom „Evangelium unserer gemeinsamen Hoffnung“ (Phld 5,2), was an Kol 1,23 erinnert, wo von der „Hoffnung des Evangeliums“ die Rede ist. Ignatius spricht von der „Erkenntnis Gottes, die Jesus Christus“ ist (Eph 17,2). Damit lehnt er sich möglicherweise an Kol 2,2–3 an. Auch die Rede vom „Geheimnis Jesu Christi“ (Trall 2,3) ist wohl in Anlehnung an den Kolosserbrief formuliert worden (vgl. Kol 1,27; 2,2; 4,3; vgl. auch Eph 3,4). Die Rede vom „Sichtbaren und Unsichtbaren“ scheint Kol 1,16 vorauszusetzen, zumal in diesem Zusammenhang ausdrücklich die „himmlischen [Wesen] und die Herrlichkeit der Engel und die Herrscher“ erwähnt werden (Sm 6,1; vgl. auch Trall 5,2; IgnRöm 5,3).

Ebenso gibt es bei Ignatius mögliche Anspielungen an den 1. Thessalonicherbrief. Wenn er z. B. an die Gläubigen in Rom schreibt, dass er nicht möchte, dass sie Menschen gefallen, sondern dass sie Gott gefallen“ (Röm 2,1), so könnte das sich um eine Anlehnung an Gal 1,10 und/oder an 1 Thess 2,4 handeln. Und in seinem Brief an die Christen in Ephesus erscheint wörtlich der Satz „betet unablässig“ aus 1 Thess 5,17 (IgnEph 10,1). Noch deutlicher sind wohl die Anlehnungen an den 2. Thessalonicherbrief. In seinem Brief an die Epheser warnt Ignatius: „Es soll euch also nicht jemand verführen“. Dabei scheint es sich deutlich um eine Anlehnung an 2 Thess 2,3 zu handeln, wo es heißt: „Es soll euch nicht jemand auf irgendeine Weise verführen“. Den Ausdruck „das Ausharren Jesu Christi“ (IgnRöm 10,3) hat Ignatius vielleicht aus 2 Thess 3,5 („das Ausharren des Christus“) übernommen. Und in einer längeren Textversion in Magn 9 wird 2 Thess 3,10 zitiert.

[87] Zu beachten ist auch, dass Ignatius in diesem Zusammenhang das Kompositum συγχαίρω („sich freuen mit“) verwendet, das zweimal im paulinischen Philipperbrief erscheint (Phil 2,17.18).

Auch wahrscheinliche Anspielungen an die Pastoralbriefe finden wir bei Ignatius.[88] Die Rede von den „letzten Zeiten" (IgnEph 11,1) erinnert an 2 Tim 3,1. Der einzige Gebrauch des Kompositums ἀρανήφω („nüchtern werden") bei Ignatius könnte eine Anlehnung an die einzige Stelle, an der das Kompositum im Neuen Testament gebraucht wird, nämlich 2 Tim 2,26, darstellen, zumal Ignatius im gleichen Zusammenhang wie 2 Tim 2,26 den „Teufel" (διάβολος) erwähnt. Und wenn Ignatius auffordert, dem zu gefallen, der das Heer führt (ἀρέσκετε ᾧ στρατεύεσθε; Pol 6,2), so lehnt er sich damit wohl an 2 Tim 2,4 an. Ignatius bezeichnet die Liebe als „Ende/Ziel des Lebens" (IgnEph 14,1), was an 1 Tim 1,5 erinnert. Und wenn Ignatius scheibt: „Lasst euch nicht in die Irre führen durch anderen Glauben und durch alte Mythen, die nichts nützen. Wenn wir nämlich jetzt nach dem Judentum leben, bekennen wir, die Gnade nicht empfangen zu haben" (Magn 8,1), so lehnt er sich damit vielleicht an den Titusbrief an (vgl. Tit 1,14; 3,9; vgl. auch Gal 2,21).

Auch den Hebräerbrief setzt Ignatius offenbar voraus, indem er bemerkt, dass dem Hohenpriester das „Allerheiligste" (τὰ ἅγια τῶν ἁγίων) anvertraut gewesen sei (vgl. Hebr 9,3), dass aber das Evangelium davon zu unterscheiden sei, da es „das Kommen des Retters, unseres Herrn Jesus Christus, sein Leiden und seine Auferstehung" enthalte (Phil 9,1–2).

Die Katholischen Briefe

Die Aussage bei Ignatius, dass Gott den Hochmütigen widersteht (IgnEph 5,3), kann in Anlehnung an Jak 4,6 oder 1 Petr 5,5 formuliert worden sein (vgl. auch Spr 3,34[89]). Die Rede vom „unauslöschlichen Feuer" in IgnEph 16,2 könnte sich an Mt 3,12, Mk 9,43 oder Lk 3,17 anlehnen. Da Ignatius in diesem Zusammenhang allerdings betont, dass der Mensch, der in das „unauslöschliche Feuer" kommt, ein „Schmutzflecken" ist, was an 2 Petr 2,13 erinnert, kann es sich durchaus auch um eine Anlehnung an 2 Petr 3,7 handeln. Und wenn Ignatius bemerkt, dass „wir Gottes teilhaftig werden, nachdem wir allem Übermut

[88] Vgl. dazu u. a. Looks, *Das Anvertraute*, 125–152. Looks folgert aus seiner Untersuchung von 36 Stellen in den Ignatiusbriefen, dass es sich dabei bei vier Stellen um gut mögliche bis wahrscheinliche Anlehnung an die Pastoralbriefe handelt, bei weiteren 15 Stellen sei die Anlehnung möglich, aber unsicher, bei 13 Stellen unwahrscheinlich und bei vier Stellen ausgeschlossen (ebd., 150).

[89] In Spr 3,34 ist es allerdings der „Herr" (LXX), der den Hochmütigen widersteht.

des Fürsten dieser Welt geflohen sind" (Magn 1,2), so lehnt er sich damit möglicherweise an 2 Petr 1,4 an.

Zusammenfassende Schlussfolgerungen

Der 1. Clemensbrief lehnt sich augenscheinlich an das Matthäusevangelium, den Römerbrief, den 1. Korintherbrief, den Hebräerbrief und den Jakobusbrief an. Nicht ganz so deutlich, aber doch höchstwahrscheinlich sind die Anlehnung an die Apostelgeschichte, den Epheserbrief, die Pastoralbriefe und an die zwei Petrusbriefe. Wahrscheinliche Anlehnungen gibt es zudem im 1. Clemensbrief an das Johannesevangelium, den Galaterbrief, den Philipperbrief, den Kolosserbrief und vielleicht auch an den 1. Johannesbrief.

Ignatius setzt in seinen Briefen offenbar das Matthäusevangelium, das Lukasevangelium, das Johannesevangelium, den 1. Korintherbrief und den Epheserbrief voraus. Möglicherweise lehnt er sich zudem an die Apostelgeschichte, den Römerbrief, den Galaterbrief, den Philipperbrief, die Pastoralbriefe, den Hebräerbrief, die Petrusbriefe (zumindest an den 2. Petrusbrief) und an den 1. und/oder den 2. Johannesbrief an. Ob er auch die Johannesoffenbarung voraussetzt, muss offen bleiben.

Sowohl Clemens Romanus als auch Ignatius scheinen dabei zumindest in der Regel aus dem Gedächtnis diese Stellen wiedergegeben zu haben. Es handelt sich insgesamt nicht um „Zitate", die auch als solches eingeführt werden. Und selbst da, wo Schriftzitate ausdrücklich eingeführt werden[90], handelt es sich oft um die Paraphrasierung verschiedener Schriftstellen. Trotzdem spielen die Inhalte der neutestamentlichen Schriften offenbar eine wesentliche Rolle im Kampf um das richtige Verhalten in der Gemeinde und gegen die Irrlehren. Die Verbindung verschiedener Schriftstellen scheint dabei das Übliche zu sein.

---

[90] Die „Formel" γέγραπται („es steht geschrieben") erscheint im 1. Clemensbrief elfmal (1 Clem 4,1; 14,4; 17,3; 29,2; 36,3; 39,3; 45,3; 46,2; 48,2; 50,4.6 – in den Ignatiusbriefen nur viermal: IgnEph 5,3; Magn 12,1; Phld 6,1; 8,2). Dreimal erscheint zudem der Ausdruck τὸ γεγραμμένον („das Geschriebene"; 1 Clem 3,1; 13,1; 63,2 – an letzter Stelle im Plural). Der Ausdruck „die Schrift" erscheint im 1. Clemensbrief siebenmal (1 Clem 23,3.5; 34,6; 35,7; 42,5; 45,2; 53,1), wobei zweimal in der Pluralform von „den heiligen Schriften" die Rede ist (1 Clem 45,2; 53,1), und dreimal erscheint der Satz: „Denn die Schrift sagt [...]" (1 Clem 34,6; 35,7; 42,5).

Andreas Beck

Martin Bucer und die „Christlichen Gemeinschaften“ in Straßburg (1546-1549)

Professor Sierszyn hat als Hochschullehrer bei Generationen von Studenten das Interesse an der Kirchengeschichte geweckt. Auch ich war einer der vielen, die der Jubilar auf inspirierende Weise in die Kirchengeschichte eingeführt hat. Wie seine inzwischen veröffentlichten Vorlesungen erkennen lassen, hat sich Armin Sierszyn unter anderem intensiv mit der Geschichte der Reformation und des Pietismus befaßt. Dabei erwähnte er auch am Rande Bucers Idee „der Bildung von Kerngruppen, die sich freiwillig der Kirchenzucht unterstellen“, obwohl er hierauf im Rahmen eines Lehrbuchs nicht weiter eingehen konnte.[1] Da jedoch diese Idee Bucers nicht ohne Einfluß auf Spener war, dem der Jubilar ein eigenes inhaltsreiches Kapitel gewidmet hat, und auch das Wirken des Jubilars als Hochschullehrer in Basel und als Pfarrer und Dekan der reformierten Landeskirche des Kantons Zürich ein wenig an Bucers Bestreben, „zwischen Volkskirche und Bekenntnisgemeinschaft“[2] zu vermitteln, erinnert, möchte ich in diesem Beitrag die genannte Idee etwas näher betrachten. Ein genauerer Blick auf die Bildung „Christlicher Gemeinschaften“ in der oberdeutschen Reichsstadt Straßburg während der Krisenjahre des Schmalkaldischen Krieges läßt zugleich die Grundzüge der Ekklesiologie Bucers auf plastische Weise hervortreten. Aus dieser Perspektive bekommen wir Einblicke in die Theologie eines der führenden Reformatoren des deutschsprachigen Raums, der insbesondere für die Entwicklung der reformierten Ekklesiologie von großer Bedeutung war.

In einem ersten Schritt soll das Projekt „christlicher Gemeinschaften“ durch die Auswertung einer der wichtigsten Primärquellen vorgestellt werden. Im zweiten Abschnitt wird die Doppelstruktur der Ekklesiologie herausgearbeitet. Vor diesen Hintergrund soll im dritten Abschnitt Bucers Verständnis der kirchlichen

---

[1] Armin Sierszyn, *2000 Jahre Kirchengeschichte*, 4 Bde., Neuhausen/Holzgerlingen 1995–2000, Bd. 3, 250, Anm. 38.

[2] So der Untertitel der einschlägigen Arbeit von Gottfried Hammann, *Martin Bucer 1491–1551. Zwischen Volkskirche und Bekenntnisgemeinschaft*, VIEG 139, Stuttgart 1989 (Übers. von *Entre la secte et la cité. Le Projet d'Église du Réformateur Martin Bucer (1491–1551)*, Paris 1984).

Gemeinschaft, des kirchlichen Amts und der Zucht entfaltet werden. Der dritte Abschnitt sucht nach Bucers grundlegenden Motiven und ordnet die Entstehung christlicher Gemeinschaften in den historischen Kontext der oberdeutschen Reichsstadt ein. Abschließend erfolgt ein kurzer Ausblick auf die Wirkungsgeschichte.

1. „Christliche Gemeinschaften" als Maßregel gegen kirchliche Mißstände

Von entscheidender Bedeutung für die Entstehung der „Christlichen Gemeinschaften" war Bucers vermutlich 1546 verfaßtes Traktat *Von der Kirchen mengel vnnd fähl vnnd wie die selben zu verbeßern.*[3] Wie bereits aus dem Titel hervorgeht, legte Bucer sowohl eine Diagnose der kirchlichen Situation in Straßburg als auch einen entsprechenden Therapievorschlag vor.[4]

---

[3] Siehe die kritische Ausgabe Werner Bellardi (Hrsg.), *Die letzten Straßburger Jahre 1546–1549. Schriften zur Gemeindereformation und zum Augsburger Interim*, Martin Bucers Deutsche Schriften 17, Gütersloh 1981, 156–195 (ab hier zitiert als BDS 17). Vgl. unten Anm. 65 für eine Auflistung der übrigen in diesem Band herausgegebenen Schriften zu den „Christlichen Gemeinschaften".

[4] Siehe zu Bucers Leben und Werk Martin Greschat, *Martin Bucer. Ein Reformator und seine Zeit (1491–1551)*, Münster, 2. überarb. und erw. Aufl. 2009. Siehe für Bucer Ekklesiologie und die „Christlichen Gemeinschaften" Werner Bellardi, *Die Geschichte der „Christlichen Gemeinschaft" in Straßburg (1546/1550). Der Versuch einer „zweiten Reformation". Ein Beitrag zur Reformationsgeschichte Straßburgs mit zwei Beilagen*, QRFG 18, Leipzig 1934; Willem van 't Spijker, *De ambten bij Martin Bucer*, Kampen 1970 (engl. Übers.: *The Ecclesiastical Offices in the Thought of Martin Bucer*, SMRT 57, Leiden 1996); Gottfried Hammann, *Ecclesiological Motifs Behind the Creation of the „Christlichen Gemeinschaften"*, in: David F. Wright (Hrsg.), Martin Bucer. Reforming Church and Community, Cambridge 1994, 129–143; ders., *Martin Bucer*; Amy N. Burnett, *The Yoke of Christ. Martin Bucer and Christian Discipline*, Kirksville, Mo., 1994, 180–207. Siehe für weitere Literatur Gottfried Seebaß (Hrsg.), *Martin Bucer (1491-1551). Bibliographie*, Gütersloh 2005. Der erste Abschnitt dieses Beitrags ist zusammengefasst aus Andreas J. Beck, *Martin Bucer und die „Christlichen Gemeinschaften" in Straßburg*, Nunspeet 1991 (unveröffentl. Hausarbeit, Theologische Universiteit Apeldoorn), 22–29, und die übrigen Abschnitte sind teilweise eine überarbeitete Übersetzung von ders., *Tussen volkskerk en conventikel. Martin Bucers ideaal van de „Christliche Gemeinschaften" in Straatsburg (1546-1549)*, in: Pieter R. Boersema u. a.

In einem ersten Teil geht Bucer grundsätzlich auf den Unterschied zwischen geistlichem und weltlichem Regiment ein, denn dessen Unkenntnis sei „nit ein kleine vrsach" der häufigen Abscheu vor der kirchlichen Schlüsselgewalt.[5] Beide Regimente verhalten sich analog zu den „zwo vnderschiddenliche(n) naturen" des Menschen: das geistliche Regiment ist der Seele zugeordnet, das weltliche dem Leib.[6] Die Obrigkeit hat wie die alttestamentlichen Könige unter den durch den Sündenfall verdorbenen Menschen für die Einhaltung beider Tafeln des Dekaloges, „souil die vßerlichen zucht vnd disciplin anlanget", zu sorgen. Ihr ist also jeder Mensch Untertan. Die Kirche hingegen geht nicht „mit welttlichen dingen vnnd vßerlichem gewalth" um, sondern bemüht sich durch die Wirkung und Kraft des heiligen Wortes Gottes um die Seligkeit der Menschen. Ihre Aufgabe ist eine fünffache: reine Verkündigung des Evangeliums, rechte Verwaltung der Sakramente, Erteilung der Absolution, Ausübung der Exkommunikation über öffentliche Sünder und Ordnung der „vßerlichen Ceremonien vnd vbungen". Die Obrigkeit soll die Kirche an der Erfüllung ihres Auftrages nicht hindern, die Kirche soll sich umgekehrt in die Geschäfte der Obrigkeit nicht einmischen.[7]

Nun geht Bucer zum diagnostischen zweiten Teil seiner Schrift über. Er weist nach, daß die Ausübung des geistlichen Regiments in Straßburg in allen ihren fünf Aufgaben oder Funktionen von schweren „Mängel und Fehl" belastet ist. Die reine Verkündigung des Evangeliums wird beeinträchtigt, da viele Bewohner der Stadt noch mit falschen Lehren des Papsttums sympathisieren, täuferische Gruppierungen elementare Glaubensartikel wie etwa die Erbsünde leugnen und die Lehre individualisieren, und ein „großer hauff" in ein wildes, gottloses und epikuräisches Leben zurückgefallen sei. Auch hinsichtlich der Sakramentsverwaltung sind Mängel zu beklagen: Bei Eltern und Paten der zu taufenden Kinder sind oft kaum Glaube und Ehrfurcht vor dem Sakrament zu finden, und

(Hrsg)., Gezag in beweging. Kerkelijk leiderschap tussen tekst en context, Heerenveen 2008, 225–240.

[5] Bellardi (Hrsg.), *BDS 17*, 195.

[6] Ebd., 160f.

[7] Ebd., 163–164. Mit dieser fünffachen Aufgabe korrespondieren bei Bucer die drei Kennzeichen der wahren Kirche *(notae ecclesiae)*, wobei die letzten drei Aufgaben mit dem Begriff „Zucht" zusammengefaßt werden. Vgl. Jan van Genderen, *De kenmerken van de kerk*, in: Willem van 't Spijker u. a. (Hrsg.), De kerk. Wezen, weg en werk van de kerk naar reformatorische opvatting, Kampen 1990, 283–297 (hier: 288).

das Abendmahl wird durch Nachlässigkeit verachtet oder leichtfertig von Bürgern, die in offenen Sünden leben, genommen.[8]

Besonders schlimm steht es um die Absolution und den Bann. Diese beiden Gestalten der Schlüsselgewalt (*potestas clavis*) werden nämlich nicht nur verwahrlost, sondern sogar verworfen, so daß man in der der christlichen Gemeinde nur unter großer Gefahr überhaupt davon sprechen kann. Dies ist deshalb beklagenswert, weil, so Bucer, die Absolution zu den wichtigsten trostspendenden Schätzen der Kirche überhaupt gehört. Durch die Absolution wird der bekehrte Sünder auf Christus und Gottes Wort zurückgeworfen und findet so Halt in der Anfechtung. Auch den Bann bzw. die Exkommunikation deutet Bucer im pastoralen Sinn: der Bann ist „zu einer artzney vnd gewißenn preseruatif wider die sunde“ verordnet. Hierzu zählt etwa die Ermahnung, die die Gläubigen im Rahmen der christlichen Gemeinschaft von Glaubensgeschwistern erhalten. Den (vorübergehenden) Ausschluß von der Abendmahlsgemeinschaft hat Bucer lediglich als *ultima ratio* im Blick, und selbst dann sind pastorale Motive vorherrschend.[9]

Die fehlende Einrichtung der Absolution und des Banns hängt mit Defiziten beim fünften Punkt, den „Ceremonien“, also der kirchlichen Ordnung, zusammen. Bucer kritisiert in diesem Zusammenhang die in erneuter Fassung von 1539 vorliegende Kirchenordnung von 1534 und verweist dabei auf Eph 4,11 und 1 Kor 14,40. Da es keine von der Gemeinde gewählten Ältesten und Almosenpfleger oder Diakone gibt, fehlen entscheidende Voraussetzungen zur Ausübung des Banns. Die bisherigen, von der Obrigkeit angestellten „Kirchenpfleger“ oder „Kirchspielpfleger“ hingegen seien für die Sache der Kirche mehr hinderlich als förderlich.[10]

Nach dieser ernüchternden Diagnose zeigt Bucer positiv einen Weg zur Therapie auf, nämlich die Bildung „Christlicher Gemeinschaften“. Die bekennenden Christen der Stadt Straßburg sollen sich freiwillig in eine solche Gemeinschaft begeben, in der die Gemeindezucht ausgeübt werden kann. Da die Verbesserung der kirchlichen Mängel und Fehler noch nicht am gesamten Straßburger *corpus christianum* geschehen könne, soll diese bei solchen Leuten beginnen,

---

[8] Bellardi (Hrsg.), *BDS 17*, 166–171. Zu den Epikurärern vgl. Van ’t Spijker, *De ambten*, 288; Greschat, *Martin Bucer*, 145–146.

[9] Ebd., 171–179 (Zitat: 177); vgl. Burnett, *The Yoke of Christ*, 183; Hammann, *Martin Bucer*, 200–206.

[10] Bellardi (Hrsg.), *BDS 17*, 179–180 (Zitat: 179); vgl. Hammann, *Martin Bucer*, 235.

die sich „vngezwungen, allein vß bewegung Göttlichs Worts, freywillig inn die gehorsame der kirchen begebenn vnd aller freuntliche warnung vnd vnderweisung zu gutt vffnemen wöllen“.[11]

Wie könnte die Bildung einer solchen „Christlichen Gemeinschaft“ ablaufen? Bucer stellt sich folgende Schritte vor: Die Pfarrer und Seelsorger predigen von der Kanzel über die genannten Mängel, erinnern an den Zorn Gottes und mahnen zur Besserung. Nach dem Beispiel des Apostel Paulus (1 Thess 2, llf) sollen sie aber auch als gute Hirten „jhre vertrawte schefflin“ einzeln besuchen und die beabsichtigte Ordnung mit ihnen seelsorgerlich durchsprechen. Bucer zweifelt nicht daran, daß die Pfarrer auf diese Weise in jedem „kirchspil“ eine gute Anzahl gottesfürchtiger Freiwilliger finden werden. Diese versammeln sich dann parochieweise („kirchspil“) mit ihrem Pfarrer, um „nach gethonem gebett zu gott“ je nach Bedarf etwa zwei oder drei Älteste zu wählen. Zusammen mit den Pfarrern und Kirchspielpflegern der Gemeinde verpflichten sie sich zu gegenseitiger „bruederlichen warnung und sraff“ hinsichtlich der Lehre, des Glaubens und eines ehrbaren christlichen Wandels. Bei gelegener Zeit tritt dieser neu gebildete Kirchenrat zusammen, um die Freiwilligen, die sich der christlichen Gemeinschaft anschließen wollen, zusammen mit ihrem Hausgesinde auf drei Punkte hin zu examinieren.[12]

Erstens soll eine Untersuchung der Lehre stattfinden, wohl anhand der *Confessio Tetrapolitana* (1530).[13] Etwaige Defizite sollen von den Pfarrern durch Schulung behutsam ausgeglichen werden. Auch die Kenntnis des Katechismus, gemeint ist wohl der Straßburger Katechismus von 1543, wird überprüft. Zweitens werden die Kandidaten von den in der Gemeinschaft geltenden Verpflichtungen unterrichtet, die sich im Wesentlichen am Dekalog orientieren. Vor dem Empfang des Abendmahls sollen sie die Absolution von ihrem Pfarrer begehren. Schließlich wird ihre Bereitschaft, sich der gegenseitigen Zuchtübung zu unterwerfen, geprüft: „Wo sie nun solches alles begertten zuhaltten vnd, was jnnen darüber begegnet, woltten zu gut vffnemen, so solten sie es dem pfarrher vnnd den Eltesten by der hand geloben vnd versprechen.“ Durch die Eintragung ihrer Namen in ein spezielles Buch wird der Eintritt in die „Christliche gemeinschafft“ definitiv. Gemeindeglieder, die einer solchen Gemeinschaft nicht bei-

[11] Bellardi (Hrsg.), *BDS 17*, 180–183 (Zitat: 183).

[12] Ebd., 183–185.

[13] Es ist auch gut möglich, daß die in Straßburg damals hoch angesehene *Confessio Augustana* verwendet wurde, vgl. Bellardi, Einleitung zu *Form vff was weiß*, BDS 17, 247; Hammann, *Martin Bucer*, 300, Anm. 156.

treten möchten, sollen von den Pfarren freundlich behandelt werden und haben weiterhin Recht auf Gottesdienstbesuche, die Taufe ihrer Kinder, die Einsegnung ihrer Ehe, Krankenbesuche etc. Den öffentlichen Sündern wird allerdings der Abendmahlstisch verweigert.[14]

Bucer war davon überzeugt, daß auf diese Weise die fünf Mängel „in vnlanger zeit" zu beheben sind: die Institution „Christliche Gemeinschaft" wird als „ein rechte wol geordnete gemein nach dem Exempel der ersten Christlichen kirchen" zur Einheit der Lehre, zur Hochachtung der Sakramente, zur Einführung der Absolution und des Bannes sowie zu einer guten Kirchenordnung Wesentliches beitragen können.[15] In der ekklesialen Gestalt der Volkskirche, wie Bucer sie in der oberdeutschen Reichsstadt vorfand, konnte das kirchliche Leben nur im Kontext einer freiwilligen Vereinigung von bekennenden Gläubigen zu seinem vollen Recht kommen. Nur so konnten die kirchlichen Ämter und die Zucht richtig funktionieren. Dennoch hält Bucer weiterhin an der Volkskirche fest. Auch wer sich nicht einer „christlichen Gemeinschaft" anschließt, behält alle kirchlichen Rechte; lediglich öffentliche Sünder wurden nicht zur Abendmahlstafel zugelassen.[16] Hierin zeigt sich eine auffallende Doppelstruktur in Bucers Ekklesiologie.

2. Die Doppelstruktur der Ekklesiologie Bucers

Wie Gottfried Hammann gezeigt hat, ist die Ekklesiologie bei Bucer durch eine duale Struktur gekennzeichnet. Es gibt sozusagen zwei ekklesiale Bereiche. Einerseits gibt es den Bereich der pluralistischen Gemeinschaft, der Volkskirche, die extensional mit der Reichsstadt zusammenfällt. Andererseits hat Bucer jedoch auch den Bereich der bekennenden Gemeinschaften vor Augen. Diese beiden Bereiche stehen nicht nebeneinander, sondern verhalten sich zueinander wie konzentrische Kreise. Dabei befindet sich der kleinere Umkreis des Bereichs der Bekenntnisgemeinschaften innerhalb des Bereichs der Volkskirche. Die sich freiwillig den bekennenden Zuchtgemeinschaften anschließenden Bürger bleiben zugleich Mitglied der Volkskirche.[17]

[14] Bellardi (Hrsg.), *BDS 17*, 183–187 (Zitat: S. 187).

[15] Ebd., 188–189.

[16] Ebd., 187.

[17] Hammann, *Martin Bucer*, 333–338; vgl. 134–146, 191–206, 208–212, 274–313. Diese Doppelstruktur ist für Hammann der hermeneutische Schlüssel zum Verständnis der Ekklesiologie Bucers.

Als Volkskirche ist die Kirche ein *corpus mixtum*. Mit einer alten Tradition referiert Bucer in diesem Zusammenhang an die Gleichnisse vom Unkraut zwischen dem Weizen (Mt 13,24–29) und vom ausgeworfenen Netz (Mt 13,47–50).[18] Quantitativ ist das *corpus christianum* deckungsgleich mit der *res publica*. Außerdem werden die Pfarrer vom Magistrat angestellt und werden die „Kirchenpfleger“ oder „Kirchspielpfleger“ vom Magistrat aus dem Stadtrat, den Gilden und der Kirche rekrutiert.[19] Ihrem Wesen nach ist die Kirche *corpus Christi*, der Leib Christi, aber dabei ist sie zugleich auf das *corpus christianum*, das christliche Gemeinwesen, ausgerichtet und umfaßt als *corpus mixtum* die gesamte bürgerliche Gemeinde.[20]

Dieser dualen Struktur der Ekklesiologie – die pluralistische Volkskirche und innerhalb derselben die Bekenntnisgemeinschaften – entspricht auch Bucers Amtsverständnis. Ursprünglich wollte Bucer die Funktion des Kirchenpflegers in Richtung des frühkirchlichen Amts des Presbyters oder Ältesten, der zur Exkommunikation befugt ist, umbilden.[21] Dabei hatte er die Situation in Basel unter Johannes Oecolampad (1482-1531) vor Augen.[22] Dies erwies sich jedoch als nicht durchführbar; weder der Magistrat noch die Kirchenpfleger selbst konnten sich eine solche rein ekklesiologische Ausrichtung der Funktion der Obrigkeitsfunktionäre vorstellen. Daher blieb das Amt des Kirchenpflegers der pluralistischen Dimension der Volkskirche verhaftet. Innerhalb des Bereichs der Bekenntnisgemeinschaften hingegen konnte das Amt des Ältesten im kirchlichen Sinn funktionieren: die Presbyter wurden von den Gemeinschaften gewählt und jedes Mitglieder einer „Christlichen Gemeinschaft“ erkannte im Prinzip deren Autorität an, gerade auch im Hinblick auf die pastorale Zucht. Allerdings schrieb Bucer, teilweise aus strategischen Motiven, in diesen Gemeinschaften auch den Kirchenpflegern eine amtliche Rolle zu. Auf diese Weise versuchte er zu vermeiden, daß die Obrigkeit die „Christlichen Gemeinschaf-

[18] Siehe für die wichtige Rolle dieser Gleichnisse in Bucers Ekklesiologie ebd., 80–81 und 140–142.

[19] Siehe zu den „Kirchenpflegern“ oder „Kirchspielpflegern“ Van ’t Spijker, *De ambten*, 182–192; Hammann, *Martin Bucer*, 261–273.

[20] Vgl. ebd., 71.

[21] Ebd., 58.

[22] Siehe zu Oekolampad Olaf Kuhr, *„Die Macht des Bannes und der Busse“. Kirchenzucht und Erneuerung der Kirche bei Johannes Oekolampad (1482-1531)*, BSHST 68, Bern 1999.

ten" nicht zulassen würde mit der Begründung, daß sie sich außerhalb ihres Machtbereiches bewegen würden.[23]

Neben dieser Doppelstruktur der Kirchspielpfleger in der pluralistischen Volkskirche einerseits und der Ältesten in den Bekenntnisgemeinschaften andererseits gab Bucer auch dem Diakonenamt eine doppelte Ausrichtung. Der von der Obrigkeit eingerichtete diakonische Dienst leistete Sozialarbeit für die Gesellschaft als Ganzes. In den Bekenntnisgemeinschaften sollten nun ergänzend Diakone angestellt werden, die für gegenseitige materielle und auch seelsorgerliche Hilfe der Gläubigen verantwortlich waren.[24] Das einzige kirchliche Amt ohne eine solche Doppelstruktur war das Pfarramt, auch wenn Bucer eigentlich die Pfarrer als Älteste mit besonderem Auftrag betrachtete. Jedoch hatten die Pfarrer innerhalb der „Christlichen Gemeinschaften" zusätzlichen Handlungsspielraum, indem sie durch Pastorat und Lehre eine Gemeinschaft nach dem Modell der neutestamentlichen Gemeinde und der Alten Kirche bilden konnten.[25]

3. Gemeinschaft, Amt und Zucht

Ohne von der Volkskirche und deren spezifischen Machtstrukturen Abschied zu nehmen, sah Bucer die Ämter des Pfarrers, Ältesten und Diakons letztlich nur innerhalb der bekennenden Zuchtgemeinschaften vollständig funktionieren. Zugleich fällt auf, daß gerade in den „Christlichen Gemeinschaften" auch den Gläubigen ohne Ämtern eine wichtige Rolle zugeschrieben wird.[26] In gewissem Sinn sind auch sie Amtsinhaber, da nach 1 Petr 2,4–10 alle wahre Gläubigen Priester sind. Jeder Gläubige kann im Prinzip einen anderen Gläubigen zur Buße verpflichten und das Abendmahl vorenthalten oder umgekehrt bei echter Reue die Sündenvergebung zusprechen. Die Schlüsselgewalt kommt in erster Linie der Gemeinschaft der Gläubigen zu.[27] Andererseits wurde Bucer sich seit ungefähr 1530 immer mehr der Notwendigkeit kirchlicher Ämter bewußt.

---

[23] Siehe für diesen Einwand Bellardi (Hrsg.), *BDS 17*, 195 und 285. Das genannte strategische Motiv wird bei Hammann, *Martin Bucer*, 261–263, unterbelichtet.

[24] Vgl. Hammann, *Martin Bucer*, 211 en 239–242.

[25] Vgl. ebd., 233–235.

[26] Vgl. Bellardi (Hrsg.), *BDS 17*, 277–278 (*Kurtzer vnderricht vnd grunde*).

[27] Siehe Hammann, *Martin Bucer*, 217–221; Van 't Spijker, *De ambten*, 342–349. Vgl. Berndt Hamm, *Tolerance and Heresy. Martin Bucer's Radical New Definition of Christian Fellowship*, in Christopher Ocker u. a. (Hrsg.), Politics and Reformations. Essays in Honor of Thomas A. Brady, Jr., SMRT 128, Leiden 2007, 269–291.

Im Zusammenhang mit dieser Entwicklung können wir eine zunehmende Nähe Bucers zu Luther konstatieren. Luther hatte bereits 1520 mit seinem Insistieren auf das Priestertum aller Gläubigen die traditionelle Scheidung von Klerikern und Laien aufgehoben.[28] Ein solches Bestreben wurde etwa in Straßburg durch sozialpolitische Faktoren sogar verstärkt, da das Bürgertum sich nur allzu gerne von den alten Rechten der Priester verabschieden wollte.[29] Andererseits koppelte Luther weiterhin das allgemeine Priesteramt an die amtliche Weihe, auch wenn diese keinen sakramentalen Charakter mehr hatte.[30] Das Wirken des Geistes war für Luther eng verbunden mit dem gepredigten Wort und den Sakramenten, und damit auch mit dem kirchlichen Amt.

Mit diesem Standpunkt Luthers hatte sich Bucer in den Jahren um das Marburger Religionsgespräch von 1529 intensiv beschäftigt und zwischen Luther und den Schweizer Reformierten zu vermitteln versucht. Bucer war in verschiedener Hinsicht ein Vorfechter der Ökumene, auch wenn es vielleicht zu weit geht, ihn als „Fanatiker der Einheit“ zu bezeichnen.[31] So akzeptierte Straßburg 1532 die *Confessio Augustana* (1530) neben der *Confessio Tetrapolitana* (1530), dem eigenen Bekenntnis, das Bucer und sein Straßburger Kollege Wolfgang Capito vor dem Augsburger Reichstag geschrieben hatten und von den oberdeutschen Städten Straßburg, Konstanz, Lindau und Memmingen unterzeichnet wurde.

Bucers Annäherung an Luther und dessen Auffassung von der Heilsvermittlung durch das kirchliche Amt war nicht zuletzt eine Folge der enttäuschenden Erfahrungen, die er 1525 mit dem Bauernaufstand und sodann mit den Spiritualisten und Täufern, die in Straßburg ihren Zufluchtsort fanden, gemacht hatte. Bucer befürchtete, daß ohne ordentliche Autoritätsstrukturen die Situation entgleisen könnte, wie es in den turbulenten Jahren 1534 und 1535 der Täuferherrschaft in Münster geschehen war.[32] So war es kein Zufall, daß Bucer 1536 in

[28] Siehe vor allem Martin Luther, *An den christlichen Adel deutscher Nation von des christlichen Standes Besserung*, WA 6,404–469 (bes. 408).

[29] Hammann, *Martin Bucer*, 26–31, 217–218. Siehe auch Marc Lienhard / Jakob Willer, *Straßburg und die Reformation*, Kehl 1981.

[30] WA 6,408,11–17.

[31] Siehe Reinhold Friedrich, *Martin Bucer – „Fanatiker der Einheit“? Seine Stellungnahme zu theologischen Fragen seiner Zeit (Abendmahls- und Kirchenverständnis), insbesondere nach seinem Briefwechsel der Jahre 1524-1541*, Biblia et symbiotica 20, Bonn 2002.

[32] Siehe hierzu Bucers *Bericht auß der heyligen geschrift von der recht gottseligen anstellung und haußhaltung christlicher Gemeyn* (1534), in Robert Stupperich (Hrsg.),

der dritten Auflage seines großen Evangelienkommentars dem Amt eine größere Funktion einräumte als bisher: „So sehr will der Herr seine Gaben und alles Heil durch das kirchliche Amt darreichen, daß erst dann den Menschen ihre Sünden ganz und gar vergeben sind, wenn er die Kirche die Sünden den Menschen im Namen des Herrn und durch sein Wort vergibt.“[33] Er gestand auch, er habe früher die Bedeutung des kirchlichen Amts nicht hinreichend erkannt.[34]

In seiner Betonung des kirchlichen Amts gegenüber den Täufern folgte Bucer nunmehr dem Wittenberger Reformator. Anders als Luther jedoch strich er die Vielfältigkeit des Amts heraus. Neben dem Pfarramt kannte er die Ämter des Ältesten, Diakons und weitere Älteste. Mit Eph 4,11 konnte er auch von Propheten, Evangelisten, Hirten und Lehrern sprechen. Er wollte sich allerdings nicht auf eine bestimmte Zahl der Ämter festlegen. Entscheidend war nicht die Anzahl, sondern die adäquate Anpassung an die jeweiligen Umstände. Für die Situation in Straßburg erschienen Bucer das Pfarramt und die Ämter des Ältesten und Diakons angemessen. In den vierziger Jahren schließlich wuchs die Einsicht, daß diese Ämter nur im Kontext der Bekenntnisgemeinschaften richtig zur Geltung kommen konnten.[35]

Straßburg und Münster im Kampf um den rechten Glauben 1532–1534, Martin Bucers Deutsche Schriften 5, Gütersloh 1978, 109–258 (reagierend auf die Ereignisse in Münster). Vgl. Philip Broadhead, *In Defence of Magisterial Reformation. Martin Bucer's Writings Against the Spiritualists*, in: Kate Cooper / Jeremy Gregory (Hrsg.), Discipline and Diversity Papers Read at the 2005 Summer Meeting and the 2006 Winter Meeting of the Ecclesiastical History Society, SCH 43, Woodbridge 2007, 252–262; Sigrund Haude, *In the Shadow of „Savage Wolves“. Anabaptist Münster and the German Reformation During the 1530s*, Studies in Central European Histories 20, Leiden 2000, 91–114 (bes. 98–102).

[33] Irena Backus (Hrsg.), *Enarratio in Evangelion Iohannis (1528, 1530, 1539),* Martini Bucer Opera Latina 2, 131–132, ad Joh 3,5: „Adeo tamen vult dona sua Dominus omnemque salutem ecclesiae ministerio exhibere ut tum demum plene et solide hominibus peccata remissa sint, quando ecclesia nomine et verbo Domini homnibus peccata remittit.“ Vgl. Van 't Spijker, *De ambten*, 112–128; ebd., *De kerk in Bucers oecumenisch streven*, in: Frank van der Pol (Hrsg.), Bucer en de kerk, Kampen 1991, 10–54 (hier 20–25).

[34] Siehe die beiden *Retractationes* (1536), die von Conrad Hubert neu herausgegeben wurden in *Martini Buceri Scripta Anglicana fere omnia*, Basel 1577, 642–648 (bes. 642).

[35] Siehe für Bucers Amtslehre vor allem sein *Von der wahren Seelsorge und dem rechten Hirtendienst* (1538), in: Walter Delius u. a. (Hrsg.), Schriften der Jahre 1538–1539,

Trotz seiner Betonung der kirchlichen Ämter und seiner Kritik an den Täufern hatte Bucer gerade diesen viel zu verdanken. Stärker als die anderen großen Reformatoren nahm der Straßburger Reformator die tiefsten Motive der Täufer ernst.[36] Dies gilt insbesondere für den täuferischen Eifer um die Kirchenzucht, dem Bucer viel Sympathie entgegenbrachte, auch wenn er beanstandete, daß die Täufer zu rasch zur Exkommunikation schritten. Kennzeichnend ist der 1531 gehaltene Disput mit Pilgram Marbeck, wozu Martin Greschat treffend anmerkt:

> „Bucer blieb nicht unberührt von der Frömmigkeit und Sittenstrenge dieses Täuferführers und seiner Gemeinde. Umso inständiger beklagte er die Trennung. Wie viel ließe sich erreichen, gerade auch im Blick auf die Kirchenzucht, wenn man zusammen, statt gegeneinander arbeitete!“[37]

Bemerkenswerterweise übernahm Bucer von den Täufern die Einsicht, daß Kirchenzucht notwendig sei, und verband diese mit dem kirchlichen Amt, welches er gegen dieselben Täufer verteidigte. Im Kontext der „Christlichen Gemeinschaften“ sollten sowohl die Zucht als auch das Amt zu ihrem Recht kommen; für Bucer gehörte beides zusammen. Übrigens war es Bucer in Hessen sogar gelungen, die meisten Täufer von der Zusammengehörigkeit von Zucht und Amt zu überzeugen und wieder ins kirchliche Leben zu integrieren. Dieses wurde sodann ab 1538 nach seiner Ziegenhainer Zuchtordnung und der Kasseler Zuchtordnung organisiert.[38]

Mit der Zucht führte Bucer in Hessen auch die Konfirmation ein, das öffentliche Bekenntnis des Glaubens.[39] Zurecht wurde Bucer als „Vater der Konfirma-

---

Martin Bucers Deutsche Schriften 7, Gütersloh/Paris 1964, 67–245. Vgl. Van 't Spijker, *De ambten*, 159–177; Hammann, *Martin Bucer*, 208–250.

[36] So auch Marc Lienhard über Bucer im Vorwort zu Hammann, *Martin Bucer*, 11: „kein anderer Reformator hat sich wie er um die Täufer bemüht!“ Vgl. John S. Oyer, *Bucer and the Anabaptists*, in: Christian Krieger / Marc Lienhard (Hrsg.), Martin Bucer and Sixteenth Century Europe. Actes du Colloque de Strasbourg (28–31 août 1991), SRMT 52–53, Bd. 2, 603–613; Haude, *In the Shadow*, 91–114.

[37] Greschat, *Martin Bucer*, 141.

[38] Diese Dokumente finden sich in Bellardi (Hrsg.), *BDS 7*, 260–278 und 279–318.

[39] Siehe vor allem Amy N. Burnett, *Martin Bucer and the Anabaptist Context of Evangelical Confirmation*, in: MennQR 68, 1994, 95–122.

tion“[40] bezeichnet – ein Ehrentitel, der gelegentlich auch Philipp Jakob Spener (1635–1705) zuerkannt wird, da die Konfirmation in Deutschland erst unter dieser Schlüsselfigur des lutherischen Pietismus zum Durchbruch kam. Für Bucer war nur die Gemeinschaft der Bekennenden auch im vollen Sinne Zuchtgemeinschaft. Daher diente das öffentliche Bekenntnis nicht nur zur Bestätigung der Taufe, sondern besiegelte zugleich auch den Eintritt in die bekennende und dienende Gemeinschaft in der Kirche.[41]

Bemerkenswert ist auch die Weise, wie Bucer das öffentliche Bekenntnis als Zugang zur Zuchtgemeinschaft, und damit zu den „Christlichen Gemeinschaften“ in Straßburg, mit dem Amt verband. Die Konfirmation mit Handauflegung war für ihn gleichsam die Ordination zum priesterlichen Amt aller Gläubigen. Die Ordination der Amtsträger aus deren Mitte ist aus dieser Perspektive betrachtet lediglich ein zugespitzter Spezialfall der genannten allgemeinen Ordination. Durch diese zweifache Ordination kam zum Ausdruck, daß das Amt mitten in der Gemeinde steht.[42] Dabei wurden Amt und Charisma miteinander verbunden: prinzipiell konnte jeder Gläubige Amtsinhaber sein, aber nicht jeder besaß das zum besonderen Amt erforderliche Charisma. Das Amt stand nicht über der Gemeinde oder dieser gegenüber, aber es ging auch nicht aus der Gemeinde hervor. Wie Willem van ’t Spijker zurecht anmerkt, ist durch die Korrelation von Amt und Charisma das Dilemma zwischen „von unten heraus“ und „von oben herab“ überwunden.[43] Dies zeigt sich insbesondere bei Bucers Ideal der „Christlichen Gemeinschaften“ in Straßburg. Zu deren besserem Verständnis ist es hilfreich, seine zugrundeliegenden Motive näher zu betrachten.

4. Kontextueller Anlaß und entscheidende Motive

Die von Bucer und seinen Amtsbrüdern eingerichteten „Christlichen Gemeinschaften“ waren mehr als ein ekklesiologisches Experiment. Das Ideal solcher Gemeinschaften war tief in Bucers theologischem Denken verwurzelt und ergab sich auf natürliche Weise aus der oben dargelegten Doppelstruktur seiner Ekklesiologie. Dabei spielten einerseits fundamentale Motive eine Rolle, während andererseits der konkrete Anlaß im historischen Kontext der spezifischen Situation im Straßburg der vierziger Jahre zu suchen ist.

---

[40] Lienhard / Willer, *Straßburg*, 41 und 58.

[41] Vgl. Hammann, *Martin Bucer*, 202–206.

[42] Vgl. ebd., 245–250.

[43] Van ’t Spijker, *De ambten*, 438.

Bereits 1523 arbeitete Bucer in seiner ersten reformatorischen Schrift den Gedanken heraus, daß der einzelne Christ immer auf die Gemeinschaft der Mitgläubigen ausgerichtet sein solle.[44] 1527 unterstrich Bucer in der Erstauflage seines Evangelienkommentars die Notwendigkeit der Kirchenzucht nach seiner Interpretation von Mt 18,15–18.[45] Dabei stellte er fest, daß sich zwar nur wenige Bürger ganz Christus geweiht haben und daher die Zusammenkünfte der Gläubigen unrein seien, daß aber die Zucht im Hinblick auf die öffentliche Ruhe *(pax publica)* nicht wirklich hantiert werden könne. Daher sei es „notwendig, daß diejenigen, die Christus vollkommener angenommen haben, diese sehr heilige und heilsame Einrichtung Christi bei ihnen wieder einführen“.[46] Bucer sah diese Einrichtung einer solchen Zuchtgemeinschaft als eine Zwischenlösung, „bis dieses heilige Gesetz Christi“ der gegenseitigen seelsorgerlichen Ermahnung „wieder von den meisten angenommen wird“.[47] Möglicherweise dachte Bucer in diesem Zusammenhang auch an die dritte Gottesdienstform, wie sie Luther 1526 im Vorwort zu *Die Deutsche Messe und Ordnung Gottesdiensts* als „die rechte art der Euangelischen ordnunge“ neben der lateinischen und deutschen Messe vor Augen stand.[48] Diese Weise des Gottesdienstes, so Luther,

> „muste nicht so offentlich auff dem platz geschehen unter allerley volck; sondern die ienigen, so mit ernst Christen wollen seyn und das Euangelion mit hand und munde bekennen, musten mit namen sich eyn zeychen und etwo yn eym hause alleyne sich versamlen zum gebet, zu lesen, zu teuffen, das sacrament zu empfahen und andere Christliche werck zu uben“.[49]

---

[44] *Das ym selbs niemant, sonder anderen leben soll, und wie der mensch dahyn kummen mög*, in Robert Stupperich u. a. (Hrsg.), Frühschriften 1520–1524, Martin Bucers Deutsche Schriften 1, Gütersloh/Paris 1960, 29–67.

[45] Martin Bucer, *Enarrationum in evangelia Matthaei, Marci et Lucae, libri duo*, Straßburg 1527, Bd. 2, 213v–214r.

[46] Ebd., Bd. 2, 214v: „Ubi id non datur, necesse est, ut qui plenius Christum receperunt, sanctissimum et saluberrimum Christi institutum inter sese reducant, ut quoscunque familiares, vel vicinos haben, qui Christo nomen dederunt, diligenter et libere moneant […].“

[47] Ebd., Bd. 2, 214–215: „[…] donec a pluribus, sancta haec Christi lex recipiatur.“ Vgl. Van 't Spijker, *De ambten*, 314.

[48] WA 19,72–113, hier 75,3. So auch Van 't Spijker, *Ambten*, 314.

[49] WA 19,75,4–8.

So könne man „die, so sich nicht Christlich hielten, kennen, straffen, bessern, ausstoßen odder ynn den bann thun“ nach Christi Regel in Mt 18,15–17.[50] Eine solche Ordnung wäre rasch eingerichtet, „wenn man die leute und personen hette, die mit ernst Christen zu seyn begerten.“[51] Da dies aber nicht der Fall sei, könne und dürfe Luther „eyne solche gemyne odder versamlunge“ noch nicht „orden odder anrichten“.[52]

Während Luther die Zeit für eine solche Einrichtung noch nicht als reif erachtete, suchte Bucer in den darauf folgenden Jahren wiederholt nach entsprechenden Möglichkeiten und sah in den vierziger Jahren die Gelegenheit, christliche Liebes- und Zuchtgemeinschaften tatsächlich einzurichten. Im November 1547 berief er sich dann im Ratsbedacht *Mehrung götlicher gnaden vnd geists* zur Verteidigung der bereits installierten „Christlichen Gemeinschaften“ indirekt auf seinen Evangelienkommentar:

> „Wir haben von anfang gelehrt, wie das vnsere schrifften, vor 16 vnd 20 jaren außgangen, bezeugen, das die Christen müssen ein ware gemeinschafft im herren wie glider eins leibs mit einander haben vnd sich [...] alle einander, ieder nach seinen gaben, in der gotsäligkeit erbawen.“[53]

Nachdem Bucer bereits 1528 das Ideal christlicher Kerngemeinschaften aus dem Neuen Testament abgeleitet und exegetisch motiviert hatte, wuchs im Laufe der Jahre die Überzeugung, diesem Ideal auch in der Praxis Geltung verschaffen zu wollen. Als Calvin in den Jahren 1538–1541 in Straßburg die französische Flüchtlingsgemeinde betreute, konnte dieser dort dank des Einflusses Bucers die Kirchenzucht einführen. So gab es eine gegenseitige Befruchtung: Bucer inspirierte Calvin weitgehend bei der Entwicklung der Lehre vom vierfachen Amt, und Calvins Erfolg im geschützten Rahmen der Flüchtlingsgemeinde ermutigte Bucer, eine ähnliche Initiative zu ergreifen.[54] Ein weiterer Ansporn war, neben dem bereits oben erwähnten Eifer der Täufer, das Zeugnis einiger

[50] WA 19,75,8–10.

[51] WA 19,75,15–16.

[52] WA 19,75,18–19. Luther ergänzt, er wolle eine solche Einrichtung nach Kräften fördern, sobald er sich dazu mit gutem Gewissen genötigt sehe.

[53] Bellardi (Hrsg.), *BDS 17*, 329. 1531 erschien u. a. ein Schulgutachten und 1527 die Erstauflage des Evangelienkommentars.

[54] Siehe für Calvins Jahre in Straßburg Willem van 't Spijker, *Calvin. Biographie und Theologie*, KIG J2, Göttingen 142–155, und zur Beziehung beider Reformatoren ders., *Bucer und Calvin*, in: Krieger / Lienhard (Hrsg.), Martin Bucer, Bd. 1, 461–470.

böhmischer Brüder, die 1540 Bucer besuchten und von der Reinheit in Leben und Lehre, wie sie in den böhmischen Gemeinden herrsche, berichteten. Nach Augenzeugenberichten war der Straßburger Reformator tief beeindruck und hatte Tränen in den Augen.[55] Zwei Jahre später bekannte er, er habe in den Anfangsjahren seines Pfarramts „weder Wissen noch angemessenen Eifer für die Gemeinschaft der Heiligen (*communio sanctorum*) und die Zucht Christi“ aufgebracht, als die ganze Kirchenzucht noch „in dichtester Dunkelheit begraben“ war.[56]

Bucers wichtigste Motiv zur Einrichtung christlicher Gemeinschaften, in denen Zucht und kirchliches Amt vollumfänglich funktionieren sollten, war das Beispiel der ersten Christen im Neuen Testament und der Alten Kirche. Dieses Beispiel war für ihn normativ und sollte die Form und Praxis des Gemeinschaftslebens inspirieren. Bucer bezog sich in diesem Zusammenhang insbesondere auf Mt 18, Apg 2 und 4, Röm 12, 1 Kor 12 und den Epheserbrief.[57] Nach dem Ideal von Epheser 4 sollte die Gemeinde als der Leib Christi nicht nur durch die offiziellen Ämter, sondern auch „durch ein yedes gelid nach der maß der gaben Christi“ aufgebaut werden.[58]

Zugleich dachte Bucer, wie Hammann gezeigt hat, an die vier Eigenschaften der Kirche im Nicaenum: Einheit, Heiligkeit, Katholizität und Apostolizität. Die Einheit der Kirche wurde gefördert, indem die christlichen Gemeinschaften die legitimen Bemühungen der Täufer integrieren konnten, ohne dabei das Ganze der Volkskirche aus dem Auge zu verlieren. Hiermit hängt das Verlangen nach sichtbarer Heiligkeit zusammen. Die Gemeinschaften bildeten ekklesiale Orte,

---

[55] Siehe Van ’t Spijker, *De ambten*, 315–317.

[56] Martin Bucer, *De vera ecclesiarum in doctrina ceremoniis et disciplina reconciliatione et compositione [...]*, [Straßburg 1542], 19v-20r: „Ego ingenue coram Christo et Ecclesia eius fateor, me, cum ad hoc ministerium pertraherer, communionis sanctorum, et disciplinae Christi, nec iustam scientiam, nec dignam curam habuisse […]. Iam ubi ego impegi, ibi et complures symmistas meos impegisse, non nego: postquam in tanta ignoratione, rerum sacrarum omnium, in his densiss[imis] tenebris, quibus tota ecclesiae disciplina sepulta erat, ad hanc Euangelii administrandi functionem, pertracti omnes sumus.” Vgl. Van ’t Spijker, *De ambten*, 313; Hammann, *Martin Bucer*, 294.

[57] Vgl. Hammann, *Ecclesiological motifs*, 129–143, bes. 136, wo die Liste der Bibelstellen, die sich wie ein „Leitmotiv“ durch Bucers Schriften hinziehe, m. E. um Mt 18 und Eph 4 zu ergänzen wäre. Vgl. auch das Bibelstellenregister in Hammann, *Bucer*, 371–373.

[58] Bellardi (Hrsg.), *BDS 17*, 301 (*Ermanschrifft an die andern prediger*).

an denen die kirchlichen Ämter erst wirklich funktionieren und dadurch die Gläubigen zur Heiligung angespornt werden konnten. Die Katholizität sah Bucer in der Einbindung dieser ekklesialen Orte in die größere und offene Volkskirche Straßburgs gewahrt: die häuslichen Gemeinschaften gehörten in den Kontext der öffentlichen Kirchengemeinschaft und sollten sich nicht zu separatistischen Gruppierungen entwickeln. Die Apostolizität der Kirche war für Bucer wie auch für Luther im Wort Gottes gegründet, sollte sich jedoch, wie Bucer betonte, auch durch deutliche Rückbezüge auf das altkirchliche Gemeindeleben erweisen. Hierzu bedurfte die Volkskirche der Reichsstadt ergänzend der bekennenden Liebes- und Zuchtgemeinschaften.[59]

So tief diese grundlegenden Motive in Bucers Theologie und Ekklesiologie verwurzelt waren, so sehr gab es auch einen deutlichen kontextuellen Anlaß zur Entstehung der „Christlichen Gemeinschaften" in Straßburg. Dabei muß zunächst an die Notlage, in die der Protestantismus in Deutschland ab 1544 geriet, gedacht werden. Nachdem Karl V. Frankreich besiegt hatte und sich mit Papst Paulus III. darauf geeinigt hatte, daß im März 1545[60] endlich das Konzil in Trient beginnen solle, wandte er sich 1546 mit militärischen Mitteln gegen die protestantischen Landesfürsten und Städte, die sich zum Schmalkaldischen Bund zusammengeschlossen hatten. Dieser Schmalkaldische Krieg von 1546 bis 1547 verlief für die Protestanten fatal und brachte vor allem die oberdeutsche Reformation in große Gefahr. Straßburg befürchtete das Schlimmste, verließ den Schmalkaldischen Bund und unterwarf sich dem Kaiser. Damit war die Reichsstadt jedoch auch an die Erlässe des Augsburger Reichstags 1547/1548 gebunden, also an das Augsburger Interim, das die kirchlichen Reformen weitgehend rückgängig machte. Bucer und sein Amtsbruder Paul Fagius widersetzten sich heftig, wodurch sie schließlich am 1. März 1549 vom Magistrat gezwungen wurden, die Reichsstadt zu verlassen. Auf Einladung des Erzbischofs von Canterbury wurde Bucer Professor in Cambridge, wo er zwei Jahre später starb.[61]

Die „Christlichen Gemeinschaften" nun sind entstanden, als sich die schwere Krise in Straßburg abzuzeichnen begann. Die erste schriftliche Bezugnahme ist im Ratsprotokoll vom 21. Februar 1547 zu finden, wo der Rat beanstandete, daß

[59] Hammann, *Ecclesiological motifs*, 131–138, 140–142.

[60] Tatsächlich begann die erste Sitzung des Konzils erst am 13. Dezember 1545.

[61] Vgl. Lienhard / Willer, *Straßburg*; Thomas A. Brady, *The Politics of the Reformation in Germany. Jacob Sturm (1489-1553) of Strasbourg*, Atlantic Highlands, N.J., 1997; Greschat, *Martin Bucer*, 252–281.

die Prediger an St. Thomas und Jung St. Peter die Gläubigen in christlichen Gemeinschaften zusammengerufen und dabei das Recht auf Exkommunikation beansprucht hatten.[62] Der genaue Beginn dieser Gemeinschaften, zu denen später noch mindestens eine weitere an St. Nicolaus hinzukam, läßt sich nicht mehr rekonstruieren, aber es ist ziemlich sicher, daß dabei spätestens an Ende 1546 zu denken ist.[63] Das oben besprochene, grundlegende Traktat *Von der Kirchen mengel vnnd fähl* hatte Bucer wahrscheinlich einige Monate zuvor geschrieben, zwischen Ende 1545 und Herbst 1546.[64] In den darauffolgenden Monaten bis Dezember 1547 hat Bucer verschiedene Schriften zur Verteidigung der „Christlichen Gemeinschaften“ gegen Einwände des Rats oder einiger Prediger verfaßt; einige dieser Schriften richteten sich auch an die Mitglieder der Gemeinschaften.[65] Trotz aller Bemühungen stießen die Gemeinschaften weiterhin auf Widerstand des Magistrats und wohlhabender Bürger und lösten sich bald nach der Verbannung Bucers und Fagius’ wieder auf. Zwar gab es Mitte 1549 ein Wiederaufleben, bei dem die Zahl der angeschlossenen Laien zunahm und der Widerstand gegen das Interim wuchs. Nach der offiziellen Einführung des Interims am 1. Februar 1550 jedoch lösten sich die inzwischen illegalen Gemeinschaften endgültig auf.[66]

[62] Zitiert nach Bellardi (Hrsg.),*BDS 17*, 256.

[63] Siehe auch Hammann, *Martin Bucer*, 294-297. Nach Bellardi, *Die Geschichte*, 22–24 (vgl. Bellardi, *BDS 17*, 156–157) waren Ende 1545 mindestens zwei Gemeinschaften bereits aktiv.

[64] Bellardi (Hrsg.), *BDS 17*, 156–195. Bellardi datiert mit guten Argumenten auf den Jahreswechsel 1545/1446 (siehe die Einleitung zu BDS 17, 157–158), während Hammann, *Martin Bucer*, 350–351 zeigt, daß das Traktat spätestens im Herbst 1446 geschrieben sein muß. Der genaue Zeitpunkt läßt sich nicht mehr sicher rekonstruieren.

[65] Siehe *Erinnerung der Prediger an die Obrigkeit guete zucht vnnd disciplin anzurichten* (17. Juli 1546); BDS 17, 198–206; *Bedencken wegen abschaffung grober laster [...]* (11. April 1547; BDS 17, 207–244); die Statuten *Form vff was weiss [...]* (August 1547; BDS 17, 245–255); *Kurtzer vnderricht vnd grunde [...]* (9. November 1547; BDS 17, 256–290); *Ermanschrifft an die andern prediger [...]* (11. November 1547; BDS 17, 291–310); *Etliche Schrifften an die andern prediger [...]* (21. November 1547; BDS 17, 311–316); *Mehrung götlicher gnaden vnd geists [...]* (30. November 1547; BDS 17, 317–340); *Bucer und Fagius’ Antwort an den Rat [...]* (19. Dezember 1547; BDS 17, 341–345). Bucer hat diese Schriften gemeinsam mit anderen Predigern verfaßt, war dabei jedoch jeweils der Hauptautor.

[66] Siehe zu den Gründen des Verfalls Hammann, *Martin Bucer*, 307–313.

Die chronologische Konvergenz der Bildung christlicher Gemeinschaften mit dem Schmalkaldischen Krieg war nicht zufällig. Wie auch andernorts, sah man in Straßburg Zusammenhänge zwischen diesen politischen Verwicklungen und dem Zorn Gottes. Bereits einen Monat nach Ausbruch des Krieges wurden im Juli 1547 vom Straßburger Rat Buß- und Bitttage eingerichtet. Bucer selbst deutete den Krieg als eine Folge verschiedener Faktoren, zu denen er moralische Laxheit, die fehlende kirchliche Einheit infolge verschiedener sektiererischer Gruppen und das Versagen der Obrigkeit zählte. Wie das Volk Israel zur Zeit verschiedener Propheten stand nun auch die Kirche unter Gottes Zorn, da man unterlassen hatte, die Kirche als Gemeinschaft bekennender Gläubiger zu organisieren.[67] Innerhalb der bestehenden ekklesialen Machtstrukturen der Volkskirche in der Reichsstadt kamen die kirchlichen Ämter zu wenig zur Geltung und fehlte die präventive Wirkung kirchlicher Zucht. Vor diesem Hintergrund wird Bucers geradezu schockierende Diagnose in seinem programmatischen Traktat *Von der kirchen mengel vnnd fähl* begreiflich. Die vom Magistrat angestellten Kirchenpfleger erachtete er als unzureichend. In dieser Situation sah Bucer die Bildung eigener innerkirchlicher Autoritäts- und Amtsstrukturen als unerläßliche Maßnahme: erst in den Bekenntnisgemeinschaften konnten Amt und Zucht wirklich funktionieren und die Kirche von innen heraus reformiert werden. Nicht zu Unrecht spricht Werner Bellardi in diesem Zusammenhang von Bucers Versuch, eine „zweite Reformation" in Gang zu bringen.[68]

Abschließend sollen noch kurz Bucers Antworten auf die drei wichtigsten Einwände des Rats und einiger Prediger genannt werden. Gegen den Einwand, die „Christlichen Gemeinschaften" hätten selbst sektiererische Züge, unterstrich Bucer, daß die Mitgliedschaft dieser Gemeinschaften völlig freiwillig und prinzipiell für jedermann offen sei. Außerdem blieben diese Freiwilligen weiterhin volles Mitglied der Volkskirche und hätten stets die Gesamtgemeinde vor Augen. Zweitens wurde Bucer die Einführung einer neuen „Papstherrschaft" vorgeworfen. Der Magistrat befürchtete, durch ekklesiale Autoritätsstrukturen erneut in seiner Macht und Kompetenz eingeschränkt zu werden und verweigerte darum den Amtsinhabern der Bekenntnisgemeinschaften das Recht zur Kirchenzucht und Exkommunikation. Bucer entgegnete, die Obrigkeit habe bereits hinreichende Einflußmöglichkeiten auf die Kirche durch die Kirchspielpfleger,

---

[67] Siehe Ein *Sendbrieve Maretini Buceri* (Herbst 1547), BDS 17, 100–105; vgl. Hammann, *Martin Bucer*, 297–299.

[68] So bereits im Untertitel von Bellardi, *Die Geschichte*. Vgl. zur Problematik Harm Klueting, *Gab es eine „Zweite Reformation"? Ein Beitrag zur Terminologie des Konfessionellen Zeitalters*, in: GWU 38, 1987, 261–227.

die ja auch innerhalb der Gemeinschaften ihre Kompetenz und Funktion beibehalten sollten. Außerdem werde in den „Christlichen Gemeinschaften“ die Autorität des Magistrats in keiner Weise in Frage gestellt. Der dritte Einwand lautete, die Bekenntnisgemeinschaften seien gerade in diesen labilen Zeiten sehr gefährlich für die öffentliche Ordnung. Bucer sah das natürlich anders: Gerade die Einrichtung von Amtsstrukturen, die innerhalb der Kirche förderlich seien für das geistliche Leben des Gläubigen, sei in Übereinstimmung mit Gottes Willen und könne daher dazu beitragen, der Stadt das schlimmste Schicksal zu ersparen.[69]

5. Nachwirkung und Ausblick

Wie bereits erwähnt, lösten sich die „Christlichen Gemeinschaften“ innerhalb eines Jahres auf, nachdem Bucer nach England übersiedelt war. Zwar enthalten auch Bucers *Scripta Anglicana* einige Rückbezüge auf die Bekenntnisgemeinschaften. Obwohl diese etwa in Bucers opus magnum *De Regno Christi* (1550) nicht explizit genannt werden, finden sich auch hier die wesentlichen Grundzüge der Ekklesiologie Bucers, nun jedoch angewandt auf die spezifische Situation der Reformation Englands.[70] Einerseits hatte Bucer die gesamte Kirchengemeinschaft und selbst die *res publica* im Blick, über die sich das Königreich Christi erstreckte. Andererseits sollten neben der öffentlichen Katechisation auch besondere „Zusammenkünfte und Dispute (*collationes et disputationes*)“ innerhalb der Gemeinde organisiert werden, damit die christliche Lehre gemeinsam besprochen werden konnte.[71] Man kann hierin eine Reminiszenz an die „Christlichen Gemeinschaften“ in Straßburg sehen.[72]

Bucers ekklesiologisches Ideal beeinflußte außerdem die Einrichtung freiwillig organisierter Flüchtlingsgemeinden in London unter Leitung des polnischen

[69] Siehe die Besprechung der Einwände in Bellardi (Hrsg.), *BDS 17*, 189–195 (*Von der Kirchen mengel vnnd fähl*); BDS 17, 279–290 (*Kurtzer vnderricht vnd grunde*); und vgl. Van 't Spijker, *De ambten*, 307–309; Hammann, *Martin Bucer*, 307–313.

[70] Siehe ausführlich Van 't Spijker, *De ambten*, 397–410.

[71] François Wendel (Hrsg.), *De Regno Christi Libri Duo*, Martini Buceri Opera Latina 15, 62–63.

[72] So auch Van 't Spijker, *De ambten*, 414. Vgl. insgesamt ders., *De kerk bij Bucer. Het rijk van Christus*, in: ders. (Hrsg.), De kerk, 126–142, hier 137–138.

Barons Johannes a Lasco (1499–1560).[73] Auf dem europäischen Kontinent lebte Bucers Ideal vor allem über Calvin weiter, der, inspiriert durch den Straßburger Reformator, 1541 das vierfache Amt in den Genfer *Ordonnances Ecclésiastiques* verankern konnte.[74]

Auch im Pietismus Speners, der wie auch Bucer aus dem Elsaß stammte, gab es deutliche Berührungspunkte. Spener konnte nicht nur die von Bucer eingeführte Konfirmation wieder aufgreifen, sondern er ließ auch Bucers Schrift *Mehrung götlicher gnaden vnd geists* (1547) im Druck herausgeben und machte damit Bucers Verteidigung der „Christlichen Gemeinschaften" allgemein bekannt.[75] Auch wenn es zu weit führen mag, mit Werner Bellardi bei Bucer ein „Vorstadium" der *collegia pietatis* Speners zu sehen, ist doch die materiale Übereinkunft frappant.[76] Eine ähnliche Verwandtschaft gab es in den Niederlanden des siebzehnten Jahrhunderts bei den Konventikeln der sogenannten „Näheren Reformation" („Nadere Reformatie"), zumindest in deren Anfangsphase, als das kirchliche Ideal noch auf das Ganze der Gesellschaft bezogen war.[77]

Abschließend soll noch auf eine überraschende Verwandtschaft zwischen den Ekklesiologien Bucers und Dietrich Bonhoeffers hingewiesen werden. Bonhoeffer, für den die Nachfolge Christi, die „communio sanctorum" und das Leben in Gemeinschaften eine zentrale Rolle spielten, hat tiefsinnig nachgedacht über die Frage, wie die Kirche als Gemeinschaft bekennender Christen zugleich Volkskirche sein kann. Für ihn stellt sich im Abendmahl die Gemeinde „rein als Freiwilligkeitskirche, als Bekennergemeinde dar und wird von Gott als solche anerkannt". Zugleich warnt er vor kirchlichem Separatismus: die bekennenden

---

[73] Siehe Van 't Spijker, *De Ambten*, 424–427; vgl. Diarmaid MacCulloch, *The Importance of Jan Laski in the English Reformation*, in: Christoph Strohm (Hrsg.), Johannes a Lasco (1499-1560). Polnischer Baron, Humanist und europäischer Reformator, SuR 14, Tübingen 2000, 315–345.

[74] W. van 't Spijker, *Bucer's Influence on Calvin. Church and Community*', in: Wright (Hrsg.), *Martin Bucer*, 32–44 (bes. 40).

[75] Die Schrift wurde von Speners Freund Johannes Schilter in Straßburg entdeckt und herausgegeben als *Vertheidigung Der so genandten Collegiorum pietatis, Hiebevor Von Martino Bucero [...]*, Frankfurt a. M. 1691. Vgl. Johannes Wallmann, *Bucer und der Pietismus*, in: Krieger / Lienhard (Hrsg.), Martin Bucer, Bd. 2, 715–732, hier 726.

[76] Vgl. Werner Bellardi, *Die Vorstufen der Collegia pietatis bei Philipp Jakob Spener*, Gießen 1994 (Originalausgabe: Breslau 1930), 28–79.

[77] Siehe etwa für Voetius: Andreas J. Beck, *Gisbertus Voetius (1589-1676). Sein Theologieverständnis und seine Gotteslehre*, FKDG 92, Göttingen, 124–142.

Kerngemeinden sind von grundlegender Wichtigkeit gerade für die Volkskirche und wesentlich auf diese ausgerichtet.[78]

Wollen wir das ekklesiologische Modell des Straßburger Reformators würdigen, so muß der spezifische historische Kontext der oberdeutschen Reichsstadt, die sich in den vierziger Jahren des sechzehnten Jahrhunderts in einer politisch komplexen Situation befand, beachtet werden. Die politische Krisensituation, die den historischen Anlaß zur Bildung besonderer christlicher Gemeinschaften gab, führte zugleich nach kaum drei Jahren zu deren Auflösung. Historisch betrachtet war Bucers ekklesiologisches Ideal vielleicht zu hoch gegriffen. Außerdem stellt sich die Frage, ob die Einführung solcher christlicher Gemeinschaften tatsächlich für die Einheit der Kirche so förderlich war, wie Bucer es vor Augen hatte. Dennoch sollte sein Versuch, gerade in dieser Krisensituation Mittel und Wege zu finden, wodurch die bestehenden Amtsstrukturen durch rein kirchliche Amtsstrukturen ergänzt werden, gewürdigt werden. Interessanterweise suchte er dabei nach einer *via media* zwischen der pluralistischen Volkskirche und dem sektiererischen Konventikel. Gegen die eher libertinistischen Epikuräer betonte Bucer die Notwendigkeit rein kirchlicher Ämter, wodurch die Einheit, Heiligkeit, Katholizität und Apostolizität der Kirche deutlicher sichtbar werden sollte. Im Unterschied zu manchen rigorosen Täufern war ihm zugleich die bleibende Gebrochenheit des individuellen und gemeinschaftlichen Lebens bewußt und distanzierte er sich von jeder Form eines sich selbst isolierenden Separatismus und einer zu radikalen Durchführung der Exkommunikation, bei der seelsorgerliche Motive aus dem Blick geraten würden. Mit seiner ekklesiologischen Doppelstruktur wollte er den erforderlichen ekklesialen Raum für eine bekennende Liebes- und Zuchtgemeinschaft schaffen. In diesem Raum sollten nach dem Beispiel des Neuen Testaments und der Alten Kirche Charisma und Amt aufeinander bezogen sein und das allgemeine Priestertum der Gläubigen zum Ausdruck kommen. Vielleicht kann Bucers theologische Kreativität auch heute in einem anderen sozialhistorischen Kontext zu einem angemessenen und biblischen Verständnis des kirchlichen Amts im Sinne des Grundsatzes „ecclesia semper reformanda" inspirieren.

---

[78] Dietrich Bonhoeffer, *Sanctorum communio. Eine dogmatische Untersuchung zur Soziologie der Kirche*, TB 3, München, 4. Aufl. 1969, 163–197 (Zitat: 186); vgl. ders., *Gemeinsames Leben*, München 1939; ders., *Nachfolge*. München 1937. Siehe ausführlich hierzu Hammann, *Martin Bucer*, 342–343.

Jochen Eber

Die Bedeutung der Deutschen Christentumsgesellschaft in Basel und ihrer Partikularvereine für den Neubeginn der protestantischen Missionen von 1785 bis 1835

Wie haben die Aktivitäten der Deutschen Christentumsgesellschaft in Basel und der mit ihr assoziierten Gesellschaften besonders in Deutschland, aber auch darüber hinaus zum Neubeginn der evangelischen Missionen an der Wende vom 18. zum 19. Jahrhundert beigetragen?[1] Dazu ist ein Blick auf die Vorgeschichte der Missionsbemühungen, die von deutschem Boden ausgingen, notwendig.

Träger der Missionsaktivitäten im 18. Jahrhundert waren die Dänisch-Hallesche Missionsgesellschaft und die Herrnhuter Mission. Einige Zahlen aus der Missionsstatistik illustrieren ihre Größe im Vergleich mit den Missionsanstrengungen des 19. Jahrhunderts.

Halle hat im 18. Jahrhundert etwa 60 Missionare, und diese nur in die dänische Kolonie Tranquebar, ausgesandt. Die missionarischen Bemühungen erlahmten aber schon im letzten Viertel des Jahrhunderts.[2] *Herrnhut* hatte mit 226 Missionaren bis zu Zinzendorfs Tod im Jahr 1760 den bis dahin größten deutschen Beitrag zur Mission geleistet.[3] Halles missionshistorische Bedeutung ist demnach eher als gering einzustufen. Die Herrnhuter Missionsaktivitäten waren

---

[1] Dies ist eine schriftlich ausgearbeitete und erweiterte Fassung des Vortrags, der am 4. Oktober 2007 auf dem Symposium „Pietismus und Mission" in Herrnhut, gefördert von der Deutschen Forschungsgemeinschaft und der Historischen Kommission zur Erforschung des Pietismus der UEK, gehalten wurde.

[2] Wilhelm Schlatter, *Geschichte der Basler Mission 1815–1915, Bd. 1. Die Heimatgeschichte der Basler Mission*, Basel 1916, 12 (= Schlatter, Basler Mission 1) spricht von der „schwache[n], fast aussterbende[n] Tätigkeit, die von Halle ausging".

[3] Hans-Werner Gensichen, *Art. Mission: III. D*, RGG[3] 4, 1960, 989; Gustav Warneck, *Art. Mission*, RE[3] 13, 1903, 134, 40 und 125, 20. Eine Herrnhuter Statistik weist für die ersten 120 Jahre der Brüdermission von 1732 bis 1852 insgesamt 1628 Namen auf, 948 Männer und 680 Frauen (Auskunft von Dr. Rüdiger Kröger, Unitätsarchiv, 02747 Herrnhut, vom 20. August 2007).

zwar umfangreicher, aber sie waren nur in den Herrnhuter Brüdergemeinen bekannt. So wird aus der Basler Brüdersozietät über die Leseversammlungen um 1800 berichtet:[4]

> „Lesestoff waren geschriebene Reden aus der Brüdergemeine und die ebenfalls geschriebenen Berichte aus der Mission und den Gemeinen, die bei ihrem vertraulichen Charakter nur für die Mitglieder der Sozietät bestimmt waren. Während man von anderen Seiten in der Folgezeit mit Missionsberichten immer mehr die breiteste Öffentlichkeit zu erreichen suchte, hielt [sich] die Brüdergemeine damals noch äußerst zurück. Der Graf Zinzendorf hatte gewarnt, damit an die Welt zu kommen, denn dieser müsse man, um sie zu gewinnen, etwas Glänzendes, große Erfolge vorstellen und würde in Bahnen getrieben, die vom eigentlichen Grundplan abführen."

Erst in den 1840-er Jahren wird vom Verschwinden der Herrnhuter Leseversammlungen im Kanton Basel-Land berichtet, weil christliche Wochenblätter und Missionsschriften „in alle Häuser" gekommen seien, „ [...] und so war Lesestoff in reicher Fülle vorhanden, den früher fast ausschließlich die geschriebenen Gemeinnachrichten vermittelten, außer denen man nur wenig oder nichts aus der Missionsarbeit und dem Reiche Gottes erfuhr; wer etwas wissen wollte, mußte in die Versammlung gehen."[5] Von Halle und Herrnhut gingen am Ende des 18. Jahrhunderts keine weiteren Impulse zur Missionsförderung auf die landeskirchliche Orthodoxie, den Pietismus und den Rationalismus aus.

Die Statistik für das 19. Jahrhundert weist im Gegensatz zum 18. Jahrhundert wesentlich höhere Zahlen nach. Johannes Jaenickes Missionsinstitut in Berlin bildete in 28 Jahren etwa 80 Missionare aus.[6] Die Basler Mission nahm jährlich

---

[4] Hermann Steinberg, *Hundert Jahre im Ringgäßlein 1811–1911. Zwanglose Bilder aus der Geschichte und dem Leben der Brüder-Sozietät in Basel*, Basel, 1911, 19–20.

[5] Vgl. ebd., 70. Die Brüdergemeinen wurden aus ihrer Reserve „herausgedrängt", als sie ihre Gemeinnachrichten im Druck öffentlich zugänglich machten, ebd. 77.

[6] Vgl. Warneck, *Mission*, 139; Paul Glaue, *Art. Jaenicke, Johannes*, RGG^2 3, 1929, 7; Walter Holsten, *Art. Jaenicke, Johannes*, RGG^3 3, 1959, 513. Vgl. zum Thema: Karl Rennstich, *Mission – Geschichte der protestantischen Mission in Deutschland*, in: Ulrich Gäbler (Hrsg.), Der Pietismus im 19. und 20. Jahrhundert, Geschichte des Pietismus 3, Göttingen, 2000, 308–319, besonders ab S. 311. Hermann Wellenreuther, *Pietismus und Mission. Vom 17. bis zum Beginn des 20. Jahrhunderts*, in: Hartmut Lehmann (Hrsg.), Glaubenswelten und Lebenswelten, Geschichte des Pietismus 4, Göttingen, 2004, 166–193, besonders ab S. 173.

14 bis 25 Bewerber ins Missionsinstitut auf; 1882 wurden 1112 Aufgenommene gezählt.[7] Die Pilgermission St. Chrischona hatte nach fünfzigjähriger Tätigkeit (bis 1890) insgesamt 517 Absolventen in Dienste der äußeren und inneren Mission ausgesandt. Deren Frauen wurden bei diesen Zahlen nicht aufgeführt. Dies zeigt, dass sich im Vergleich mit dem 18. Jahrhundert eine vielfach größere Zahl von Evangelischen an der Mission beteiligte.

1. Mission als Thema im pietistischen Basel vor der Gründung der Deutschen Christentumsgesellschaft

Kenntnisse von Missionsaktivitäten gibt es im pietistischen Basel vor der Gründung der Deutschen Christentumsgesellschaft durch Schriften aus Halle.

Beim wichtigsten Basler Pietisten des 18. Jahrhunderts, Pfarrer Hieronymus Annoni (1697–1770) ist die Mission unter Nichtchristen kaum zum Thema geworden. Annoni hat zwar Ende Juli 1736 die frommen Anstalten in Halle besucht und dort auch das 1728 gegründete Institutum Judaicum et Muhammedanicum von Johann Heinrich Callenberg besucht.[8] Doch blieb sein Interesse nach seiner Rückkehr in die Schweiz hauptsächlich auf die Aktivitäten der Judenmission beschränkt. Interessierten Kollegen und Laien aus seinem Umfeld machte Annoni Traktate und Mitteilungen, die er aus Halle erhielt, zugänglich. Besuche von Vertretern der hallischen Judenmission stärkten die Verbindungen zu dieser Arbeit. Hildegard Gantner-Schlee nimmt an, dass Annonis spezifisches Interesse an der Judenmission durch seine Reise im Jahr 1736 gefördert wurde.[9] Er hatte nämlich in größeren Städten Deutschlands und Hollands Ju-

[7] Schlatter, Basler Mission 1 (wie Anm. 2), 346; Paul Eppler, *Geschichte der Basler Mission 1815–1899*, Basel, 1900, 235.

[8] Hildegard Gantner-Schlee, *Hieronymus Annoni 1697–1770. Ein Wegbereiter des Basler Pietismus*, Quellen und Forschungen zur Geschichte und Landeskunde des Kantons Basel-Landschaft 77, Liestal, 2001, 125–128; Johannes Burkhardt / Hildegard Gantner-Schlee / Michael Knieriem (Hrsg.), *Dem rechten Glauben auf der Spur. Eine Bildungsreise durch das Elsass, die Niederlande, Böhmen und Deutschland. Das Reisetagebuch des Hieronymus Annoni 1736*, Zürich 2006, 203–204; Christoph Rymatzki, *Hallischer Pietismus und Judenmission. Johann Heinrich Callenbergs Institutum Judaicum und dessen Freundeskreis (1728–1736)*, Hallesche Forschungen 11, Tübingen, 2004. Auch Klauspeter Blaser hat die Bedeutung von Halle für den Annoni-Kreis herausgestellt: *Mission und Erweckung*, Pietismus und Neuzeit (PuN) 7, 1981 [erschienen1982], 128–146, hier: 129.

[9] Gantner-Schlee, *Hieronymus Annoni* (wie Anm. 8), 127.

denviertel und Synagogen besucht. Die halleschen Bemühungen um die Heidenmission werden während Annonis Besuch in den Franckeschen Anstalten und auch später nicht erwähnt.

Allerdings hat Annoni in seinem Testament nicht nur das Institutum Judaicum, sondern auch die Malabarischen Anstalten Gotthilf August Franckes mit einer Summe bedacht. Seine Bibliothek mit den darin enthaltenen Schriften zur Judenmission vermachte Annoni der 1756 gegründeten „Gesellschaft guter Freunde“ als Leihbibliothek.[10] Diese pietistische Erbauungsgesellschaft hatte neben der Verbreitung guter Bücher und Traktate sowie Hilfe für Notleidende auch die Unterstützung der Mission in ihre Statuten aufgenommen. Annoni und sein Freundeskreis hatten beschlossen, „– auch andern, welche in der Ferne, unter Heiden, Juden, Türcken und sectirerischen Christen, an der Aussbreitung des Reiches Jesu Christi arbeiten, die Hand zu bieten“.[11] Sette Spittler berichtet von Annonis Auftrag, mit Halle und Augsburg zu korrespondieren, um der ‚Gesellschaft guter Freunde‘ „Nachrichten aus dem Reich Gottes“ als Anliegen zur Fürbitte zu vermitteln. Neben Nachrichten von den Salzburger Emigranten in Nordamerika und von christlichen Waisenhäusern werden auch Mitteilungen aus dem Institutum Judaicum und Franckes Ostindische Nachrichten genannt.[12] So ist im Basler Pietismus für die Zeit vor der Gründung der Deutschen Christentumsgesellschaft Interesse an der Mission und fürbittende Begleitung der Missionsarbeit in Tranquebar und unter Juden belegt, über weitere Unterstützung der Missionssache ist jedoch nichts bekannt.

2. Förderung der Mission seit Gründung der Christentumsgesellschaft

Die Mission wird innerhalb der Deutschen Christentumsgesellschaft erst durch den Einsatz von Carl Friedrich Adolf Steinkopf in den Jahren 1795 bis 1801 und durch Christian Gottlieb Blumhardt zwischen 1803 und 1807 entscheidend gefördert. Vor der Gründung der Basler Mission im Jahr 1815 werden Beziehungen nach England und zu Johannes Jaenickes kleinem Missionsinstitut in Berlin aufgebaut.

---

[10] Vgl. ebd., 232 und 127, Anm. 250.

[11] Vgl. ebd., 207.

[12] Sette Spittler, *Christ. Friedr. Spittler im Rahmen seiner Zeit*, Basel, 1876, 374–375.

Der intensive Einsatz für das Missionsanliegen ist nicht von Anfang an eine der zentralen Absichten der Basler Christentumsgesellschaft bzw. ihres 1880 gegründeten leitenden „Engeren Ausschusses“. Der Gesellschaftszweck wird durch die verschiedenen Sekretäre im Lauf der Jahre unterschiedlich interpretiert und erst durch Steinkopf und Blumhardt zur Missionsförderung erweitert. Auf der sechzehnmonatigen Werbereise Johann August Urlspergers in den Jahren 1779 und 1780 standen bekanntlich zwei Zielsetzungen für die neu zu errichtende Gesellschaft im Vordergrund: die Beförderung der reinen Lehre im Gegensatz zur Neologie und die Stärkung wahrer Frömmigkeit („Gottseligkeit“) durch Austausch über Ereignisse aus dem Reiche Gottes. Urlspergers Programmschrift von 1779 nennt unter den Hauptzwecken der zu gründenden Gesellschaft „Alles [...], was dem Reiche Gottes förderlich und vor die Tage, in welchen wir leben, insbesondere nöthig ist“, nämlich einen reinen Lehrbegriff, Fleiß zur Erforschung und Ausbreitung des Wortes Gottes sowie Beachtung dessen, „was von Personen, Lehrsätzen und Anstalten dem Reiche Gottes in allen Ländern und Reichen nutzen oder schaden kan[n] [...]“[13] Diese Informationen sollten durch geeignete Schriften, besonders durch eine eigene Zeitung verbreitet werden.[14]

Die Zielsetzung der Gesellschaft ist von Anfang an in überkonfessioneller und weltweiter Reich-Gottes-Perspektive konzipiert, sie hat also auch die Mission im Blick.[15] Doch steht der Austausch mit Christen aller Konfessionen im Vor-

[13] Johann August Urlsperger, *Etwas zum Nachdenken und zur Ermunterung für Freunde des Reiches Gottes*, Augsburg, 1779, veröffentlicht in: Ernst Staehelin (Hrsg.), Die Christentumsgesellschaft in der Zeit der Aufklärung und der beginnenden Erweckung, Texte aus Briefen, Protokollen und Publikationen, Basel, 1970 (= Staehelin, Christentumsgesellschaft 1), 98; Ders., *Die Christentumsgesellschaft in der Zeit von der Erweckung bis zur Gegenwart, Texte aus Briefen, Protokollen und Publikationen*, Basel, 1974 (= Staehelin, Christentumstgesellschaft 2). – Neben den beiden Quellenbänden von Staehelin vgl. besonders den Themenband Pietismus und Neuzeit: Ein Jahrbuch zur Geschichte des neueren Protestantismus 7, 1981: Die Basler Christentumsgesellschaft, Göttingen, 1982 und Horst Weigelt, *Der Pietismus im Übergang vom 18. zum 19. Jahrhundert*, in: Der Pietismus im achtzehnten Jahrhundert, Geschichte des Pietismus 2, Göttingen, 1995, 701–754; speziell aus geschlechtergeschichtlicher Perspektive: Erika Hebeisen, *Leidenschaftlich fromm. Die pietistische Bewegung in Basel 1750–1830*, Köln, 2005.

[14] Staehelin, *Christentumsgesellschaft 1* (wie Anm. 13), 98, Nr. 1; J. A. Urlsperger, *Etwas zum Nachdenken ...*, Augsburg, 1779.

[15] Vgl. die Formulierung, dass es für die Gesellschaft nicht ausreichend sei „ [...] ihre heilsamen Bemühungen entweder außer der Christenheit oder innerhalb derselben in

dergrund. Besonders sollen Anstalten gefördert werden, die den christlichen Glauben aufrechterhalten und verteidigen; reine Lehre und gottseliges Leben, theoretisches und praktisches Christentum sollen sich gegenseitig befruchten.[16] Vorbilder sind die englische *Society for Promoting Christian Knowledge* (SPCK, gegründet 1698) und die schwedische *Societas Svecana pro Fide et Christianismo* (gegründet 1771).[17] Mehr als die Mission steht bei Urlsperger im Vordergrund, wahre Christen in verschiedenen Ländern kennen zu lernen, damit „[...] selbst wahre Christen aller Orten desto mehr Gelegenheit finden, sich zu lieben, zur Erweckung zu dienen, für einander zu bethen, einander zu rathen und mit gemeinschaftlichen Kräften zu einem übereinstimmenden Bau am Reiche Gottes in allen Ländern das Ihrige (doch gänzlich unbelästiget und ungezwungen) beyzutragen."[18]

Die Programmänderung vom Oktober 1785 bringt zwar eine Abwendung von dem illusionären Gesellschaftsziel Urlspergers, die Neologie durch geeignete Maßnahmen und durch Stellungnahmen profilierter Theologen bekämpfen zu können.[19] Doch wird auch nach dieser Zäsur die Mission durch die Aktivitäten der Vereinigung nicht stärker gefördert. Im Zentrum des Interesses steht die erbauliche Intention, die Frömmigkeit der Mitglieder in den einzelnen Ortsvereinen durch Austausch von Korrespondenz und Nachrichten aus dem Reich Gottes zu fördern.[20]

---

der protestantischen Kirche allein offenbar werden zu lassen [...]"; man müsse vielmehr Kontakte zu Christen anderer Kirchen aufnehmen: so J. A. Urlsperger, *Ohnvorgreifliche Gedanken ...*, 1779, in: Staehelin, Christentumsgesellschaft 1 (wie Anm. 13), 100.

[16] Vgl. Staehelin, *Christentumsgesellschaft 1* (wie Anm. 13), 101, Nr. 2; J. A. Urlspergers Schrift, *Ohnvorgreifliche Gedanken ...*, Augsburg, 1779.

[17] Vgl. bei Staehelin, *Christentumsgesellschaft 1* (wie Anm. 13), 161 Nr. 68; J. A. Urlsperger, *Beschaffenheit und Zweck einer zu errichtenden Deutschen Gesellschaft thätiger Beförderer reiner Lehre und wahrer Gottseligkeit*, Augsburg, 1781.

[18] A. a. O.: Staehelin, *Christentumsgesellschaft 1* (wie Anm. 13), 161, Nr. 68.

[19] Vgl. den Stuttgarter Wilhelm Jacob Eisenlohr bei Staehelin, *Christentumsgesellschaft 1* (wie Anm. 13), 288, Nr. 211 und 323, Nr. 256, der den Kampf gegen die Neologie mangels geeigneter theologischer konservativer Kontrahenten für aussichtslos hält.

[20] Vgl. das Gesellschafts-Zirkular vom 5. Oktober 1785, Staehelin, *Christentumsgesellschaft 1* (wie Anm. 13), 270–272, Nr. 193. Die Programmänderung zeigt sich auch im Titel der herausgegebenen Monatszeitschrift. Die „Auszüge aus dem Briefwechsel der Deutschen Gesellschaft thätiger Beförderer reiner Lehre und wahrer Gottseligkeit" (ab 1783) werden ab Januar 1786 durch die „Sammlungen für Liebhaber christlicher Wahrheit und Gottseligkeit" abgelöst. Allerdings wird einigen Jahrgängen (1786–1790) die

Die Situation wandelte sich in der Zeit ab 1796, nachdem Carl Friedrich Adolf Steinkopf Sekretär der Basler Gesellschaft geworden war.[21] In England wurde 1795 die *London Missionary Society* (LMS) gegründet, dies wird in christlichen Kreisen auf dem Kontinent bekannt. Steinkopf nimmt Kontakt mit England auf, und die englischen Gründer der Missionsgesellschaft suchen den Anschluss an christliche Kreise auf dem Kontinent.[22] Dadurch entsteht 1797 in den Niederlanden eine Missionsgesellschaft, die *Nederlandsche Zendeling Genootschap* (NZG). August Carl Friedrich von Schirnding in Dobrilugk (Doberlug/Brandenburg), wie früher schon der Basler Professor Johann Wernhard Herzog und später auch C. F. A. Steinkopf von der LMS zu einem ihrer Direktoren ernannt, vertraut Jaenicke in Berlin das neu gegründete Missionsseminar an. In dieser Sache sucht er auch die Unterstützung der Christentumsgesellschaft in Basel.

Das erwachende Basler Missionsinteresse reflektiert sich in den Gesellschaftszirkularen und in den „Sammlungen für Liebhaber christlicher Wahrheit und Gottseligkeit", durch die das Thema auch an die Gesellschaften an anderen Orten vermittelt wird. Die „Auszüge aus dem Briefwechsel der Deutschen Gesellschaft thätiger Beförderer reiner Lehre und wahrer Gottseligkeit" bringen ihren Lesern in den Jahren 1783 bis 1785 zwar „Nachrichten von dem Gange des Christenthums in mehreren Gegenden". Doch handelt es sich bei diesen „Gegenden" überwiegend um Deutschland, gelegentlich wird auch aus Österreich berichtet. Dazu kommen sehr selten auch Mitteilungen aus den Niederlanden, von den Wolga-Kolonien, aus Schweden und Finnland und den USA.[23] Die folgenden Jahrgänge der *Sammlungen für Liebhaber christlicher Wahrheit und Gottseligkeit* berichten ab 1786 kaum intensiver als die *Auszüge* über „Ereignisse aus dem Reiche Gottes". Von der Errettung zweier Hallenser Judenmissionare aus ihrer Gefangenschaft in Prag wird berichtet, und einige Briefe aus den

---

Broschüre „Aufmunterung zur Beständigkeit im protestantischen Lehrglauben für gemeine Christen von Freunden reiner Lehre und wahrer Gottseligkeit um der Bedürfniß der Zeit willen zum Druck befördert" (Basel, 1783, 16 S.) beigebunden. Dies kann ein Hinweis darauf sein, dass trotz erbaulicher Prioritäten die orthodoxe Glaubenshaltung nicht verloren gehen sollte.

[21] Zur Biographie: Winfried Eisenblätter, *Carl Friedrich Adolph Steinkopf (1773–1859). Vom englischen Einfluss auf kontinentales Christentum zur Zeit der Erweckungsbewegung [Diss. masch.],* Universität Zürich, 1967.

[22] Ebd., 82–88.

[23] *Auszüge aus dem Briefwechsel* (wie Anm. 20) 1783, 23–26; 1784, 210–218. 362; 1785, 213. 220–223.

USA sind abgedruckt[24]. Auch Amsterdam und die dortige lutherische Gemeinde treten ins Blickfeld; der Nürnberger Handelsreisende Johann Tobias Kießling berichtet von seinen Dienstreisen auf österreichische Messen.[25] Über Europa und die beliebtesten Auswanderungsländer hinaus ist transkulturelle Mission noch kein Thema.

Erst im 4. Heft des Jahres 1797 der Sammlungen wird unter der Überschrift „Wichtige Nachricht aus dem Reiche Gottes" von der 1795 gegründeten englischen Missionsgesellschaft berichtet. Von jetzt an werden die englischen und niederländischen[26] Missionsanstrengungen immer wieder Thema.

Im Jahr 1800 erscheint erstmals eine eigene Rubrik mit dem Titel „Missionsnachrichten".[27] Nachdem Steinkopf 1801 zum Pfarrer der deutschen lutherischen Gemeinde in der Londoner Savoy-Kapelle gewählt worden war, erlebte die Missionsberichterstattung in den *Sammlungen* unter der Federführung des Gesellschaftssekretärs (und späteren Missionsdirektors) Christian Gottlieb Blumhardt einen Aufschwung. „In den vier Jahrgängen der ‚Sammlungen', die er redigierte, 1803–1807, füllen die ‚Nachrichten aus dem Reiche Gottes', worunter er vorzugsweise Mitteilungen aus der Mission verstand, wohl einen Dritteil des Raumes; es gab kein Gebiet, keine wichtige Begebenheit der damaligen Mission, worüber er nicht sorgfältig Bericht erstattet hätte".[28] Diese Berichte setzt Blumhardt als Missionsinspektor ab 1815 im *Evangelischen Missionsmagazin* und in den *Jahresberichten* der Basler Mission fort.

Während der Kontinentalsperre von 1806 bis 1814 war die Beziehung zur Londoner Missionsgesellschaft jahrelang völlig unterbrochen. Dafür förderte die

---

[24] *Sammlungen* (wie Anm. 20) 1786, 318–320; 1787, 345–347; 1794, 288–295; 1795, 357–363; 1796, 307.

[25] Vgl. *Sammlungen* (wie Anm. 20) 1792, 52; 1793, 51–60; 1794, 225–239; 1795, 225–240, 1797, 220. 289.

[26] Vgl. Elisabeth Kluit, *Het Protestantse Réveil in Nederland en Daarbuiten 1815–1865*, Amsterdam, 1970, 47; Pieter N. Holtrop, *Tussen Piëtisme en Réveil. Het ‚Deutsche Christentumsgesellschaft' in Nederland, 1784–1833*, Amsterdam, 1975, 151–200; Erich Schick, *Vorboten und Bahnbrecher. Grundzüge der evangelischen Missionsgeschichte bis zu den Anfängen der Basler Mission*, Basel, 1943, 246–248.

[27] *Sammlungen* (wie Anm. 20), 1800, 195.

[28] Schlatter, *Basler Mission 1* (wie Anm. 2), 12. Ebenso, aber ausführlicher, schon: Albert Ostertag, *Entstehungsgeschichte der evangelischen Missionsgesellschaft zu Basel*, Basel, 1865, 113–116.

Basler Christentumsgesellschaft finanziell und personell vermehrt das Missionsinstitut von Johannes Jaenicke in Berlin und, in geringerem Umfang, auch die Herrnhuter Mission und die Niederländische Missionsgesellschaft.[29] Schon in früheren Jahren hatte Oberforstmeister von Schirnding von Doberlug aus versucht, in Deutschland Freunde für die Gründung und Unterstützung eines deutschen Missionsinstituts zu gewinnen. Johann Heinrich Jung-Stilling in Marburg und der Gesellschaftsfreund Johann Jacob Wiertz in Frankfurt schrieben in dieser Sache an den Basler Ausschuss.[30] Wiertz legte Schirndings Brief, „Unvorschreibliche Gedanken" zur Mission und eine „Missions-Instruction nach welcher das Evangelium JESU CHRISTI unter den Heiden zu verkündigen ist" bei.[31] 1801 bedankte sich Jaenicke erstmals für eine Basler Kollekte und stellt sich und seine Arbeit vor.[32] Auch in den folgenden Jahren, nach der Gründung der Basler Mission und bis zu Jaenickes Tod (1827) unterstützte die Christentumsgesellschaft finanziell die Berliner Missionsgesellschaft.[33]

---

[29] Staehelin, *Christentumsgesellschaft 2* (wie Anm. 13), 213, Nr. 43; Ostertag, *Entstehungsgeschichte* (wie Anm. 28), 117. 120. Schon nach zehn Monaten war die Missionsschule in Finanznöten, vgl.: Karl Friedrich Ledderhose, *Johannes Jaenicke*, hrsg. v. Gustav Knak, Berlin, 1863, 97.

[30] Staehelin, *Christentumsgesellschaft 1* (wie Anm. 13), 438, Nr. 416 (Jung-Stilling) und im Archiv der Christentumsgesellschaft, Universitätsbibliothek Basel, Handschriften-Abteilung (ACG) Signatur D IV 6, Nr. 1 (Wiertz, Beilage: Schirnding).

[31] Vgl. ACG (wie Anm. 30) Signatur D IV 6, Nr. 1 b (= Beilage Schirnding). Hanns Walter Huppenbauer hat die Missionsinstruktion in ZMiss 33, 2007, H. 2, 148–164: *„Eine Missionstheologie von 1799?"* erstmals veröffentlicht. Vgl. dazu derselbe, *Menschenliebe und Wiedergutmachung, Missionsmotive und Theologie in den Anfängen der Evangelischen Missionsgesellschaft in Basel*, Beiheft Interkulturelle Theologie, Zeitschrift für Missionswissenschaft 13, Frankfurt/Main, 2010, 112–117.

[32] Staehelin, *Christentumsgesellschaft 1* (wie Anm. 13), 448–449, Nr. 433, Jaenicke an den Basler Ausschuss, Berlin 16. 2. 1801.

[33] Vgl. Staehelin, *Christentumsgesellschaft 1* (wie Anm. 13), 496, Nr. 503; Staehelin, *Christentumsgesellschaft 2* (wie Anm. 13), 263, Nr. 83; 329, Nr. 167; 332, Nr. 171. Nach Jaenickes Tod versuchte dessen Schwiegersohn Rückert, das Missionsinstitut fortzuführen, doch dies misslang. An seine Stelle trat Johannes Gossners Missionsgesellschaft, vgl. Hermann Dalton, *Johannes Goßner. Ein Lebensbild aus der Kirche des neunzehnten Jahrhunderts*, Berlin, 3. Aufl. 1898, 437–449. Zu Jaenickes Person und Mission vgl. Schick, *Vorboten* (wie Anm. 26), 253–260; Ledderhose, *Jaenicke* (wie Anm. 29), 93–104; Johannes Althausen, *Kirchliche Gesellschaften in Berlin 1810–1830 [Diss. masch.]*, Halle, 1965, 26–30.

Durch eine Anzahl missionsinteressierter junger Männer aus dem Freundeskreis der Basler Christentumsgesellschaft gab es auch personelle Verbindungen mit Jaenickes Missionsinstitut. Blumhardt, der eifrig für die Mission warb, wurde ihr Ansprechpartner, der sie nach Berlin vermittelte.[34] Im Archiv der Deutschen Christentumsgesellschaft und im Spittler-Nachlass sind aus dem frühen 19. Jahrhundert Briefe von Albrecht Abraham, Leopold Butscher, Christian Friedrich Frey, Johann David Palm, Johann Gottfried Ullbricht und Johann Christoph Supper überliefert[35]. Supper und Butscher sollen hier kurz vorgestellt werden.

Johann Christoph Supper stammte aus Göppingen und kam am 12. November 1807 nach Berlin. In einem undatierten Brief kritisierten er und sieben weitere unterschreibende Kollegen die Ausbildung. Sie klagen über ihre „bedenkliche Lage" an Jaenickes Institut in Berlin: „Theologischen Unterricht haben wir gar nicht". Anscheinend waren Predigtübungen ein Hauptelement des in Berlin angebotenen Unterrichts.[36] Von 1808 an befand sich Supper in den Niederlanden, ab 1814 im Auftrag der NZG in Indonesien.[37]

Leopold Butscher aus Überlingen kam 1801 als Schneiderlehrling nach Basel und war Mitglied der „Versammlung der Ledigen Brüder". 1803 schickt er von Berlin an Blumhardt in Basel seinen Lebenslauf ein, den er zur Übung im

---

[34] Ostertag, *Entstehungsgeschichte* (wie Anm. 28), 118.

[35] Zur Ausreise von Frey, Palm und Ullbricht in die Mission mit Unterstützung der ostfriesischen Christentumsgesellschaft vgl. Manfred Jakubowski-Tiessen, *„Uns selbst untereinander zur ermahnen ...". Die Christentumsgesellschaft in Ostfriesland,* JGNKG 82, 1984, 195–227, bes. 223f. Wiesinger war ein weiterer Missionskandidat, der 1804 in Ostfriesland unterstütz wurde: Friedrich W. Kantzenbach, *Ein verhinderter Missionar aus Bayern. Johann Friedrich Wiesinger im Jänicke-Institut in Berlin, in England und auf Malta*, ZBKG 40, 1971, 201–205. Zu den Beziehungen zwischen Berlin und der CMS vgl. auch Ludwig Rott, *Die englischen Beziehungen der Erweckungsbewegung und die Anfänge des wesleyanischen Methodismus in Deutschland, Beiträge zur Geschichte des Methodismus, Beih. 1*, Frankfurt, 1968, 29–31, 40f; Wayne A. Detzler, *British and American Contributions to the ‚Erweckung' in Germany*, 1815–1848 [Diss. masch.], University of Manchester, 1974, 323–327.

[36] Zur Übung im Vortrag und zur Förderung der Erkenntnis mussten die Kandidaten nacheinander „ [...] über einen gegebenen Text eine herzliche, kindlich einfältige Rede halten", ACG (wie Anm. 30), Signatur D V, 21 (1801), Nr. 149, Jaenicke an Schäufelin, 2. Vgl. Ledderhose (wie Anm. 29), *Jaenicke*, 102.

[37] Staatsarchiv Basel (StABS), Spittler-Archiv, Signatur PA 653, V, Supper, vgl. auch Holtrop, *Piëtisme* (wie Anm. 26), 171, 175, 181–183.

Schreiben aufgesetzt hatte. Dieser und weitere Briefe sollten zur Information beim Treffen der ledigen Brüder zirkulieren. Ab 1806 wirkte Butscher, anscheinend bis zu seinem Tod 1817, als Missionar in Sierra Leone.[38]

Nicht nur in der Versammlung der Ledigen Brüder zu Basel erwachte das Interesse an der weltweiten Mission. Kennzeichen dieser frühen Phase der von Basel ausgehenden Missionspropaganda ist es, dass sie bei den Mitgliedern der lokalen Partikulargesellschaften starken Widerhall fand. Nicht erst nach der Gründung der Basler Mission, sondern schon vorher entstehen in den Zweiggesellschaften Missionskassen, werden Missionskreise gegründet und Kollekten zusammengelegt, die der Basler Ausschuss nach England oder nach Deutschland weiterleiten kann.

In einem Brief an die niederländischen Freunde hatte die Londoner Missionsgesellschaft den kontinentalen Förderern vorgeschlagen, sich jeweils am ersten Montag im Monat abends von 20 bis 21 Uhr gleichzeitig mit den englischen Christen zum gemeinschaftlichen Gebet zu vereinigen, um die Mission voranzubringen. Auf diesen Missionsversammlungen sollten nicht nur Nachrichten über die Mission weitergegeben, sondern auch das Herz der Christen „erwärmt" werden, durch Gebet *und* „Scherflein" die Missionssache zu befördern.[39] Diese Missions-Montage mit Kollekte, Mitteilungen und Gebet wurden zu einer festen Einrichtung in der Basler Christentumsgesellschaft und in den Partikulargesellschaften.[40]

[38] StABS (wie Anm. 37), Signatur PA 653, V, Butscher; Ostertag, *Entstehungsgeschichte* (wie Anm. 28), 118; Staehelin, *Christentumsgesellschaft 1* (wie Anm. 13), 24; 474–475, Nr. 472; 501, Nr. 513. Weitere Quellen im Archiv der *Church Missionary Society*, Signatur CMS/B/OMS/C A1 C E verzeichnet als Todesmonat Juli 1817 und CMS/B/OMS/C A1 C E1, besonders CMS/B/OMS/C A1 C E1/18 [24].

[39] Abgedruckt in den Sammlungen (wie Anm. 20) 1798, 247–253, Rotterdam, 07. 01. 1798.

[40] Belege für Basel im Jahr 1804 finden sich abgedruckt bei Staehelin, *Christentumsgesellschaft 1* (wie Anm. 13), 494, Nr. 499: Christian Gottlieb Blumhardt an das Missions-Komitee der Presbyterianischen Kirche der Vereinigten Staaten von Amerika; für 1812 Staehelin, *Christentumsgesellschaft 2* (wie Anm. 13), 233, Nr. 68: Aus dem Protokoll der Sitzung des Basler Ausschusses, ebenso auf S. 238, Nr. 73, Aus dem Basler Centralbericht.

Das System der „korrespondierenden Pietisten“[41] funktionierte nicht nur in Fragen der Erbauung, sondern auch bei der Missionshilfe. Christian Gottlob Pregizer meldet 1799 aus Haiterbach an Steinkopf eine starke positive Resonanz auf die englischen Missionsnachrichten, die via Basel in die württembergische Provinz gelangt sind. Die Frommen in Haiterbach haben über 40 Gulden zusammengelegt, um damit „auch ein Liebesscherflein zu der geseegneten Missionsanstalt zu contribuieren“.[42] 1809 teilte Alexander Beck von der Schaffhausener Gesellschaft mit, dass man eine Missionsspenden-Kasse eingerichtet hat.[43] Im Dezember 1801 konnte Steinkopf der LMS in London 450 Gulden übergeben, 1812 gar 550 Gulden.[44]

3. Die Mission seit der Gründung der Basler Mission 1815

Durch die Gründung der Basler Mission 1815 im Schoße der Basler Christentumsgesellschaft wird die Mission noch stärker als vorher gefördert. Das Interesse am Missionarsberuf wächst. Zahlreiche fromme Hilfsvereine für die BM entstehen. Einige von ihnen entwickeln sich zu selbständigen Missionswerken weiter.

Die Gründung einer Missionsgesellschaft wurde als ein Thema neben der Einrichtung eines Direktoriums und der Publikation eines erbaulichen Periodikums sowie erbaulicher Schriften schon 1783 in der Korrespondenz zwischen dem Basler Ausschuss und Tübinger Freunden der Christentumsgesellschaft erwogen, aber nicht weiter verfolgt.[45] Ostertag datiert C. F. Spittlers erste Gedanken

41 Wilhelm Jacob Eisenlohr an Johann Christoph Mezger, Stuttgart, 21. 01. 1788, abgedruckt bei Staehelin, *Christentumsgesellschaft 1* (wie Anm. 13), 323, Nr. 256.

42 Abgedruckt bei Staehelin, *Christentumsgesellschaft 1* (wie Anm. 13), 420, Nr. 399, Christian Gottlob Pregizer an Carl Friedrich Adolf Steinkopf, Haiterbach, 08. 01. 1799.

43 Abgedruckt bei Staehelin, *Christentumsgesellschaft 2* (wie Anm. 13), 204, Nr. 30, Alexander Beck an den Ausschuss der Basler Christentumsgesellschaft, Schaffhausen, 26. 10. 1809.

44 Staehelin, *Christentumsgesellschaft 1* (wie Anm. 13), 459, Nr. 447 C. F. A. Steinkopf an den Basler Ausschuss; Staehelin, *Christentumsgesellschaft 2* (wie Anm. 13), 235, Nr. 71, Aus dem Protokoll der Sitzung des Basler Ausschusses, 31. 08. 1812.

45 Vgl. Staehelin, *Christentumsgesellschaft 1* (wie Anm. 13), 196, Nr. 110, Schluss der „Antwort einiger Tübingischen Freunde an die wehrte Gesellschaft in Basel“, 22. 01. 1783, Anm. 365. Die Tübinger Korrespondenten aus Kreisen der württembergischen Kirchenleitung und aus dem Professorium der Theologischen Fakultät sind Mag-

an die Gründung einer Basler Missionsschule in die Jahre 1806 bis 1807.[46] Positive Argumente konnten zugunsten dieses Standorts ins Feld geführt werden, und die genannten sechs Gründe sind wichtig für die Förderung des europaweiten Missionsinteresses, für die „Basel" später stehen wird: Basel wäre mutatis mutandis auch für andere theologische Ausbildungsstätten.

- „ein günstigerer Boden" als deutsche Städte, „zumal bei der gegenwärtigen politischen Lage der Dinge";[47]

- im Zentrum der Christentumsgesellschaft würden schon jetzt die Fäden christlicher Gemeinschaft und Tätigkeit „aus allen Ländern" zusammenlaufen;

- die „Sammlungen" seien weit verbreitet, sie können Interesse wecken und wach halten;

- schon jetzt regelmäßig eintreffende zahlreiche Missionsspenden könnten auch vor Ort verwendet werden;

- man könne in Basel wohl noch besser Missionare ausbilden als in Berlin[48] – die dürftige Ausbildung bei Jänicke ist oben schon erwähnt worden;

nus Friedrich Roos, Gottlob Christian Storr, Johann Friedrich Märklin, Joseph Friedrich Schelling und Ernst Bengel.

46 Ostertag, *Entstehungsgeschichte* (wie Anm. 28), 119.

47 Zeitgenössische Quellen rühmen die Basler Meinungsfreiheit, die sich vom Misstrauen der Obrigkeit gegenüber Neugründungen in deutschen Kleinstaaten abhebt: „Die Freyheit, die in London und Basel herrscht, ist nicht überall anzutreffen", Staehelin, *Christentumsgesellschaft 1* (wie Anm. 13), 174, Nr. 77 [„Einige Tübingische Freunde"] an den Basler Ausschuss, Brief der Tübinger Korrespondenten, Tübingen, 03. 01. 1782. Vgl. Huppenbauer, *Menschenliebe und Wiedergutmachung* (wie Anm. 31), besonders auf den Seiten 63–78 zur Stadt Basel.

48 „Daran aber könne kein Zweifel sein, daß man hier solchen künftigen Heidenboten eine ebenso gute, wo nicht bessere Vorbildung zu geben vermöchte, als dieß jetzt in der Anstalt des sonst so viel beschäftigten Jänicke der Fall sei." Ostertag, *Entstehungsgeschichte* (wie Anm. 28),120.

- schließlich: mehrere Missionsinstitute machten sich keine Konkurrenz, weil viel mehr Missionare nötig sind, als bisher ausgebildet und ausgesandt werden konnten.

Es dauerte noch einige Jahre, bis die Missionsgesellschaft (1815) und die Missionsschule (1816) gegründet wurden. Seit der Gründung vervielfältigten sich die publizistischen Mittel zur Bekanntmachung der Mission. Ihre Jahresberichte werden nicht nur in den „Sammlungen" veröffentlicht, sondern ab 1815 auch separat. Ab 1816 erscheint das wissenschaftliche *Magazin für die neueste Geschichte der evangelischen Missions- und Bibelgesellschaften* und ab 1828 *Der Evangelische Heidenbote.*[49] Das Missionsmagazin erscheint, „Damit die Freunde des Christenthums eine vollständige und fortlaufende Nachricht über die Missions- und Bibel-Sache erhalten [...]".[50] Der Titel des Magazins für Missions- *und* Bibelgesellschaften zeigt, dass die Bibelverbreitung in dieser Zeit – etwa in Russland, Österreich, Ungarn oder im katholischen Belgien – auch als missionarische Aktivität verstanden wurde: Bibelgesellschaften waren das Mittel, um durch die Verbreitung der Heiligen Schrift die Erweckung geistlich toter Landschaften des christianisierten Abendlandes aller Konfessionen und darüber hinaus zu fördern. Dass sich die Zeitschrift großer Beliebtheit erfreute, belegt ein Brief von Ignaz Lindl, der sich den 4. Jahrgang (1819) des Missionsmagazins nach Petersburg nachsenden lässt: „die übrigen Jahrgänge habe ich alle. Dies Werk kann ich nicht entbehren."[51]

---

[49] Der Titel der Zeitschrift lautete bis 1856: *Magazin für die neueste Geschichte der evangelischen* [1. u. 2. Jg. 1816–1817: *protestantischen*] *Missions- und Bibelgesellschaften*; ab 1857 *Evangelisches Missions-Magazin.*

[50] Staehelin, *Christentumsgesellschaft 2* (wie Anm. 13), 325, Nr. 161, Aus dem Basler Gesellschaftsbericht, 05. 06. 1816.

[51] Staehelin, *Christentumsgesellschaft 2* (wie Anm. 13), 372, Nr. 212, Ignaz Lindl an die Basler Gesellschaft, Grundremmingen, 13. 10. 1819. Blumhardt wollte mit dem Inhalt nicht nur Missionsfreunde, sondern generell gebildete Leser erreichen und einen Beitrag zur Wissenschaft leisten, vgl. Ostertag, *Entstehungsgeschichte* (wie Anm. 28), 351–352. Die gelegentliche Veröffentlichung eines Bildes oder einer Landkarte sollte die Hefte wertvoller und abwechslungsreicher machen. Die Publikation war Blumhardt so wichtig, dass er mit der Zusammenstellung des Stoffs noch als Pfarrer in Bürg begann; er „konnte später bei seinem Eintreffen in Basel bereits das beinahe fertige Manuscript der zwei ersten Missionshefte vorlegen", Ostertag, *Entstehungsgeschichte* (wie Anm. 28), 352, vgl. Schlatter, *Basler Mission 1* (wie Anm. 2), 33–34.

Das junge Basler Missionsinstitut wird örtlich und überregional bald durch verschiedene Gruppierungen unterstützt, durch Frauenvereine, Jünglingsvereine und weitere fromme Kreise.

Der Basler Jünglingsverein ist ein Beispiel für missionsorientierte evangelische Arbeit unter jungen Erwachsenen im Einflussbereich der Basler Mission. Der Vorgängerverein, den noch Leonhard Butscher besucht hatte, war um 1810 herum eingegangen. 1825 wurde der Verein für junge Männer unter maßgeblichem Einfluss des Missionsseminaristen Carl Wilhelm Isenberg gegründet und durch Christoph Heinrich Bonwetsch, den Vater des Theologieprofessors Nathanael Bonwetsch, 1828 neu organisiert. Die Zielsetzung von 1825 war: „Alle vier Wochen zusammenzukommen und durch Gebet, Gesang und Lesen der Missionsnachrichten sich zu erbauen und für die Mission etwas beizutragen."[52] Man abonnierte Missionsblätter und tauschte sich durch Briefe mit elf gleichgesinnten Vereinen in Deutschland und der Schweiz aus, ab 1832 mit einem zirkulierenden Correspondenzblatt.[53] Um einer gewissen Müdigkeit, die sich wohl im Jahr 1827 eingeschlichen hatte, vorzubeugen, schlug der neu hinzugekommene Bonwetsch 1828 Treffen alle vierzehn Tage vor. Er verfasste Vereinsstatuten und betonte neben der Wirksamkeit nach außen die fromme Selbstbeobachtung, die in einen Erfahrungsaustausch mündete.[54] Obwohl es 1833 und 1864 weitere Statutenänderungen gab, blieb die Missionsausrichtung des Vereins erhalten, so dass Jakob Ludwig Jaeger nach 50 Jahren melden konnte, mit 38 Missionaren, 50 Mitarbeitern der Inneren Mission und 22 Lehrern sei ein Zehntel der Mitglieder in die „direkte Reichsgottesarbeit" eingetreten.[55] Die Missionskasse gab regelmäßig Kollekten für die Missionsarbeit.[56]

---

52 Wilhelm Arnold, *Die Geschichte eines Hundertjährigen, der jung geblieben ist. Festschrift zum Jubiläum des 100-jährigen Bestehens des Christl. Vereins jung. Männer Basel-Nadelberg*, 1825–1925 (Evangelischer Jünglingsverein Basel), Basel, 1925, S. 9 = Archiv des CVJM Basel, Correspondenzblatt Nr. 1, 01. 06. 1832, S. 6.

53 Innerhalb der ersten neun Jahre tauschten zwölf Vereine Informationen aus, Arnold, *Jünglingsverein* (wie Anm. 52), 16. Zehn Orte werden erwähnt: Ober-Hallau, Schaffhausen, Bern, Mühlhausen, Tuttlingen, Calw, Frankfurt a. M., Barmen, Elberfeld und Berlin.

54 Arnold, *Jünglingsverein* (wie Anm. 52), 7–8. Der Verfasser des Blattes kann die Trägheitsphase nicht genauer datieren, da ihm Angaben zu 1826 und 1827 fehlen. – Ein Detail aus Bonwetschs weiterer Arbeit in Katharinenfeld in Transkaukasien berichtet Günther J. Matthia, *Gott ist mein Lobgesang. Philipp Friedrich Hiller (1699–1769). Der Liederdichter des württembergischen Pietismus*, hrsg. von Martin Brecht, Metzingen, 1999, 169–170.

55 Arnold, *Jünglingsverein* (wie Anm. 52), 30–31; J. Louis Jaeger, *Bruchstücke von der*

Durch Hilfsvereine für die Mission, die in rascher Folge entstanden, trugen die Partikulargesellschaften dazu bei, dass die Finanzierung der neuen Missionsgesellschaft eine solide Basis bekommt. Die ersten beiden Vereine entstanden im November und Dezember 1816 in Leonberg und Stuttgart, gleichzeitig der dritte in Krefeld, 1817 ein weiterer in Frankfurt am Main, im Jahr 1818 Lokalvereine in Basel, Barmen und Bern. Das Jahr 1819 brachte einen Aufschwung, indem sich Tübingen, Lauffen, Besigheim, Erlangen, Dresden, Leipzig, Bremen, Zürich und Schaffhausen anschlossen, anfangs 1820 noch St. Gallen ... – und so weiter, so dass die komplette Ausbildung von 28 Missionsinteressenten finanziell abgesichert war. Die von Steinkopf schon 1815 vorgeschlagene wöchentliche Halbbatzenkollekte sollte erst später durch Kleinstspenden weiter Spenderkreise eine kontinuierliche Finanzierung des Werkes ermöglichen.[57] – Diese Welle der Hilfsbereitschaft wäre sicher nicht so schnell entstanden, wenn nicht die Basler Christentumsgesellschaft durch ihre Korrespondenzen schon seit zwanzig Jahren das Missionsinteresse in den örtlichen Partikulargesellschaften wach gehalten hätte.

Aus diesen Hilfsvereinen der Basler Mission entwickelten sich, zum Teil schon sehr bald, eigene Missionsgesellschaften: *Im Schoß der Christentumsgesellschaften wuchs die deutsche Missionsbewegung des 19. Jahrhunderts heran.* Der Barmer Missionshilfsverein wollte 1825 eine Präparandenschule für die Basler Ausbildung gründen. Der Plan konnte jedoch nicht so realisiert werden wie ursprünglich geplant, so dass 1828 durch Zusammenschluss verschiedener Hilfsvereine die Rheinische Missionsgesellschaft in Barmen entstand.[58]In Ber-

Jubiläums-Feier des Evangelischen Jünglings-Vereins in Basel. Zum Andenken für die Mitglieder zusammengestellt von J. L. J., 27. Juni 1875, Basel, 1875.

[56] Im ersten Halbjahr 1832 gab es beispielsweise Einnahmen von 8 Franken und 9 Batzen: „dieser Betrag wurde ans Missionshaus abgegeben“, Archiv des CVJM Basel, Correspondenzblatt Nr. 1, 01. 06. 1832, S. 12. Nachtrag des Kassenstandes ab 1825 im Correspondenzblatt Nr. 2 vom 1. September 1832, 20. Insgesamt wurden 1825 bis 1832 knapp 250 Franken eingenommen. Spenden anderer Vereine wurden weitergeleitet, zum Bsp. Frankfurt a. M., 34. 130, aus „B“ (= Berlin?) vgl. 66. Die Missionsspenden in den Statuten von 1833, § 4: vgl. 71.

[57] Die Halbbatzenkollekte ist weder von Johann Ludwig Krapf noch von C. F. Spittler vorgeschlagen worden, wie manchmal irrtümlich behauptet wird, vgl. Schlatter, *Basler Mission 1* (wie Anm. 2), 26, 223–224 (1855); J. Eber, *Johann Ludwig Krapf. Ein schwäbischer Pionier in Ostafrika*, Riehen/Basel, Lahr, 2007, 189–191.

[58] Schlatter, *Basler Mission 1* (wie Anm. 2), 51–52, vgl. zur Vorgeschichte auch Rott, *Beziehungen* (wie Anm. 25), 38–41. Detzler, *Contributions* (wie Anm. 35), 345–350.

lin war 1824 die Gesellschaft zur Beförderung der evangelischen Mission unter den Heiden gegründet worden. Sie eröffnete 1828 ein eigenes Missionsseminar.[59] Die sächsischen Hilfsvereine in Dresden und Leipzig besannen sich auf ihre lutherische Konfessionalität und brachten ab 1836 die lutherische Leipziger Mission auf den Weg.[60] Auch im Ausland regte sich der Drang zur Selbständigkeit: Aus den Freundeskreisen der Christentumsgesellschaft und der Basler Mission entstand in Frankreich ab 1822 die Pariser Missionsgesellschaft, deren erste Seminaristen allerdings aus der Schweiz kamen.[61] Die Existenz starker Missions-Hilfsvereine waren ein Grund dafür, dass die lokalen Christentumsgesellschaften nach und nach verschwanden. So konstatierte der Basler Zentralbericht 1831, dass deren Mitglieder teils verstorben waren, „[...] theils durch das Anschließen an Missions- und andere wohlthätige Anstalten" abgewandert waren, weshalb es 1839 keine Partikulargesellschaften mehr gab.[62]

Die Dänisch-Hallesche Mission hatte Theologen mit Universitätsausbildung nach Tranquebar entsandt, während die Herrnhuter Brüdergemeine Handwerker ohne höhere Schul- und theologische Bildung auf die Missionsfelder schickte. Erst Jänicke in Berlin versuchte, dem Berufsziel „Missionar" durch eine eigene Berufsausbildung gerecht zu werden. Dies wollte die Basler Mission noch besser als er verwirklichen, vor allem auch aus dem Grund, weil der schlechte Bildungsstand der ersten Basler Missionare schon bald von der Church Missionary Society kritisiert wurde.[63] Mit der Qualitätsoffensive in der Basler Ausbildung war nun wiederum deren Mitbegründer C. F. Spittler nicht zufrieden, und er machte sich in mehreren Anläufen daran, sein Missionsideal einer „Pilgermissi-

59 Schlatter, *Basler Mission 1* (wie Anm. 2), 54–55.

60 Schlatter, *Basler Mission 1* (wie Anm. 2), 55–57. Schlatter kommentiert: „Für die Förderung des Missionslebens in der Heimat hatte es unstreitig sein Gutes, daß die Blicke nicht immer nur nach dem zum Teil fernen und fremdartigen Basel gerichtet bleiben mußten, sondern im eigenen Lande ein Missionszentrum nach einheimischer Art vorfanden", ebd., 57.

61 Schlatter, *Basler Mission 1* (wie Anm. 2), 57–58.

62 Staehelin, *Christentumsgesellschaft 2* (wie Anm. 13), 465, Nr. 333, Aus dem Basler Centralbericht, 07. 09. 1831, vgl. auch auf S. 19, Chronik Nr. 66.

63 Steinkopf teilt nach ersten Erfahrungen mit Basler Missionaren in Sierra Leone 1824 dem Basler Missionskomitee mit: „Die braven Männer, die nach Afrika gesandt worden sind, haben sich in bezug auf Menschen und Dinge so unkundig, in der englischen Sprache so ungelehrig, im allgemeinen so wenig ihrer Aufgabe gewachsen gezeigt, daß das Seminar solche Leute nicht ferner aussenden darf. Es fehlt ihnen an gesundem Menschenverstand und an Weltkenntnis", Schlatter, *Basler Mission 1* (wie Anm. 2), 73.

on" zu verwirklichen: Handwerker sollten nach kurzer Ausbildungszeit in der Fremde in ihrem Beruf arbeiten, wie Jesus mit wenig Gepäck als Pilger unterwegs sein und das Evangelium verbreiten, indem sie Schriften verteilten und Menschen zu Erbauungsstunden sammelten. Die ersten uns bekannten Pilgermissionare stammten aus dem Umfeld des Basler Jünglingsvereins und wurden ab 1829 ausgesandt.[64] Diese am Herrnhuter Typus des „Werkmissionars" orientierte Mission kam schließlich 1840 als Pilgermission St. Chrischona zustande, und aus diesem Grund gibt es zwei Missionswerke im Basler Raum, deren Gründungsdaten nur 25 Jahre auseinanderliegen.

Nicht vergessen werden darf in diesem Zusammenhang, dass auch die Institutionen, die wir heute unter den Begriff der „Inneren Mission" zusammenfassen, als Missionsarbeit angesehen wurden, die man mit der Heidenmission gleichgestellt hat. Gerade die Arbeit der Pilgermission zeigt, dass die Übergänge zwischen Innerer und Äußerer Mission in christianisierten Regionen Mittel- und Osteuropas sowie in Äthiopien fließend waren. Der Einrichtung des Lehrerseminars und Kinderheims in Beuggen 1820 ging eine lange Jahre empfundene Not voran, dass man dem Elend in der Nähe auf gleiche Weise wie dem in der Ferne begegnen müsse, dass es also keine äußere ohne innere Mission, ohne Diakonie in der Heimat, geben kann.[65] Gustav Adolf Benrath hat am Beispiel

[64] Johannes Mühlhäuser, Christian Ankele, Jakob Friedrich Haller, Jakob Weitbrecht und Jakob Vogel, vgl. J. Eber, *Spittlers Versuche, im Raum Basel eine Pilgermission zu gründen*, in: Thomas K. Kuhn / Martin Sallmann (Hrsg.), Das „fromme Basel". Religion in einer Stadt des 19. Jahrhunderts, Basel, 2002, 37–50. Vgl. ebenfalls Staehelin, *Christentumsgesellschaft 2* (wie Anm. 13), 477, Nr. 343. Archivalien zu den Genannten im Spittler-Archiv, StABS (wie Anm. 37), PA 653 und zu Ankele im Archiv des CVJM Basel, Correspondenzblatt Nr. 7, 01. 09. 1834, 133–142. Blaser spricht von „Handwerker-Mission", in: Mission und Erweckungsbewegung, PuN 7, 1981 [erschienen 1982], 134.

[65] Christian Heinrich Zeller ruft nach drei Jahren Spittler eine anrührende Szene in Erinnerung: „So standen wir am 22. Oktober 1816 unter den Bäumen des Münsterkirchhofs zu Basel, an dessen Fuße der Rhein vorbeystömt. Freude und Wehmuth war in unseren Herzen, Freude über den neu erweckten Eifer für die evangelischen Missionen unter den Heiden auf beiden Halbkugeln, über die segensvolle Verbreitung des Evangeliums unter Völkern, die so lange schon in Finsternis und Schatten des Todes gesessen sind, und über den Segen, womit auch die Missionsschule zu Basel gleich bey [ihrem] Anfang dazu beizutragen gewürdiget wurde. Aber mit Wehmuth blickten wir auf den betrübten Zustand so vieler vaterländischer Schulen, auf die Lage so vieler armer verwahrloseter Kinder in reicheren und ärmern Gemeinden und auf die Beschaffenheit des Christenthums in denselben. Rechts und links rauschten die falben Blätter von den

von Baden darauf aufmerksam gemacht, dass die engagierten Christen in den Missions-Hilfsvereinen Träger der inneren Mission und der nachfolgenden Erweckungsbewegung wurden.[66] Die christlichen Gruppen der Erweckten schlossen sich im 19. Jahrhundert zu den neupietistischen Gemeinschaftsverbänden zusammen, die überwiegend noch heute existieren.

4. Der ältere Pietismus, die deutsche Christentumsgesellschaft und die Mission

Die Basler Christentumsgesellschaft wird durch personelle Kontinuität zum lokalen älteren Pietismus geprägt. In den Veröffentlichungen der Gesellschaft und ihrer Partikularvereine wird immer wieder besonders lutherisch-pietistisches, aber auch reformiertes Erbe zitiert.

Wir haben schon gesehen, dass es thematisch keine starke Verbindung zwischen dem älteren Pietismus und der Deutschen Christentumsgesellschaft gibt: Die Mission war im älteren Pietismus nicht in dem Maß ein Hauptthema, wie dies im Pietismus des 19. Jahrhunderts der Fall gewesen ist. Eindeutig ist in Basel die „personelle Kontinuität"[67], die in der Person von Hieronymus Annoni (1697–1770) und seiner jüngeren Freunde Jakob Friedrich Meyenrock (1733–1799, Pfarrer der St.-Alban-Kirche) und Johann Rudolf Burckhardt (1738–1820, Pfarrer der Peterskirche) gegeben ist. Meyenrock und Burckhardt sind einerseits im altpietistischen Leben Basels verankert, arbeiten aber auch ge-

Bäumen des Kirchhofes; überall Bilder des Herbstes, des Scheidens und Welkens. Es war mir, als ob das Evangelium mit seinem Leuchter von unsern Gegenden auch scheiden, und die Blüthen, Blätter und Früchte des wahren evangelischen Lebens immer mehr dahin welken wollten. Da entstieg unserm Herzen der Wunsch: ‚Ach, daß doch ähnliche Anstalten wie für die ferne Heidenwelt auch für unsere armen Gegenden in der Nähe errichtet, und christliche Lehrer in ähnlichem Geiste wie die Heidenboten für unsere armen Kinder und Gemeinde gebildet werden könnten!' [...]", Staehelin, *Christentumsgesellschaft 2* (wie Anm. 13), 377, Nr. 219, Christian Heinrich Zeller an Christian Friedrich Spittler, Zofingen, 27. 11. 1819.

[66] Gustav Adolf Benrath, *Die Verbreitung und Entfaltung der Erweckungsbewegung in Baden 1840–1860*, in: Mission und Diakonie, Kultur und Politik, Vereinswesen und Gemeinschaften in der evangelischen Kirche in Baden im 19. Jahrhundert", VVKGB 59, Karlsruhe, 2004, 1–71, hier besonders 66–68.

[67] Martin Brecht, *Pietismus und Erweckungsbewegung*, PuN 30, 2004, 36. 40 u. ö. Brecht konstatiert für manche Gebiete Deutschlands eine eindeutige Kontinuität zwischen Pietismus und Erweckungsbewegung.

meinsam mit dem Basler Theologieprofessor Johann Wernhard Herzog (1726–1815) als Mitbegründer und Leiter in der Christentumsgesellschaft bis zu ihrem Tod mit und unterstützen deren missionarische Zielsetzung. Diese Gründerväter der Christentumsgesellschaft garantieren bis in die Frühzeit der Erweckung des 19. Jahrhunderts die Kontinuität pietistischen Lebens in Basel.[68]

Eine weitere Verbindung zwischen dem älteren und neueren Pietismus existiert in der Basler Brüdersozietät. 1740 zählte die Basler Brüdergemeine 400 Mitglieder; 1782 hat sie 600 Freunde in der Stadt und auf auf dem Lande, in den 1820er Jahren fast 1000 Mitglieder in Basel-Stadt und -Land.[69] Nachdem einige Veranstaltungen der Brüdergemeine um 1815 auch für Nichtmitglieder geöffnet worden waren, nahmen auch C. F. Spittler, C. G. Blumhardt und Missionsseminaristen daran teil.[70]

Gelegentliche Hinweise in Veröffentlichungen der Christentumsgesellschaft belegen, dass sie im breiten Strom des älteren Pietismus steht, sie ist stark im Pietismus verwurzelt.[71] „Die Christentumsgesellschaft war in geistig-geistlicher Hinsicht retrospektiv orientiert und lebte vom Rückgriff auf das ältere pietistische Erbe", erklärt Gustav Adolf Benrath unter Verweis auf Annonis Bibliothek, die nach dessen Tod in den Besitz der Gesellschaft überging.[72] Lutherische Theologen, insbesondere württembergische, werden ebenso zitiert wie reformierte. Die anonyme Broschüre aus dem Kreis der Christentumsgesellschaft *Aufmunterung zur Beständigkeit im protestantischen Lehrglauben* (1783)

---

[68] Vgl. zum Bsp. das Schreiben von 1810 an die LMS, das von Herzog, Burkhardt und Spittler unterzeichnet wurde: Staehelin, *Christentumsgesellschaft 2* (wie Anm. 13), 214, Nr. 43. Der Basler Ausschuss an die Missions-Gesellschaft in London, Basel 30. 03. 1810, oder a. a. O., 240, Nr. 74; C. F. A. Steinkopf an C. F. Spittler „zur Mitteilung an die Glieder der Deutschen Gesellschaft"; a. a. O., 265, Nr. 87, Aus dem Protokoll der Sitzung des Basler Ausschusses, 07. 07. 1813.

[69] Ludwig Enequist, *Kurzer Abriß der Geschichte der Brüder-Societät zu Basel zur 150-jährigen Jubelfeier am 19. Januar 1890*, Basel, 1890, auf den Seiten 10, 21 und 33.

[70] Enequist, *Abriss* (wie Anm. 69), 32. Steinberg, *Ringgässlein* (wie Anm. 4), 23. Zur Bedeutung der Diasporaarbeit der Brüdergemeine in der Zeit vor der Erweckungsbewegung vgl. Horst Weigelt, *Pietismus im Übergang* (wie Anm. 13), 709–710.

[71] Vgl. schon Martin Brecht, *Vorwort*, in: PuN 7 (wie Anm. 9), 1981 [erschienen 1982], 5.

[72] Gustav Adolf Benrath, *Die Basler Christentumsgesellschaft in ihrem Gegensatz gegen Aufklärung und Neologie*, PuN 7, 1981 [erschienen1982], 93.

empfiehlt, zur Befestigung im persönlichen „Lehrglauben" Luther und Spener zu lesen.[73]

Aufgeklärte Gegner der Christentumsgesellschaft werfen ihr nach Lektüre ihrer ersten programmatischen Veröffentlichungen vor, sie befördere Stolz, Fanatismus „Herrnhuterey und Andächteley": „Pietismus ist die ganze Sache mit herrenhutischem Getändel durchwirkt, Pietismus, aber nicht der sanfte eines Speners und Franken [...]".[74] Die ersten *Auszüge aus dem Briefwechsel* werden inhaltlich und sprachlich kritisch charakterisiert. Der „Schwall von altpietistischen Ausdrücken" und „das viele leere frömmelnde Geschwätz" sowie der Glaube an wunderbare und plötzliche Bekehrungen seien nicht die besten Mittel, den Glauben zu verbreiten.[75] Auch diese Kritik bestätigt die theologischen Wurzeln der Christentumsgesellschaft im älteren Pietismus.

Der Jahrgang 1787 bringt einen Aufsatz über „Zween Hauptirrthümer, wodurch die wahre Rechtfertigungslehre zu allen Zeiten angegriffen und verkehrt worden ist, nach Spener", nämlich durch Werkgerechtigkeit und falsche Sicherheit.[76] Johann Arndts *Wahres Christentum* wird bei der Abendandacht gelesen[77], Rambach wird als Theologe der ewigen Höllenstrafen zitiert[78], Hillers Schatzkästlein als Abschiedsgeschenk überreicht[79]. Predigten, Briefe und Ereignisse aus dem Leben von M. Luther, J. A. Bengel, I. G. Brastberger, H. Annoni, Sa-

[73] Anonymus, *Aufmunterung zur Beständigkeit im protestantischen Lehrglauben*, Basel, 1783, 4.

[74] Staehelin, *Christentumsgesellschaft 1* (wie Anm. 13), 293, Nr. 217: Rezension des 1. Bändchens der „Auszüge aus einem Briefwechsel der deutschen Gesellschaft thätiger Beförderer reiner Lehre und wahrer Gottseligkeit", 1786 und a. a. O., 294, Nr. 219: Aus dem „Schreiben vom Niederrhein, die deutsche Gesellschaft zur Beförderung reiner Lehre und wahrer Gottseligkeit betreffend", 1786.

[75] Staehelin, *Christentumsgesellschaft 1* (wie Anm. 13), 299, Nr. 226: Aus der in der „Allgemeinen Literatur-Zeitung" erschienenen Besprechung des zweiten und dritten Bändchens der Auszüge aus dem Briefwechsel (wie Anm. 20), Dezember 1786.

[76] *Sammlungen 2* (wie Anm. 20), 1787, 44–50.

[77] Staehelin, *Christentumsgesellschaft 1* (wie Anm. 13),157, Nr. 63, Georg David und Achilles Andreas Schild an Jakob Friedrich Liesching, 04. 12. 1780: Die Brüder Schild lesen nach dem Abendessen in Johann Arndts Wahrem Christentum.

[78] Staehelin, *Christentumsgesellschaft 1* (wie Anm. 13), 297, Nr. 224, Carl Gottlieb Joseph Herrmann an Ferdinand Heinrich Lempp, 12.9.1786.

[79] Staehelin, *Christentumsgesellschaft 1* (wie Anm. 13), 414, Nr. 389, Conrad August Erdle an Carl Friedrich Adolf Steinkopf, 13. 09. 1798.

muel Luzius, J. F. Meyenrock, G. Arnold, E. G. Woltersdorf und G. Tersteegen werden zitiert, gelesen oder neu veröffentlicht – um nur einige Beispiele zu nennen, wie Freunde der Christentumsgesellschaft altpietistische Frömmigkeit und Theologie rezipiert haben.[80] Neuauflagen klassischer Erbauungsbücher von J. Arndt, J. F. Starck, J. Meyer und anderen weisen auf die Kontinuität pietistischer Frömmigkeit in einer veränderten Zeit hin.[81]

5. Ergebnis

Die Mitglieder der Deutschen Christentumsgesellschaft in Basel und ihrer Partikulargesellschaften waren nicht die einzigen, die die Impulse der aufbrechenden englischen Missionsbewegung am Ende des 18. Jahrhunderts auf dem europäischen Festland aufnahmen. Aber mit Sicherheit befand sich die Mehrzahl der Missionsförderer im Umkreis der Christentumsgesellschaften und wurde von diesen zur Unterstützung angeregt. Die Gründung deutscher Missionsgesellschaften in der ersten Hälfte des 19. Jahrhunderts zeigt deutlich die Schlüsselstellung der Basler Missionsgesellschaft in diesem Prozeß und der lokalen Christentumsgesellschaft in deren Hintergrund. Die Mitglieder der Christentumsgesellschaften schlagen eine Brücke zwischen Alt- und Neupietismus und machen die Missionsförderung zu einem neuen Arbeitsschwerpunkt der Vereinigungen.

[80] Die genannten Autoren werden in den folgenden Jahrgängen der Sammlungen (wie Anm. 20) zitiert: Luther: *Sammlungen 1799*, 41; Bengel: *Sammlungen 1796*, 50 (u. ö.); Brastberger: *Sammlungen 1802*, 110; Annoni: *Sammlungen 1796*, 33; Luzius: *Hoffnung Zions (1756). Sammlungen 1799*, 142; Meyenrock: ebd., 177; Arnold: Staehelin, *Christentumsgesellschaft 2* (wie Anm. 13), 196, Nr. 20: Johann Christian Stüber an Christian Friedrich Spittler, 27. 08. 1809. Im gleichen Band wird zitiert: Woltersdorf, ebd, Nr. 41, 212; Tersteegen: *Sammlungen 1799*, 277.

[81] Benrath, *Die Basler Christentumsgesellschaft* (wie Anm. 72), PuN 7, 1981 [erschienen 1982], 94.

Sven Grosse

Theologie als Wissenschaft[1]

Die Hochschule, der Armin Sierszyn so lange schon gedient hat, unternimmt es, Theologie als Wissenschaft zu treiben. Dies geschieht an einer separaten theologischen Hochschule, an der eben nur diese eine Wissenschaft gelehrt wird. Ist aber Theologie eine Wissenschaft – oder kann sie als Wissenschaft getrieben werden – , so befindet sie sich damit im Kreis anderer Wissenschaften, also inmitten der *universitas* der Wissenschaften. Dies gilt also für die Theologie, gleichgültig, ob sie an einer Universität gepflegt wird oder an einer eigenständigen Hochschule. Wenn also der Charakter bedacht werden soll, den Theologie als Wissenschaft hat, so ist auch mitzubedenken, in welcher Weise sie mitten unter andere Wissenschaften gestellt ist.

Es sollen zu diesem Thema der Theologie im Kreise der Wissenschaften hier einige Überlegungen vorgelegt werden. Ich werde dabei auf einige Gedanken zu sprechen kommen, die in früheren Epochen der Theologiegeschichte vorgebracht wurden und zu diesem Thema etwas beitragen. Es wird dabei aber auch immer wieder durchsichtig werden, wie damit durchaus auch etwas gesagt wird zu der vergleichsweise noch immer sehr jungen Institution, die durch Armin Sierszyn mitgeprägt worden ist.

Begonnen werden soll mit John Henry Newman. Newman, zunächst anglikanischer Theologe und Professor in Oxford, seit 1845 römischer Katholik, hat im Zusammenhang mit der Gründung der katholischen Universität Dublin, mit der er betraut worden war, im Jahre 1852 eine Reihe von Vorträgen gehalten, die später unter dem Titel „Idea of a University" veröffentlicht worden sind. Seine Ausführungen sind dabei nicht nur sehr prägnant, sondern auch im Blick auf die heute geführte Diskussion über den Wissenschaftsstatus – und damit den Universitätsstatus – der Theologie von erfrischender Aktualität.[2]

---

[1] Dieser Beitrag geht zurück auf den Vortrag, den ich am 28. Mai 2009 als Antrittsvorlesung an der Staatsunabhängigen Theologischen Hochschule Basel gehalten habe.

[2] Zu dieser aktuellen Diskussion: Helmut Hoping (Hrsg.) *Universität ohne Gott? Theologie im Haus der Wissenschaften*, Freiburg, 2007; Urs Baumann (Hrsg.), *Gott im Haus der Wissenschaften. Ein interdisziplinäres Gespräch*, Frankfurt/Main, 2004; Edmund Arens / Helmut Hoping (Hrsg.), *Wieviel Theologie verträgt die Öffentlichkeit?*, Frei-

1. Theologie in der *universitas* der Wissenschaften

Nach einem einleitenden Vortrag eröffnet Newman seine Ausführungen mit der Bemerkung: „Es ist, wie Sie sehr wohl wissen, augenblicklich Mode, sogenannte Universitäten zu gründen, ohne für die Errichtung theologischer Lehrstühle an ihnen auch nur im geringsten Sorge zu tragen.“[3] Es entsteht daraus die Frage, „ob es sich mit der Idee der Lehrtätigkeit einer Universität verträgt, die Theologie von dem Kreis der Wissenschaften, die auf ihr geboten werden, auszuschließen“[4]. Newman verneint diese Frage mit Nachdruck, da „eine Universität die Aufgabe hat, universale Bildung zu lehren“, Theologie aber „eine Wissenschaft *ist*, und zwar eine wichtige“[5]. Will man dagegen die Theologie von der Universität ausschließen, dann setzt man damit die Voraussetzung, „man könne über Gott nichts Gewisses aussagen, jedenfalls nichts, was Anspruch darauf erheben könnte, als wesentliche Vermehrung des in der Welt vorhandenen Wissensstoffes betrachtet zu werden“[6].

Newman begründet seine These auf zweifache Weise. Erstens zeigt er, daß ohne die Theologie gar keine *universitas* von Wissenschaften zustande kommt. Zwei-

burg, 2000, Quaestiones disputatae 183; Ingolf U. Dalferth, *Kombinatorische Theologie. Probleme theologischer Rationalität*, Freiburg, 1991, Quaestiones disputatae 130; Ingolf U. Dalferth, *Evangelische Theologie als Interpretationspraxis. Eine systematische Orientierung*, Forum Theologische Literaturzeitung 11/12, Leipzig, 2004; Ingolf U. Dalferth u. a. (Hrsg.), *Die Wissenschaften und Gott. Ringvorlesung aus Anlass des 60. Geburtstages des Rektors der Universität Zürich, Prof. Dr. Hans Heinrich Schmid*, Theophil 9, Zürich, 1998; Matthias Krieg u. a. (Hrsg.), *Universitas in theologia – theologia in universitate. Festschrift für Hans Heinrich Schmid zum 60. Geburtstag*, Zürich, 1997.

[3] John Henry Newman, *Vom Wesen der Universität. Ihre Bildungziele in Gehalt und Gestalt. Übersetzt von Heinrich Bohlen*, Ausgewählte Werke Bd. 5, Mainz, 1960, 27; John Henry Newman, *The Idea of a University*, New impression Westminster, Md., 1973, 19: „It is the fashion now, as you very well know, to erect so-called Universities, without making any provision in them at all for Theological chairs.“

[4] Ebd.: „whether it is consistent with the idea of University teaching to exclude Theology from a place among the sciences which it embraces.“

[5] Newman, *Universität*, 28. Hervorhebung im Text stammt vom Autor / *University*, 19–20: „A University, I should lay down, by its very name professes to teach universal knowledge“ Ebd., 21: „that Theology is a science, and an important one“

[6] Newman, *Universität*, 31 / *University*, 24: „that nothing is known for certain about the Supreme Being; nothing such, as to have any claim to be regarded as a material addition to the stock of general knowledge existing in the world.“

tens bestimmt er das Wesen der Theologie so, daß sie tatsächlich als Wissenschaft angesehen werden muß, in dem Sinne, wie er dieses Wort verwendet.

Zum ersten Weg: Newman erklärt: „Ich kann das Wesen der an der Universität gebotenen Wissenschaften nicht so definieren und umgrenzen, daß wohl die anderen gemeinhin an den Universitäten betriebenen Studien darin einbezogen sind, das Studium der Religion“ – und damit meint er die Theologie im strengen Sinne – „aber ausgeschlossen. Soll zum Beispiel das Wesen der Universitätwissenschaft auf die sinnliche Erfahrung eingeschränkt sein? Damit fällt die Ethik. Oder auf Intuition? Damit fällt die Geschichte. Oder auf das Zeugnis der Urkunden? Damit fällt die Metaphysik. Oder auf abstrakte Beweisführung? Damit fällt die Naturwissenschaft.“[7]

Es gibt also keine Eingrenzung des Umfangs der Wissenschaften durch ein allgemeines Kriterium, durch das *nur* die Theologie ausgeschlossen würde, nicht aber auch eine andere Disziplin, von der man aber auf jeden Fall annehmen möchte, daß sie eine Wissenschaft sei. Diese Überlegung spinnt Newman weiter. Das Gefüge der Wissenschaften, erklärt er, gerät ins Wanken, wenn man die Theologie herausnimmt. Er illustriert dies durch ein Zitat einer Antrittsvorlesung eines zeitgenössischen Nationalökonomen. Dieser sieht seine Wissenschaft von einer solchen Bedeutung und Hochachtung getragen, daß sie bald „in der Schätzung der Öffentlichkeit nach Ansehen und Nützlichkeit denselben Rang einnehmen wird wie die obersten Wissenschaften der *Ethik*“[8]. Der so sprechende Nationalökonom definiert seine Wissenschaft passend als diejenige, „die lehrt, worin der Wohlstand besteht, durch welche Kräfte er bewirkt wird, nach welchen Gesetzen er sich verteilt und durch welche Einrichtungen und Gebräuche die Produktion erleichtert und ihre Verteilung so geregelt werden kann, daß jedem Individuum das größtmögliche Maß an Wohlstand gewährleis-

[7] Newman, *Universität*, 32 / *University*, 25: „I cannot so construct my definition of the subject-matter of University Knowledge, and so draw my boundary lines around it, as to include therein the other sciences commonly studied at Universities, and to exclude the science of Religion. For instance, are we to limit our idea of University Knowledge by the evidence of our senses? Then we exclude ethics: by intuition? we exclude history; by testimony? we exclude metaphysics; by abstract reasoning? we exclude physics.“

[8] Newman, *Universität*, 85f. Hervorhebung im Text stammt vom Autor. Es handelt sich darum um ‚An Introductory Lecture on Political Economy‘, London 1826, von Nassau William Senior, s. Newman, *Universität*, 338, Erklärung zu Anm.70; ders., *University*, 89.

tet wird".[9] Den hohen Rang, den er für seine Wissenschaft beansprucht, verteidigt er mit der Behauptung: „Das Streben nach Wohlstand, das heißt, das Bemühen, die erforderlichen Mittel für den künftigen Unterhalt und künftiges Behagen anzuhäufen, ist für die Masse der Menschheit die große Quelle *moralischen* Fortschritts."[10] Newman zergliedert diese Behauptung im einzelnen und stellt sie dadurch bloß: „das Bemühen [...] anzuhäufen" - für „künftiges Behagen" - „ist *die* große Quelle" für „*moralischen* Fortschritt". Das ist, wie Newman feststellt, ein klarer Widerspruch zu christlicher Lehre, und er kommt dadurch zustande, daß eine Wissenschaft nicht den Ort beachtet, der ihr zugewiesen wird. Wenn das, was eine solche Wissenschaft an Wahrem findet, „ohne Berücksichtigung anderer Wissenschaften, unter Nichtachtung der Theologie, in so ungeordneter, übertriebener und verderblicher Weise gehandhabt wird, so wird es", so Newman, „sicherlich zu einer großen Seifenblase werden und zerspringen"[11].

Newman resümiert: „Wenn der Theologie ihr eigenes Gebiet vorenthalten wird, dann werden benachbarte Wissenschaften, ja, solche, die der Theologie ganz fernstehen, von ihm Besitz ergreifen."[12] So wird „in allen Wissenschaften Theologie getrieben" – aber auf eine unangebrachte, unzuständige Weise – „wenn es keine Gegenkraft an der Universität gibt" – eben „die Theologie"[13].
Soweit der erste Weg, auf dem Newman die Zugehörigkeit der Theologie zur Universität beweist. Der zweite Weg beruht darauf, daß Theologie tatsächlich

---

[9] Newman, *Universität*, 86 / *University*, 89f.

[10] Newman, *Universität*, 87. Hervorhebung im Text stammt vom Autor. / *University*, 91: „the pursuit of wealth, that is, the endeavour to accumulate the means of future subistence and enjoyment, is, to the mass of mankind, the great source of *moral* improvement."

[11] Newman, *Universität*, 89 / *University*, 92.

[12] Newman, *Universität*, 91 / *University*, 96: „if Theology is not alowed to occupy its own territory, adjacent sciences, nay, sciences which are quite foreign to Theology, will take possession of it." Er gibt (vgl. Newman, *Universität*, 92 / *University*, 97) Beispiele von Kompetenzüberschreitungen auch anderer Wissenschaften. Wovon er hier spricht, ist die Stellung der Theologie, die sie Thomas von Aquin eine *sapientia* nennen läßt: Summa Theologica (=S. Th.) I.q.1, a.6c: sie hat das Verhältnis der verschiedenen Wissenschaften zueinander zu ordnen.

[13] Roman Siebenrock, Art. *Idea of a University*, Lexikon der theologischen Werke, Stuttgart, 2003, 388; vgl. Roman Siebenrock, *Wahrheit, Gewissen und Geschichte. Eine systematisch-theologische Rekonstruktion des Wirkens John Henry Kardinal Newmans*, Internationale Cardinal-Newman-Studien 15, Sigmaringendorf, 1996, 450–454.

eine Wissenschaft ist. Es geht in ihr um *Wissen*, und wenn die Lehrtätigkeit einer Universität „das ganze Gebiet de omni scibili", von allem, was man wissen kann, umfaßt[14], dann darf die Theologie nicht ausgeschlossen werden. Diese Aussage enthält nun aber auch eine theologische These über die Theologie selbst. Die Theologie enthält Sätze, die beanspruchen, eine *Erkenntnis* von Gott auszusagen. Gott ist jemand, von dem man ein Wissen erlangen kann.[15] Newman widerspricht darum ausdrücklich einer Position, derzufolge die Theologie sich nicht auf Wissen bezieht, sondern auf Gefühle, demgemäß „das Wesen aller religiösen Erziehung in der unmittelbaren Pflege und Bildung der Gefühle" bestehen sollte[16]. Newman bringt an anderer Stelle eine solche Gefühlsreligion mit dem Begriff „evangelicalism" in Verbindung, so wie er zu seiner Zeit in England gebraucht wurde. Man sieht, wie die Bedeutung dieses Begriffes sich wandeln kann.[17] Man mag hierbei auch an den 1834 verstorbenen deut-

[14] Newman, *Universität*, 33 / *University*, 27.

[15] Siehe beispielsweise folgende Ausführungen: Newman, *Universität*, 32: „Gib einen Gott zu, und du führst in deinen Wissensbereich eine Tatsache ein, die alle anderen nur denkbaren Tatsachen umfaßt [...]"; Newman, *University*, 26: „Admit a God, and you introduce among the subjects of your knowledge, a fact encompassing, closing in upon, absorbing, every other fact conceivable."

[16] Newman, *Universität*, 37 / *University*, 32: „the *essential idea* of all religious Education will consist in the direct cultivation of the *feelings*." Es handelt sich um ein Zitat aus einer Rede von Henry Brougham, die 1845 veröffentlicht wurde, s. Newman, *Universität*, 336, Anm. 36; darauf anspielend 44 (Newman, *University*, 40). Newman führt dazu sarkastisch aus: „Dann verstehe ich, warum die Theologie keinen besonderen Unterricht verlangen kann; denn dann ist nichts daran mißzuverstehen; warum sie machtlos ist gegen wissenschaftliche Hypothesen, denn sie ist ja nur eine von ihnen; warum es einfach als Unsinn erscheint, wenn sie sich gegen Häresien wendet, da es im Bereich der Tatsachen und des Experiments überhaupt keine Häresien gibt. Dann verstehe ich, wieso der religiöse Sin nur ein ‚Gefühl' ist, denn hierhin gleicht er dem Sinn für das Schöne und Erhabene. Dann verstehe ich, wieso die Betrachtung des Universums ‚der *göttlichen* Wahrheit entgegenführt', denn hierin gleicht er dem Sinn für das Schöne und Erhabene. ...", in: Newman, *Universität*, 43 / *University*, 38f.

[17] Newman, *Universität*, 34 mit Anm. 32. Vgl. Ebd., 15 mit Anm. 19 / *University*, 27; 4. Völlig zu Unrecht führt Newman (Newman, *Universität*, 34 / *University*, 28) übrigens diese Lehre auf die lutherische Auffassung des Glaubens zurück: Newman, *Universität*, 34. Lutherisch ist es gerade, den Glauben sowohl als *cognitio* und *assensus* wie auch (nicht als „Gefühl", sondern) als *fiducia* zu bestimmen, s. beispielsweise Luther, Erste Disputation über Röm 3,28 (1535), These12-14, WA 39/1, 45: „Haec est autem fides apprehensiva [...] Christi, pro peccatis nostris morientis, et pro iustitia nostra resurgentis [...] quae *intelligat* caritatem Dei patris, per Christum, pro tuis peccatis traditum, te redimere et salvare volentem"; Melanchthon, *Loci 1559*, CR 21, 742 / Hans Engelland

schen Theologen Friedrich Schleiermacher denken, der sich selbst als „Herrnhuter höherer Ordnung“ bezeichnet hatte[18]. Newman zufolge ist Theologie nicht Wissenschaft, indem sie ein Wissen von Gefühlzuständen des frommen Gemüts ist, sondern indem sie ein Wissen von Gott ist.

Dieses Wissen ist Newman zufolge dem Menschen zugänglich aufgrund seines natürlichen Erkenntnisvermögens und aufgrund göttlicher Offenbarung, die im Glauben empfangen wird. „Meine Beweisführung“ erklärt er, „gewinnt natürlich an Gewicht, wenn ich zur Offenbarung übergehe. Angenommen, die Lehre von der Inkarnation ist wahr, trägt sie dann nicht ebenso den Charakter einer historischen Tatsache wie einer metaphysischen [...] ?“[19]

Man kann Newmans Standpunkt durchaus zusammenfassen mit den Worten Dietrich Bonhoeffers in seiner Christologie-Vorlesung aus dem Jahre 1933: „Christologie ist Logologie“ – also Lehre vom Logos, vom Logos, der fleischgeworden ist. Sie „ [...] ist Wissenschaft katexochen“, sie ist „ [...] das Zentrum des Wissenschaftraumes“. Und Bonhoeffer fügt hinzu: „Die Tatsache, daß der Logos Mensch geworden ist, ist Voraussetzung und nicht Beweisstück.“[20]

2. Wissenschaft, Torheit und Glaube

Genau diese zweite These Bonhoeffers kann aber nun zum Angriff auf die Theologie herausfordern. Darf etwas beanspruchen, Wissenschaft zu sein, wenn es Voraussetzungen macht, und zwar Voraussetzungen höchst besonderer Art, solche, die von einem bestimmten religiösen Glauben abhängig sind? Sollte

(Hrsg.), *Werke in Auswahl*, Bd. II/2, Gütersloh, 1. Aufl. 1953, 360, 34–36: „significat fides non tantum historiae notitiam, sed fiduciam misericordiae promissae propter Filium Dei.“

[18] Hermann Fischer, Art. *Schleiermacher*, TRE 30, 1999, (143–189) 144, 38f. Ludwig Jonas / Wilhelm Dilthey (Hrsg.), *Aus Schleiermachers Leben. In Briefen*, Bd. 1, Berlin, 1858, 295.

[19] Newman, *Universität*, 33, in Fortsetzung der Ausführungen über die Erkenntnisse der natürlichen Theologie (32; zit. in Anm. 13) / *University*, 26: „my argument of course is stronger when I go on to Revelation. .Let the doctrine of the Incarnation be true: is it not at once of the nature of an historical fact, and of a metaphysical?“

[20] Dietrich Bonhoeffer, *Vorlesung „Christologie“*, Sommersemester 1933, in: Eberhard Bethge u. a. (Hrsg.), Werke Bd. 12, München, 1997, 281.

man nicht, wie schon der Basler außerordentliche Professor für Theologie, Franz Overbeck im 19. Jahrhundert gefordert hatte, die theologischen Fakultäten aufheben und sie durch religionswissenschaftliche ersetzen?[21] Und müßte man nicht einer Theologie, die hartnäckig an solchen Voraussetzungen festhält, die Berechtigung zur Habilitation entziehen, mit einer Begründung, die dafür schon weiland in der DDR gegeben wurde, die Habilitation sei die Graduierung zum *doctor scientiae*; die Theologie könne aber nicht zur *scientia* gerechnet werden.[22]

Wolfhart Pannenberg hat diese Problematik entwickelt in seinem 1973 veröffentlichten Buch „Wissenschaftstheorie und Theologie"[23]. Pannenberg sieht die Theologie im 20. Jahrhundert in einem Dilemma: entweder wird sie als eine „historisch-antiquarische Disziplin" aufgefaßt oder sie beansprucht eine Positivität, die nur „dezisionistisch" anzueignen und mit dem Anspruch auf Wissenschaftlichkeit nicht vereinbar sei.[24] Pannenberg denkt beim letzteren an den großen Basler Theologen Karl Barth: „Während andere Formen anthropologischer Begründung der Theologie sich immerhin noch im Rahmen allgemeinverbindlicher Argumentation zu bewegen suchen", führt Pannenberg aus, „wird bei Barth die irrationale Subjektivität eines nicht weiter begründbaren Glaubenswagnisses als das tatsächliche Fundament der scheinbar so steilen Objektivität seines Redens von Gott und Gottes Wort sichtbar."[25] „Der Versuch, Gott und seine Offenbarung als die große Alternative zu allem bloß Menschlichen und so als das eigentliche Thema der Theologie geltend zu machen, erwies sich selbst als extremste Zuspitzung des Subjektivismus in der Theologie, deren Positivität damit als dezisionistische Selbstdarstellung einer ihres substantiellen Grundes entbehrenden und eben darum durch den Akt eines verzweifelten Wagnisses sich seiner versichernden Subjektivität."[26] – So Pannenberg über Barth. – Pannenberg meint, das Auftreten dieses Dilemmas sei das Ergebnis der

[21] Ernst-Lüder Solte, *Theologie an der Universität. Staats- und kirchenrechtliche Probleme der theologischen Fakultäten*, Jus ecclesiasticum 13, München, 1971, 21f; Franz Overbeck, *Ueber die Christlichkeit unserer heutigen Theologie (1873)*, Leipzig, 2., verm. Aufl. 1903. Nachdruck: Darmstadt, 1963, 121.

[22] Referiert von Gerhard Sauter in: Historisch-systematische Einleitung zu: ders., *Theologie als Wissenschaft. Aufsätze und These*, Theologische Bücherei 43, München, 1972, 12f.

[23] Wolfhart Pannenberg, *Wissenschaftstheorie und Theologie*, Frankfurt/Main, 1973.

[24] Ebd., 298.

[25] Ebd., 274.

[26] Ebd., 278.

Diskussion über die Wissenschaftlichkeit der Theologie seit der Aufklärung gewesen.[27] Sein eigenes Konzept angesichts dieses Dilemmas sieht vor, Theologie als „Wissenschaft von Gott" zu definieren, aber so, „daß Gott nur als Problem" – als Hypothese – „nicht als gesicherte Gegebenheit Gegenstand der Theologie ist"[28]. Pannenberg stellt sodann eine Reihe von Kriterien auf, nach welchen theologische Hypothesen im Rahmen einer allgemeinverbindlichen Argumentation als „bewährt" zu beurteilen sind.[29]

Ich erlaube mir jedoch, Pannenberg zu widersprechen. Gerade der Blick auf die Geschichte der Theologie *vor* der Aufklärung nötigt dazu. Theologie, Theologie als Wissenschaft war für die Christenheit von Anfang an nicht ablösbar von gelebtem Glauben. Das besagt aber, daß christliche Theologie Gott nie als Hypothese, sondern als Gegenstand eines Glaubens zu bedenken hat, der *gewiß* ist. Zugleich zeigt sich aber bei einer Reihe von bedeutenden Zeugen, daß *erstens* der Weg einer der allgemeinen Vernunft zugänglichen, sogenannten „natürlichen Theologie", auch wenn er begangen wurde, *nicht* als unumgänglich angesehen wurde, um dann auch von Christus und dem Heilswirken Gottes sprechen zu können. *Zweitens* wurde immer wieder betont, daß der natürliche Verstand als solcher nicht imstande ist, zu einer Erkenntnis seiner zentralen Lehren von Christus und dem Heilswirken Gottes zu gelangen.

Die Kirche hat in den ersten Jahrhunderten ihrer Geschichte, in denen sie keineswegs die Gesellschaft dominierte, ihre Lehren mit dem Anspruch vorgetragen, daß sie Erkenntnisse seien, die aber nun eben auf Glauben beruhen, und es hat auch in den Zeiten ihrer Dominanz nicht vergessen, daß der natürliche Verstand nicht imstande ist, zu einer Erkenntnis seiner zentralen Lehren zu gelangen. Paulus erklärt, daß der gekreuzigte Christus für die Griechen eine Torheit ist, weil die Weisheit der Welt Gottes Weisheit nicht erkennt (1 Kor 1,21.23). Justin behauptet, daß die Philosophen wie auch die Dichter und Historiker nur eine bruchstückhafte, schattenhafte und unausgereifte Erkenntnis der göttlichen Wahrheit haben.[30] Tertullians Verachtung der menschlichen Weisheit ist be-

---

[27] Ebd. Vgl. seine Ausführungen über die Erkenntnis der Wirklichkeit Gottes aus der Schöpfung als angeblich notwendige Voraussetzung aller weiteren Theologie. Ebd., 308: „Dieser Zugang zu Gott als der alles bestimmenden Wirklichkeit ist jedoch seit Beginn der Neuzeit ungangbar geworden."

[28] Ebd., 303; die Rede von der „Hypothese" ebd., 302.

[29] Ebd., 344–348.

[30] Justin, *Apologie II*, 13, vgl. 10. Genau betrachtet behauptet Justin dabei nicht, daß die Christen selbst schon eine vollkommene Erkenntnis der Wahrheit haben. Vielmehr ist

kannt „Was also gibt es ähnliches zwischen dem Philosophen und dem Christen [...]?“ Dieser ist ein Freund, jener ein Feind und Verfälscher der Wahrheit.[31] Aber auch Origenes sagt, daß die christliche Lehre durch den nackten Glauben, die ψιλὴ πίστις, ergriffen werden muß, die sich auf die Torheit der Verkündigung des gekreuzigten Christus richtet, da die Weisheit dieser Welt Gott in seiner Weisheit nicht erkannte.[32]

Und Augustin wirft den Platonikern, denjenigen Philosophen, die der christlichen Lehre am nächsten kommen, vor, es würde ihnen an der konkret gebotenen Demut mangeln. Deswegen würden sie entscheidende Stücke des Christentums, die Inkarnation und die Kreuzigung und die Auferstehung des fleischgewordenen Gottes, nicht anerkennen.[33]

Zu einer Zeit, in der die Kirche das Monopol für das Denken in Europa besaß, steht es aber nicht anders. Anselm von Canterbury erklärt, die „rechte Ordnung verlangt, daß wir die Tiefen des christlichen Glaubens zuerst glauben, bevor wir uns erkühnen, sie mit der Vernunft zu erörtern“[34].
Thomas von Aquin sagt mit einem aristotelischen Bild, daß schon aufgrund seiner Geschöpflichkeit der natürliche menschliche Verstand die geoffenbarte Wahrheit so wenig sehen kann wie das Auge einer Fledermaus das Licht der

Christus der „ganze Logos“ (Kap. 10) und die Christen sind es, die ihn anbeten und lieben (Kap. 13).

[31] Tertullian, Apol. 46,18; dazu Sven Grosse, *Christliche Apologetik als Integration und Konfrontation. Grundstrukturen der Apologetik Tertullians*, in: Theologie und Philosophie 79, 2004, 161–173.

[32] Origenes, *Contra Celsum* I,13. Erst ausgehend von dem nackten Glauben kann sich eine Zustimmung μετὰ λόγου καὶ σοφίας entwickeln: Marcel Borret (Hrsg.), *Origène, Contre Celse Bd. 1*, Sources Chrétiennes 132, Paris, 1967, 110, 24f.

[33] Augustin, *De civitate Dei* X, 29, in der Ausgabe von Bernhard Dombart / Alfons Kalb (Hrsg.), Stuttgart, 1924 (Darmstadt, 5. Aufl. 1981) Bd. 1, 450, 10–12. 24f.; 451, 5–10.

[34] „ [...] rectus ordo exigit ut profunda Christianae fidei prius credamus, quam ea praesumamus ratione discutere, [...]“, Anselm von Canterbury, *Cur Deus homo* I,1, in der Ausgabe: *Cur Deus homo/Warum Gott Mensch geworden*, lat.-dt., bes. u. übers. v. Franciscus Salesius Schmitt, Darmstadt, 3. Aufl. 1960, 10. Hier aus dem Munde Bosos, aber durchaus im Sinne Anselms. Man muß zögern zu behaupten, daß nach Anselm, sobald die Vernunft die Erörterung übernommen habe, man auf den Glauben verzichten könnte. Siehe dazu Karl Barth, *Fides quaerens intellectum. Anselms Beweis der Existenz Gottes im Zusammenhang seines theologischen Programms [1931]*, Karl Barth-Gesamtausgabe Bd. II.13, Zürich, 1981.

Sonne[35] und mit Jes 64,4, daß „Gott den Menschen für ein Ziel bestimmt hat, das die Fassungskraft der Vernunft übersteigt“. Und von den Wahrheiten über Gott, die an sich der menschlichen Natur erreichbar ist, sagt Thomas, daß auch für sie dem Menschen die Offenbarung genügen kann.[36]

Man sieht also, daß das Christentum zur Zeit und zur Unzeit daran festgehalten hat, daß es sowohl Erkenntnisse auszusprechen hat und andererseits für diese Erkenntnisse grundlegend nur Glauben in Anspruch nehmen kann. Man muß auch Karl Barth nicht den verzweifelten Dezionismus eines entwurzelten modernen Subjektivisten unterstellen, der sich selbst die Objektivität des Wortes Gottes erschafft. Man kann ihn auch in den ruhigen Zug der christlichen Tradition einordnen.

Durch eine Einengung des Blickwinkels auf die Zeit seit der Aufklärung sollte die christliche Theologie sich nicht in Zugzwang bringen lassen, sich zu einer radikalen Umgestaltung ihrer selbst genötigt sehen und Gott lediglich als zu beweisende Hypothese behandeln. Es lohnt sich, historische Erörterungen solcher Fragen nicht erst mit der Aufklärung oder dem Deutschen Idealismus einsetzen zu lassen, auch nicht erst mit der Reformation, sondern in einem Kontinuum von der Heiligen Schrift über die Alte Kirche bis zu den nachfolgenden Epochen. Man wird sich dann durch die Veränderungen der letzten 250 Jahre nicht so leicht in Verlegenheit bringen lassen. Auch darin mag ein Nutzen der Kirchengeschichtsschreibung für die Dogmatik bestehen.

Ich halte als ein erstes Ergebnis fest: christliche Theologie befindet sich wesensnotwendig in einer Spannung. Auf der einen Seite erhebt sie den Anspruch, Wissenschaft zu sein, auf der anderen Seite legt sie größten Wert darauf, immer mit dem Glauben beginnen zu wollen. Und gerade eine solche Wissenschaft, erklärt sie, müsse die Mitte der Wissenschaften sein. Die Theologie nimmt hier eine Stellung ein, wie sie bereits der frühchristliche Diognetbrief den Christen überhaupt zuschreibt: sie sind wie die Seele im Leib der Welt: sie halten die Welt zusammen, und das tun sie, während und weil ihre Heimat außerhalb dieser Welt liegt: „Auf Erden weilen sie, aber im Himmel haben sie Bürger-

---

[35] „sicut oculus noctuae ad lumen solis“, Thomas, *Summa Theologiae* I q.1 a.5 ad 1, unter Zitat aus Aristoteles, *Metaphysik*, 993 b 9.

[36] Thomas, *Summa Theologiae* I q.1 a.1c: „homo ordinatur d Deo ad quemdam finem qui comprehensionem rationis excedit“

recht.“[37] Gerade indem das Christentum sein Ziel außerhalb dieser Welt sucht, erweist es sich in der Welt als die kulturschaffende Macht *kat'exochen*.

3. Hören, Verstehen und Erklären

Aber sehen wir uns noch einmal den besonderen Charakter dieser Wissenschaft an. Thomas erklärt, daß die „sacra doctrina“, die „heilige Lehre“, wie er die Theologie nennt, unmittelbar zwar auf Glauben ruht, daß dieser Glaube aber auf einem Wissen beruht, nämlich dem Wissen, das Gott und die Seligen haben. Die Theologie der Glaubenden ist somit „quaedam impressio divinae scientiae / eine Art Einprägung des göttlichen Wissens.“[38] Sie ist eine subalternierte Wissenschaft, d. h. sie setzt Sätze aus einer anderen Wissenschaft voraus, die sie selbst nicht zu begründen braucht, so wie die Geometrie oder die Musik Sätze der Arithmetik voraussetzt.[39] Diese Darstellung hat in den Generationen nach Thomas Kritik herausgefordert.[40] Ich will hier die Kritik Wilhelms von Ockham referieren, die für unsere Überlegungen besonders ertragreich ist. „Es ist nichts“, sagt Ockham, – es ist leeres Geschwätz – „zu sagen: ‚Ich weiß gewisse Schlußsätze, weil du die Prinzipien weißt, denen ich Glauben schenke, weil du sie mir sagst‘. Und deshalb ist es kindisch (*puerile*) zu sagen: ‚Ich weiß die Schlußsätze der Theologie, weil Gott die Prinzipien weiß, denen ich glaube, weil er sie offenbart.‘“[41]

---

[37] Diognetbrief 6,1–9; Zitat: 5,9: „Ἐπὶ γῆς διατρίβουσιν, ἀλλ' ἐν οὐρανῷ πολιτεύονται.“ (vgl. Phil 3,20) Andreas Lindemann / Henning Paulsen (Hrsg.), *Die Apostolischen Väter. Griechisch-deutsche Parallelausgabe auf der Grundlage der Ausgaben von Franz Xaver Funk / Karl Bihlmeyer / Molly Whittaker. Mit Übersetzung von Martin Dibelius und D.-A. Koch*, Tübingen, 1992, 313,12.

[38] Thomas, *Summa Theologiae* I q.1 a.3 ad 2.

[39] Ebd., I q.1 a.2c.

[40] Pannenberg, *Wissenschaftstheorie*, 228f, verweist auf Johannes Duns Scotus; dazu: Josef Finkenzeller, *Offenbarung und Theologie nach der Lehre des Johannes Duns Scotus. Eine historische und systematische Untersuchung*, Beiträge zur Geschichte der Philosophie und Theologie des Mittelalters 38 H. 5, Münster, 1961, 201–203; 211–215.

[41] „Unde nihil est dicere quod ego scio conclusiones aliquas, quia tu scis principia quibus ego credo, quia tu scis ea. Et eodem modo puerile est docere quod ego scio conclusiones theologicae, quia Deus scit principia quibus ego credo, quia ipse revelat ea.“,

Wilhelm von Ockham, *Scriptum in librum primum Sententiarum ordinatio. Prologus*, q.7, Opera theologica et philosophica Bd. 1, St. Bonaventure, N.Y., [Nachdruck], 199, 15–18; vgl. *Historisches Wörterbuch der Philosophie Bd. 12*, 2004, 905, bei Anm. 39.

Ockhams Kritik bewahrt davor, Theologie in einer solchen Weise zu verstehen, daß sie lediglich eine Wissenschaft wie alle anderen sei und lediglich so etwas wie eine „scientia subalternata". So, wie Ockham seine Kritik vorträgt, wird deutlich, daß der Charakter der Theologie als einer Wissenschaft auf einem Dialogverhältnis beruht. Thomas behauptet letztlich: „*Ich* weiß etwas, weil ich glaube, was *du* weißt." Nicht der Theologietreibende selbst hat das Wissen im eigentlichen Sinne, sondern Gott hat es – und die Seligen. Nur wenn man das ganze Verhältnis zwischen Gott und dem Glaubenden ins Auge faßt, ruht die Theologie der Glaubenden auf einem Wissen, das ihr zugänglich gemacht wird. Die Theologie ruht also darauf, daß Gott Menschen glaubhaft ist. Konkret heißt das aber: Gott ist glaubhaft, indem die Heilige Schrift glaubhaft ist.[42] Indem der glaubende Mensch die Schrift liest oder hört, hört er Gott und glaubt ihm.

Ockham hatte die Argumentation des Thomas als „puerile" bezeichnet. Das kann man mit „kindisch" übersetzen. Es kann aber auch nichts anderes als „kindlich" heißen, dann nämlich, wenn das Kindschaftsverhältnis gemeint ist, das der hörende Mensch gegenüber Gott hat.

Aus diesen Überlegungen erhellt auch, welchen Charakter die Theologie hat im Verhältnis von Geistes- und Naturwissenschaften. Wilhelm Dilthey, weiland Professor für Philosophie zu Basel, hatte in folgenreicher Weise Erklären und Verstehen als zwei verschiedene Vorgehensweisen von Wissenschaften einander gegenübergestellt. Das Erklären ist vornehmlich den Naturwissenschaften zuzuordnen, das Verstehen eine Möglichkeit der Geisteswissenschaften.[43] „Unter einer erklärenden Wissenschaft", sagt Dilthey, „ist jede Unterordnung eines Erscheinungsgebietes unter einen Kausalzusammenhang vermittels einer begrenzten Zahl von eindeutig bestimmten Elementen (d. h. Bestandteilen des

---

Des weiteren: der *habitus theologicus* ist keine *scientia proprie dicta*, Opera theologica et philosophica Bd. 1, 197, 23–27: die *fides* hat jedoch eine „cognitio supernaturalis", ebd., 197, 23–27. Ockham bestreitet keineswegs den Wissenschaftscharakter der Theologie. Er baut ihn nur anders auf als Thomas. Siehe dazu Volker Leppin, *Geglaubte Wahrheit. Das Theologieverständnis Wilhelms von Ockham*, Forschungen zur Kirchen- und Dogmengeschichte 63, Göttingen, 1995, 191–203; Volker Leppin, *Wilhelm von Ockham. Gelehrter, Streiter, Bettelmönch*, Darmstadt, 2003, 47–54.

[42] Bei Thomas liegt dies seinen Ausführungen in Summa Theologiae I q.1 a.8–10 zugrunde. Siehe auch das „sed contra" von a.1, das die Eigenständigkeit der Theologie mit 1 Tim 3,16 begründet.

[43] Wilhelm Dilthey, *Ideen über eine beschreibende und zergliedernde Psychologie 1894*, Gesammelte Schriften Bd. 5: Die geistige Welt, Leipzig/Berlin, 1924, 139–240.

Zusammenhanges) zu verstehen."[44] Dilthey charakterisiert demgegenüber so das Verstehen: „Wir *erklären* durch rein intellektuelle Prozesse, aber wir *verstehen* durch das Zusammenwirken aller Gemütskräfte in der Auffassung. Und wir gehen im Verstehen vom Zusammenhang des Ganzen, der uns lebendig gegeben ist, aus, um aus diesem das einzelne uns faßbar zu machen."[45]

In der Theologie geht es nun sowohl um Verstehen und um Erklären. Der Theologe, als ein glaubender Mensch, muß auf Gott hören und ihn verstehen – so wie sich Gott in der Heiligen Schrift zu verstehen gibt. Indem er Gott versteht, gelangt er aber zu einer Erklärung der Dinge. Wenn zu verstehen ist, was *Menschen* sagen, bleibt offen, ob das, was sie sagen, wahr ist. Die Wahrheit einer Wissenschaft, die *lediglich* darauf abzielt zu verstehen, besteht darin, daß sie das richtige Verständnis der Äußerungen eines Menschen getroffen hat. Über die Wahrheit dieser Äußerungen selbst hat sie nichts zu sagen. Wenn hingegen *Gott* zu verstehen ist, dann sind die Ergebnisse dieser Akte des Verstehens Aussagen über das, was *ist*, über das Sein. Sie weisen eine Erklärung auf, die ausgeht von dem, der der Urheber aller Dinge ist.

Theologie hat somit, insofern es ihr um das Verstehen geht, den Charakter einer Geisteswissenschaft, insofern es ihr um die Erklärung dessen, was ist, aus seinen Ursachen geht, den Charakter einer Naturwissenschaft. Wenn sie sich nur mit Verstehen abgibt und vollends davon absieht, daß sich daraus Folgerungen für die Wahrheit des Seins ergeben, dann verfehlt sie ihr Ziel und bleibt in einer Sphäre, die erfüllt ist von einer Aura der Unwirklichkeit. Man erörtert nur, wer was gesagt hat und kommt zu keinem Schluß, wie es mit der Sache *ist*.

Wenn die Theologie sich nur mit dem Erklären abgibt, deduzierend von der höchsten Ursache allen Seins, dann überspielt sie die Wahrheit, daß sie ihre Erkenntnisse nur einem *Verstehen* verdanken kann, daß sie auf die „Wolke der Zeugen" lauschen muß, durch die Gott „vielfach auf vielerlei Weise geredet hat" bis dahin, daß er „zu uns geredet hat durch seinen Sohn" (Hebr 12,1; 1,1–2).

[44] Ebd., 139; in der Übertragung auf die Psychologie: 158: „Sie leitet alle in der inneren Erfahrung und in deren Erweiterungen auffindbaren Tatsachen aus einer begrenzten Zahl von eindeutig bestimmten Elementen ab."

[45] Ebd., 172. Auf 173 wird dann dies von einer verstehenden Psychologie auf die ganzen Geisteswissenschaften übertragen.

Christliche Theologie ist auch hier unvermeidbar in einer Spannung – und sie ist eben so das, was Natur- und Geisteswissenschaften miteinander vereint.

4. Theologie und Polemik

Der katholische Philosoph Josef Pieper hat in einem Nachwort zu dem Buch des hochkirchlichen Anglikaners C. S. Lewis „Über den Schmerz" einige sehr hörenswerte Überlegungen zur Sprache der Wissenschaft geäußert. Als ein Merkmal, das wissenschaftlicher Sprache eignen soll, hebt er die Schlichtheit hervor. Er erklärt: „Sei langsam zu vertrauen, wo immer diese Schlichtheit fehlt; sie ist das Siegel der Glaubwürdigkeit."[46] Übertragen könnte man sagen: „Sei langsam zu vertrauen, wo Polemik den Diskurs prägt. Dies ist ein Siegel der Unsachlichkeit."

Polemik einerseits und wissenschaftliche Sprache, überhaupt Wissenschaftlichkeit andererseits scheinen sich auszuschließen. In seinen wissenschaftlichen Äußerungen, zumal über religiöse Dinge, polemisch zu sein, paßt nicht zu der Etikette eines wissenschaftlich gebildeten Menschen. Wenden wir uns wieder John Henry Newman zu. Er bestimmt als den Empfänger der universitären Bildung den „Gentleman"[47], und er bestimmt diesen folgendermaßen: „Es kommt [...] fast einer Definition des Gentleman gleich, wenn man sagt: er ist der Mann, der niemals Unannehmlichkeiten bereitet. [...] Seine Tätigkeit besteht vor allem darin, ganz einfach die Schwierigkeiten wegzuräumen, die der freien und ungestörten Wirksamkeit seiner Umgebung hindernd im Wege stehen. Dabei paßt er sich lieber ihrer Gangart einfach an, als daß er selbst die Initiative ergreift. [...] Der wahre Gentleman" vermeidet „sorgfältig alles, was einen Mißton oder eine Verstimmung in die Seelen hineintragen könnte, mit denen er zusammenleben muß: jedes Aufeinanderplatzen der Meinungen, jeden Zusammenstoß der Empfindungen, jede zwangsmäßige Behinderung, jede Verdächtigung, allen Trübsinn und Ärger. [...] Er verteidigt sich nie durch bloßes Umdrehen des Spießes. [...] Er sucht seine Gegner zu verstehen und trägt ihren Fehlern Rechnung. [...] Er hat Achtung vor Frömmigkeit und Religiosität; ja, er setzt sich für Einrichtungen ein, die er an sich nicht bejaht, nur deswegen, weil er sie als ehrwürdig, schön und nützlich erkennt. Er ehrt die Diener der Religion und begnügt sich

---

[46] Josef Pieper, *Über die Schlichtheit der Sprache in der Philosophie*, Nachwort zu: C. S. Lewis, Über den Schmerz, München, 1978, 186.

[47] Dies kann als Zusammenfassung der Gedankengänge im Sechsten bis Neunten Vortrag angegeben werden.

damit, ihre Mysterien abzulehnen, ohne sie dabei anzugreifen oder zu verdächtigen. Er ist ein Freund religiöser Toleranz, nicht nur, weil seine Weltanschauung ihn gelehrt hat, alle Glaubensformen mit unparteiischem Auge zu betrachten, sondern auch aus der Zartheit und Feinheit des Empfindens heraus, die eine Begleiterscheinung der Kultur darstellen."[48]

Von dem so charakterisierten Gentleman sagt Newman: „In unseren Tagen ist der ‚Gentleman' die Schöpfung nicht des Christentums, sondern der Kultur."[49] Newman stellt diesem Ideal das des „christlichen Gentlemans" entgegen, des gebildeten, geschliffenen Christen, wie er ihn in Basilius von Caesarea verwirklicht sieht, der an den philosophischen Schulen von Athen sich eine umfassende Bildung verschafft hatte, bevor er theologischer Lehrer und Bischof wurde.[50] Es ist eine Variante desselben Ideals, nur daß seine Wurzeln vom christlichen Glauben genährt werden.[51] In der Tat ist dies eine Form legitimer christlicher Präsenz im Raum der Wissenschaften und das heißt auch: im Raume der Theologie. Es ist aber nicht die einzige:
„Nehmt euch in Acht vor den Hunden, nehmt euch in Acht vor den böswilligen Arbeitern, nehmt euch in Acht vor der Zerschneidung!" warnt der Apostel Paulus die Gemeinde in Philippi, nachdem er sie zuvor abermals und abermals ermuntert hat, sich zu freuen (Phil 3,2). Und Martin Luther erklärt dem Humanistenfürsten Erasmus, er spreche „wie der erste beste Jude oder ein Heide, der überhaupt nichts von Christus weiß [...]". Und er setzt noch eins drauf: „Du

[48] Newman, *Universität*, 205–207. „ [...] it is almost a definition of a gentleman to say he is one who never inflicts pain. [...] He is mainly occupied in merely removing the obstacles which hinder the free and unembarrassed action of those about him; and her concurs with their movements rather than takes the initiative himself. [...] The true gentleman [...] carefully avoids whatever may cause a jar or a jolt in the minds of those with whom he is cast; all clashing of opinion, or collision of feeling, all restraint, or suspicion, or gloom, or resentment; [...] He [...] never defends himself by a mere retort [...] he throws himself into the minds of his opponents, he accounts for their mistakes. [...] He respects piety and devotion; he even supports institutions as venerable, beautiful, or useful, to which he does not assent; he honours the ministers of religion, and it contents him to decline its mysteries without assailing or denouncing them. He is a friend of religious toleration, and that, not only because his philosophy has taught him to look on all forms of faith with an impartial eye, but also from the gentleness and effiminacy of feeling, which is the attendant on civilization."

[49] Ebd., 201 / *University*, 203.

[50] Ebd., 207 / *University*, 211.

[51] Ebd., 200f / University, 202–204.

duftest ganz nach Lucian und hauchst mir den starken Weinrausch Epikurs zu."[52] Das ist Polemik, und schärfste Polemik, und man muß im Falle des Erasmus durchaus sagen, daß ihm hier unrecht getan wurde, daß Luther seine Position überinterpretiert hat. Und dennoch haben der eifernde Apostel und der tobende Reformator in ihren Polemiken Dinge gesagt, die wissenschaftlich ernst genommen werden müssen und für die Sache der Theologie von Gewicht sind. Es wäre nicht wissenschaftlich, dies nicht zu tun, nur weil es sich um Polemiken handelt. Wir können Erasmus in seinem Grab im Basler Münster weiterhin ruhen lassen, doch müssen wir sehen, was Luther in seiner Polemik gegen ihn getroffen hat, auch wenn er dabei übertrieb.

Wir müssen sehen, daß, gerade weil Dinge, die von Theologen richtig eingeschätzt wurden, solches Gewicht für die Sache der Theologie haben, sie auch polemisch wurden. Das ist ein Sachverhalt, der Wissenschaften keineswegs fremd ist. Wenn in der Volkswirtschaftslehre eine Theorie propagiert wird, die zur Verarmung der Bevölkerung führt, in der Rechtswissenschaft eine Lehre, aufgrund deren Unrecht als Recht gesetzt wird, und in der Politologie ein System, das zur Tyrannei oder zur Anarchie führt, dann sind Widerstand und Polemik geboten. In der Theologie geht es um ein noch höheres, es geht um das höchste Gut. Es geht, um es mit dem Heidelberger Katechismus zu sagen (Frage 1), um das, was des Menschen einziger Trost im Leben und im Sterben ist, und darum ist dafür zu sorgen, um es mit dem Lutherlied (Ein' feste Burg ist unser Gott, Str. 4) zu sagen, daß das Wort, das Wort Gottes, stehen gelassen wird.

Der wissenschaftlich gebildete Gentleman, der eine Schöpfung nicht des Christentums, sondern der Kultur ist, stößt sich an einer Theologie, die beansprucht, von solchen höchsten und letzten Dingen klar und entschieden zu reden und sich darum berechtigt weiß, auch polemisch zu werden. Ein starkes Motiv für diesen Anstoß ist die Erfahrung, wie gefährlich Religion für ein Gemeinwesen werden kann, wenn sie polemisch wird. Es ist aber nicht nur diese Erfahrung allein, sondern es ist die Überzeugung, dieses Konfliktpotential nur so entschär-

---

[52] Luther, *De servo arbitrio*, WA 18, 609, 18–21: „[...] quilibet Iudaeus aut gentilis Christi prorsus ignarus [...] Totus Lucianum spiras, et inhalas mihi grandem Epicuri crapulam." Übersetzung nach der von Bruno Jordahn: Martin Luther, *Daß der freie Wille nichts sei. Antwort D. Martin Luthers an Erasmus von Rotterdam*, in: H. H. Borchert / Georg Merz (Hrsg.), *Martin Luther, Ausgewählte Werke, Ergänzungsreihe*, Bd. 1, München, 3. Aufl. 1962, 18.

fen zu können, daß man das für unwesentlich oder zweifelhaft erklärt, worum der Konflikt geht.

Im Jahre 1554 veröffentlichte in Basel unter einem Pseudonym Sebastian Castellio sein Buch „De haereticis, an persequendi sint“ (Von den Häretikern, ob man sie verfolgen solle). Er protestierte damit gegen die Hinrichtung Michael Servets im Vorjahr in Genf, an der auch Johannes Calvin mitverantwortlich war.[53] Castellio vergleicht darin den Streit um die wahre Auffassung der Trinität Gottes, der zu Servets Tod geführt hatte, mit dem Streit von Untertanen eines abwesenden Fürsten über solche Dinge wie, ob er, wenn er zurückkommt, zu Pferde oder im Wagen komme usw. Das sind Dinge, die nicht wichtig sind, die man auch nicht wissen kann und nicht wissen braucht.[54]

Ein solches Konzept von Toleranz wird dazu führen, daß die Theologie nicht nur nicht mehr polemisch sein darf, sondern gar keine Wissenschaft mehr ist. Denn sie darf dann nicht mehr beanspruchen, *Erkenntnisse* über Gott auszusprechen. Sie dürfte dann nicht mehr beanspruchen, zu sagen, etwas würde von Gott gelten, etwas anderes aber nicht, denn ein Wahrheitsanspruch in solchen Sachen könnte zu einem gewaltsamen Konflikt führen, der das Gemeinwesen, ja die gesamte Menschheit erschüttern würde. – Demgegenüber hält christliche Theologie daran fest, daß sie *darum* ihren Streit nicht mit Gewalt austragen darf, weil es ganz gewiß in ihr um Angelegenheiten *Gottes* geht. Gott überläßt es aber nicht den Menschen mit ihren unbrauchbaren Mitteln, seine Wahrheit durchzusetzen. Er sorgt vielmehr selbst dafür, daß seine Wahrheit zur Überzeugung für das Gewissen eines Menschen wird.[55]

---

[53] Es handelt sich um eine Sammlung von Texten verschiedener Autoren, u.a. auch Castellios selbst. Castellio tritt als Herausgeber unter dem Namen „Martinus Bellius“ auf. Als Verlagsort war Magdeburg angegeben. Ausgaben: Sebastian Castellio, *De haereticis an persequendi sunt et omnino quomodo sit cum eis agendum, Luteri & Brentii, aliorumque multorum tum veterum tum recentiorem sententiae (1554)*; Nachdruck: *Reproduction en Fac-Similé de l'Édition de 1554, avec une introduction de Sape van der Woude*, Genf, 1954; in engl. Übers.: Roland H. Bainton (Hrsg.), *Concerning Heretics, Now first done into English, together with excerpts from other works of Sebastian Castellio and David Joris on religious liberty*, Records of civilization. Sources and studies 22, New York, 1935 [2. Aufl. 1965, 3. Aufl. 1979]. Dort, 3–11, auch ein Überblick von Bainton über die Entstehung des Werkes.

[54] Castellio, *De haereticis*, 3–6.

[55] Dies ist, in Kürze, die Position, die der junge Martin Luther in der Toleranzfrage einnimmt, vor allem im zweiten Teil der Schrift „Von weltlicher Obrigkeit“, die Castellio ebenfalls in sein Buch aufgenommen hatte. Dazu: Sven Grosse, *Konkurrierende*

Christliche Theologie läßt sich darum kein politisch korrektes *appeasement* auferlegen, weil sie es ist, die *weiß*, wodurch Frieden auf Erden verkündigt wird. Sie befindet sich auch auf diesem Themenfeld notwendig in einer Spannung. Hier ist es die Spannung zwischen dem Bildungsideal des Gentlemans – des *christlichen* Gentlemans – und ihrem Wächteramt, das sie um des Heils der Menschheit willen auszuüben hat.

5. Gegenstand, Einheit und Gliederung der Theologie

In einem kurzen Abschnitt seiner Schrift „De vera religione“ über das Christentum als der wahren Religion gibt Augustinus eine prägnante Darstellung der Theologie als Wissenschaft. Er umreißt damit auch die Voraussetzungen der Unterscheidung verschiedener Glieder der Theologie und der Einheit, zu welcher diese zusammenfinden.

„Gehen wir nun“, schreibt er, „an die Erforschung dieser Religion selbst, so steht als Hauptgegenstand ihre *Geschichte* vor uns. Diese schließt in sich die Prophetie des zeitlichen Waltens der göttlichen Vorsehung zum Heil des Menschengeschlechtes, welches erneuert und wiederhergestellt werden muß. Wer zum Glauben daran gekommen ist, dessen Geist wird durch eine Lebensart gereinigt werden, die mit den Geboten Gottes im Einklang steht und die ihn fähig macht, geistige Dinge wahrzunehmen, die weder vergangen noch zukünftig sind, sondern immer währen und keinem Wandel unterworfen sind. Das heißt den ein und denselben Gott wahrzunehmen, den Vater, den Sohn und den Heiligen Geist. Soweit die Erkenntnis dieser Dreieinigkeit in diesem Leben vergönnt ist, wird ohne jeden Zweifel jede Kreatur, ob geistig, beseelt oder körperlich, als Schöpfung dieser Dreieinigkeit wahrgenommen, von der sie ihr Sein als solches, ihre Beschaffenheit und ihre Stellung in der vollkommenen, von Gott gelenkten Ordnung hat.“[56]

Konzepte von Toleranz in der frühen Neuzeit, in: ders., Das Christentum an der Schwelle der Neuzeit. Drei Studien zur Bestimmung des gegenwärtiges Ortes des Christentums, Studien und Texte zum Protestantismus des 16. bis 18. Jahrhunderts 6, Kamen, 2010, 51–96.

[56] Augustin, *De vera religione* VII, 13, Corpus Christianorum 32, 196, 20–31: „Huius religionis sectandae caput est historia et prophetia dispensationis temporalis divinae providentiae pro salute generis humani in aeternam vitam reformandi atque reparandi. Quae cum credita fuerit, mentem purgabit uitae modus diuinis praeceptis conciliatus et idoneam faciet spiritalibus percipiendis, quae nec praeterita sunt nec futura, sed eodem modo semper manentia nulli mutabilitati obnoxia, id est unum ipsum deum patrem et

Hauptgegenstand, „caput“ der Erforschung der christlichen Religion ist also die Geschichte. Nicht irgendeine Geschichte allerdings, sondern die Geschichte, in welcher Gott seine οἰκονομία, seine *dispensatio* zur Errettung des menschlichen Geschlechtes vollzieht. Das entscheidende Stück innerhalb dieses Handelns ist also seine Menschwerdung selbst, gipfelnd in dem Tod und der Auferstehung Jesu Christi. Diesem Handeln Gottes in der Geschichte steht der theologietreibende Mensch mit Glauben gegenüber. Aus diesem Glauben erwächst eine Wahrnehmung – Augustin spricht von *percipere*. Wen der Theologe wahrnimmt, ist an erster Stelle der wandellose, also von aller Kreatur streng unterschiedene Gott, Gott als Vater, Sohn und Heiliger Geist, sodann alles anderes, was ist, also jede Kreatur, in ihrem Verhältnis zu Gott.

Gegenstand der theologischen Erkenntnis ist somit zweierlei – nein, man muß sich verbessern: eines in einer zweifachen Dimension. Gott, wie er in der Geschichte handelt und selbst erscheint und Gott, wie er jenseits der Geschichte existiert. Ziel der theologischen Erkenntnis ist die zweite Dimension. Der jenseitige, unwandelbare Gott, wenn man ihn durch das Medium der Geschichte erkennt, in welcher er selbst handelt und in die er selbst eingeht, ist aber ein anderer Gott als man ihn sich vorstellen möchte und zu dem man gelangen möchte ohne dieses Medium. Der jenseitige und unwandelbare Gott ist und bleibt also derjenige, der in einer konkreten Weise in der Geschichte gegenwärtig geworden ist. Eben darum ist er Vater, Sohn und Heiliger Geist.[57] Und umgekehrt: die Geschichte, in welcher Gott um unseres Heils willen in konkreter Weise gegenwärtig geworden ist, ist nicht *bloß* Geschichte, ist nicht irgendeine Geschichte, sondern sie ist mit dem Dasein des ewigen und alle Geschichte übersteigenden Gottes verbundene Geschichte – verbunden bis hin zu der Vereinigung von Menschheit und Gottheit in der Person Jesu Christi.

---

filium et spiritum sanctum, qua trinitate, quantum in hac uita datum est cognita omnis intellectualitatis et animalis et corporalis creatura ab eadem trinitate creatrice esse, in quantum est, et speciem suam habere et ordinatissime administrari sine ulla dubitatione perspicitur.“ Die Übersetzung hält sich frei an diejenige von Carl Johann Perl, *Die wahre Religion*, Paderborn, 1957, 12f. Vgl. die Übersetzung von Wilhelm Thimme (Hrsg.), *De vera religione/Über die wahre Religion*, Stuttgart, 1983.

[57] Beispielhaft deutlich wird dies in Tertullians Auseinandersetzung mit dem „deus philosophorum“: er nimmt diesen Gedanken auf als einer vorläufigen Näherung an das, was Gott der Vater ist, überbietet ihn aber dadurch, daß er von Gott dem Vater Gott den Sohn unterscheidet: Tertullian, *Adversus Marcionem* II, 27,6.

Aus dieser zentralen Wahrheit der christlichen Religion ergeben sich die einzelnen Gegenstände der christlichen Theologie. Christliche Theologie befaßt sich mit Geschichte, aber mit einer besonders hervorgehobenen Geschichte, mit Geschichte, insofern sie Gegenstand einer bestimmten Prophetie geworden ist. Es hat Gott eben so gefallen, ein bestimmtes Volk zu erwählen und durch von ihm erwählte autoritative Schriften prophetisch die Geschichte zu deuten, in welcher er in diesem Volk gehandelt und das Heil des Menschengeschlechtes erwirkt hat. Eben dadurch, aber eben dadurch allein sind diese Schriften und damit auch die Geschichte dieses Volkes und die Sprachen, in welchen diese Schriften verfaßt sind, Gegenstand der Theologie. Eben darum und eben darum allein sind die Schriften des Alten und des Neuen Testaments Gegenstand der Theologie und nicht in gleicher Weise die homerischen Epen oder Herodots Historien. Eben darum und eben darum allein ist die Geschichte des alten Israel ihr Gegenstand und nicht die Geschichte der Römer oder der Russen. Eben darum und eben darum allein ist die Kenntnis der hebräischen und der griechischen Sprache für die Theologie erforderlich, nicht aber die des Ägyptischen oder des Chinesischen.

Entsprechendes gilt aber nun auch von der zweiten Dimension der christlichen Theologie. Christliche Theologie geht notwendig um mit menschlichen Gedanken über etwas oder über jemand, den man „Gott" nennen mag, als einem Sein, das alle Geschichte und alles andere Sein übersteigt und von dem dieses Sein doch nur abgeleitet ist. Christliche Theologie ist aber dennoch keine Metaphysik, sondern sie formt diese menschlichen Gedanken um gemäß dem Maßstab, den Gott gesetzt hat dadurch, daß er durch das Medium einer bestimmten, von ihm erwählten Geschichte hat wahrgenommen werden wollen.

Es zeichnet sich damit eine Untergliederung der Theologie ab in Disziplinen oder besser Aufgabenstellungen: auf der eine Seite ist historisch und philologisch zu arbeiten, auf der anderen Seite philosophisch, metaphysisch und logisch. Es wird aber auch deutlich, daß es *verboten* ist, das eine ohne das andere zu tun und dabei die jeweils andere Dimension aus dem Blick zu verlieren. Im Grunde ist eine exklusive Spezialisierung auf eine dieser Disziplinen etwas untheologisches. Es widerspricht der Einheit von Geschichte und ewigem Sein, die Jesus Christus in seiner eigenen Person geschaffen hat.[58]

[58] Die derzeit üblichen Disziplinen sind demnach umzuordnen. Die Disziplinen Altes und Neues Testament enthalten die philologisch-historischen Aufgaben, die Dogmatik die philosophischen. Die Kirchengeschichtsschreibung betrifft alle Aufgaben, insofern studiert werden muß, wie die Vorgänger im Glauben sie angegangen haben. Die im

6. Glauben und Barbarei

Augustin bringt aber in der zitierten Stelle nicht nur diese beiden Dimensionen Gottes in ein Verhältnis zueinander. Er bringt dies, indem er von einem Dritten spricht, und das ist die Einstellung des Theologie treibenden Menschen dazu. Augustin charakterisiert sie zuerst als Glauben, als *credere*, und dann, darauf fußend, als eine Art der Lebensführung, ein *uitae modus*, der den Geboten Gottes entspricht und durch den eine Reinigung des menschlichen Geistes anhebt – Augustin spricht im Futur: „mentem purga*bit*." Dadurch erst wird der Mensch imstande, Gott wahrzunehmen – *percipere* – also nicht bloß: ihn zu denken. Augustin faßt Theologie als Wissenschaft also hier anders als die Wissenschaft, die lediglich durch ein Studium erworben wird, wie in dem Beispiel, das Thomas von Aquin einmal gibt, von der Moralwissenschaft, deren Fachleute auch recht über die Akte der Tugenden zu urteilen vermögen, wenn ihnen diese Tugenden selbst fehlen.[59] Zu einer Theologie, die nicht nur zu einem korrekten Denken, sondern zu einer Schau Gottes führt, ist Glaube und eine dem Glauben entspringende Lebensführung, man kann auch sagen, eine *praxis pietatis*, notwendig.

Aus dieser Überlegung ergibt sich eine Stellungnahme zu einem vielzitierten Wort Friedrich Schleiermachers, das für die gegenwärtige Lage der Theologie im deutschsprachigen protestantischen Raum bezeichnend ist. Es ziert derzeit die Hallen der evangelisch-theologischen Fakultät zu Berlin, findet sich in Schleiermachers Zweitem Sendschreiben über seine Glaubenslehre an Lücke von 1829 und lautet: „Soll der Knoten der Geschichte so auseinander gehen? Das Christentum mit der Barbarei, und die Wissenschaft mit dem Unglauben?"[60]

---

nächsten Abschnitt besprochene *praxis pietatis* ist Gegenstand der praktischen Theologie, welche weniger eine Wissenschaft als eine Kunstlehre ist. Mit ihr ist die Aufgabe der Ethik verbunden. Da der Weg des Christen zur Schau Gottes nur ein in der Gemeinschaft der Heiligen zu gehender ist, wird hier auch die kirchliche Bindung der Theologie deutlich.

[59] Thomas, *Summa Theologica* I q.1 a.6 ad 3: „Alio modo, per modum cognitionis: sicut aliquis instructus in scientia morali, posset judicare de actibus virtutis, etiamsi virtutem non haberet."

Thomas unterscheidet selbst an dieser Stelle davon eine Theologie „per modum inclinationis", die er mit den Worten des Dionysius Areopagita charakterisiert: „Hierotheus doctus est non solum discens, sed patiens divina.", Dionysius Areopagita, *De divinis nominibus 2*, MPG 3, 647.

[60] Friedrich Schleiermacher, *Zweites Sendschreiben über seine Glaubenslehre an Dr.*

Schleiermacher sieht die Theologie seiner Zeit in einem Dilemma, das fatal ist. Auf der einen Seite sieht er die Entwicklung der Wissenschaft, vor allem der Naturwissenschaft, die sich immer mehr gegen das überlieferte Verständnis des Christentums wende, mit einer „Gewalt", wie er sagt, aus „wissenschaftlichen Combinationen, denen sich niemand entziehen kann", so daß eines nach dem anderen falle. Die Folge würde für das Christentum eine „Blokade", eine „gänzliche Aushungerung von aller Wissenschaft"[61] sein. So sieht er auf dieser Seite mit der Wissenschaft den Unglauben aufziehen, auf der anderen Seite die Barbarei nach dem Christentum greifen: „die Anstalten dazu werden schon stark genug getroffen, und der Boden hebt sich schon unter unsern Füßen, wo diese düsteren Larven auskriechen wollen, von enggeschlossenen religiösen Kreisen, welche alle Forschung außerhalb jener engen Umschanzungen eines alten Buchstaben für satanisch erklären."[62]

Nun denn! Ich denke, die deutschsprachige evangelische Theologie hat sich lange genug von dem Anblick dieses Dilemmas hypnotisieren lassen. Die Angst, die dieser Anblick erzeugt, ist ein schlechter Ratgeber. Sie führt dazu, eines nach dem anderen vom Eigensten des Christentums aufzugeben, nur um als Wissenschaft in der zeitgenössischen Gesellschaft salonfähig zu bleiben.[63]

Lücke, in: Hans-Joachim Birkner u. a. (Hrsg.), Friedrich Schleiermacher. Kritische Gesamtausggabe Bd. I.10, Berlin/New York, 1990, (337–394) 347,8–10. Zuerst veröffentlicht in: Theologische Studien und Kritiken, Zweiten Bandes zweites und drittes Heft, Hamburg, 1829; in der Ausgabe: Friedrich Schleiermachers Sämmtliche Werke, I. Abt., Bd. 2, Berlin, 1836, (605–653) 614.

[61] Ebd., 346,6–8; 347,6.

[62] Ebd., 347,11–15.

[63] Ein treffendes Beispiel dafür ist Schleiermacher selbst. Kurz nach der zitierten Stelle nennt er als Ausweg aus dem Dilemma, das „eigentliche Christenthum" sei der Glauben „an eine göttliche Offenbarung in der Person Jesu, aus welcher Alle immer aufs neue ein kräftiges, himmlisches Leben schöpfen können und sollen", ebd., 347,22–25. Er will damit eine Theologie verhindern, derzufolge Jesus nur als „simpler Landrabbiner" betrachtet wird, der „die neue Synagoge, die sich so wunderbarer Weise zur christlichen Kirche erweitert hat, fast ohne es zu wollen, gestiftet" hat und „für seine Zeit gar schöne Sachen gesagt hat, die man immer noch als Motto gebrauchen kann, um unsere heilsamen und vornehmen Gedanken daran zu knüpfen.", ebd., 347,27–348,1. Schleiermacher verschließt sich aber selbst der Wahrheit, daß Jesus Christus der Sohn Gottes ist, gleichen Wesens mit dem Vater, der um unseres Heils willen Mensch geworden ist. Auf den Satz Joh 1,14 beruft sich auch er; sein Sinn wird jedoch ins genaue Gegenteil umgebogen: „Insofern nun alle menschliche Tätigkeit des Erlösers in ihrem ganzen Zusammenhang von diesem Sein Gottes in ihm abhängt und es darstellt, rechtfertigt sich

Die christliche Theologie bewahrt indes ihre Qualität, Wissenschaft zu sein, wenn sie ihr Eigenstes bewahrt und an ihrer Bestimmung festhält, so wie sie beispielhaft von Augustin beschrieben worden ist. Das besagt aber, daß sie sich auf eine Einengung einläßt. Es ist dies die Enge, auf die sich Gott selbst eingelassen hat, als er einen enggeschlossenen Raum wählte, um dort Mensch zu werden. Und christliche Theologie hält daran fest, auf dem Glauben zu gründen und mit der *praxis pietatis* verbunden, ja selbst *praxis pietatis* zu sein. Wenn sie sich auf diesen Weg einläßt, wird Gott sie in die grenzenlose Weite seines Seins führen, und sie wird zur Schau Gottes gelangen.

Christliche Theologie wird es dann wagen, in der Spannung zu sein, und sie hat darauf zu achten, daß sie weder in die eine noch in die andere Richtung dieser Spannung nachgibt. Sie ist erstens: in der Spannung zwischen ihren Anspruch, Wissenschaft zu sein, und zwar die Wissenschaft, welche die *universitas* der Wissenschaften zusammenhält, einerseits und ihrem Gründen auf dem Glauben andererseits, der vor der Welt als Torheit erscheint. Zweitens: in der Spannung zwischen dem Verstehen menschlicher Zeugnisse und dem Erklären des Seins ausgehend von Gott als der obersten Ursache. Drittens: in der Spannung zwischen dem christlichen Gentleman als dem Träger universitärer Bildung und der Verpflichtung, für die Wahrheit des Heils zu streiten. Viertens: in der Spannung zwischen dem philologisch-historischen und dem philosophischen Arbeiten in der Theologie.

Daß der Unglaube letztlich die Barbarei mit sich zieht, müßte in der Zeit seit Schleiermacher deutlich genug geworden sein. Der Glaube aber an den Gott, der Mensch geworden ist, so wie es die Schrift bezeugt, bereitet den Weg für die Wissenschaft und die Bildung.

---

der Ausdruck, daß in dem Erlöser Gott Mensch geworden ist, als ihm ausschließlich zukommend, wie auch jeder Moment seines Daseins, soweit man ihn isolieren kann, ein neues solches Menschwerden und Menschgewordensein Gottes darstellt, weil immer und überall alles Menschliche in ihm aus jenem Göttlichen wird." Die Formel „Sein Gottes in Christo" erläutert Schleiermacher dabei so: „Der Ausdruck ‚Sein Gottes in irgend einem anderen' kann immer nur das Verhältnis der Allgegenwart Gott zu diesem anderen ausdrücken.", Friedrich Schleiermacher, *Der christliche Glaube nach den Grundsätzen der evangelischen Kirche im Zusammenhange dargestellt*. Auf Grund der zweiten Aufl. [1831] u. krit. Prüfung des Textes neu hg. u. mit Einl., Erläuterungen u. Register vers. v. Martin Redeker, Bd. 2, 7. Aufl., Berlin 1960, § 96.3, S. 58; § 94.2, S. 45. Damit aber kann Schleiermacher der Selbstauflösung des Christentums nicht Einhalt gebieten.

Ausgewählte Publikationen von Armin Sierszyn

in zeitlicher Reihenfolge des Erscheinens

Neutäuferische Unruhen im Bachtel- und Allmanngebiet. Master-Arbeit bei Prof. Dr. Rudolf Pfister, Zürich 1967, 2. Aufl. Bäretswil 1994.

Das Wort Gottes. Theologische Bemerkungen zu seinem Verständnis, Bäretswil 1971, 2. Aufl. 2007.

Das Sünde- und Schuldproblem im dogmatischen Denken Schleiermachers (Diss. theol. Erlangen 1973), Erlangen/Bäretswil 1973.

Biblische Standortbestimmung – in kritischer Auseinandersetzung mit der gegenwärtigen „modernen Theologie", hg. von der Bekennenden Sammlung Schweiz, Erlangen/Zürich 1974.

Die Bibel im Griff? Historisch-kritische Denkweise und biblische Theologie, Wuppertal 1978.

Die babylonische Gefangenschaft der Bibel in Theologie und Kirche – eine Herausforderung für bibeltreue Theologie, in: Fundamentum 1/1984, S. 156–171.

Die Theologie Rudolf Bultmanns und deren Folgen für die reformatorischen Kirchen, in: Fundamentum 3/1984, S. 94–100.

Kirche unter dem Kreuz, in: Samuel Jacob/Hans Strub (Hrsg.), Kirche leiten im Übergang. Konturen werden sichtbar. Festschrift für Kirchenratspräsident Ernst Meili, Zürich 1993, S. 278–283.

Die Geschichte der Reformierten Kirche Bauma, in: Geschichte der Gemeinde Bauma, Bd. 2, Wetzikon 1994, S. 1–111.

Das Zeichen der Kirche und die Zeichen der Zeit. Das Kreuz Christi zwischen modernem Fundamentalismus und multikulturellen Visionen, Bäretswil 1994.

2000 Jahre Kirchengeschichte:
Bd. 1: Von den Anfängen bis zum Untergang des weströmischen Reiches, Holzgerlingen 1995 (wiederholte Neuauflagen).
Bd. 2: Das Mittelalter, Holzgerlingen 1997 (wiederholte Neuauflagen).
Bd. 3: Reformation und Gegenreformation, Holzgerlingen 2000

(wiederholte Neuauflagen).
Bd. 4: Die Neuzeit, Holzgerlingen 2000 (wiederholte Neuauflagen).

Hellmuth Frey als Studentenseelsorger, in: Kritik, die vom Kreuz ausgeht. Zum 100. Geburtstag von Hellmuth Frey, hg. v. Thorsten Dietz/Torsten Küster, Wuppertal 2001 (Systematisch-theologische Monographien), S. 111–125.

Abschied von Prof. Dr. Samuel Külling, in: Diakrisis 25/1 (2004), S. 53f.

Abschied vom Opfer Christi?, Theologische Beilage zur STH-Postille 5/2004.

Heinrich Bullinger. Vater der reformierten Kirche, Theologische Beilage zur STH-Postille 9/2004.

Profil und Identität reformatorischer Kirchen am Beginn des 21. Jahrhunderts. Ein Plädoyer, Theologische Beilage zur STH-Postille 4/2006; 5/2006, abgedr. in: Armin Sierszyn, Schwingen des Adlers, Wetzikon 2007, S. 251–272.

Zur Täuferbewegung im Grüninger Amt, in: Zwingliana 24 (2007) S. 37–59.

Christologische Hermeneutik. Eine Studie über Historisch-kritische, Kanonische und Biblische Theologie mit besonderer Berücksichtigung der philosophischen Hermeneutik von Hans-Georg Gadamer, Zürich 2010 (Studien zu Theologie und Bibel 3).

Johannes Calvin – Streiflichter auf den Menschen und Theologen. Vorträge und Tagungsbeiträge an der Staatsunabhängigen Theologischen Hochschule Basel zum Calvinjahr 2009, hg. von Sven Grosse / Armin Sierszyn, Zürich 2011 (Studien zu Theologie und Bibel 5).
Darin:
Mein Herz dem Herrn zum Opfer. Eine kurze Einführung in Calvins Leben und Werk, S. 9–38.
Wir sind nicht unsere eigenen Herren. Pastoraltheologische Anmerkungen zu Zeichen geistlicher Vollmacht in Leben und Werk Johannes Calvins, S. 129–144.

2000 Jahre Kirchengeschichte, neu bearbeitete Gesamtausgabe in einem Band, Witten 2012.

Zwinglis Reformation. Wenn der Funke springt. Zwinglis Weg und Werk im Kontext radikaler Strömungen, Bäretswil 2012.

Evangelium und Kulturrevolution. 17 Vorträge und Aufsätze, Bäretswil 2012.

Autorenverzeichnis

Andreas J. Beck ist Professor für Historische Theologie an der Evangelisch-theologischen Fakultät Löwen, Belgien

Jürg Buchegger hat an der Evangelisch-theologischen Fakultät Löwen, Belgien, promoviert und ist Pastor der Freien Evangelischen Gemeinde Buchs, Kanton St. Gallen

Jochen Eber hat an der Universität Erlangen promoviert und ist Pfarrer der Evangelischen Landeskirche in Baden

Sven Grosse ist Professor für Historische und Systematische Theologie an der Staatsunabhängigen Theologischen Hochschule Basel

Martin Hohl hat in Volkswirtschaftslehre an der Universität St. Gallen promoviert und war Pfarrer der evangelisch-reformierten Kirche im Kanton Basel-Land

Willi Honegger ist Pfarrer der evangelisch-reformierten Kirche im Kanton Zürich

Herbert Klement ist Professor für Altes Testament an der Staatsunabhängigen Theologischen Hochschule Basel

Samuel Leuenberger ist Professor emeritus für Kirchen, Religionsgemeinschaften und Weltanschauungen an der Staatsunabhängigen Theologischen Hochschule Basel

Armin Mauerhofer ist Professor für Praktische Theologie an der Staatsunabhängigen Theologischen Hochschule Basel

Gianfranco Schultz ist Professor emeritus für Philosophie und Dogmatik an der Staatsunabhängigen Theologischen Hochschule Basel

Stefan Schweyer ist Dozent für Praktische Theologie an der Staatsunabhängigen Theologischen Hochschule Basel

Harald Seubert ist Professor für Philosophie und Religionswissenschaft an der Staatsunabhängigen Theologischen Hochschule Basel

Heinrich von Siebenthal, ist Honorarprofessor für Biblische Sprachen und Neues Testament an der Freien Theologischen Hochschule Gießen und Dozent für Biblische Sprachen an der Staatsunabhängigen Theologischen Hochschule Basel

Helge Stadelmann ist Professor für Praktische Theologie an der Freien Theologischen Hochschule Gießen

Jacob Thiessen ist Professor für Neues Testament an der Staatsunabhängigen Theologischen Hochschule Basel